조선왕실의 왕릉 조성

조선왕실의 의례와 문화 3

조선왕실의 왕릉 조성

초판 1쇄 인쇄 2017년 5월 12일
초판 1쇄 발행 2017년 5월 19일
지은이 신병주
펴낸이 이방원
편 집 윤원진 · 김명희 · 이윤석 · 강윤경 · 홍순용
디자인 손경화 · 전계숙
마케팅 최성수
펴낸곳 세창출판사

출판신고   1990년 10월 8일 제300-1990-63호
주소   03735 서울시 서대문구 경기대로 88 냉천빌딩 4층
전화   723-8660
팩스   720-4579
이메일   edit@sechangpub.co.kr
홈페이지   http://www.sechangpub.co.kr

ISBN 978-89-8411-682-5   04900
        978-89-8411-639-9(세트)

ⓒ 한국학중앙연구원 2017

_ 이 도서의 국립중앙도서관 출판시도서목록(CIP)은 서지정보유통지원시스템 홈페이지(http://seoji.nl.go.kr)와
  국가자료공동목록시스템(http://www.nl.go.kr/kolisnet)에서 이용하실 수 있습니다. (CIP제어번호: CIP2017010803)
_ 이 도서는 2011년도 정부재원(교육과학기술부 학술연구지원사업비)의 지원에 의하여 연구되었음(AKS-2011-ABB-3101)

조선왕실의
의례와 문화
3

조선왕실의
왕릉 조성

신병주

지음

세창출판사

 최근 왕릉의 역사와 문화에 대한 관심이 커지고 있다. 2009년 조선 왕릉 40기(基)가 유네스코의 세계문화유산으로 지정된 것은 이러한 분위기에 큰 영향을 끼쳤다. 문화유산으로서의 왕릉에 대해 역사학, 건축학, 조경학, 풍수학, 미술사 등 다양한 분야의 연구가 이루어졌고, 왕릉이 소재한 지방자치단체에서는 시민들이 왕릉을 찾을 수 있도록 많은 노력을 기울이고 있다. 개별 왕릉에 관한 안내서들도 다수 출간되면서 왕릉을 찾는 사람들에게 기본 정보를 제공해 주기도 한다. 그러나 조선의 왕릉 전체를 개관하면서도 개별 왕릉 하나하나에 대해 체계적이고 실증적으로 접근한 학술적 연구는 여전히 부족한 실정이다. 왕릉은 죽은 자의 무덤이고, 왕릉 대부분은 비슷비슷하다는 선입견 때문에 왕릉 전체에 대한 체계적인 분석을 시도하지 않은 측면도 있다. 특히 왕릉의 조성에는 왕릉의 주인공인 왕이나 왕비보다 왕릉을 조성하는 주체인 후대의 왕, 그리고 왕과 왕비 사후의 정치적 역학관계 등이 큰 비중을 차지하는 만큼 이 책은 왕릉의 시대별 조성의 측면에 초점을 맞추어 서술하였다.

 왕릉의 가치를 더욱 높이는 작업은, 왕릉 조성의 과정과 그 역사적 성격을 학술적으로 보다 정밀하게 밝히는 것이다. 왕릉은 단순히 왕의 무덤이라는 측면 이외에도 여러 가지 의미를 지니고 있기 때문이다. 왕릉은 여러 분야에 다양한 정보를 제공해 줄 수 있다. 먼저 무덤을 조성한 지역과 곁에 묻힌 인물을 통해 당시의 상황을 압축적으로 이해할 수 있으며, 왕릉 조성에 국가적 의례가 최대한 적용된 만큼 조선시대 왕실문화의 성격과 주요 특징들을 찾아볼 수도 있다. 특히 규장각과 장서각 등에는 왕릉 조성에 관한 의궤가 대부분 남아 있기 때문에 왕릉 조성의 의례들을 체계적으로 파악할 수 있으며, 시대별로 왕릉 조성의 구체적인 특징들을 살펴볼 수 있다. 또한 왕릉은 단릉, 합장릉, 쌍릉, 동원이강릉, 삼연릉 등 다양한 형태를 띠고 있는데, 왕릉이 이처럼 다양한 형태로 나타나는 시대적 배경이나 조건들에 대해서도 검토하였다.

왕릉 조성에서 또 하나 중요한 변수가 되는 것은 천릉(遷陵)이다. 조선시대에는 전 시기에 걸쳐 천릉이 빈번하게 시행되었다. 풍수지리적인 이유를 표방했지만 정치적인 상황이 보다 큰 원인이었다. 천릉의 과정을 통해서는 왕릉 조성의 의례와 더불어 당시의 상황과 정치 세력의 관계까지 살펴볼 수가 있다. 예를 들어 태조의 계비 신덕왕후의 무덤인 정릉(貞陵)의 경우, 태조 때 조성된 정릉과 태종 대에 천릉된 정릉은 정치적으로 그 성격이 완전히 다른 무덤이다.

이 책에서는 왕릉 조성의 의례와 과정을 세밀하게 기록한 『국조오례의(國朝五禮儀)』와 『의궤(儀軌)』를 비롯하여 『능원지(陵園誌)』의 기록을 기본 자료로 하여, 왕릉 조성의 과정을 개괄적으로 보여 주는 『승정원일기』나 실록과 같은 연대기 자료 및 왕릉 조성에 참여한 인물들의 문집 자료 등을 적극 활용하였다. 태조의 건원릉 조성에서 순종의 유릉 조성까지, 조선의 역대 왕릉의 조성 과정 전체에 대한 학술적·실증적인 연구는 왕릉의 의미와 가치를 높이는 데 일정한 도움을 줄 것으로 기대한다.

앞에서 지적했듯이 왕릉에 대해서는 개별 왕릉에 대한 연구 논문이나 왕릉을 개관한 대중서들이 다수 나와 있다. 그러나 기존의 왕릉 연구서와 대중서는 왕릉의 주인공을 기준으로 하고 있어서 시기별 왕릉의 조성이나 천릉의 과정을 파악하기에는 어려운 점이 있었다. 이 책은 기존 연구나 대중서의 한계를 극복하기 위해 시대별 왕릉의 조성이라는 관점에서 설명한 것이 특징이다. 즉 이 책에서는 기존에 왕릉의 주인공을 중심으로 왕릉을 연구하는 방식에서 벗어나 왕릉 조성의 주체, 즉 시대별로 왕릉 조성에 얽힌 역사와 정치적 배경을 정리하는 데 중점을 두었다. 그리고 단릉, 합장릉, 쌍릉, 동원이강릉, 삼연릉 등 왕릉 양식의 차이 및 양식의 차이가 발생하는 배경 등을 파악하였다. 이것은 단순한 왕릉 연구를 넘어 왕릉을 키워드로 하여 다양한 스토리를 소개하려는 시도였다.

이 외에 흥천사, 개경사, 봉은사, 용주사 등 왕릉 주변 원찰의 조성과 폐지 과정, 왕릉에 조성되는 석물의 변화 양상, 세조가 유언에서 석실 대신 회격을 쓸 것을 명한 내용, 정조가 무덤을 소박하게 조성할 것을 명한 까닭 등 왕릉 조성에 얽힌 여러 사연들을 정리하여 왕릉에 얽힌 정치사·문화사들을 풍부하게 전달하고자 노력하였다.

이 책이 조선 왕릉에 대한 관심을 고조시키면서, 왕릉을 답사하는 데 늘 참고가 되는 책이 되었으면 한다. 마지막으로 어려울 수 있는 주제임에도 불구하고 꼼꼼한 편집과 헌신적인 노력으로 책의 완결성과 대중성을 높여 준 편집자에게 감사의 뜻을 전한다.

차례

조선 전기의 왕릉 조성과 의례

1 왕릉 조성의례와 건원릉의 조성

1) 왕릉 조성과 의례

(1) 왕릉 조성과 주요 의례

왕릉의 조성은 흉례의 일환이었다. 흉례의 국장 절차는 대체로 빈전에 안치된 재궁(梓宮: 관)을 계빈(啓殯: 발인을 위해 빈소를 엶)하여 산릉에 안장하기까지의 의례인 계빈의(啓殯儀)에서 매장 후 지내는 제사인 안릉전(安陵奠)까지의 과정을 이른다. 왕실의 국장은 발인하기 사흘 전에 사직과 종묘에 고하는 것으로 시작한다. 왕은 국장 하루 전에 대군, 왕자, 종친, 문무백관이 참여한 가운데 빈전(殯殿)[1]을 여는 의식을 행하는데, 이를 계빈의라 한다. 국장의 총책임자인 도제조가 찬궁(欑宮: 발인 때까지 임시로 왕의 관을 넣어 두는 집) 남쪽에 나가 "도제조 신 아무개는 길일에 빈전을 열게 되었습니다"라고 아뢰면 선공감 관원이 빈전을 열었다. 이로부터 대여(大轝)에 재궁을 옮겨 싣고 장지로 출발하였다.[2] 빈전에서 재궁을 대여로 옮기기 직전에는 조전의(祖奠儀)를 행하였다. 조전의는 빈전 앞에 왕과 대군, 왕자, 종친, 문무백관의 자리를 설치하고 제물을 궤연 앞에 올린 다음 왕이 상주가 되어 행하여졌다. 조전의를 마치면 상여를 떠나보내는 의식인 견전의(遣奠儀)를 지냈다. 견전의는 사망자가 집을 떠나기 전에 마지막으로 올리는 하직 인사로, 발인제와 같다. 발인 전날에는 대여가 무사히 장지에 도착할 수 있도록 사직단에 가

---

1 발인할 때까지 왕이나 왕비의 관을 안치한 찬궁(欑宮)을 모시는 전각.
2 왕의 국장 절차를 기록한 『국장도감의궤』에는 대여를 중심으로 한 왕의 국장 행렬 반차도가 그려져 있다.

서 날씨가 쾌청하기를 빌고, 당일에는 궁문과 성문에서 50명의 신들에게 제사를 지냈으며, 대여가 지나가는 교량과 명산대천에도 제사를 지냈다. 대여는 대개 삼경(오후 11시~오전 1시)이나 사경(오전 1시~3시) 사이에 궁궐을 출발했다. 장지가 걸어서 하루 이상 걸리는 거리에 떨어져 있었기 때문에 일찍 출발한 것이다. 대여가 성문 밖에 이르면 노제(路祭)를 지냈다.[3]

왕의 행렬이 왕릉에 도착하기 전에 미리 왕릉을 조성했는데, 왕릉 조성 작업은 산릉도감(山陵都監)에서 담당했다. 산릉도감에서는 봉분을 조성하는 일과 각종 석물, 현궁(玄宮)과 정자각, 비각, 재실 등 부대시설에 관한 일을 맡았다. 왕릉을 짓는 일은 예조의 당상관과 풍수학의 제조가 관상감의 지관(地官)과 최고의 풍수들을 동원해 명당을 찾는 일에서부터 시작되었다. 왕릉의 역사(役事)는 전국의 백성들을 징발하여 추진하였다. 건원릉의 경우 4개월 만에 공사가 끝났는데, 동원된 역군은 충청도 3,500명, 황해도 2,000명, 강원도 500명 등 총 6,000명이었다. 원경왕후의 헌릉 조성에는 경기도와 충청도 각 3,000명, 강원도와 황해도 각 2,000명, 수군 4,000명 등 총 1만 4000명이 동원되었다.[4]

왕릉의 기본적인 구조를 살펴보면 대체로 다음과 같은 형식을 따르고 있다. 풍수의 형국에 따라 왕릉이 조성될 때 명당수를 건너는 금천교가 만들어지고, 이어서 왕릉의 영역을 표시하는 홍살문이 세워진다. 배위와 참도로 이어지는 정자각이 세워지고 그 우측으로 수복청(守僕廳)을 두었다. 또한 비각을 세우고 소전대와 감을 두었다. 여기까지가 각종 제향 공간이 된다. 다음은 제향 공간을 넘어 능침 공간으로 가는 곳에 인공적으로 둔덕이 조성되며 능침 공간에는 무인석과 문인석, 석마, 장명등, 혼유석, 망주석, 석양, 석호, 곡담이 능침의 전후좌우에 놓이게 된다. 그리고 봉분을 둘러싼 난간석과 병풍

3   정종수, 『사람의 한평생』, 학고재, 2008, 259~268쪽.
4   정종수, 위의 책, 275쪽.

석이 만들어졌고, 봉분 밑으로는 석실 혹은 회격으로 처리한 능실을 두었다.[5]

왕릉에서 행했던 주요 의례는 빈소에서 재궁을 열고 왕릉으로 이동할 준비를 마치는 계빈의를 시작으로, 계빈 3일 후에는 왕릉으로 재궁을 이동시키는 견전의를 거친 후에 안릉전을 거행하였다. 이어 현궁을 내리는 하현궁(下玄宮)을 마치면 재궁을 안치하는 과정이 마무리되었다.

왕릉 조성까지 포함한 조선왕실의 흉례 절차는『세종실록』「오례의(五禮儀)」로 정리되었으며, 이것은 성종 대의『국조오례의』에 거의 그대로 반영되었다.『세종실록』「오례의」에 기록된 흉례의 과정을 정리하면 아래와 같다.

고명(顧命) 초종(初終) 부(復) 역복불식(易服不食) 계령(戒令) 목욕(沐浴) 습(襲) 전(奠) 위위곡(爲位哭) 거림(擧臨) 함(含) 설빙(設冰) 영좌(靈座) 명정(銘旌) 고사묘(告社廟) 소렴(小斂) 전(奠) 치비(治椑) 대렴(大斂) 전(奠) 성빈(成殯) 전(奠) 여차(廬次) 성복(成服) 복제(服制) 사위(嗣位) 반교서(頒敎書) 고부청시청승습(告訃請諡請承襲) 조석곡전급상식(朝夕哭奠及上食) 삭망전(朔望奠) 의정부솔백관진향(議政府率百官進香) 치장(治葬) 청시종묘(請諡宗廟) 상시책보(上諡冊寶) 계빈(啓殯) 조전(祖奠) 견전(遣奠) 발인반차(發引班次) 발인(發引) 노제(路祭) 천전(遷奠) 입주전(立主奠) 반우반차(返虞班次) 반우(返虞) 안릉전(安陵奠) 산릉조석상식(山陵朝夕上食) 우제(虞祭) 졸곡제(卒哭祭) 혼전조석상식(魂殿朝夕上食) 사시급랍친향(四時及臘親享) 사시급랍섭사(四時及臘攝事) 삭망급속절친향(朔望及俗節親享) 삭망급속절섭사(朔望及俗節攝事) 산릉사시급랍정지속절제(山陵四時及臘正至俗節祭) 산릉친행별제(山陵親行別祭) 영사시제급조부(迎賜諡祭及弔賻) 사부(賜賻) 사시(賜諡) 분황(焚黃) 사제(賜祭) 연제(練祭) 상제(祥祭) 담제(禪祭) 부묘(祔廟) 제위판(題位版) 부문소전(附文昭殿)

5　이범직,「조선시대 왕릉의 조성 및 그 문헌」,『한국사상과 문화』36, 2007, 252쪽.

(2) 치장(治葬)과 안릉전(安陵奠)

흉례의 의례 중 왕릉 조성과 관련된 대표적인 의례가 치장(治葬)과 안릉전(安陵奠)이다. 치장은 왕릉의 기본 구조에 대한 설명이고, 안릉전은 왕이나 왕비의 매장을 끝마치고 제물을 바치는 제전(祭奠)으로, 『세종실록』「오례의」에는 치장과 안릉전의 의례가 자세히 기록되어 있다.

치장에 관한 규정은 다음과 같다.

5개월 만에 장사(葬事)를 지낸다. 기일 전에 예조의 당상관(堂上官)과 풍수학 제조(風水學提調)가 서운관(書雲觀)의 관원을 거느리고 땅의 장사 지낼 만한 곳을 가린다. 의정부(議政府)의 당상관이 다시 살펴보고 계문(啓聞)하여, 택일(擇日)하여 영역(塋域)을 파헤친다. 영역[兆]의 네 모퉁이[四隅]를 파서 그 흙을 밖으로 퍼내고, 가운데를 파서 그 흙을 남쪽으로 퍼내는데, 각각 한 푯말을 세우고, 남문(南門)에는 두 푯말을 세운다.

서운관(書雲觀)의 관원이 중간 푯말의 왼쪽에서 후토(后土)에 제사(祭祀) 지낸다. 〈제사 지내기 3일 전에 마땅히 행사(行事)할 집사관(執事官)들은 모두 2일 동안을 산재(散齋)하고, 1일 동안을 치재(致齋)한다. 그날에 집사자(執事者)가 후토씨(后土氏)의 신위(神位)를 중간 푯말의 왼쪽에 남향하여 설치하고, 왕골자리[莞]를 편다. 헌관(獻官) 자리를 신위의 동남쪽에 서향하여 설치하고, 집사자의 자리를 그 뒤에 설치하되, 서향하게 하고 북쪽을 상(上)으로 한다. … 〉

시각이 되면 이에 광(壙)을 파는데, 깊이는 10척, 너비는 29척이다. 〈숯가루로써 쌓아 올리는데, 두께는 동쪽과 서쪽이 각각 5촌이다. 석회(石灰)·세사(細沙)·황토(黃土) 등 세 가지 물질을 서로 배합하여 쌓아 올리는데, 두께는 동쪽과 서쪽이 각각 4척이다. 석실(石室)은 동쪽·서쪽 방석(旁石)의 두께가 각각 2척 5촌이고, 중간 격석(隔石)의 두께는 4척이다. 동쪽·서쪽 실내

(室內)의 너비는 각각 5척 5촌이니, 합계가 29척이다.〉길이는 25척 5촌이다. 〈남쪽과 북쪽에 숯가루와《석회·세사·황토의》세 가지 물질로써 쌓아 올리는데, 두께는 모두 위의 것과 같다. 북쪽 우석(隅石)의 두께는 2척 5촌이고, 문비석(門扉石)과 문의석(門倚石)의 두께는 각기 2척이다. 석실 안의 길이는 10척이니, 합계가 25척 5촌이다.〉남면(南面)을 터서 연도(羨道)로 만든다. 그 석실의 〈능(陵)은 같이 하고 실(室)은 다르게 하면, 서쪽을 상(上)으로 한다〉제도는 격석(隔石)·방석(傍石)·우석(隅石)의 당처(當處)와 지석(支石)·박석(博石)의 입배(入排)하는 땅에는 깊이 2척 5촌을 더 파서 〈그 남면(南面)의 박석은 문역석(門閾石)이라 한다. 지석과 박석의 높이는 합계 2척 5촌이다〉그 밑바닥의 흙을 그대로 쌓아 올린다. 먼저 지석을 배치(排置)하여 〈높이는 1척, 너비는 1척 5촌이고, 길이는 적당한 데 따른다〉세로로 두되, 무릇 두 줄로 하는데, 광 밑바닥의 흙과 가지런하게 한다. 〈그 박석 양쪽 머리의 당처(當處)를 버티게 하는 까닭으로 "지석"이라 한다.〉그 지석 사이에 〈석회·세사·황토의〉세 가지 물질을 사용하여 쌓아 올린다.

위의 기록에서 보면 왕실의 광의 깊이는 10척(약 3미터)으로, 일반 사대부의 무덤인 5~6척보다는 훨씬 깊었음을 볼 수 있다. 또한 석실을 조성한 것을 볼 수 있는데, 석실은 세조의 유언에 따라 회격(灰隔)으로 바뀌기까지 조선 왕릉의 기본 골격으로 자리를 잡았다.

치장에 관한 의례는 조선 후기 영조 대에 와서 보완되었다. 영조 대에 편찬된『국조상례보편(國朝喪禮補編)』에는 영조 대까지 변화된 왕릉 조성의례를 반영하여 '치장'조의 내용을 정리하였다.『국조상례보편』에 기록된 '치장'에는 능상각, 석양, 석호, 석망주 등 왕릉의 부속물에 대한 내용이 자세히 정리되어 있다.

능상각(陵上閣). 각은 〈속명은 옹가(甕家)이다〉 기둥 17개를 〈길이는 14척, 원지름은 5촌이다. 상단은 1척을 둥글게 깎아 철을 만드는데, 지름은 1촌 5푼이다. 영조척을 쓴다〉 영역(塋域)의 외부에 둘러 세우고 정남쪽에다 문을 만든다. 〈그 너비는 두 기둥 사이 간격의 배이다.〉 둥근 마룻대[棟] 〈속명은 도리(道里)이다〉 17개를 〈길이는 11척이고, 원지름은 6촌이다. ○문형(門衡)을 만드는 것 한 개는 그 길이를 배로 하고 약간 굽고 바깥이 둥근 것을 쓴다〉 기둥[柱] 위에 돌아가며 가설한다. 〈양 끝에 아래까지 관통하는 구멍을 뚫고 기둥의 凸 부분에 꿰어서 포갠다. ○그 형문(衡門)은 정중앙의 후면에 凹를 뚫어 서까래의 철을 끼울 수 있도록 한다.〉 또 서까래 18개를 달고 〈길이는 기둥의 배이고, 원지름은 5촌이다. 하단은 말굽형으로 만들고 관통하도록 그 등을 뚫어서 각각 기둥의 철 부분을 끼운다. ○문에 해당하는 것 하나는 하단에 철을 만들고 문형의 요에 끼운다. 서까래들의 머리에는 모두 가로로 구멍을 뚫는다〉 먼저 4개의 서까래를 취하여 좌우로 양분하고 그 상단을 모아서 세목(細木)으로 칸살을 얽어 가로로 꿴다. 그런 뒤에 먼저 한 변의 두 서까래를 그 아래에 제비 꼬리 모양으로 나누어 펼치고, 〈그 너비는 두 기둥의 사이에 해당한다〉 긴 나무를 써서 층층이 그 위에 가로로 묶는다. 또 작은 서까래를 고르게 배열하여 그 사이에 세로로 묶는다. 또 산목(散木)을 써서 촘촘하게 배열하여 작은 서까래의 위에 가로로 묶는다. 〈모두 칡으로 만든 동아줄을 쓴다.〉 또 일변의 두 서까래를 기중의 안에 세워서 자체로 버팀기둥이 되게 하고, 이미 묶어 놓은 두 서까래를 마주 보게 들어 올려서 각각 기둥 위에 가설한다. 〈서까래 굽의 구멍을 기둥의 철에 꿴다. 아래도 동일하다.〉 이어서 버티고 있던 두 서까래를 들어서 또 각각 서로 마주한 기둥의 위에 가설하고 묶어 놓았던 서까래에 올린다. 남은 서까래를 가지고 각 기둥의 위에 두루 가설하고, 그 머리 부분을 모아서 함께 묶는다. 또 나무를 이용하여 처음처럼 종횡으로 배열하여 묶는다.

상하 4면에 모두 모둔(茅芚)을 덮는다. 〈머리 부분 위에서 모으고 별도로 유둔(油芚)을 덮는다.〉 동서의 둥근 마룻대 위에 각각 창을 설치하고 유둔으로 막는다. 안에는 앙장(仰帳)을 설치하고 겉에는 휘장을 친다. 능상각의 남쪽 정중앙에 5량(樑) 규모의 수도각 2칸 반을 잇대어 건립하고, 〈빈 칸은 북쪽에 있다〉 유둔, 모둔, 곡초로 덮는다. 〈묘소는 묘상각(墓上閣)이라고 칭한다.〉

녹로(轆轤). 〈재궁을 받들어 현궁에 내리는 것이다.〉

녹로는 〈속명은 회량(回樑)이다〉 먼저 금정틀의 네 모퉁이 밖에 4개의 기둥을 세우고 기둥 위의 4면에는 틀을 설치한다. 〈속명은 구봉기이다. 동서의 틀은 상하로 나누어 반달 모양으로 둥글게 뚫어서 녹로의 강목(杠木)을 끼우게 한다.〉 그리고 마침내 그 위에 녹로의 양 강목을 설치한다. 양 강목의 두 머리에는 구멍을 뚫고 소목(小木)을 가지고 가로로 꿴다. 또 소목을 가지고 그 곁에서 세로로 묶어 '열십자' 형태를 만든다. 또 동아줄로 〈숙마(熟麻)이다〉 그 끝을 둘러 가며 매는데, 형태는 물레[繰車]와 같다. 2줄의 큰 동아줄을 〈숙마이다. 저포(紵布)로 싼다.〉 써서 각각 그 양쪽 끝을 양 강목의 중간 부분 좌우에 매어서 녹로를 돌린다.

능상난간석(陵上欄干石). 〈표석이나 석물은 일체 갑진년에 정해진 제도에 의해 거행하라.〉 『수교(受敎)』

난간석은 모두 12면이며, 먼저 초지대석(初地臺石) 〈곧 엄석(掩石)이다〉 48개를 〈길이는 4척 5촌이고, 너비는 내단은 1척 4촌이고 외단은 2척이며, 두께는 1척이다. 영조척을 쓴다. 아래도 모두 동일하다〉 설치하고 다음으로 지대석 〈곧 면박석(面博石)이다〉 12개, 〈길이는 중앙이 3척 4촌 5푼이고 좌우는 3척 5촌 8푼이다. 너비는 내단은 3척 1촌 4푼이고, 외단은 4척

5푼이며 두께는 1척 8촌 4푼이다〉 상면의 정중앙에는 요를 뚫어 동자기 둥의 철 부분을 끼울 수 있게 한다. 우석(隅石)〈곧 우박석(隅博石)이다〉 12개를 〈좌우의 길이와 내단의 너비 및 두께는 지대석과 동일하다. 중간의 길이는 4척이고 외단의 너비는 중간의 뾰족한 부분에서 경사지게 양변에 이르는 길이가 각각 2척 1촌 1푼이다. 상면의 정중앙에는 요를 뚫어 석주의 철 부분을 끼울 수 있게 한다〉 설치한다. 또 석주 12개를 설치하는데, 높이는 5척 2촌 6푼이다. 상단의 9촌 2푼은 머리를 둥글게 만든다. 다음으로 1척 8푼을 상하로 나누어 4면의 운각(雲角)과 염우(廉隅)를 만든다. 그 아래 3척 2촌 6푼을 주신(柱身)으로 〈사방 1척 2푼이다〉 삼고, 상단의 2촌 2푼 아래에 6촌 4푼을 뚫어서 요를 만들어 죽석(竹石)의 끝을 받아들일 수 있게 한다. 다음으로 6촌 1푼은 양 곁으로 앙련엽(仰蓮葉)을 만들고, 다음으로 7촌 6푼은 양 곁으로 상하를 나누어 연주(聯珠)를 새기고 중간에 연환(連環)을 새긴다. 다음으로 7촌 3푼은 양 곁에 복연엽(覆蓮葉)을 만들어 우석을 누른다. 하단 3촌은 둥글게 깎아서 〈지름이 5촌이다〉 우석의 요에 끼운다. 동자석주(童子石柱)는 12개로, 높이는 2척 3촌 7푼이다. 상단의 8촌 1푼을 앙련엽으로 〈너비는 2척 1촌 5푼, 두께는 1척 3촌 5푼이다〉 만들어 죽석의 허리 부분을 받친다. 다음으로 1척 2촌 6푼으로 4면을 만들고 〈사방 1척 1촌 5푼이다〉 하단의 3촌은 둥글게 깎아서 〈지름은 5촌이다〉 지대석의 요에 끼운다. 그런 뒤에 죽석 12개를 〈길이는 7척 6촌이고 8면은 각각 3촌 6푼이다〉 석주 사시의 동자기둥 위에 가로로 설치한다.

석양(石羊). 석양은 서 있는 모양으로 조각한다. 높이는 2척 1촌 2푼이고 너비는 1척 6촌, 길이는 3척 7촌 8푼이다. 네 다리의 중간은 뚫지 않는다. 풀 모양을 새긴 대석(臺石)은 땅에 1척 2푼을 묻고 표면은 지면과 나란하게 한다.

석호(石虎). 석호는 걸터앉은 모양을 조각한다. 높이는 앞은 2척 5촌 5푼이고 뒤는 1척 8촌 8푼이며, 너비는 1척 5촌 8푼이고 길이는 3척 7촌 8푼이다. 대석은 양의 대석과 동일하다.

석망주(石望柱). 주대(柱臺)의 위쪽 높이는 6척 9촌 4푼이다. 상단의 8촌 6푼은 둥근 머리로 만들고, 다음으로 5촌 6푼은 8면 운각(雲角)을 만든다. 〈매 면은 5촌 1푼이며 운각에서부터 대석에 이르기까지 모두 8면으로 한다.〉 다음으로 1척 2촌 2푼으로 염우(廉隅)를 〈매 면은 4촌 1푼이다〉 만들고, 다음으로 3척 6촌 8푼으로 주신(柱身)을 〈매 면은 3촌 5푼이다〉 만든다. 내면에는 세호(細虎)를 새긴다. 〈왼쪽 기둥에는 올라가는 모양을, 오른쪽 기둥에는 내려오는 모양을 새긴다.〉 하단의 6촌 2푼을 둥글게 깎아 대석의 가운데 뚫린 부분에 끼운다. 대석은 높이가 2척 5촌이다. 상층의 9촌 2푼을 상하로 나누어 위에는 앙련엽을 새기고 아래에는 바람구멍[風穴]을 새긴다. 〈매 면은 9촌 6푼이다.〉 다음으로 5촌 1푼으로 허리를 만든다. 〈매 면은 8촌 2푼이다.〉 하층은 1척 7푼이 땅속으로 들어간다.

장명등(長明燈). 등의 덮개는 높이가 2척 5촌 6푼이고 상단의 6촌은 둥근 머리로 만들고 다음으로 2촌은 피지 않은 연꽃을 만든다. 다음 5촌 2푼으로 복련엽을 만들고, 다음 1척 2촌 4푼으로 지붕 모양을 만든다. 〈사방 3척 5촌 7푼이다. 개석(蓋石)으로부터 대석에 이르기까지 모두 4면으로 만든다.〉 그 아래를 뚫어 체석(體石)을 받아들인다. 체석의 길이는 6척 3촌 1푼이다. 상단 1촌 1푼은 개석의 가운데를 뚫은 부분에 끼우고, 그 아래 1척 7푼은 〈사방 1척 5촌 3푼이다〉 매 면에 관통하도록 뚫고 〈사방 5촌 1푼이다〉 각각 작은 창을 설치한다. 다음 1척 4촌 9푼으로 격석(隔石)을 〈사방 1척 9촌 4푼이다〉 만들고 연꽃을 새긴다. 다음 5촌 1푼으로 〈사방

1척 5촌 3푼이다〉풍혈을 새긴다. 다음 1척 5촌 3푼으로 대석을 〈사방은 격석과 동일하다〉만든다. 위에는 복련엽을 새기고 다음 운각을 새기고 아래에 운족을 새긴다. 하단 1척 6촌은 지대로 만들어 땅속에 묻는다.

석상(石牀). 상의 〈속명은 혼유석(魂遊石)이다〉길이는 8척 5촌 6푼이고 너비는 5척 8촌이며 두께는 1척 6촌 7푼이다. 먼저 대석(臺石) 〈곧 박석(博石)이다〉 2개를 설치하는데, 각각의 길이는 5척 8촌이고 너비는 4척 2촌 8푼이며 두께는 1척 2촌 2푼이다. 다음으로 족석(足石)을 〈일명 고석(鼓石)이다〉네 모퉁이에 설치하는데 높이는 1척 3촌이다. 상하의 원지름은 1척 1촌이고 배 부분의 원지름은 2척이다. 그 모양은 마치 북과 같으며, 4면에 나어(羅漁)의 머리를 새긴다. 상을 그 위에 설치한다.

문석인(文石人). 문석은 관대에 홀을 잡고 있는 형상으로 새긴다. 길이는 5척 8촌 2푼이고, 너비는 위는 1척 8촌 9푼이고 아래는 2척 1촌 9푼이며, 두께는 위는 1척 6촌이고 아래는 1척 9촌 9푼이다. 대석은 2척을 땅에 묻고 표면은 지면과 나란히 한다.

무석인(武石人). 무석은 갑주에 검을 찬 형상으로 새긴다. 칼집은 허리에 있고 검은 손에 있다. 〈칼날은 아래로 향한다.〉길이는 6척 2촌이고 너비는 위로 1척 9촌 4푼이고 아래로 2척 2촌 4푼이며, 두께는 위로 1척 8촌이고 아래로 1척 9촌 4푼이다. 대석은 문석과 동일하다.

석마(石馬). 석마는 높이가 3척 1촌 6푼이고 너비는 1척 7촌 1푼이며 길이는 4척 6촌 4푼이다. 다리가 넷이다. 조각하는 제도 및 대석은 석양과 동일하다.

자지(磁誌). 지는 백토(白土)를 구워서 제조한다. 초벌구이는 길이는 8촌 8푼이고〈조례기척(造禮器尺)을 쓴다〉, 너비는 6촌 8푼이고, 두께는 7푼이며 매 장에 8항이고 〈장수는 문장의 다과에 따른다〉 매 항에 18자이다. 회회청(回回靑)을 사용한다. 오른쪽 모퉁이에 모릉지(某陵誌)〈시호도 함께 쓴다〉, 아래 모퉁이에 '제 몇 장'이라고 쓰고 왼쪽 모퉁이에 '무슨 능지'〈시호도 함께 쓴다〉, '모두 몇 장'이라고 쓴다. 재벌구이해서 쓴다.

비(碑). 비는 〈곧 표석이다〉 길이 5척 4촌 5푼이고〈묘소용의 길이는 5척이다. 영조척을 쓴다. 아래도 동일하다〉, 너비는 2척 8푼이며, 두께는 1척 2푼이다. 전면은 전자(篆字), 음기(陰記)는 해자(楷字)로 쓰고 당주(唐朱)로 채운다. 개석은 〈속명은 가첨(加簷)이다〉 지붕 모양과 같다. 길이는 4척 8푼이고, 너비는 3척 2촌 6푼이며, 높이는 1척 5촌 3푼이다. 부석(趺石)의 〈속명은 농대(籠臺)이다〉 길이는 4척 5촌 9푼이고 사방 3척 5촌 2푼이며, 높이는 2척 3촌 4푼이다. 아래에는 박석이 있는데, 길이는 4척 7촌 9푼이고 너비는 3척 8촌 7푼이며 높이는 1척 5촌이다. 각을 설치하여 보호한다.

정자각(丁字閣). 각은 3칸이고 남북의 너비는 20척 6촌이며, 동서의 길이는 35척 7촌이다. 〈정중앙의 1칸은 13척 2촌이고 좌우의 2칸은 각각 11척 2촌 5푼이다.〉 정전(正殿)의 〈묘소는 정실(正室)이라고 칭한다〉 남쪽 정중앙에 연달아 2칸을 건립하는데, 모양이 '정자(丁字)'와 같다. 모두 단청을 입힌다.

위에서 『국조상례보편』에 나타난 주요 부속물에 대한 규정을 살펴보았다. 『국조상례보편』에는 왕릉에 배치하는 정자각·비각·석물 등에 대한 자세한 규정이 나타나 있어서, 왕릉의 구조물들을 통일하고자 했던 조선왕실의 의지를 읽어 볼 수가 있다.

한편 안릉전에는 왕릉 조성 후 행했던 의례의 절차들이 잘 나타나 있다.

흙 덮기를 마치기를 기다려, 찬자(贊者)가 헌관(獻官)의 자리를 〈산릉사(山陵使)〉 정자각(丁字閣) 동남쪽에 서향하여 설치하고, 집사자(執事者)의 자리를 헌관의 뒤에 조금 남쪽으로 서향하여 설치하되, 북쪽을 위[上]로 한다. 〈관세(盥洗)는 여러 집사(執事)의 자리 뒤 동남쪽에 설치하되, 땅의 형편에 따라서 적당히 한다. 임시(臨時)에 헌관과 여러 집사들이 손을 씻고 들어가서 배위(拜位)로 나아간다.〉 알자(謁者)·찬자(贊者)·찬인(贊引)의 자리는 집사의 남쪽에 서향하여 있게 하되 북쪽을 위로 하고, 감찰(監察)의 자리는 집사의 서남쪽에 북향하여 있게 한다. 〈서리(書吏)가 그 뒤에 배립(陪立)한다.〉 능사(陵司)가 영좌(靈座)를 정자각 안에 북쪽으로 가까이 남향하여 설치하고, 전사관(典祀官)과 능사(陵司)가 각각 그 소속을 거느리고 들어가서 축문을 영좌의 왼쪽에 올려놓고〈점(坫)이 있다〉, 향로·향합과 초를 영좌의 앞에 설치한다.

다음에 예찬(禮饌)을 설치하고〈찬품(饌品)은 입주전(立主奠)과 같다〉, 준(尊)을 지게문 밖[戶外]의 왼쪽에 설치하고, 잔(盞) 3개를 준소(尊所)에 둔다. 알자·찬자·찬인이 먼저 뜰[庭]에 들어가서, 북향하고 서쪽을 위로 하여 네 번 절하고 나서 자리로 돌아간다. 찬인이 감찰 및 전시관·대축(大祝)·축사(祝史)·재랑(齋郎)을 인도하여 뜰에 들어와서 겹줄로 북향하여 서되, 서쪽을 위로 하면, 찬자가 "국궁(鞠躬), 사배(四拜), 흥(興), 평신(平身)"이라 창하여, 감찰 및 전사관 이하가 몸을 굽혀 네 번 절하고 일어나 몸을 바로 한다. 찬인이 감찰 및 전사관 이하를 인도하여 각각 자리에 나아가게 하고, 알자가 헌관을 인도하여 들어와서 자리에 나아간다. 찬자가 "꿇어앉아 부복하고 곡하라" 창하여, 헌관이 꿇어앉아 부복하고 곡한다. 찬자가 "곡을 그치고 일어나서 사배하고, 일어나 몸을 바로 하라"고 창하여, 헌관이 곡을 그치고 일어나서 네 번 절하고, 일어나 몸을 바로 한다. 알자가 헌관을 인도하여 동계(東階)로 올라가서 준소에 나아가 서향하여 서게 하면, 집준자(執尊者)가 술을 떠내고, 집사자가 잔으로 술을 받는다. 알자가 헌관을 인도하여 들어와서 영좌 앞에 나아가 북향하여 서게 하고, "꿇어앉으라"고 찬(贊)한다. 집사자 1인은 향합을 받들고, 집사자 1인은 향로를 받든다. 알자가 "세 번 상향(上香)하라"고 찬하여, 집사자가 향로를 안(案)에 들인다. 〈봉향(捧香)은 동쪽에서 서향하여 하고, 전로(奠爐)는 서쪽에서 동향하여 한다. 수잔(授盞)·전잔(奠盞)도 이에 준한다.〉 집사자가 잔을 헌관에게 주어서, 헌관이 집잔 헌잔(執盞獻盞)하는데, 집사자에게 주어서 영좌 앞에 드리게 한다. 〈연달아 석 잔을 올린다.〉 알자가 〈헌관에게〉 "부복하였다 일어나서 조금 물러나 북향하여 꿇어앉으라" 찬하고, 대축이 영좌의 왼쪽에 나아가서 서향하여 꿇어앉아 축문을 읽는다. 이를 마치면, 알자가 "부복하였다 일어나 평신하라" 찬하고, 헌관을 인도하여 문[戶]을 나와 내려가서 제자리로 돌아간다. 찬자가 "꿇어앉아 부복하고 곡하라" 찬하여, 헌관이 꿇어앉아 부복하고 슬피 곡한다. 찬자가 "곡을 그치고 일어나서 사배하고, 일어나 평신하라" 창하여, 헌관이 곡을 그치고 일어나서 네 번 절하고, 일어나 몸을 바로 한다. 알자가 헌관을 인도하여 나가고, 찬인이 감찰 및 전사관 이하를 인도하여 모두 배위(拜位: 절하는 자리)로 돌아간다. 찬자가 "국궁, 사배, 흥, 평신"이라 창하여, 감찰 및 전사관 이하가 몸을 굽혀 네 번 절하고, 일어나서 몸을 바로 한다. 이를 마치면, 찬인이 차례로 인도하여 나간다. 알자·찬자·찬인이 배위로 나아가서 네 번 절하고 나간다. 전사관·능사가 각각 그 소속을 거느리고 예찬을 거두고, 대축이 축문을 받들어 구덩이에 묻는다. 〈만약 왕후와 능(陵)을 같이하면, 왕후의 신좌(神座)를 영좌의 동쪽에 설치하고, 잔(盞) 3개를 준소(尊所)에 더 놓고 각각 예찬을 설치한다.〉

◎ 安陵奠儀〈立主返虞後行.〉

俟覆土旣畢, 贊者設獻官位〈山陵使.〉於丁字閣東南, 西向; 設執事者位於獻官之後稍南, 西向北上;〈設盥洗於諸執事位後東南, 隨地之宜. 臨時, 獻官諸執事盥手, 入就拜位.〉謁者, 贊者, 贊引位於執事之南, 西向北上; 監察位於執事西南, 北向.〈書吏陪其後.〉陵司設靈座於丁字閣內近北, 南向. 典祀官陵司各帥其屬入, 奠祝文於靈座之左〈有坫.〉, 設香爐香合竝燭於靈座前, 次設禮饌〈饌品, 與立主奠同.〉, 設尊於戶外之左, 置盞三於尊所. 謁者, 贊者, 贊引先入庭, 北向西上四拜訖就位. 贊引引監察及典祀官, 大祝, 祝史, 齋郎入庭, 重行北向西上. 贊者唱鞠躬四拜興平身, 監察及典祀官以下鞠躬四拜興平身. 贊引引監察及典祀官以下各就位, 謁者引獻官入就位. 贊者唱跪俯伏哭, 獻官跪俯伏哭. 贊者唱止哭興四拜興平身, 獻官止哭興四拜興平身. 謁者引獻官升自東階, 詣尊所西向立, 執尊者酌酒, 執事者以盞受酒. 謁者引獻官入詣靈座前北向立贊跪, 執事者一人捧香合, 執事者一人捧香爐, 謁者贊三上香, 執事者奠爐于案.〈捧香在東西向, 奠爐在西東向. 授盞奠盞, 準此.〉執事者以盞授獻官, 獻官執盞獻盞, 以盞授執事者, 奠于靈座前,〈連奠三盞.〉謁者贊俯伏興少退北向跪. 大祝進靈座之左, 西向跪讀祝文訖, 謁者贊俯伏興平身, 引獻官出戶降復位. 贊者唱跪俯伏哭, 獻官跪俯伏哭盡哀. 贊者唱止哭興四拜興平身, 獻官止哭興四拜興平身, 謁者引獻官出. 贊引引監察及典祀官以下, 俱復拜位, 贊者唱鞠躬四拜興平身, 監察及典祀官以下鞠躬四拜興平身, 贊引以次引出. 謁者, 贊者, 贊引就拜位四拜而出, 典祀官陵司各帥其屬徹禮饌, 大祝捧祝文瘞於坎.〈若王后同陵, 則設王后神座於靈座之東, 加盞三於尊所, 各設禮饌.〉

위의 치장과 안릉전 의례를 통해 왕릉 조성의 과정과 왕릉의 구성 양식, 왕릉에서의 주요 의례를 살펴볼 수 있었다. 이들 의례는 왕릉의 복원이나 왕릉 관련 의례의 재현 행사에 적극적으로 활용할 수 있다.

왕릉이 조성된 후 음식을 올리고 제사를 지내는 의식은 조석상식과 친향 의식이라는 이름으로 『국조오례의』에 기록되어 있다. 먼저 조석상식 의식의 기록을 보자.

날마다 때가 되면, 능사(陵司)가 영좌(靈座)를 정자각 안의 북쪽 가까운 곳에 남향으로 설치하고, 영좌 앞에 향로(香爐)·향합(香合)과 초(燭)를 설치하고, 호외(戶外)의 동쪽 가까운 곳에 준(尊)을 설치하고 준소(尊所)에 잔(盞) 하나 와 우(盂) 하나를 놓는다.

내시(內侍)가 찬선(饌膳)이 장만되었음을 알리면 수릉관(守陵官)이 주방(廚房) 에 가서 찬선을 담는 것을 살피고, 정자각의 동남에 나아가 서향하여 꿇 어앉아 부복(俯伏)하고 곡(哭)하고서 재배(再拜)하고 일어나 평신(平身)한다. 〈연제(練祭) 뒤에는 조석곡(朝夕哭)을 그친다. 뒤에서도 이와 같다.〉

내시와 능사가 모두 호외에 가서 서쪽을 상위로 하고 북향하여 꿇어앉아 부복하였다가 일어난다. 내시가 호내(戶內)에 들어가 서향하여 꿇어앉는다. 능사가 먼저 안(案)을 들고, 다음에 찬반(饌盤)을 받들어 차례로 내시에게 주면 내시가 이어받아 받들어 안을 올리고 찬선을 올리는 일을 평시와 같 이 한다.

끝나면, 수릉관이 동계(東階)로 올라가 준소에 가서 서향하여 선다. 능사 1인이 술을 따르고 1인이 잔으로 술을 받는다. 수릉관이 들어가 영좌 앞에 가서 북향하여 꿇어앉아 세 번 향을 올린다. 능사가 잔을 수릉관에게 주면 수릉관이 잔을 잡고 잔을 바치되[獻] 잔을 내시에게 주어 영좌 앞에 올린 다. 수릉관이 부복하였다가 일어나 내려와서 위(位)로 돌아간다. 내시가 예 찬(禮饌)을 거두어 도로 준소에 놓는다. 수릉관이 또 올라가 처음과 같이 잔 을 바치고 내려와 위로 돌아간다. 종헌(終獻)도 위의 의식과 같이 하고, 내려와 위로 돌아와서 꿇어앉아 부복하여 곡하고 재배하고 나간다.

내시와 능사가 각각 그 소속을 거느리고 예찬을 치우고, 꿇어앉아 부복하였다가 일어나 문[戶]을 닫고 물러간다. 〈왕후(王后)가 동영(同瑩)인 경우에는 능사가 영좌의 동쪽에 왕후의 신좌(神座)를 설치하고 준소에 잔 하나를 더 놓는다.〉 내시가 안을 올리고 찬선을 올리고, 수릉관이 부잔(副盞)을 올리는 일을 위의 의식과 같이 한다.

위의 기록에서 조석상식 의식은 내시, 능사, 수릉관이 그 실무를 맡아 진행했음을 알 수가 있다. 산릉의 친향 의식에 관한 내용은 아래와 같이 규정되어 있다.

재계(齋戒). 제삿날 1일 전에 출발한다. 전교서(典校署)의 관원이 축문(祝文)을 받들어 올리면, 근시(近侍)가 전하여 임금에게 올린다. 임금이 살펴보고 서명한다. 그것이 끝나면 근시가 축문을 받들고 나와서 전교서 관원에게 교부한다. 〈충찬위(忠贊衛)가 축문 및 향합을 봉하여[6] 임금이 탄 수레 앞에서 받들고 간다. 만일 능소(陵所)가 멀리 있어서 임금이 밤을 지나야 될 거리 이상이면 제삿날 2일 전에 출발하여야 한다. 대신을 보내어 종묘에 고하는 것은 보통의 의식과 같다.〉 전설사(典設司)는 대차(大次)를 능소의 가까운 곳에 남향으로 설치하고 소차(小次)는 능실(陵室)의 옆 동남쪽에 서향으로 설치한다.

능사(陵司)는 그 하인을 인솔하고 능실의 안팎을 소제한다.

집례(執禮)는 임금의 욕위(褥位)를 동쪽 계단의 동남쪽에 서향으로 설치하고, 아헌관(亞獻官)·종헌관(終獻官)의 위(位)를 임금의 뒤, 남쪽 가까이 서쪽

---

6 충찬위(忠贊衛): 조선시대에 5위(五衛)의 하나인 충좌위(忠佐衛)에 속했던 군대 원종공신(原從功臣) 및 그의 적실(嫡室) 자손과 첩의 자손으로서 승중(承重)한 자로써 조직함.

을 향하여 북쪽을 상위(上位)로 해서 설치하고, 모든 집사의 위치를 헌관의 뒤 조금 남쪽에 서쪽을 향하여 북쪽을 상위로 해서 설치하고 〈관세위(盥洗位: 손을 씻는 곳)를 집사의 위(位) 뒤 동남쪽에 지형(地形)의 편의를 따라서 설치한다. 헌관과 모든 집사는 임시 손을 씻고 들어가 위에 나아간다〉 집례의 위치를 집사의 남쪽에 서쪽을 향하여 설치하고, 찬자(贊者)·알자(謁者)·찬인(贊引)은 남쪽으로 조금 물러난 곳에 북쪽을 상위로 하고, 감찰(監察)의 위치는 집례의 동남쪽에 서향으로 설치하며, 함께 제사할 여러 관원의 위치는 능소(陵所)로 가는 길[神道]의 동편과 서편에 남쪽 가깝게 설치하되 문관은 동편에, 종친과 무관은 서편에 있게 해서 모두 등급마다 위치를 달리하고, 겹줄로 북향해서 마주 대한 곳을 수위(首位)로 한다. 〈종친의 위치를 별도로 설치하는 것은 평상과 같다.〉

향사 날, 능사가 영좌(靈座)를 능실의 북쪽 문 안에 남향으로 설치한다. 전사관(典祀官)과 능사가 각각 그 하인을 거느리고 들어가서 축판(祝版)을 영좌의 오른편에 두고〈받침대가 있다〉 향로·향합과 촛불을 영좌의 앞에 설치하고, 다음은 예찬(禮饌)을 진설한다. 준소(尊所)를 문밖의 왼편에 두고, 잔 셋을 준소에 둔다.

병조(兵曹)에서는 모든 위(衛)를 정돈하여 장위(仗衛: 의장과 시위)를 홍례문(弘禮門) 밖에 대기시킨다. 종친과 문관·무관으로서 응당 모시고 따라가야 할 관원은 흰옷을 입고 〈상제(祥祭) 뒤는 담복(禫服)을 입는다〉 함께 광화문(光化門) 밖에 모인다. 모든 호위하는 관원 및 사금(司禁)[7]은 각각 기복(器服)을 갖추고 합문[閤門: 편전(便殿)의 문] 밖에 나아가 대기한다. 좌통례(左通禮)[8]가 합문 밖에 나아가서 고개를 숙이어 엎드렸다가 꿇어앉아서, 바깥의 준비가

---

7 사금(司禁): 나라에 큰 의식이 있을 때에 대궐의 섬돌 위나 뜰에 산선(繖扇), 화개(華蓋) 등의 여러 가지 의장(儀仗)을 벌여 세우는 관원.

8 통례(通禮): 조회(朝會), 제사에 관한 의식을 맡은 관원, 통례원의 정3품 당하관(堂下官).

다 되었음을 아뢴다.

전하(殿下)께서 흰 도포를 갖추고〈상제 뒤에는 담복을 입는다〉궁을 나가니, 산선(繖扇: 일산과 부채), 장위, 도종(導從: 인도하는 자와 따르는 자)은 통상의 의식과 같다. 임금이 능소에 이르러 대차로 들어가면 산선과 시위도 통상의 의식과 같다. 〈만일 능 있는 곳이 멀리 떨어져 있으면 하루 전에 행궁(行宮)에 도착하며 재숙(齋宿: 재계하면서 밤을 지냄)을 하여야 한다.〉

일각(一刻) 전에 아헌관 이하 및 함께 제사 지낼 여러 관원이 최복(衰服)으로 갈아입는다.〈연제(練祭) 뒤에는 연복(練服)을 갖추고 상제 뒤에는 담복을 갖춘다. 내상(內喪)인 경우에는 연제 뒤에 천담복(淺淡服)을 입는다.〉

집례가 찬자·알자·찬인을 거느리고 먼저 뜰에 들어가서 겹줄로 북향하여 서쪽을 상위로 하고 네 번 절한다. 끝나면 자리에 나아간다. 찬인이 감찰 및 전사관, 대축(大祝), 축사(祝史), 재랑(齋郎)을 인도하여 뜰에 들어가서 겹줄로 북향하여 서쪽을 상위로 한다. 집례가 말하기를 "네 번 절을 한다" 하고, 찬자가 창(唱)하기를 "몸을 구부리어 네 번 절하고, 일어나 몸을 바로 한다"라고 한다. 〈무릇 집례의 말이 있으면 찬자가 다 전창(傳唱)을 한다.〉 감찰 및 전사관 이하가 몸을 구부리고 네 번 절하고 일어나서 몸을 바로 한다.

찬인은 감찰 및 전사관 이하를 인도하여 각각 자리에 나아가게 하고, 인의(引儀: 통례원의 종6품 벼슬)는 종친 및 문관·무관의 여러 관원을 나누어서 인도하여 들어가 각자의 자리에 나아가게 한다.

알자는 아헌관·종헌관을 인도하여 들어가서 자리에 나아가게 한다.

좌통례가 대차 앞으로 나아가서 고개를 숙이어 엎드렸다가 꿇어앉아서 대차에서 나오기를 아뢰어 청한다. 임금이 최복을 갖추고〈연제 뒤이면 연복을 갖추고, 상제 뒤이면 담복을 갖춘다〉여(輿)를 타고 나온다. 〈산선과 의장·시위는 대차 앞에서 멈춘다.〉좌우통례가 앞에서 인도하여 신문(神

門: 능실에 들어가는 문) 밖에 이르러 여에서 내린다. 〈시위(侍衛)로서 응당 들어가야 될 자가 아니면 문밖에서 그친다.〉 전하께서 소차에 들어가면, 전사관과 능사가 제물을 올린다. 끝나면 좌통례가 꿇어앉아서 행례(行禮)하기를 아뢰어 청한다. 임금이 손을 씻고 상장(喪杖)을 짚고 나오면 찬례(贊禮)가 임금을 인도하여 들어가 자리에 나아가게 한다. 〈근시(近侍)가 따라 들어간다.〉

집례가 말하기를 "곡(哭)을 한다"〈연제 뒤이면 곡이 없다. 이 뒤도 이를 따른다〉라고 한다. 찬례가 고개를 숙이고 엎드렸다가 꿇어앉아 엎드려, 곡하기를 아뢰어 청한다. 임금이 꿇어앉아서 고개를 숙이고 엎드려 곡을 한다. 〈꿇어앉아 절할 때에는 내시가 상장을 받는다. 이 뒤도 이를 따른다.〉

아헌관 이하 자리에 있는 자도 같이 한다. 〈찬자도 또한 창을 한다.〉 집례가 말하기를 "곡을 그치고, 네 번 절을 한다"라고 한다. 찬례가 곡을 그치고 일어나서 네 번 절을 하고 일어나 몸을 바로 하여 서기를 아뢰어 청하니, 임금이 곡을 그치고 일어나서 네 번 절하고 일어나 몸을 바로 한다. 아헌관 이하 자리에 있는 자도 같이 한다. 〈찬자도 또한 창하고, 먼저 절한 자는 절하지 않는다.〉

집례가 말하기를 "찬례는 전하를 인도하여 초헌례(初獻禮)를 행한다"라고 한다. 찬례가 임금을 인도하여 동쪽 계단으로 올라가 준소로 나아가서 서향하여 서게 하고, 근시 한 사람은 술을 뜨고, 한 사람은 잔으로 술을 받는다.

찬례가 전하를 인도하여 들어가 영좌 앞에 나아가서 북향하여 서게 한다. 찬례가 고개를 숙이고 엎드렸다가 꿇어앉아서, 꿇어앉기를 아뢰어 청한다. 전하께서 꿇어앉는다. 아헌관 이하 자리에 있는 자도 같이 한다. 〈찬자도 또한 창을 한다.〉 근시 한 사람은 향합을 받들고 한 사람은 향로를 받들어, 꿇어앉아서 올린다. 찬례가 세 번 향북을 올리기를 아뢰어 청한다. 근시가 향로를 책상에 올린다. 〈향을 드리는 사람은 동쪽에서 서쪽으로 향하고, 향로를 올리는 사람은 서쪽에서 동쪽으로 향한다. 잔을 드리고 잔을 올리는 것도 이에 준한다.〉 근시가 잔을 꿇어앉아서 드리면 찬례가 잔을 잡아서 잔을 올리기를 아뢰어 청하고 잔을 준다. 근시가 그것을 받아서 영좌 앞에 올린다.

찬례가 전하에게 고개를 숙이고 엎드리기를 아뢰어 청하고 일어나서 조금 물러가 북향으로 꿇어앉는다. 대축이 영좌의 오른편에 나아가 동향으로 꿇어앉아 축문을 읽는다. 다 읽으면, 찬례가 고개를 숙이고 엎드렸다가, 일어나서, 몸을 바로 하여 서기를 아뢰어 청한다. 전하께서 고개를 숙이고 엎드렸다가 일어나서 몸을 바로 하여 선다. 아헌관 이하 자리에 있는 자도 같이 한다. 〈찬자도 또한 창을 한다.〉

찬례가 전하를 인도하여 문으로 나가서 내려가 본자리로 돌아온다. 집례가 말하기를 "아헌례(亞獻禮)를 행한다"라고 한다. 알자가 아헌관으로 인도하여 동쪽 계단으로 올라가 준소에 나아가서 서향으로 선다. 집준자가 술을 뜨면, 집사자가 잔으로 술을 받는다.

알자가 아헌관을 인도하여 들어가 영좌 앞에 나아가서 북향으로 서게 하고, 꿇어앉게 한다. 집사자가 잔을 아헌관에게 준다. 아헌관이 잔을 잡아 헌잔(獻盞)을 하는데 술잔을 집사자에게 주어 영좌 앞에 올리도록 한다. 알자가 고개를 숙이고 엎드렸다가 일어나서 몸을 바로 하게 한다. 아헌관을 인도하여 문으로 나가서 내려가 본자리로 돌아온다.

집례가 말하기를 "종헌례(終獻禮)를 행한다"라고 한다. 알자가 종헌관을 인도하여 예(禮)를 행하기를 모두 아헌례의 의식과 같게 한다. 끝나면, 인도하여 내려서 본자리로 돌아온다. 집례가 말하기를 "곡을 한다"라고 한다. 찬례가 고개를 숙이고 엎드렸다가 꿇어앉아서 임금에게 꿇어앉아 고개를 숙이고 엎드려 곡하기를 계청하니, 전하께서 꿇어앉고 고개를 숙이고 엎

드려 곡하여 슬픔을 극진히 한다. 아헌관 이하 자리에 있는 자도 같이 한다. 〈찬자도 또한 창을 한다.〉

집례가 말하기를 "곡을 그치고, 네 번 절을 한다"라고 한다. 찬례가 곡을 그치고, 일어나 네 번 절하고, 일어나서 몸을 바로 하기를 제청하니, 전하께서 곡을 그치고 일어나 네 번 절하고 일어나서 몸을 바로 한다. 아헌관 이하 자리에 있는 자도 같이 한다. 〈찬자도 또한 창을 한다.〉 찬례는 전하를 인도하여 소차로 돌아오고 알자는 아헌관과 종헌관을 인도하여 나가며 인의는 종친 및 문무백관을 인도하여 나가고 찬인은 감찰 및 전사관 이하를 인도하여 함께 절하는 자리로 돌아온다. 집례가 말하기를 "네 번 절을 한다"라고 한다. 감찰 및 전사관 이하가 몸을 구부리어 네 번 절하고 일어나서 몸을 바로 한다. 찬인이 차례로 인도하여 나간다.

집례가 찬자·알자·찬인을 거느리고 절하는 자리에 나아가서 네 번 절하고 나간다. 좌통례가 꿇어앉아서 소차에서 나오기를 제청하고, 좌우통례가 전하를 인도하여 대차로 돌아와서 흰 도포로 갈아입게 한다. 산선(繖扇)과 시위(侍衛)는 평상시의 의식과 같다. 전사관과 능사는 각각 그 하인을 인솔하고 예찬을 거두고, 대축은 축판을 구덩이에 묻는다.

전하께서 궁으로 돌아온다. 의장·시위와 전도(前導)·배종(陪從)은 올 때의 의식과 같다. 〈왕후(王后)와 능이 같으면 능사는 왕후의 신좌(神座)를 영좌의 동쪽에 설치하고, 전사관은 잔 셋을 준소에 더 놓고, 각각 예찬을 진설하고, 전하는 왕후의 신좌 앞에 부잔(副盞)을 올린다. 아헌관과 종헌관도 또한 부잔을 올려야 한다.〉 만일 내상(內喪)이 먼저 있어서 왕세자가 제례(祭禮)를 행하게 되면 재계(齋戒)는 의식대로 한다(서례 참조). 집례가 왕세자의 자리를 능실의 동남쪽에 서향으로 설치한다. 왕세자는 11개월 만의 연제(練祭) 뒤에는 연복(練服)을 갖추고, 13개월 만의 상제(祥祭) 뒤에는 담복(禫服)을 갖추고, 15개월 만의 담제(禫祭) 뒤, 2주년에 이르러서는 무양적색(無

揚赤色: 너무 드러나지 않는 붉은 빛)의 둥근 깃의 옷에 오사모(烏紗帽)와 검은 각
대(角帶)를 갖추고, 봉례(奉禮)가 행례하기를 찬청한다. 왕세자는 영좌 앞에
나아가 북향으로 꿇어앉고, 아헌관 이하 자리에 있는 자는 꿇어앉지 아니
한다. 따라간 관원이 술을 뜨고 향을 받들고, 향로를 올리고, 잔을 드리고,
잔을 올린다. 아헌관 이하 모든 집사는 연제 뒤에도 최복을 계속해서 입고
상제 뒤에는 천담복을 입는다. 여러 관원은 배제(陪祭: 모시고 함께 제사함)하
지 아니한다.

『세종실록』에는 "세종이 예조에 전지하여, '고제(古制)를 따라서 친향할 때
의 찬과 작은 모두 은을 쓰고, 대행할 때의 찬과 작은 모두 구리를 쓰며, 찬
향할 때의 아헌과 종헌도 역시 은작을 쓰기를 항식(恒式)으로 하라' 하고, 박
연으로 하여금 동시에 은작과 동찬을 부어 만들게 하고 하교하기를, '이제
작을 은으로 부어 만들었으니 목점(木坫)을 쓰는 것은 옳지 않다. 점도 역시
구리로 부어 만들라' 하였다. 이에 종묘와 산릉(山陵)의 친향과 섭행할 때의
찬·작과 점을 한결같이 옛 제도대로 따르게 되었다"[9]는 기록이 있어서 왕이
산릉 친향 때의 제기 사용에 각별한 신경을 썼음을 알 수 있다.

2) 건원릉의 조성 사례

이제부터는 구체적으로 왕릉 조성의 사례를 살펴본다. 1408년(태종 8) 조
선의 첫 왕인 태조(太祖, 1335~1408, 재위 1392~1398)가 승하하였다. 태종(太
宗)은 태조의 무덤을 조성하기 위하여 지관을 시켜 풍수지리적으로 명당

9　『세종실록』 1437년(세종 19) 8월 15일.
　　遂傳旨禮曹 "遵古制, 親享爵皆用銀, 攝行爵皆用銅. 親享之時, 亞·終獻亦皆用銀爵, 以爲恒規." 令朴
　　堧幷鑄銀爵銅瓚. 敎曰: "今爵旣以銀鑄, 不宜用木坫, 坫亦以銅鑄之." 於是宗廟山陵親享及攝行時爵與
　　坫, 一遵古制.

건원릉   건원릉과 정자각

을 선정한 끝에 검암산 자락에 태조의 무덤을 조성하고 건원릉이라 이름하였다. 건원릉의 조성에는 태종의 정치적 입장이 크게 작용하였다. 1398년, 1400년 두 차례의 왕자의 난 이후 권력을 장악하고 왕이 된 태종은 자신의 왕통에 대한 정당성을 강화하기 위하여 친모인 신의왕후를 추존하는 데 심혈을 기울이는 한편, 계모인 신덕왕후에 대해서는 그 지위를 약화하는 방편을 썼다. 신의왕후의 무덤인 제릉(齊陵)에 대한 추존 작업과 신덕왕후의 무덤인 정릉(貞陵)에 대한 천릉 작업은 대표적인 사례이다. 태종은 친모를 신의왕태후로 추존하고 그 무덤을 왕릉으로 조성하였으며, 태조와 함께 종묘에 부묘하였다. 그러나 태조의 계비이자 조선 최초의 왕비로서 왕후가 되지 못하고 생을 마감한 신덕왕후 강씨의 정릉은 천장을 하고 종묘에 들이지 않음으로써 왕비로서의 지위를 잃게 하였다. 태조 사후에 조성된 건원릉에도 역시 이러한 정치적 갈등이 자리를 잡고 있었다. 개성에 조성되어 있는 친모 신의왕후의 제릉에는 현실적으로 태조를 모실 수 없었고, 천장된 정릉에는 의도적으로 태조를 모시기를 꺼려하였다. 결국 태종의 대안은 새로운 명당을 찾아 태조의 왕릉을 조성하는 것이었다.

1408년(태종 8) 5월 22일 태조 승하는, 조선에서 처음 맞는 왕의 죽음인 만큼 국장에 관한 각종 의식과 절차가 요구되었다. 의정부에서는 즉시 빈전

(殯殿)·국장(國葬)·조묘(造墓)·재(齋)의 네 곳 도감을 설치하고 상복·옥책·제기·관곽·의장 등의 일을 담당하게 하였다. 빈전도감은 관을 임시로 모시는 일을, 국장도감은 왕의 장례를, 조묘도감은 왕릉 조성을 담당하였다. 조묘도감은 후에 산릉도감으로 불리게 되었다. 『태종실록』에는 건원릉에 관한 기록이 몇 차례 등장한다. 1408년 6월 12일 산릉 자리를 찾아보라는 태종의 명을 받은 하륜(河崙)이 행주를 천거하였다. 하지만 태종이 다른 곳을 알아볼 것을 지시하였고, 6월 28일 마침내 산릉을 양주의 검암(儉巖)에 정한 기록이 나타난다. 하륜 등이 양주의 능 자리를 보는데 검교 김인귀가 말하기를, "내가 사는 검암에 길지가 있다"고 하였다. 하륜 등이 가서 보니 과연 좋아서 조묘도감 제조 박자청(朴子靑)이 공장(工匠)을 거느리고 작업을 시작하였다. 7월 26일에는 산릉의 기일이 가까워지자 석실(石室)을 만들었으며, 7월 29일에는 태조 산릉의 재궁(齋宮)에 개경사(開慶寺)라는 이름을 내려 주었다. 개경사에 노비 150구와 전지 300결을 소속시켰다. 태종은 황희에게 "불씨(佛氏)의 그른 것을 내 어찌 알지 못하랴마는, 이것을 하는 것은 부왕의 대사를 당하여 시비를 따질 겨를이 없다. 내 생전에 마땅히 해야 할 일을 자세히 제정하여 후손에게 전하겠다"고 하였다.

위의 기록에서 태조의 장례식에 불교적 요소가 다분히 묻었음을 볼 수 있다. 이러한 분위기는 현재의 양주에 회암사와 같은 왕궁에 비견되는 절을 조성하고 이곳에 기거하려 했던 태조 생전의 처신과도 일면 부합되고 있다. 이해 9월 9일에 태종은 영구를 받들고 건원릉에 가서 장사를 지냈다. 당시의 실록 기록을 보자.

임금이 영구를 받들어 건원릉(健元陵)에 장사하였다. 자시(子時)에 임금이 백관을 거느리고 임광제(臨壙祭)를 행하고 현궁(玄宮)을 봉안하고 나서, 곧 하직하고 신주(神主)를 썼다. 백관은 최복을 벗고 오사모(烏紗帽)에 흑각대

(黑角帶)로 입시(入侍)하였다. 다음에 반혼동가제(返魂動駕祭)를 행하고 우주(虞主)를 받들고 돌아오는데, 길장(吉仗)이 앞서고 문무백관이 앞에서 인도하며, 상왕과 주상은 소연(素輦)을 타고 반혼거(返魂車)의 뒤를 따르고, 군위(軍威)는 뒤에서 옹위(擁衛)하였다. 사헌집의(司憲執義) 이관(李灌)을 머물게 하여 현궁의 봉함을 감독하게 하고 엄광제(掩壙祭)를 행하게 하였다. 도성에 머물러 있던 각사(各司)와 한량(閑良), 기로(耆老) 등이 동교(東郊)에서 봉영(奉迎)하여 흥인문(興仁門)으로 들어와 오시(午時)에 우주를 문소전(文昭殿)에 봉안하고, 임금이 백관을 거느리고 초우제(初虞祭)를 행하고 환궁(還宮)하였다. 의정부에서 권도(權道)로 최질(衰絰)을 벗고 소복(素服)을 입을 것을 청하니, 그대로 따랐다.[10]

위의 기록에 의하면 태종은 건원릉에 도착하여 임광제를 행하고, 현궁을 봉안하고 나서 곧 하직하고 신주를 썼다. 백관은 최복을 벗고 오사모에 흑각대로 입시하였다. 다음에 반혼동가제를 행하고 우주(신주)를 받들고 돌아왔다. 오시에는 우주를 문소전에 봉안하고, 임금이 백관을 거느리고 초우제를 행한 뒤 환궁하였다.

건원릉의 조성으로 기본 골격을 잡은 조선시대의 왕릉 조성의례는 후대 왕에게도 그대로 계승되었다. 『문종실록』의 기록에 의거하여 세종의 국상 때 왕릉으로 가기까지의 주요 의례를 정리하면, 1450년 6월 4일 계빈전(啓殯奠)을 행했으며, 6월 6일에는 견전(遣奠)을 행하고, 재궁(梓宮)이 발인하였다. 실록에는 "임금이 백관을 거느리고 수행하였는데, 매양 한 사(司)에 관원 두 사람씩 도성에 머물렀다. 흥인문(興仁門) 밖에서 하직하는데, 곡성이 하늘을 진동하고, 혹은 엎어져서 기절하는 사람도 있었다. 낮에 낙천정(樂天

---

10 『태종실록』 1408년(태종 8) 9월 9일.

亭) 앞에 머물렀다가, 삼전도를 건너, 영악청(靈幄廳)에 이르러, 산릉에 내리는 전(奠)을 행하기를 의례와 같이 하였다"[11]고 기록하고 있다. 6월 8일에는 천전(遷奠)을 행하고, 재궁을 받들고 갔다. 문종은 상장(喪杖)을 짚고 곡을 하며 걸어서 따르고, 백관이 따랐다. 현궁에 하폄(下窆)하니, 임금이 봉사(奉辭)하는 위차(位次)에 나가 사배하고, 통곡하여 스스로 그치지 아니하고, 신하들이 또한 목 놓아 통곡하였다. 현궁을 폐쇄하여 장차 끝나려 하므로 입주전(立主奠)을 행하고, 임금이 우주를 받들고 회가(回駕)하여 우주를 휘덕전(輝德殿)에 봉안하고, 친히 초우제를 행하고 이어 창덕궁(昌德宮) 재실(齋室)에 거처하였다.

태조는 사실 자신이 그토록 사랑했던 계비 신덕왕후 강씨의 무덤인 정릉 옆에 묻히고 싶어 했다. 태조 생전에 신덕왕후가 사망하자 태조는 지금의 덕수궁 근처 정동에 정릉을 조성하고 경복궁 궁궐에서도 늘 왕비의 무덤을 보곤 했다. 그리고 자신도 그곳으로 가기를 바랐다. 그러나 태조의 능인 건원릉 조성의 책임자였던 태종은 계모 신덕왕후와는 철저히 반대편에 있었다. 결국에는 신덕왕후의 아들이자 이복동생인 방석을 죽이기까지 하였다. 신덕왕후와는 거의 원수지간이었던 태종은 태조 생전에는 어쩔 수 없었지만, 태조 사후에는 눈엣가시 같은 정릉을 경기도의 외곽으로 옮길 것을 지시하였다. 정릉이 현재의 성북구 정릉동에 위치한 것은 바로 태종 때부터였다. 태종은 이것도 성에 차지 않았던지, 서울에 큰 홍수가 일어나 청계천 광통교의 다리가 떠내려가자 정릉의 석물들을 뽑아 다리로 만들었다. 광통교 석물 일부에는 정릉 병풍석의 흔적들이 남아 있으니, 600년 전 역사의 현장이 현재에도 살아 있다는 느낌이 든다. 원래 정릉이 있던 곳이라 하여 붙여

---

11 『문종실록』 1450년(문종 즉위년) 6월 6일.
　行遣奠, 梓宮發引. 上率百官隨之, 每一司二員留都. 奉辭于興仁門外, 哭聲震天, 或有仆絶者. 晝次于樂天亭前, 渡三田渡, 至靈幄廳, 行下山陵奠如儀.

진 이름 정동(貞洞)은 희미하게나마 신덕왕후의 자취를 보여 주고 있다.

결국 태조의 무덤 건원릉은 신의왕후나 신덕왕후의 무덤 곁에 조성되지 못하였다. 신의왕후는 조선이 건국되기 전에 사망하여 개성의 제릉에 묻혔으나, 개성은 새 왕조 조선의 첫 왕이 묻힐 곳으로는 적절하지 못하였다. 그렇다고 태조의 무덤은 계비인 신덕왕후의 곁에도 갈 수 없었다. 왕릉 조성의 실질적 책임자인 태종은 아버지가 계모 신덕왕후와 함께 있는 것을 결코 원하지 않았기 때문이다. 건원릉이 현재의 구리시에 조성된 데는 이러한 역사적 배경이 있다.

태조의 무덤에는 석실(石室)이 만들어졌다.『태종실록』에는 "석실을 만들라고 명하였다. 산릉(山陵)의 기일(期日)이 가까웠는데 고사(故事)를 따르는 자는 석실을 만들자고 하고,『가례(家禮)』에 의거하는 자는 회격(灰隔)을 쓰자고 하여, 양설(兩說)이 정해지지 않았다. 임금이 세자(世子) 이제(李禔)를 명하여 종묘에 나아가 점[枉]을 쳐서 석실로 정하였다"고[12] 기록하고 있다. 이때 확정된 석실은 이후 조선 왕릉의 기본 형태로 굳어져『세종실록』「오례의」와『국조오례의』에는 석실에 관한 내용이 규정되었다. 즉 "석실(石室)은 동쪽·서쪽 방석(旁石)의 두께가 각각 2척 5촌이고, 중간 격석(隔石)의 두께는 4척이다. 동쪽·서쪽 실내(室內)의 너비는 각각 5척 5촌이니, 합계가 29척이다"[13]라고 기록되어 있다.

조선시대의 능침제도는 14세기 말 고려 공민왕과 노국공주의 능인 현릉(玄陵)과 정릉(正陵)을 기본으로 하여 발전했다. 그러나 실질적으로 첫 번째 왕릉인 태조의 건원릉을 축조할 때 현실(玄室)을 고려 때처럼 석실로 할지,『주자가례』를 따라 회격묘로 할지 의견이 분분했다. 태종은 신료들의 의견이 통일되지 않자, 고심 끝에 세자를 종묘에 보내 동전을 던지는 점을 쳐

---

12 『태종실록』1408년(태종 8) 7월 26일.
13 『세종실록』「오례의」.

서 태조의 능을 석실로 결정했다. 석실묘로 결정된 조선의 왕릉제도는 세조의 유언으로 큰 전환점을 맞는다. 세조는 "죽으면 속히 썩어야 하니 석실과 석곽을 마련하지 말라. 또 석실은 유명무실하므로 쓰는 것이 옳지 않다"[14]고 하여 석실 대신 회격묘로 왕릉을 조성하게 했다.

태조의 무덤은 특이하게 봉분에 잔디가 아닌 억새풀이 심기어 있는데, 고향 함흥을 그리워하는 아버지를 위해 태종이 함흥의 억새풀을 가져와 봉분을 덮어 준 것이라고 한다. 실록의 기록에서도 이러한 정황을 보여 주는 내용이 전한다.

홍서봉이 아뢰기를, "건원릉 사초(莎草)를 다시 고친 때가 없었는데, 지금 본릉에서 아뢰어 온 것을 보면 능 앞에 잡목들이 뿌리를 박아 점점 능 가까이까지 뻗어 난다고 합니다. 원래 태조의 유교(遺敎)에 따라 북도(北道)의 청완(青薍: 억새)을 사초로 썼기 때문에 지금까지도 다른 능과는 달리 사초가 매우 무성하였습니다. 그런데 지금 나무뿌리가 그렇다는 말을 듣고 어제 대신들과 논의해 보았는데, 모두들 나무뿌리는 뽑아 버리지 않으면 안 되고, 만약 사초가 부족하면 다른 사초를 쓰더라도 무방하다고들 하였습니다" 하니, 상이 이르기를, "한식(寒食)에 쑥 뿌리 등을 제거할 때 나무뿌리까지 뽑아 버리지 않고 나무가 큰 뒤에야 능 전체를 고치려고 하다니 그는 매우 잘못된 일이다. 지금이라도 흙을 파서 뿌리를 잘라 버리고 그 흙으로 다시 메우면 그 뿌리는 자연히 죽을 것이다. 예로부터 그 능의 사초를 손대지 않았던 것은 다른 뜻이 있어서였던 것이니 손을 대서는 안 된다"고 하였다.[15]

---

14 『예종실록』 1468년(예종 즉위년) 9월 17일·22일.
15 『인조실록』 1629년(인조 7) 3월 19일.

제1장 조선 전기의 왕릉 조성과 의례

위의 기록에서 태조의 유언에 따라 아들 태종이 함흥 고향의 억새풀을 가져와 동구릉의 사초로 썼음이 나타나며, 이후에도 여러 왕들이 태조의 사초는 특별히 관리한 정황이 나타난다. 생전에도 많은 갈등을 겪었던 아버지 태조와 아들 태종. 태종은 무덤마저도 아버지가 원치 않는 곳에 조성하였지만 아버지의 마지막 유언만은 거절하지 못했다. 건원릉의 억새풀에는 아버지가 진정 원치 않는 곳에 능지를 정한 불효를 조금이라도 만회하고자 했던 태종의 마음이 표현되어 있는 것이 아닐까?

조선 초기 왕릉 조성에서 또 하나의 특징으로 지적되는 것은 원찰의 설치이다. 태조가 신덕왕후의 정릉 옆에 흥천사(興天寺)라는 원찰을 세운 전통을 이어 태종은 건원릉 옆에 개경사를 설치하였다. 『태종실록』의 기록을 보자.

산릉의 재궁(齋宮)에 개경사(開慶寺)라는 이름을 내려주고 조계종에 붙이어 노비 150구와 전지(田地) 300결을 정속(定屬)하였다. 연경사(衍慶寺)의 원속 (元屬) 노비가 80구인데 이번에 20구를 더 정속하였다. 임금이 황희(黃喜)에게 이르기를, "불씨(佛氏)의 그른 것을 내 어찌 알지 못하랴마는, 이것을 하는 것은 부왕의 대사를 당하여 시비를 따질 겨를이 없다. 내 생전에 마땅히 해야 할 일을 자세히 제정하여 후손에게 전하겠다" 하였다.[16]

건원릉은 조선의 건국 시조의 무덤인 만큼 역대 왕들이 어느 무덤보다 관리에 신경을 썼다. 태조 이후에도 여러 왕의 무덤이 조성됨으로써 자연히 왕릉 관리도 체계적으로 이루어졌다. 그러나 실록에는 건원릉이 수난을 당한 사례도 자주 나타난다. 중종 때에는 호랑이의 발자국이 건원릉으로 향했다는 보고가 올라와 조정을 잔뜩 긴장시켰으며, 선조 때에는 건원릉과 현

---

16 『태종실록』 1408년(태종 8) 7월 29일.

릉(문종의 무덤)에 불이 나자 해당 관원을 문책하였다.『고종실록』에는 "지금부터 건원릉 참봉은 반드시 대군(大君)과 왕자의 봉사손(奉祀孫) 중에서 뽑아라"[17]라는 기록이 있어서, 특별히 왕실의 후손을 선발하여 건원릉의 관리를 맡겼음을 알 수 있다.

17 『고종실록』 1865년(고종 2) 10월 6일.

제1장 조선 전기의 왕릉 조성과 의례

2 조선 전기의 왕릉 조성

1) 태조 시대의 왕릉 조성

태조 시대에는 정비인 신의왕후의 제릉과 계비인 신덕왕후의 정릉을 조성하는 역사(役事)가 있었다.

(1) 신의왕후 제릉(齊陵)의 조성

제릉의 주인공인 신의왕후(神懿王后, 1337~1391) 한씨의 본관은 안변(安邊)이고, 아버지는 밀직사 부사 증 영문하부사(密直司副使贈領門下府事) 안천부원군(安川府院君) 한경(韓卿)이다. 함경도의 요충지인 안변의 세족으로 이성계 집안과 밀접한 관계에 있었다. 어머니는 삭녕 신씨이다. 신의왕후는 1337년(충숙왕 복위 6)에 출생하였고, 태조가 17세, 한씨가 15세였던 1351년에 혼인하였다. 둘 사이에는 6남 2녀의 자녀가 있었는데 방우, 방과(정종), 방의, 방간, 방원(태종), 방연 등이다.

이성계에게 시집와서는 함흥 운전리(雲田里)에 세거(世居)하였다. 1364년(공민왕 13) 이성계가 동북면병마사로서 삼선(三善)·삼개(三介)의 난을 토평한 공로로 봉익대부밀직부사(奉翊大夫密直副使)에 오르고 단성양절익대공신호(端誠亮節翊戴功臣號)를 받자, 원신택주(元信宅主)에 봉해졌다.[18] 우왕 대에는 포천의 재벽동(滓甓洞) 전장(田莊)에 거주하였고, 1388년(우왕 14) 위화도회군 때 동북면에 피난하기도 하였다.

---

18 이긍익, 『연려실기술』 권1, 태조조 고사본말(太祖朝故事本末).

신의왕후는 조선의 개국을 보지 못하고 1391년(공양왕 3) 9월 23일에 55세를 일기로 승하하였다.[19] 해풍군(海豊郡) 치속촌(治粟村)에 장사를 지냈다. 조선이 개국한 다음 날인 1392년(태조 1) 7월 17일에 시호를 '절비(節妃)'라 추존하고, 능호를 '제릉(齊陵)'이라 하였음이 기록에 나타난다.[20] 제릉은 경기도 개풍군 상도면 풍천리(현재 개성 판문군 지동)에 있다.[21] 뒤에 능직(陵直)으로 권무관(權務官) 두 사람을 배정하고 수호군(守護軍) 50호를 두었는데, 매 호에 토지 2결씩을 지급하였다. 능의 동쪽 마을에 재궁(齋宮)을 창건하고 이름을 연경사(衍慶寺)라 하여 교종(敎宗)에 속하게 하고, 밭 400결을 주었다.[22]

태종이 제릉에서 여막을 지키고 있을 때, 태조가 사냥을 하다가 말에서 떨어져 병이 위독하다는 말을 들었다.[23] 그리고 태조가 서울에 들어오는 날 정몽주가 난을 일으키고자 한다는 것을 듣고, 곧 달려가 정몽주의 음모를 아뢰며 속히 서울에 들어가야 한다고 아뢰었다. 그리고 태종이 은밀히 정몽주를 죽이기를 청하니, 태조는 듣지 않았으며, "속히 돌아가서 너의 큰일이나 마쳐라"라고 이야기하였다. 태종이 마쳐야 하는 큰일은 제릉에 돌아가 상주 노릇을 마치는 것이었다. 이러한 사례에서 태조가 신의왕후의 장례에 대해 깊은 관심을 표명했음을 확인할 수가 있다. 태조 대까지는 절비(節妃)라 칭해지던 신의왕후는 정종(定宗)이 즉위한 후, 임금의 생모인 절비 한씨

---

19 이긍익, 『연려실기술』 권1, 태조조 고사본말; 권근이 쓴 「제릉신도비명」에는 9월 12일로 기록되어 있다; 『태조실록』 1392년(태조 1) 9월 23일 · 1393년(태조 2) 9월 23일 "임금이 절비(節妃)의 기신(忌辰)인 까닭으로써 조회를 정지하였다(乙丑 以節妃忌辰 停朝市)"는 기록이 있어 9월 23일이 맞는 듯하다.

20 『태조실록』 1393년(태조 2) 9월 18일.

21 『신증동국여지승람(新增東國輿地勝覽)』 제13권 「경기(京畿)」 - 제릉(齊陵): 군의 북쪽 15리에 있는데, 우리 태조 신의왕후(神懿王后)의 능이다.

22 『세종실록』 「지리지」 - 경기 부평 도호부 해풍군: 군(郡) 북쪽 15리 밤나뭇골[栗村] 축산(丑山)에 있는데, 갑좌경향(甲坐庚向)이다. 능 옆에 비각(碑閣)을 세우고, 능직(陵直)과 권무(權務) 2인과 수호군(守護軍) 50호를 두고, 매 호마다 밭 2결(結)을 주었다. 능의 동쪽 골에 재궁(齋宮)을 창설하고 연경사(衍慶寺)라 하여 교종(敎宗)에 붙이고, 밭 400결을 주었다.

23 이긍익, 『연려실기술』 권1, 태조조 고사본말.

를 신의왕후(神懿王后)로 추존하고 인소전(仁昭殿)에 봉안하였다.[24]

서거정이 쓴 『동문선(東文選)』 제120권 「비명(碑銘)」에는 권근이 쓴 "유명 조선국 승인순성 신의왕후 제릉신도비명 병서(有明朝鮮國承仁順聖神懿王后齊陵神道碑銘并序)"가 있다. 이 기록을 보자.

신의왕후는 타고난 자질이 맑고 의젓하며 부덕(婦德)은 유순하고 정숙하였다. 일찍이 태조께서 잠저(潛邸)에 계실 때 시집가서 태조를 도와 왕업을 이루게 하고, 착하고 어진 아들을 낳아 왕통(王統)을 무궁하게 드리우게 하였으니, 신성한 공과 떳떳한 법이 옛날의 착한 후비에 비하여 부끄러울 것이 없다. 오직 한 가지 애석한 것은 큰 훈업이 금방 이루어지려 할 때에 너무 빨리 세상을 떠나신 것이다. 태상왕이 나라를 창업하였으나 왕비로 높일 수 없었으며, 두 착한 아드님이 왕위를 계승하였으나 그 영화스러운 봉양을 할 수 없었다. 산릉(山陵)이 빛남을 가리워서 서리와 이슬이 슬픔을 더하게 한다. 아, 슬프다. 처음의 시호는 절비(節妃)이며 능호는 제릉(齊陵)이다. 신의왕후라는 시호를 더하고 인소전(仁昭殿)을 두어 진용(眞容)을 봉안하였으니, 추후(追後)하여 높이는 예전(禮典)은 이미 갖추어 거행되었다.

위의 기록에서 신의왕후는 처음 절비라는 시호를 받았다가, 이후에 신의왕후라는 시호를 받았음을 알 수 있다. 절비에서 신의왕후로 호칭이 변경되는 과정은 조선의 첫 왕비에 대한 추숭 과정으로 볼 수 있다.

---

24 『태조실록』1398년(태조 7) 11월 11일: 황비(皇妣)인 절비(節妃) 한씨(韓氏)를 추존(追尊)하여 신의왕후(神懿王后)로 삼았다. 우정승 김사형을 봉책사(奉冊使)로 삼고, 정당문학(政堂文學) 하륜을 부사(副使)로 삼아 별전(別殿)에 봉안(奉安)하고서 인소전(仁昭殿)이라 이름하였다.

정릉은 태조의 계비인 신덕왕후의 무덤으로, 태조가 생존해 있던 기간에 신덕왕후가 사망함으로써 태조는 계비의 왕릉 조성에 많은 공력을 기울였다. 신덕왕후(神德王后, ?~1396) 강씨의 본관은 곡산(谷山)이고, 아버지는 판삼사사 증 상산부원군(判三司事贈象山府院君) 강윤성(康允成)이다. 강윤성은 충혜왕 때 문과에 급제한 뒤에 한림학사·이부시랑·판삼사사 등을 지내고, 1343년에 문하찬성사로 임명되었던 인물이다. 어머니는 진주 강씨이다.

아버지 윤성과 그의 형제인 윤충(允忠)과 윤휘(允暉)는 고려 충혜왕과 공민왕 때 재상으로 세도를 떨쳤고, 충혜왕 때에는 조적(曺頔)의 난을 평정한 공으로 일등공신에 녹훈되었다. 신덕왕후 강씨는 고려 말 권문세족의 배경을 바탕으로, 전쟁에서 계속 승리하면서 위상을 강화하고 있던 이성계의 경처(京妻)가 되었다. 강씨는 포천 철현(鐵峴)에서 생활하였으며, 1389년 위화도 회군 당시에는 변고에 대비하여 일가족과 함께 동북면으로 피하여 이천에 있는 한충(韓忠)의 집에서 머물렀다.

이성계가 조선을 건국한 후인 1392년(태조 1) 8월 강씨는 현비(顯妃)로 책봉되어,[25] 국모의 자리에 올라 막강한 영향력을 행사하였다. 2남 1녀의 자녀를 두었는데, 태조의 총애를 바탕으로 자기 소생의 왕자인 방석을 세자로 세우는 데 성공했다. 그러나 4년 후인 1396년(태조 5) 8월 13일, 강씨가 이어소(移御所) 판내시부사(判內侍府事) 이득분(李得芬)의 집에서 승하하였다. 태조는 강씨의 죽음을 매우 슬퍼하고, 조회와 시장의 거래를 10일간 정지하였다.[26] 8월 14일에 세자와 백관들이 마질(麻絰)을 두르고 머리를 풀어 곡을 하였으며 소렴(小殮)하였다. 상장(喪葬)을 치르기 위하여 사도감(司都監) 13소(所)를 설치하고 예조에 분부하여 발상(發喪)하는 예를 상정하게 하였으며,

25 『태조실록』 1392년(태조 1) 8월 7일.
26 『태조실록』 1396년(태조 5) 8월 13일.

구궁(舊宮)으로 빈소를 옮겼다. 8월 15일에 대렴(大殮)하고 세자와 백관들이 재최복(齊衰服)을 입었으며 빈전에 제사를 올렸다.

8월 16일에는 조준(趙浚) 등의 건의로 국모를 높이는 뜻의 공신수릉제(功臣守陵制)를 채택하여, 공신 안평군(安平君) 이서(李舒)로 하여금 3년 동안 능을 지키게 하였다.[27] 8월 21일에 태조는 안암동에서 능지를 간심(看審)하고 이 튿날 땅을 파 보도록 명하였는데 물이 솟으므로 중지하였고, 8월 23일에는 취현방(聚賢坊)에 거둥하여 능지를 결정하였다. 9월 28일 봉상시(奉常寺)에서 현비의 존호를 신덕왕후, 능호를 정릉(貞陵)이라 하였다.[28] 다음 해인 1397년 (태조 6)에 신덕왕후를 취현방 북녘 언덕, 현재 서울시 중구 정동에 장례하고 정릉이라 이름하였다.[29] 능의 동쪽에 흥천사를 창건하여 명복을 비는 원당 (願堂)으로 삼았다.[30] 절의 건축 공사가 끝나고 소상(小祥)이 되자 법채(法彩)를 성대히 베풀어서 낙성식을 하고, 권근에게 명하여 기문(記文)을 짓게 하였다. 당시 기문의 내용을 보면 다음과 같다.

홍무(洪武) 병자년(태조 5) 가을 8월 무술일에, 우리 소군(小君) 현비 강씨(顯妃 康氏)가 돌아갔다. 상이 마음으로 깊이 슬퍼하며 유사를 명하여 추존하 는 시호로 신덕왕태후(神德王太后)라 하고 장지를 택하여 왕궁 서남쪽 몇 리 되는 가까운 곳에 얻으니, 언덕과 봉우리가 감싸서 풍수가 길하게 호응하 였다. 얼마 후 명년 정월 갑인일에 정릉(貞陵)에 장사 지내고 또 묘역 동쪽 에 절을 창건하여 흥천사(興天寺)라 이름하니 명복을 빌기 위함이었다. 1년 이 못 되어 공사가 이루어지자 불전(佛殿)·승방·대문·행랑·부엌·욕실 등

27 『태조실록』 1396년(태조 5) 8월 16일.
28 『태조실록』 1396년(태조 5) 9월 28일.
    奉常寺議獻顯妃尊號曰神德王后, 陵號曰貞.
29 『태조실록』 1397년(태조 6) 1월 3일.
30 『세종실록』 「지리지」 - 경도한성부: 황화방(皇華坊)에 있는데, 선종(禪宗)에 속한다. 3층탑이 있고, (그 속에) 석가여래(釋迦如來)의 사리(舍利)를 안치하였다. 태조가 세우고 밭 250결을 주었다.

무릇 기둥으로 계산하니, 170여 칸이었다. 서까래와 들보가 높이 환하게 금채색이 번쩍이는데 소상(小祥) 때가 되어 불사[法筵]로 베풀어 낙성식을 하고 전지 1,000결을 하사하여 공급하는 비용에 충당하며 조계종 본사(曹溪宗本社)로 삼고 승당을 설치하여 참선 공부를 하는 것을 영구한 규정으로 삼게 하였다.[31]

종친과 백관이 복(服)을 벗고, 조복(朝服)을 갖추고서 인안전(仁安殿)으로 반혼(返魂)한 뒤에, 백의(白衣)와 흑대(黑帶)로 정무를 보았으며 왕후의 혼전도감(魂殿都監)을 설치하였다.[32] 그런 뒤 기제(忌祭)를 맞아 경복궁 내 강씨의 처소를 인안전으로 정하고 영정(影幀)을 봉안했다가, 이듬해 9월 정릉에 영각(影閣)을 지어 옮겼다.[33]

태조는 신덕왕후가 죽은 후에도 그녀를 끔찍이 생각했다. 신덕왕후 강씨의 무덤인 정릉의 명복을 비는 흥천사의 종소리를 들은 후에야 태조는 수라를 들었다고 한다. 『송자대전(宋子大全)』의 신덕왕후에 관한 연보에는, "신덕왕후 강씨는 곧 태조의 왕비이십니다. 승하한 뒤에 정릉(貞陵)에 장사를 모셨는데, 국례(國禮)에 오히려 고려의 제도를 써서 조석으로 재(齋)를 올렸습니다. 태조대왕께서 추념(追念)함이 매우 간절하시어, 매양 정릉 경쇠 소리를 들으신 뒤에야 수라(水刺)를 드셨다 하니 태조의 성정(聖情)을 알 수 있습니다"[34]라고 하여 신덕왕후에 대한 태조의 애정이 대단했음을 볼 수가 있다.

31 『동문선』 제78권 "정릉원당 조계종본사 흥천사 조성기(貞陵願堂曹溪宗本社興天寺造成記)".
32 『태조실록』 1397년(태조 6) 1월 3일.
33 『태조실록』 1398년(태조 7) 9월 7일.
34 『송자대전』 부록 제6권 「연보(年譜)」 5.

2) 태종 시대의 왕릉 조성

(1) 제릉의 조성과 관리

1408년(태종 8) 태조가 죽자 태종은 친모인 신의왕후의 시호를 높여 '승인순성신의왕태후(承仁順聖神懿王太后)'라 하였다.[35] 왕태후라는 시호는 아들이 황제에 즉위하고 올렸던 고려의 유습이었다. 1430년(세종 12)에 세종이 시호에 '태(太)' 자를 붙이는 것은 옛 제도를 상고했으나 제후국으로서 그런 예가 없다고 하고, '신의왕태후'를 '신의왕후'로 낮추어서 이후에는 신의왕후라 하였다.

제릉의 능호는 태조 때 이미 정해졌지만 왕릉으로서의 면모를 갖추기 시작하는 것은 태종 대부터였다. 태종이 왕위의 정당성을 인정받고자 하는 측면도 컸다. 이러한 시대적 상황을 바탕으로, 제릉은 조선 초 왕릉의 전범으로 자리매김할 수 있을 정도로 공력을 다해 조성되었다. 태종 대 본모습을 갖추게 된 제릉의 특징을 살펴보면 다음과 같다.[36]

첫째, 제릉 앞에 신도비(神道碑)와 비각(碑閣)을 세웠다. 신도비는 1403년(태종 3) 10월 20일에 권근이 비문을 지어 올린 뒤 10월 30일부터 조성하기 시작하였다.[37] 규모가 큰 신도비는 비석 돌을 마련하기 어려워 화장사(華藏寺)의 묵은 비를 손질하여 이듬해 2월 18일에 신도비를 세울 수 있었다.[38] 당시 권근은 글을 짓고, 성석린은 글씨를 쓰고, 김첨은 액전을 쓰고, 승려 명호는 돌에 새기고, 이응은 역사를 감독하고, 유한우는 터를 잡고, 조희림은 비

---

35 『태종실록』 1408년(태종 8) 9월 6일.
36 이에 대해서는 장경희, 「조선 태조비 신의왕후 제릉 연구」, 『미술사학연구』 263, 2009 참고.
37 『태종실록』 1403년(태종 3) 10월 20일.
38 실록의 화장사(華莊寺)는 화장사(華藏寺)의 오류이다[『태종실록』 1404년(태종 4) 2월 18일]. 북한 내에는 화장사(華藏寺)가 여러 곳에 있으며, 제릉에서 멀지 않은 개성 용흥동의 화장사는 정종이 자주 다녔다[『정종실록』 1400년(정종 2) 10월 6일; 『태종실록』 1402년(태종 2) 1월 16일].

각의 역사를 감독한 공으로 상을 받았다.[39] 하지만 비석이 세워진 지 얼마 되지 않은 1410년(태종 10) 비문에 잘못된 글자가 발견되어 성석린이 고쳐 썼고,[40] 비각도 고쳐 세웠다.[41] 제릉에 신도비를 세운 것이 전례가 되어 이후 태조의 건원릉, 태종의 헌릉, 세종의 영릉에까지 세워져 신도비는 조선 초기 왕릉을 특징짓는 하나의 기념비적 조형물이 되었다.

둘째, 제릉의 향사 공간으로서 연경사(衍慶寺)를 재궁(齋宮)으로 삼고 불교식 추천의례(推薦儀禮)를 행하였다.[42] 연경사는 정종이 즉위하면서 수리하여 법석(法席)을 베풀던 사찰로,[43] 제릉의 재궁으로 정한 뒤부터는 제사를 종묘의 제사와 같게 하였다.[44] 하지만 정종 대의 재궁은 협소하여 규모를 갖춘 의절을 거행하기가 어려웠던지, 태종은 1404년(태종 4) 9월 그 동쪽 골짜기에 다시 재궁을 영건토록 하였으며,[45] 1년여의 공사 끝에 이듬해 8월에 완공하였다.[46] 그런데 제릉을 건립한 1년 뒤(1409년)에 연경사의 중수가 이뤄져,[47] 이듬해 3월에 완공되었다.[48] 이후 연경사는 교종 사찰로 분리되고, 밭 400결을 받는 제릉의 능침사찰이 되어 신의왕후의 기신(忌辰)과 삭망(朔望)에 제사를 올리게 되었다.[49]

이처럼 조선 초기 왕릉에는 고려 말 공민왕과 노국공주의 능인 현·정릉에 정릉사를 세웠던 전례를 따라 능침사찰을 조성하였다. 신덕왕후의 정릉

---

39 『태종실록』 1404년(태종 4) 3월 16일.
40 『태종실록』 1410년(태종 10) 3월 16일.
41 『태종실록』 1410년(태종 10) 3월 18일.
42 허흥식, 「고려의 왕릉과 사원과의 관계」, 『고려시대연구』 1, 한국정신문화연구원, 2000, 107쪽.
43 『정종실록』 1399년(정종 1) 1월 3일·2월 19일.
44 『정종실록』 1399년(정종 1) 4월 1일.
45 『태종실록』 1404년(태종 4) 9월 12일.
46 『태종실록』 1405년(태종 5) 8월 6일.
47 『태종실록』 1409년(태종 9) 8월 9일·12일.
48 『태종실록』 1409년(태종 9) 8월 9일.
49 『세종실록』 「지리지」 - 경기 부평도호부 해풍군: 연경사에 노비 100명을 배속하였고[『태종실록』 1408년(태종 8) 7월 29일], 토지 100결을 하사하였으며[『태종실록』 1409년(태종 9) 6월 9일], 제릉에 배례할 때 미두(米豆) 10석씩을 내려주었다[『태종실록』 1410년(태종 10) 3월 18일].

에 흥천사를, 제릉에 연경사를, 건원릉에 개경사를, 후릉에 홍교사를, 헌릉에 봉은사를 세웠다. 또한 국상 때 국장·빈전·산릉도감과 함께 재도감(齋都監)을 설치하여 유교식 상제와 불교식 추천의례를 치렀다. 조상숭배와 효의 실천이라는 명분을 앞세워 조성한 능침사찰은 능침의 수호와 제례를 담당하고 왕실의 안녕을 기원하는 장소가 되었다. 그러나 세종 대에 성리학적 이념이 심화되고 유교식 예제가 만들어지면서 일상생활에서도 불교식 의례는 점차 사라져 가기 시작하였다.

셋째, 제릉의 능상 석실과 석물을 왕릉에 걸맞도록 조성하였다. 1407년(태종 7) 10월, 태종은 일반 백성의 묘와 다름없었던 신의왕후의 제릉을 개수키로 하고, 박자청을 감독총제(監督摠制)로 삼아 그 역사를 총괄토록 하였다.[50] 5개월여의 역사 끝에 이듬해인 1408년 3월 10일, 드디어 제릉에 난간석을 두르고 석인 등을 배치하는 역사를 끝내었다.[51] 제릉을 완공한 지 2개월 후 1408년 5월에 태조가 죽자 박자청은 또다시 조묘도감의 제조로서 건원릉의 조성을 총괄하였으므로,[52] 제릉과 건원릉의 양식적인 친연성을 짐작할 수 있다.

위에서 살펴본 바와 같이 태종은 제릉에 신도비를 세워 친모의 위상을 높였고, 재궁을 영건하여 향사하였으며, 능상 석물을 개수하는 등 순차적으로 제릉의 규모를 확장함으로써 조선 초기 왕릉의 제도를 확립할 수 있었다. 그리고 태종은 1410년 태조를 종묘에 모실 때 신의왕후만을 부묘하였고,[53] 이듬해에 태조와 신의왕후의 옥책을 종묘에 올릴 때도 마찬가지였다.[54] 태종이 신의왕후를 추존하며 제릉을 왕릉으로 조성하고 종묘에 부묘하는 일

---

50 『태종실록』 1407년(태종 7) 10월 8일.
51 『태종실록』 1408년(태종 8) 3월 10일; 『세종실록』 1423년(세종 5) 11월 9일.
52 『태종실록』 1408년(태종 8) 6월 28일.
53 이긍익, 『연려실기술』 권1, 태조조 고사본말; 『태종실록』 1410년(태종 10) 8월 10일. "신덕왕후는 정적(正嫡)이 아니므로 기신재만 드리고 정조(正朝)는 파하도록 하였다."
54 『태종실록』 1411년(태종 11) 6월 2일.

련의 과정은, 결국 자신의 왕위 계승에 관한 정당성과 왕권의 정통성을 확인시키려는 것으로도 해석할 수가 있다.

　제릉은 고려 왕릉의 기본 구조 위에 새로운 조형요소를 도입하여 조선 초기 왕릉의 제도를 확립하는 데 전범이 된 왕릉이라는 점에서도 주목된다. 신덕왕후의 정릉은 고려 말 현·정릉의 전통을 계승한 데 비해, 제릉은 건원릉을 비롯한 조선 초기 왕릉의 양식에 영향을 끼쳤다. 신도비는 조선 초기 왕릉의 지표라 할 수 있는 기념비적 조형물이 되었고, 육각형의 장명등은 고려 왕릉과 구별되는 두드러진 변화로서 적용되었으며, 사대석물의 문양은 불교적인 경향에서 유교적인 것으로 대체되었다. 한편 석양과 석호, 교각 복두를 쓴 문인석이나 갑주를 갖춘 무인석은 원 간섭기 왕릉부터 등장하는 새로운 요소로서, 조선 초기 제릉부터 석수의 과장된 형태는 사실적으로 바뀌었고, 문·무인석의 형태와 세부 문양은 취사선택이 이뤄지는 등 조선식으로 변형되어 건원릉으로 전해졌다. 이처럼 제릉은 여말선초 왕릉의 양식으로서 건원릉을 조성할 때 선례가 되었으며, 현존하는 조선 왕릉 중 가장 이른 시기의 원형을 유지하고 있어 오늘날 조선 왕릉의 전범을 확립하는 데 획기적인 왕릉으로 평가받고 있다.[55]

(2) 정안왕후 후릉(厚陵)의 조성

　1412년(태종 12) 정종의 비인 정안왕후(定安王后, 1355~1412)가 승하하자 태종은 왕릉 조성 작업을 착수하였다. 정안왕후는 본관이 경주(慶州)이고, 월성부원군(月城府院君) 김천서(金天瑞)의 딸이다. 김천서는 고려조에서 추밀부사를 지낸 김경손의 손자이며, 밀직사 우승지를 지낸 김신의 아들이다. 어머니는 담양 이씨이다. 1355년(공민왕 4)에 출생하여, 1398년(태조 7) 8월 세

55　장경희, 「조선 태조비 신의왕후 제릉 연구」, 『미술사학연구』 263, 2009 참고.

자비가 되었다. 정안군(太宗)이 왕자의 난을 일으켜 세자인 의안대군(宜安大君) 방석을 폐출하고 정종을 세자의 자리에 올렸기 때문이다. 같은 해 9월에 덕빈(德嬪)에 봉해졌다가 정종이 즉위하면서 덕비(德妃)에 진봉(進封)되었다. 1400년(태종 즉위년) 정종이 태종에게 전위(傳位)하고 상왕이 되자 순덕왕대비(順德王大妃)의 존호를 가상(加上)받았다.

1412년 6월 25일에 정안왕후가 향년 58세로 승하하였다. 이날 네 개의 도감(都監) 즉 상복도감, 빈전도감, 국장도감, 재도감을 설치하였다. 공안부윤 정역(鄭易)을 상복도감 제조로 삼고, 총제 이담(李湛)을 빈전도감 제조로 삼았으며, 옥천군(玉川君) 유창(劉敞)과 총제 이지실(李之實) 등을 국장도감 제조로 삼고, 총제 황녹(黃祿)과 최윤덕(崔閏德)을 재도감 제조로 삼았다. 그리고 각 도감마다 사(使)와 부사(副使), 판관(判官)을 두었다.[56]

7월 20일, 대비의 존시(尊諡)를 정안왕후(定安王后)라 하고 능호를 후릉(厚陵)[57]이라 하였다. 8월 4일에 정안왕후의 이거(轜車)가 발인하여 후릉으로 향하였다.[58] 8월 8일 정안왕후를 후릉에 장사 지내었다. 당시는 추수철이 있어서 일하는 역부를 잠시 방면하기도 하였다. "능은 해풍군(海豐郡) 백마산(白馬山) 동쪽 기슭에 있는데, 흙을 올리자 즉시 역도(役徒)에게 명하여 대장(隊長)·대부(隊副)를 제외하고는 모두 놓아 보내니 곡식을 거두게 함이었다"[59]라는 기록은 이러한 정황을 잘 보여 주고 있다.

---

56 『태종실록』 1412년(태종 12) 6월 25일.
　　設四都監. 喪服都監, 以恭安府尹鄭易爲提調; 殯殿都監, 以摠制李湛爲提調; 國葬都監, 以玉川君劉敞, 摠制李之實爲提調; 齋都監, 以摠制黃祿, 崔閏德爲提調. 每都監, 皆有使副使判官.

57 『세종실록』 「지리지」 – 경기도 후릉: 군(郡) 동쪽 10리[흥교사(興敎寺) 동쪽 감산(坎山)]에 있는데, 계좌정향(癸坐丁向)이다. 능직(陵直)과 권무(權務) 2인과 수호군(守護軍) 40호를 두고, 매 호마다 밭 2결을 주었다. 흥교사를 혁파하지 아니하고 그대로 두어 재궁을 삼고, 선종(禪宗)에 붙여 밭 250결을 주었다.

58 『태종실록』 1412년(태종 12) 8월 4일.

59 『태종실록』 1412년(태종 12) 8월 8일.

8월 10일에는 정안왕후의 신주를 혼전에 봉안하였으며,[60] 8월 13일에는 정종이 개경사(開慶寺)에 가서 묵고 돌아왔는데, 정안왕후의 칠재(七齋) 때문이었다.[61] 개경사는 건원릉의 원찰로서 이를 통해 정릉의 흥천사와 더불어 조선 초기 왕릉에는 꼭 원찰을 설치했음을 알 수가 있다. 9월 3일, 정안왕후의 혼전제례(魂殿祭禮)는 유명일(有名日)에 별제례(別祭禮)에 의하여 행하게 하였다.

정안왕후의 왕비릉 조성에는 국가적 역량이 합치된 느낌을 가질 수가 없다. 실록의 기록에서 능역 조성 사업을 간단히 언급하고 있는 것도 이러한 이유에서일 것이다. 이것은 정종이 왕으로서 갖는 위상이 높지 못했던 것에서도 그 원인을 찾을 수가 있다.

3) 세종 시대의 왕릉 조성

세종(世宗) 시대에는 크게 다섯 차례의 왕릉 조성이 있었다. 1419년(세종 1) 정종 승하 후 후릉(厚陵) 조성, 1420년 태종의 비인 원경왕후의 헌릉(獻陵) 조성, 1422년 태종의 헌릉 조성, 1441년(세종 23) 세자빈 현덕왕후의 무덤을 경기도 안산에 안장한 것, 1446년 소헌왕후 승하 후 수릉(壽陵: 생전에 정해 놓은 왕의 묏자리)을 잡아 둔 것 등이다.

(1) 정종 후릉(厚陵)의 조성

정종(1357~1419, 재위 1398~1400)에 대해서는 『정종실록』 총서에 그에 관한 인적 사항이 정리되어 있다.

---

60 『태종실록』 1412년(태종 12) 8월 10일.
61 『태종실록』 1412년(태종 12) 8월 13일.

공정왕(恭靖王)의 휘(諱)는 이방과(李芳果)인데 즉위한 뒤에 이름을 경(曔)으로 고쳤다. 태조의 둘째 아들이고, 어머니는 신의왕후이다. 타고난 자질이 온화하고 인자하고 공손하고 공경하며, 용맹과 지략이 남보다 뛰어났다. 고려에 벼슬하여 관직을 거듭해서 장상(將相)에 이르렀고, 항상 태조를 따라 출정하여 공을 세웠다. 무인년 8월에 태조가 편찮았으므로 책봉을 받아 왕세자가 되고, 9월에 내선(內禪)을 받아 즉위하여 정사에 너그럽고 어진 것을 숭상하였다. 경진년 2월에 동모제(同母弟) 정안공(靖安公)이 책봉을 받아 왕세자가 되었는데, 적자가 없었기 때문이었다. 그해 겨울에 병이 있어 세자가 선양(禪讓)을 받아 즉위하고, 인문공예상왕(仁文恭睿上王)이라고 호(號)를 올렸다. 왕위에 있은 지가 3년이고, 한가하게 지내면서 봉양을 받은 것이 20년이었다. 수(壽)는 63세였다.[62]

1419년 정종이 개성의 인덕궁(仁德宮)에서 향년 63세로 승하하자,[63] 곧 장례 절차와 무덤 조성에 관한 논의들이 전개되었다. 세종은 정탁(鄭擢)에게 명하여 종묘에 상(喪)을 고하게 하고, 또 지인(知印) 서교(徐皎)를 보내어 사신행차(使臣行次)에 상을 고하게 하고, 겸하여 수종하는 통사(通事) 및 주문사(奏聞使)·선위사(宣慰使) 등 각처에 상복을 보내 주게 하였다.[64] 그리고 국장도감과 산릉도감의 제조들을 임명하였다. 판한성부사 맹사성(孟思誠), 전 판서 최이(崔迤), 경창부윤 우홍강을 국장도감 제조에, 전 도총제(都摠制) 여칭과 전 도관찰사 이백지를 산릉도감 제조에 임명하였다.[65]

1419년 12월 27일에는 발인(發靷)이 있었다. 정종의 재궁이 발인하게 되는데, 상왕인 태종이 흰옷과 검정 띠[帶]의 차림으로 인덕궁에 나아가 견전

---

62 『정종실록』 총서.
63 『세종실록』 1419년(세종 1) 9월 26일.
64 『세종실록』 1419년(세종 1) 9월 27일.
65 『세종실록』 1419년(세종 1) 9월 27일.

(遣奠)을 올리고 봉사하기를 의식에 따라 하였다. 청평부원군 이백강(李伯剛)·청성부원군 정탁(鄭擢)·예조 참판 김자지(金自知) 등에게 명하여 재궁을 모시어 가게 하고, 또 돈체사(頓遞使) 김겸(金謙)과 총호사(摠護使) 정진(鄭津)·예장도감 제조 최이 등에게 명하기를, "재궁이 임진(臨津)을 건널 때에 각별히 노력하라" 하였다. 백관들이 모화루(慕華樓)에서 노제(路祭)를 베풀고, 공신들도 또한 노제를 준비하였으며, 각사에 한 명씩 재궁을 받들고 능소에까지 갔다.[66] 정종의 재궁을 개성에 있는 후릉에 안장하는 만큼 임진강을 건너는 것에 각별히 조심했던 정황을 읽어 볼 수가 있다.

재궁의 연(輦)이 덕수원평(德水院坪)에 머무르자, 예빈(禮賓)이 전(奠)을 올리고, 저녁에 벽제역(碧蹄驛) 앞에 이르자 경기(京畿)에서 전을 올렸다. 여기서부터 산릉까지의 조석전(朝夕奠)은 공안부(恭安府)에서 주관하여 맡았다.[67] 1420년(세종 2) 1월 3일에는 정종을 후릉에 장사하였다. 이날에 우주(虞主)를 받들고 돌아와 천수사(天壽寺) 앞에 이르러 초우제(初虞祭)를 지내고, 저녁에 동파역(東波驛) 앞 들판에 머물렀다.

위의 기록에는 실록을 중심으로 정종의 승하 후 후릉에 안장하기까지의 과정이 나타나 있으며, 『신증동국여지승람(新增東國輿地勝覽)』에는 후릉의 조성에 대하여, "후릉(厚陵)은 군 동쪽 10리에 있다. 공정대왕(恭靖大王)의 능은 정안왕후(定安王后)와 합장하였다"고 기록하였으며, 변계량(卞季良)의 지(誌)를 인용하여, "영락(永樂) 17년 기해년(1419년) 가을 9월 26일 무진일에, 온인공용순효대왕(溫仁恭勇順孝大王)의 궁거(宮車)가 편안히 떠나니, 우리 상왕 전하와 우리 주상 전하는 애모하는 마음이 매우 간절하여 복(服) 입는 데 예를 다하고, 전하는 여러 신하를 거느리고 존호를 받들어 올렸다. 이듬해 봄 정월 3일 임인일에 예를 갖추어 송경(松京) 해풍군(海豐郡)에 있는 정안왕후의 후

66 『세종실록』 1419년(세종 1) 12월 27일.
67 『세종실록』 1419년(세종 1) 12월 27일.

릉에 합장(合葬)하니, 유명(遺命)을 따른 것이다"라고 하여,[68] 후릉이 조성된 데에는 정종의 유언이 있었음을 알 수가 있다.

그러나 『신증동국여지승람』의 기록에 합장릉이라고 된 것은 오류인 듯하다. 왜냐하면 후릉은 실제 정종과 정안왕후의 봉분이 함께 있는 쌍릉 형식으로 조성되었기 때문이다. 계좌정향(癸坐丁向, 북북동에서 남남서 방향)의 좌향인 후릉은 고려 공민왕릉의 형식을 충실히 따라 12면의 병풍석을 봉분에 두르고 있으며, 1412년(태종 12) 정안왕후가 승하하자 먼저 안장되고 7년 뒤 정종이 승하하자 난간석으로 두 봉분을 연결하여 쌍릉을 이루고 있는 방식이다.[69]

실록에서는 정종의 석실·능지·지대·돌층계·담 등의 규모를 상세히 밝히고 있는데,[70] 석실(石室)의 너비는 8척(尺)이며, 높이는 7척, 깊이는 11척이었다. 후릉을 조성한 후에 전개된 주요 의례를 실록의 기록에 의거하여 정리하면, 1420년(세종 2) 1월 5일 정종의 우주를 혼전에 봉안하였는데, 혼전은 인덕궁이었다.[71] 1월 10일에는 예조에서 후릉의 별제와 삭망제를 건원릉의 예를 좇게 하도록 계하여 그대로 따랐다.[72]

(2) 원경왕후 헌릉(獻陵)의 조성

1420년(세종 2) 7월 10일 수강궁(壽康宮)에서 원경왕후(元敬王后, 1365~1420)가 56세의 나이로 승하하였다. 태종의 정비인 원경왕후는 여흥(驪興) 민씨로 문하좌정승 여흥부원군 문도공 민제(閔霽)의 딸이다. 1365년(공민왕 14) 7월 11일에 개성의 철동(鐵洞) 사저에서 태어나고, 1382년 2살 연하의

68 『신증동국여지승람』 제13권 「경기」.
69 이호일, 『조선의 왕릉』, 가람기획, 2003, 51쪽.
70 『세종실록』 1420년(세종 2) 1월 3일.
71 『세종실록』 1420년(세종 2) 1월 5일.
72 『세종실록』 1420년(세종 2) 1월 10일.

이방원과 혼인하였다. 1392년(태조 원년)에 정녕옹주(靖寧翁主)로 봉해졌으며, 1400년(정종 2) 이방원이 세제로 책봉되자 정빈(貞嬪)으로 책봉되었다가, 태종이 왕위에 오른 뒤 정비(靜妃)로 책봉되었다.[73] 능은 헌릉(獻陵)이며 1420년(세종 2) 9월 17일에 장사를 지냈다.[74] 헌릉은 후에 태종이 승하 후 이곳에 무덤을 조성함으로써 동원이봉(同原異封)의 쌍릉이 되었다. 앞에서 바라보아 오른쪽이 원경왕후 민씨의 능이다.[75]

원경왕후의 능을 조성한 과정은 실록의 기록에 나타나 있다. 1420년 7월 10일 오시에 대비가 별전에서 훙(薨)하니, 변계량과 곽존중으로 하여금 호상케 하고, 여천군 민여익과 전 부윤 이종선과 변계량으로써 빈전도감 제조를 삼고, 목욕(沐浴)·습(襲)·반함(飯含)을 마치고, 이에 습전(襲奠)을 올렸다. 처음 훙함으로부터 습염과 빈(殯)에 이르기까지 『주자가례(朱子家禮)』를 써서, 백관은 백의(白衣)·오사모(烏紗帽)·흑각대(黑角帶)로 별전에 들어가 문밖에서 애곡 십오성을 행하고 사배한 다음에 반(班)을 옮겨, 반수가 이름 단자를 드려 주상전에 위로하고, 또 반을 옮겨 상왕전에 위로하였다.

좌의정 박은(朴訔)과 우의정 이원(李原)으로 하여금 국장도감 도제조를 삼고, 호조 판서 정역과 전 유후 권진과 공조 참판 이천으로 제조를 삼고, 청평부원군 이백강으로 산릉도감 제조를 삼고, 판좌군도총제부사 박자청·전 부윤 서선으로 제조를 삼았다. 치상하고 재를 올리는 등의 일들을 감독하는 도감은 전례의 의식에 따랐다.

1420년 7월 11일에는 능침에 사찰을 설치하는 것에 대한 논의가 있었다. 이때 태종이 단호한 입장을 보였다. 태종은 "산릉은 내가 백세 후에 갈 땅이라, 이제 비록 깨끗한 중을 불러 모으나, 뒤에 늘 그럴 수는 없을 것이

---

73 『태종실록』 1418년(태종 18) 11월 8일.
74 이긍익, 『연려실기술』 권2, 태종조 고사본말(太宗朝故事本末).
75 이호일, 『조선의 왕릉』, 가람기획, 2003, 59쪽.

다. 더러운 중의 무리가 내 곁에 가깝게 있게 된다면, 내 마음에 편하겠느냐. 건원릉과 제릉에 절을 세운 것은 태조의 뜻을 이룬 것이다. 그러므로 근일에 또 종을 만들어 개경사에 달았으나, 역시 내 마음에는 맞지 않는다. 이제 산릉은 내 마땅히 법을 세워서 후사(後嗣)에게 보일 것이니, 만세 후에 자손이 좋고 안 좋은 것은 저희에게 있다. 정현의 말이 심히 간절하니, 절을 두지 말라"고 하였다.[76] 태종은 유교 국가로서 기틀을 잡아 가야 하는 과정에서 능침에 사찰을 두는 것은 시대착오적인 발상이라고 인식하였다.

태종의 조치가 강경했음에도 불구하고 세종은 원경왕후의 능에 절을 두고자 하였다. 상왕(태종)은 반대하였으나 임금(세종)은 건원릉과 제릉 등의 예를 들면서 절을 두어야 함을 주장한 것이다. 그러나 태종은 추후 원경왕후의 묘에 자신이 들어갈 것이니 절을 두면 안 된다고 거듭 주장하였다. 당시 논의 내용을 살펴보면 왕릉에 원찰을 설치하는 것이 세종 때부터 쟁점이 되었음을 알 수가 있다. 특히 상왕인 태종이 적극적으로 원찰 설치를 반대하고 있는 점이 주목된다.

상왕이 환관 홍득경(洪得敬)을 보내어 선지를 전하여 이르기를, "주상이 절을 산릉에 설치코자 하나, 그러나 불법은 내가 싫어하는 바이라, 나로 하여금 이 능에 들어가지 않게 한다면 절을 짓는 것도 가하나, 만일 이 능에 내가 들어갈 터라면 절을 설치하는 것이 마땅치 않다. … 세종이 말하기를, "절을 두려는 것은 불도를 좋아함이 아니요, 건원릉과 제릉에도 다 있고, 이제 명나라 금상황제(今上皇帝)가 태조고황제(太祖高皇帝)를 위하여 보은사(報恩寺)를 세웠으며, 이제 사대부가 그 부모를 위하여 다 재사(齋舍)를 두거늘, 만일 대비 능에 이르러서 절을 두지 않으면 깊이 유한(遺恨)이 되고 …"

---

76 『세종실록』 1420년(세종 2) 7월 11일.

유정현·박은·이원·허조 등이 다 아뢰기를, "선지(宣旨) 말씀이 지극히 옳으오니, 어찌 감히 절을 두오리까. 보은사를 설치한 것은 고황제를 위함이 아니옵고, 또 고려의 90여 능에 절을 둔 것이 다만 세 능뿐이오며, 원묘인즉 비록 대대로 세우지는 못할 일이오나, 그러나 상왕 만세 후에는 반드시 태종이 되실 것이온즉, 태종의 원묘는 아니 두어서는 아니 될 일이오니, 마땅히 궁 동편에 원묘를 세울 것입니다" 하여, 그대로 좇았다.[77]

세종은 원찰을 설치하지 못하게 하는 태종에 대해, 명나라에도 사찰을 설치한 전례가 있음을 들어 이를 그대로 이어 가는 것이 좋다는 입장을 밝혔다. 그러나 유정현 등 신하들 대다수도 원찰 설치를 반대하는 입장에 있었다. 그러나 결국에는 "대비의 뜻을 받들어 승당을 짓도록 하였다"[78]는 기록에서 보듯 우여곡절 끝에 왕릉에 승당을 설치하는 것으로 결론이 났다.

한편, 1420년 7월 24일에는 왕대비의 재궁을 고제에 따라 할 것을 예조에서 아뢰었다. 내용은 아래와 같다.[79]

예조에서 계하기를, "삼가 『의례경전통해(儀禮經傳通解)』 속편(續篇)을 살펴보건대, 말하기를, '잣나무 곽(槨)은, 끝으로 길이가 여섯 자가 된다' 하였고, 주(註)에 말하기를, '천자(天子)의 곽은 황장(黃腸)으로 속을 하고, 겉은 돌로써 쌓는데, 잣나무 재목으로 곽을 만든다' 하였고, 또 말하기를, '군(君)은 솔로 곽을 한다' 하였는데, 주에 말하기를, '군은 제후이니, 송장(松腸)을 써서 곽을 한다' 하였으니, 황장은 솔나무의 속고갱이라, 옛적에 천자와 제후의 곽을 반드시 고갱이를 쓴 것은, 그 고갱이가 단단하여서 오래 지나도 썩

77 『세종실록』1420년(세종 2) 7월 17일.
78 『세종실록』1420년(세종 2) 7월 30일.
79 『세종실록』1420년(세종 2) 7월 24일.

지 않고, 흰 갓재목[白邊]은 습한 것을 견디지 못하여 속히 썩는 때문이온
데, 본국 풍속에 관과 곽은 그 폭을 이어 쓰는 것을 기(忌)하므로, 백변(白邊)
을 쓰게 되니, 습함에 속히 썩게 됩니다. 이제 대행 왕대비의 재궁은 고제
에 따라, 백변을 버리고 황장을 연폭(連幅)하여 조성하게 하소서" 하여, 그
대로 좇았다.

1420년 8월 15일에는 산릉(山陵) 역사에 징집한 군정이 기록되어 있다.
경기·충청도는 각각 3,000명이고, 강원·황해도는 각각 2,000명이며, 수군
(水軍)이 모두 4,000명이나 되었다.[80] 8월 25일에는 예조에서 왕대비의 시호
를 원경왕태후(元敬王太后)라 올리고 능호는 헌(獻)이라 하기를 청하니, 그대
로 따랐다.[81] 왕태후라고 표현한 것은 신의왕후와 원경왕후에 한정된 것으
로서, 이후에도 큰 논란이 되었다. 숙종 대에도 송시열은 신의와 원경 두 왕
후의 위판(位版)은 유독 왕태후라고 썼는데, 태(太) 자를 없애는 것이 옳다고
주장하였다.[82]

　1420년 9월 7일 광주(廣州) 대모산(大母山)에 천광(穿壙)을 하고 무덤을 조
성했다. 주척(周尺)으로 깊이가 13척 3촌이었으며, 흙의 빛이 번지르르하고
윤택하여 수기(水氣)는 없었다. 태종이 일찍이 이양달을 시켜 수릉(壽陵)을 살
펴보다가 얻은 땅이었으며, 태종은 "조금 동쪽으로 하고 그의 오른편을 비
워 두어서 나의 백세(百歲) 뒤에 쓰게 하라"라고 하였다.[83] 태종은 헌릉의 조
성 과정을 직접 살펴보면서 자신이 사망하면 왕비 곁에 묻을 것을 지시한
것이다. 현재의 서울 내곡동에는 이때 조성된 헌릉이 남아 있다.

　원경왕후의 장례식 관련 내용은 의궤로 작성되었다. "편찬된 태종 공정대

80　『세종실록』 1420년(세종 2) 8월 15일.
81　『세종실록』 1420년(세종 2) 8월 25일.
82　이긍익, 『연려실기술』 권34, 숙종조 고사본말(肅宗朝故事本末); 『당의통략』 숙종조 참조.
83　『세종실록』 1420년(세종 2) 9월 7일.

왕과 원경왕후의 상장의궤(喪葬儀軌)를 사고와 가각고에 보관케 했다"[84]는 기록을 통하여 이때 의궤를 제작하여 사고 등에 보관했음을 알 수가 있으나, 이 의궤는 현존하지는 않는다.

(3) 태종 헌릉(獻陵)의 조성

태종(1367~1422, 재위 1400~1418)은 태조의 다섯째 아들로, 어머니는 신의왕후 한씨이다. 1367년 함흥부 귀주(歸州) 사저에서 탄생하였다. 태종은 왕자시절 조선의 건국에 가장 걸림돌이 되었던 정몽주를 제거하였으며, 태조의 아들 중 유일하게 문과에 급제하는 등 문무를 겸비한 왕자로 촉망을 받았다. 그러나 조선이 건국된 후 태조가 정도전을 굳게 신임하고, 막내아들 방석을 세자로 책봉하는 과정에서 부친과 큰 갈등을 겪었다.

1398년 정도전 일파에 의하여 요동정벌 계획이 적극 추진되면서 자신의 마지막 세력 기반인 사병마저 혁파당할 단계에 이르자, 평소의 불만을 폭발시켜 왕자의 난을 일으키고 정도전과 세자 방석 등을 제거한 뒤 정치적 실권을 장악하였다. 그러나 정변 직후에는 여러 사정을 감안하여 세자로의 추대를 사양하였으며, 형인 방과가 왕이 되도록 도왔다. 이방원은 단지 정안공(靖安公)으로 개봉되면서 의흥삼군부우군절제사와 판상서사사를 겸하였다.

1399년(정종 1)에 새로 설치된 조례상정도감판사(條例詳定都監判事)가 되었으며, 강원도 동북면의 군사를 분령(分領)하였다. 1400년 방간(芳幹)과 지중추부사(知中樞府事) 박포(朴苞) 등이 주동이 된 2차 왕자의 난을 진압한 뒤 세제로 책봉되면서 내외의 군사를 통괄하게 되었다. 세제로 책봉된 후 병권장악·중앙집권을 위하여 사병을 혁파하고 내외의 군사를 삼군부로 집중시켰

---

84 『세종실록』 1425년(세종 7) 11월 24일.

으며, 도평의사사를 의정부로 고치어 정무를 담당하게 하고 중추원을 삼군부로 고치면서 군정을 담당하도록 하였다. 이어 1400년 11월에 정종의 양위를 받아 임금으로 등극하였다. 1418년 8월에 세종에게 왕위를 물려주었으나 국방과 외교에 관한 일은 직접 주도하였다.

1422년 5월 10일, 왕위를 아들인 세종에게 물려주고 상왕으로 있던 태종이 56세로 연화방 신궁(창경궁)에서 승하하였다. 명나라 황제에게서 '공정(恭定)'이라는 시호를 받았으며, 묘호(廟號)는 '태종(太宗)'이라 하였다.[85] 이미 원경왕후의 헌릉을 조성하고 그 옆자리를 비워 두었기 때문에 태종의 왕릉 조성 작업은 비교적 수월하게 진행될 수 있었다. 태종의 승하와 이후 헌릉을 조성한 과정을 살펴보면 다음과 같다.

태종의 상제는 고례에 의해 행하기로 했으며, 곡산부원군 연사종(延嗣宗)을 수릉관(守陵官), 의정부 참찬 변계량과 이조 참판 원숙(元肅)을 빈전도감 제조(提調), 청평부원군 이백강을 산릉도감 도제조, 박자청(朴子靑)과 심보(沈寶)를 제조, 좌의정 이원과 우의정 정탁을 국장도감 도제조, 찬성사 맹사성과 호조 판서 신호(申浩) 및 공조 참판 이천(李蕆)을 제조에 임명하였다.[86]

5월 12일 소렴(小斂)을 하였는데, 의복 열아홉 벌을 썼다. 이내 대렴(大斂)까지 하였는데, 의복 아흔 벌을 썼다.[87] 5월 14일 영의정부사 유정현(柳廷顯)을 산릉사(山陵使), 좌의정 이원을 총호사(總護使)에 임명하였다.[88]

5월 15일 세종이 빈전에 나아가, 백관을 거느리고 성복(成服)하고 이어 망전(望奠)을 행하였다.[89] 8월 8일에는 예조에서 묘호를 태종이라 올리자 이를 따랐다.[90]

85 『태종실록』 총서.
86 『세종실록』 1422년(세종 4) 5월 10일.
87 『세종실록』 1422년(세종 4) 5월 12일.
88 『세종실록』 1422년(세종 4) 5월 14일.
89 『세종실록』 1422년(세종 4) 5월 15일.
90 『세종실록』 1422년(세종 4) 8월 8일.

9월 5일 재궁(梓宮)을 받들어 곽(槨)에 넣어 가죽 끈으로 묶고 관의(棺衣)로 덮으며, 명정(銘旌)은 깃대를 떼어 버리고 그 위에 놓은 다음에 전(奠)을 베풀었으며,[91] 다음 날인 9월 6일 세종은 백관을 거느리고 천전(遷奠)을 거행하였다. 또한 산릉(山陵), 유거(柳車), 순(輴), 반우거(返虞車), 반우여(返虞轝), 의장(儀仗) 제도가 정해졌다.[92]

10월 2일에는 예조의 건의를 받아들여 헌릉에 비석을 세웠다. "임금의 공덕(功德)은 역사에 갖추 기재되어 있으니, 비석을 세울 필요가 없고, 또 옛날에는 능 곁에 비석 세우는 법이 없었지마는, 그러나 건원릉에 이미 비석을 세웠으니, 이제 세우는 것도 옳다"고 하였다.[93] 건원릉에 이미 비석을 세웠으니 헌릉에도 비석을 세우기로 한 것이다.

정조 연간에 김명연이 저술한 『헌릉지(獻陵誌)』의 발문을 보면,

헌릉은 광주부 서남쪽에서 20리 떨어진 대모산 남쪽에 있는데 지금의 대왕면(大旺面)이다. 우리 태종 공정성덕신공문무예철성렬광효대왕의 능침으로 왕비이신 창덕소열원경왕후 민씨께서 합장되었다.[94] (같은 묘역에 봉분은 달리하였다.) 주산은 대모산이다. … 북쪽으로 한양까지의 거리는 35리이다. (나룻길은 삼전도를 경유한다.)[95]

라고 하여 쌍릉의 형식으로 봉분을 조성한 것을 알 수 있다. 이것은 정종과 정안왕후의 무덤인 후릉과도 같은 형식이다.

1424년(세종 6) 2월 27일에는 예조에서 태종과 원경왕후를 종묘에 부

---

91 『세종실록』 1422년(세종 4) 9월 5일.
92 『세종실록』 1422년(세종 4) 9월 6일.
93 『세종실록』 1422년(세종 4) 10월 2일.
94 헌릉과 같이 쌍릉 형식으로 조성된 봉분에 대해서 합장이란 표현을 쓴 경우가 자주 발견된다.
95 한국학중앙연구원, 『譯註 獻陵誌』 권1, 「陵寢」.

묘하고 광효전에 위판을 봉안하도록 청하였고,[96] 태종의 삼년상이 끝나는 1426년 7월 종묘의 추향대제(秋享大祭) 때 태종과 원경왕후의 신주(神主)를 부(祔)할 것을 결정하였다. 태종의 국장에 관한 사항은 의궤의 기록으로 정리하여, 1428년 8월 27일 관련 상장의궤를 충주 사고(史庫)에 보관하게 하였다.[97]

(4) 세자빈 현덕왕후의 무덤 조성

세종은 화려한 업적의 이면에 인간적인 아픔을 많이 겪었다. 맏딸 정소공주를 그녀의 나이 열세 살에 잃었다. 천성이 착하고 총명하여 세종의 사랑을 듬뿍 받았던 공주가 죽자 세종은 염을 못할 정도로 딸의 시신을 오래도록 끌어안고 있었다고 하며 딸을 위해 친히 제문을 쓰기도 했다. 세종 가족사의 비극은 여기서 그치지 않았다. 세종은 48세 되던 해에 다섯째 아들 광평대군과 일곱째 아들 평원대군을 먼저 저세상으로 보냈다. 그리고 이듬해인 1446년 사랑했던 왕비 소헌왕후마저 그의 곁을 떠나갔다. 이들의 재회는 5년 후 영릉(英陵)의 무덤 자락에서 이루어진다. 아내와 자식을 연이어 잃으면서 세종은 심적으로 약해졌고, 불교를 의지처로 삼게 되었다. 궁중에 내불당을 세우고 『월인천강지곡』이나 『석보상절』과 같은 불교 서적을 간행한 것도 마음의 평안처를 찾아보려는 노력의 일환이었다. 그러나 유교 국가를 지향하는 국가의 이념에 위배된다 하여 집현전 학자나 성균관 유생들은 상소문이나 동맹휴학으로 세종의 숭불 정책에 저항하였다. 한 나라의 국왕으로서 불교를 가까이하지 말아야 한다는 것을 누구보다 잘 알고 있었던 세종이었지만, 인간적인 아픔 속에서 잠시나마 불교에 의지해 보려고 했던 것은 아니었을까? 유교 이념을 토대로 민족문화의 꽃을 활짝 피운 세종이었건만

---

96 『세종실록』 1424년(세종 6) 2월 27일.
97 『세종실록』 1428년(세종 10) 8월 27일.

가족들에게 닥쳐오는 불행과 쇠약해지는 건강 앞에서는 어쩔 수 없이 부처님을 찾았던 모양이다. 그러나 개인적인 구복의 수단으로만 불교를 활용함으로써 큰 물의를 일으키지는 않았다.

한편 세종은 며느리를 얻는 과정에서도 큰 아픔을 겪었다. 세자인 문종(文宗)의 첫 번째 세자빈으로 간택된 여인은 휘빈 김씨였다. 그러나 세자와의 사이가 극히 좋지 않았고 세자빈은 세자의 마음을 돌려놓기 위해, 세자가 사랑하는 여인의 신발을 태워 가루를 내고 그것을 술에 타 마시게 하는 민간의 비방책을 쓰다가 발각되어 2년 3개월 만에 세자빈의 자리에서 쫓겨나게 된다. 두 번째 세자빈은 순빈 봉씨였다. 세종은 두 번째 며느리를 위해 친히 『열녀전』을 읽게 하는 등 온갖 정성을 쏟았지만 봉씨는 소쌍이란 여종과 동성애에 빠지는 문란한 생활을 하다가 역시 세자빈의 자리에서 쫓겨났다.

세 번째로 간택된 세자빈은 성품이 온화한 후궁 권씨(훗날 현덕왕후)였다. 그리고 세종의 기대대로 원손인 단종(端宗)을 출산했지만 출산 후 이틀 만에 세상을 떠나고 말았다. 몸이 약했던 세자, 원손을 겨우 출산한 세자빈의 죽음, 이러한 것들은 세종이 자신의 뒤를 이어 왕위를 계승할 왕자 문종의 훗날을 걱정하게 하는 요인들로 자리하였고, 그만큼 그의 인간적인 고민은 보다 커졌을 것이다.

1441년 며느리인 현덕왕후가 출산 후유증으로 사망하자 세종은 그녀를 위한 무덤을 조성하였다. 현덕왕후(顯德王后, 1418~1441)는 조선 제5대 왕 문종의 비로, 안동(安東) 권씨 화산부원군(花山府院君) 권전(權專)의 딸이다. 1431년(세종 13) 세자궁에 선임되어 후궁인 승휘(承徽)에 오르고, 1433년경 양원(良媛)에 진봉되었으며, 1437년 종부시소윤 봉려(奉礪)의 딸 순빈(純嬪)이 부덕하여 폐빈된 뒤 세자빈이 되었다. 세자의 후궁에서 세자빈의 지위에까지 오른 것이다. 그러나 1441년 원손인 단종을 출산하고 이틀 뒤에 죽었다. 같은 해 현덕(顯德)이라는 시호를 받고, 경기도 안산군 치지고읍산(治之古邑山)

에 예장되었다. 1450년(문종 즉위년) 현덕왕후에 추숭(追崇)되고, 혼전(魂殿)의 이름은 경희전(景禧殿), 능호는 소릉(昭陵)이라고 각각 명명되었다. 1452년(단종 즉위년) 문종과 합장되면서 현릉(顯陵)으로 개호되었으며, 1454년 인효순혜(仁孝順惠)의 존호가 추상되고, 같은 해 문종의 신주와 함께 종묘에 봉안되었다.

현릉은 현재 경기 구리시 인창동 동구릉 경역 내에 문종의 능인 현릉과 동원이강릉의 형식으로 조성되어 있다. 그러나 이곳에 오기까지 현덕왕후의 무덤은 많은 수난을 겪었다. 현덕왕후의 능은 문종의 능과 같은 능역에 있지만, 왕과 왕비의 능이 각각 다른 언덕 위에 위치하고 있다. 이런 무덤 형식을 동원이강(同原異崗)이라 하는데, 관람객의 위치에서 보면 오른쪽에 있는 것이 현덕왕후의 능이다.

실록의 기록을 중심으로 현덕왕후 승하 후 소릉의 조성 과정을 살펴보면, 1441년(세종 23) 7월 24일 왕세자빈 권씨가 졸(卒)하였다. 직전에 정소공주(貞昭公主)와 원경왕후(元敬王后)의 상장(喪葬)의 예를 참작하여 조정에서 보고하자, 세종은 "원경왕후보다 내리고 정소공주보다 1등을 더하게 하라"라고 하였다. 7월 26일 우부승지 강석덕(姜碩德)에게 왕세자빈의 장례를 부탁하였다.[98]

8월 8일에는 왕세자빈의 상주가 복을 벗는 절차와 빈의 묘에 석마(石馬) 세우는 일을 논의하였다. 황희·신개·이숙치 등은, "선왕(先王)의 능실(陵室)에도 석인(石人) 둘, 석호(石虎) 둘, 석양(石羊) 둘, 망주(望柱) 둘이 있고 석마가 없사오니, 이번 세자빈의 묘(墓)에도 역시 석마를 세우지 않는 것이 마땅합니다" 하고, 하연은 "석마는 고제(古制)에 있사오니, 이제부터는 능실에 모두 석마 둘을 설치하는 것이 옳습니다" 하고, 민의생·윤형 등은 "원경왕후(元敬

98 『세종실록』1441년(세종 23) 7월 26일.

王后)의 능에는 석인 넷, 석양 넷, 석호 넷, 석망주(石望柱) 둘만 있고 석마는 없으며, 정소공주의 묘에는 석인 둘, 석양 둘, 석호 둘만 있사오니, 이제 석마는 세우지 말고 석양과 석호 각각 하나씩을 더하게 하여, 정소공주의 묘제(墓制)와 구별하게 하소서"라고 하였다. 세종은 하연의 견해를 따랐다.[99]

1441년 9월 16일 현덕빈(顯德嬪)의 영구가 발인하였다. 우부승지 강석덕에게 명하여, 가서 장사(葬事)를 감독하게 하고, 호조 판서 김맹성(金孟誠)·공조 판서 윤번(尹璠)·예조 판서 민의생(閔義生)·참판 윤형(尹炯)·빈객(賓客) 안지(安止) 등이 영거(靈車)를 받들고 가니, 도성 사람들이 울지 않는 이가 없었다.[100]

10월 21일 예조에서는 "현덕빈 상제(喪制)를 원경왕후의 예에 의하여 11개월에 연제(練祭)하고, 13개월에 상제(祥祭)하고, 15개월에 담제(禫祭)하며, 환시(宦寺) 이하는 상기(祥期)를 당하여 복(服)을 벗되, 혼궁(魂宮) 환관(宦官)은 길복(吉服)을 입고, 묘소(墓所) 환관은 흰옷과 오사모(烏紗帽)로 재기(再期) 마치며, 그 나머지 시녀(侍女)와 환관 별감(別監)은 시속을 따라 백날 만에 복을 벗게 하소서" 하니, 세종은 그대로 따랐다.[101] 세자빈의 상제를 원경왕후의 상제에 따라 한 것으로, 그만큼 세종의 며느리에 대한 대우가 각별했음을 짐작할 수가 있다.

(5) 소헌왕후 수릉(壽陵) 조성 계획

소헌왕후(昭憲王后, 1395~1446)는 세종보다 4년 앞서 1446년(세종 28) 승하하였다. 처음에는 태종의 헌릉 서쪽에 무덤을 조성했지만, 예종 때인 1469년에 현재의 영릉으로 이장한 상황이 기록되어 있다.

99 『세종실록』 1441년(세종 23) 8월 8일.
100 『세종실록』 1441년(세종 23) 9월 16일.
101 『세종실록』 1441년(세종 23) 10월 21일.

소헌왕후 심씨는, 본관은 청송(靑松)으로 영의정 청천부원군(靑川府院君) 안효공(安孝公) 심온(沈溫)의 딸이다. 홍무 28년 을해 9월에 양주(楊州) 사저에서 났으며, 영락(永樂) 무자년에 가례를 행하여 처음에는 경숙옹주(敬淑翁主)로 봉해졌다가, 정유년(1417년)에 삼한국대부인(三韓國大夫人)으로 봉해지고, 무술년에 경빈(敬嬪)으로 책봉되었다. 얼마 안 되어 공비(恭妃)로 승진되었고 임자에 왕비가 되었다. 정통(正統) 병인 3월 24일 신묘에 별궁에서 승하하니, 수가 52세였다. 문종 2년에 선인제성(宣仁齊聖)이라는 존호를 올렸다. 능은 영릉이다.[102]

세종은 소헌왕후가 승하하자 부친과 모친의 무덤이 조성되어 있는 헌릉(獻陵) 서쪽 언덕에 무덤을 조성하였다. 1438년 세종은 미리 자신이 묻힐 수릉(壽陵) 자리를 정하였다. "친히 헌릉(獻陵)에 제사 지내고, 영의정 황희(黃喜)·판서 하연(河演)·첨지중추원사 황자후(黃子厚)·참판 민의생(閔義生)과 도승지 김돈(金墩) 등에게 명하여 풍수 학관(風水學官)을 데리고 수릉 자리를 헌릉 옆에 살펴 정하게 하였다"[103]는 기록에서 이를 확인할 수가 있다. 1450년 세종이 승하한 후 문종은 이곳에 왕과 왕비를 합장하였다.

4) 문종 시대의 왕릉 조성

(1) 세종 영릉(英陵)의 조성

세종(1397~1450, 재위 1418~1450)은 워낙 효심이 깊은 왕으로 자신이 죽으면 부모 능 가까이 묻어 줄 것을 누누이 강조하였다. 그래서 아버지 태종의

---

102 이긍익,『연려실기술』권3, 세종조 고사본말(世宗祖故事本末).
103 『세종실록』1438년(세종 20) 10월 1일.

헌릉 서쪽에 미리 능 자리를 정해 놓았다.[104] 수릉(壽陵)을 잡은 후 소헌왕후가 승하했을 때 무덤 조성 지역을 파고 보니 그곳에 물길이 지나고 있었다. 대신들은 그 자리가 흉당이라고 다른 곳을 찾을 것을 상소했지만 세종은 흉당설을 무시해 버렸다. 세종의 명으로 소헌왕후가 먼저 헌릉 옆에 묻히고 세종이 세상을 떠나자 조선 최초의 합장릉(合葬陵)[105]으로 한 능침에 장사를 지냈다. 세종 승하 후 산릉을 조성한 과정은 1450년(문종 즉위년) 6월 6일 『문종실록』의 기록에 나타나 있다. "견전(遣奠)을 행하고, 재궁(梓宮)이 발인하였다. 임금이 백관을 거느리고 수행하였는데, 매양 한 사(司)에 관원 두 사람씩 도성에 머물렀다. 흥인문(興仁門) 밖에서 하직하는데, 곡성이 하늘을 진동하고, 혹은 엎어져서 기절하는 사람도 있었다. 낮에 낙천정(樂天亭) 앞에 머물렀다가, 삼전도(三田渡)를 건너 영악청(靈幄廳)에 이르러, 산릉(山陵)에 내리는 전(奠)을 행하기를 의례(儀禮)와 같이 하였다."

1451년(문종 1) 2월 13일 예조에서는 세종의 영릉(英陵)의 연상[練祥, 즉 소상(小祥)]과 담제(禫祭)에 섭사(攝事)하는 의식을 아뢰었다. 이를 통해 당시 왕릉에서 행했던 의례의 구체적인 과정을 확인할 수가 있다.

그날 행사하기 전에 헌관(獻官) 이하 여러 집사 및 수릉관은 각각 그 예복을 갖추고〈연제(練祭) 때는 최복(衰服), 상제(祥祭) 때는 연복(練服), 담제 때는 진한 회색 옷을 입는다〉 바깥 자리로 나아간다. 알자(謁者)와 찬자(贊者)는 먼저 절하는 자리에 나아가서 네 번 절하고 각각 제자리에 나아간다. 알자는 감찰(監察)·전사관(典祀官) 및 집사를 인도하여 절하는 자리에 나아가고 알자가 헌관 및 수릉관을 인도하여 절하는 자리에 나아가서 정해 서게한다. 찬자가 "궤(跪), 부복(俯伏), 곡(哭)하라" 하면, 헌관 이하가 꿇어앉아 구

104 『세종실록』 1438년(세종 20) 10월 1일.
105 하나의 봉분 안에 왕과 왕비가 안장된 왕릉.

영릉(세종과 소헌왕후의 합장릉)

부려 엎드려서 곡한다. 찬자가, "지곡(止哭), 흥(興), 사배(四拜), 흥(興), 평신(平身)하라" 하면, 헌관 이하가 곡을 그치고 일어나서 네 번 절하고 일어나서 몸을 편다. 알자가 헌관 이하를 인도하여 차례로 나온다. 알자가 옷을 바꾸어 입기를 청하면 헌관 및 수릉관·감찰 이하 여러 집사가 함께 옷을 바꾸어 입는다. 〈연제 때는 수릉관은 연포(練布)로 관(冠)을 하고 수질(首絰)·부판(負版)·벽최(辟衰)를 떼어 버린다. 헌관 이하는 연포로 사모(紗帽)를 싸고 그대로 띠를 드리운다. 상제 때는 짙은 회색 원령(圓領), 검은 각대(角帶), 흰 가죽신을 갖추고, 담제 때에는 검은빛 원령을 입는다.〉 수를 마치고 바깥 자리에 나아간다. 알자·찬자 및 여러 집사들이 들어와 자리에 나아간다. 알자가 감찰과 전사관을 인도해 들어와서 자리에 나아가게 하고 알자가 또 헌관과 수릉관을 인도하여 자리에 나아가게 한다. 찬자가, "궤, 부복, 곡하라" 하면, 헌관 및 수릉관 이하가 꿇어앉아 구부려 엎드려서 곡한다. 찬자가 "지곡, 흥, 평신하라" 하면, 헌관 및 수릉관 이하가 곡을 그치고 일어나서 몸을 편다. 알자가 헌관을 인도하여 동쪽 계단으로 올라가서 준소(尊所)에 나아가 서쪽을 향해 선다. 집사자(執事者) 두 사람이 술잔에 술을 따른

세종 영릉과 정자각

세종 영릉의 신도비각

다. 알자가 헌관을 인도하여 영좌(靈座) 앞에 나아가서 북쪽을 향해 서게 하고, "궤, 삼상향(三上香)하라" 찬한다. 집사자가 술잔을 헌관에게 주면 헌관이 술잔을 잡아서 술잔을 올린다. 술잔을 집사자에게 주어서 영좌 앞에 드리게 한다. 또 집사자가 다음 술잔을 헌관에게 주면 헌관이 술잔을 잡아서 술잔을 올린다. 술잔을 집사자에게 주어 왕후(王后)의 신위 앞에 드리게 한다. 구부려 엎드렸다가 일어나 조금 뒤로 물러나서 북쪽을 향해 꿇어앉는다. 대축(大祝)이 축문을 읽기를 마치면 헌관이 구부려 엎드렸다가 일어나서 몸을 편다. 알자가 인도하여 내려와서 본자리로 돌아온다.

위의 의례 절차는 대부분의 왕릉에서도 행해졌던 것으로, 왕릉에서 시행되는 왕실 행사의 복원에 적극적으로 활용할 수가 있다.

세종 당대에도 세종의 무덤에 대해서는 길지가 아니라는 비판론이 제기되었지만, 문종에서 세조 대까지는 선왕인 헌릉 옆에 그대로 존속하였다. 그러다가 물길이 흘러나오는 등 풍수지리적으로 터가 안 좋다는 이유로 결국 영릉은 예종 때 여주로 옮겨지게 되었다.

(2) 현덕왕후의 추존과 소릉(昭陵)의 조성

1450년 문종이 왕위에 오르면서 세자빈 권씨가 현덕왕후로 추존되고, 안산에 있던 무덤도 소릉(昭陵)이라 하였다.

세자빈 권씨는 단종을 낳고 동궁의 자선당에서 별세했다. 능은 3개월에 걸친 공사 끝에 경기도 안산 와리산(고읍산) 바다가 굽어보이는 자락에 조성되었다. 1450년 문종이 즉위하자 권씨는 현덕왕후에 추봉되고 능호를 '소릉'이라 했다. 능지를 정할 때 지관(地官) 목효지(睦孝知)가 세종에게 능소가 풍수지리적으로 흉한 땅이라는 상소를 올렸다. 즉 그 산의 내룡이 얕고 약하기 때문에 아이를 낳으면 일찍 죽고 또 10여 군데나 길이 나 맥이 끊어져 생기가 이어지지 못하는데, 이는 마치 진(秦)나라가 만리장성을 쌓느라 산을 끊어 망한 것처럼 좋지 않다고 했다. 또 능지를 둘러싼 좌청룡이 물을 끼고 곧게 달아나는 형세이기 때문에 장자와 장손이 일찍 죽는다고도 했다. 또한 이곳은 풍수가들도 꺼리는 고현(古縣)이기 때문에 이러한 곳에 묘를 쓰면 부녀자가 미천하게 되어 매우 좋지 못하다고 했다.[106] 이러한 건의를 받은 세종은 능지를 재조사토록 했지만 결국 주산(主山)이 온전하다고 주장하는 신하들의 반대로 묵살되고 만다. 한편 문종이 승하하고 현릉에 묻히자 소릉도 천장해 현릉은 합장릉이 되었다.

비록 풍수지리가 100% 믿을 것은 못 된다고 하지만 목효지의 말처럼 세종의 장자인 문종은 39세의 나이로 일찍 죽는다. 또한 1456년 단종의 복위

---

106 "··· 이제 빈궁(嬪宮)의 능소(陵所)인 안산(安山) 고읍(古邑) 땅을 보니, 그 산의 내룡(來龍)이 얕고 약하며, 길로 끊어진 곳이 많아서 10여 군데나 됩니다. 『동림조담(洞林照膽)』에 이르기를, '내룡이 악(惡)하고 약(弱)하면 낳은 아이[兒]가 녹아 버린다' 하였고, 『곤감가(坤鑑歌)』에 이르기를, '끊어진 산에 가로로 파였으면 기(氣)가 연(連)하기 어렵다' 하였고, 『지리신서(地理新書)』에 이르기를, '도로가 가로로 파인 것은 기맥을 끊어지게 하는 것이라' 하였고, 또 『신서(新書)』에 이전(李筌)이 이르기를, '장성을 쌓느라고 산을 끊어서 진(秦)나라가 망하였고, 기(淇)·변(汴)을 뚫느라고 지맥을 끊어서 수(隋)나라가 망하였다'고 하였습니다. 그 크고 작은 것은 비록 다르나, 이치인즉 하나이옵니다. ··· 비록 흙을 모아서 그 장생(長生)이라는 말은 면하겠사오나, 반드시 그 불소(不小)한 해(害)가 있을 것입니다. ··· 이것으로서 보옵건대, 바로 그것이 흉악한 땅이옵니다. ···"[『세종실록』 1441년(세종 23) 8월 25일].

를 도모하는 사건에 현덕왕후의 어머니 최씨와 동생 권자신이 연루되어 처형된다. 현덕왕후의 아버지 권전은 이미 죽었음에도 불구하고 폐하여 서인이 되었고, 노산군(魯山君, 단종)이 군(君)으로 강봉(降封)되었는데도 그 어머니가 왕후의 명위를 보존하는 것이 마땅하지 않다 하여 현덕왕후 역시 서인으로 폐위되어 종묘에서 신주가 철거되고, 왕비의 능도 격하되었다. 1457년(세조 3)에는 세조의 명령에 의해 소릉이 파헤쳐지고 시신은 안산 바다에 내팽개쳐지는 등 수난을 겪었다.[107]

조선의 왕릉은 분묘 조성 형태에 따라 단릉(單陵),[108] 쌍릉(雙陵),[109] 합장릉, 삼연릉(三連陵),[110] 동원이강릉으로 나뉜다. 그 가운데 현릉은 동원이강릉[111]으로 조성되어 있다. 동원이강릉은 한 능호(陵號) 아래 왕과 왕비의 능을 각각 다른 언덕 위에 단릉처럼 만든 것으로, 하나의 정자각(丁字閣) 뒤로 한 언덕의 다른 줄기에 별도의 봉분과 상설을 배치한 형태이다. 이 경우 침전에 안장된 시신의 좌우 팔을 기준으로 상하 질서가 정해진다. 살아 있는 사람의 경우 상하 질서가 좌상우하(左上右下)가 되나, 죽은 사람의 경우 반대로 우상좌하(右上左下)가 되기 때문에 현덕왕후는 문종 유해의 좌하 자리인 왼쪽 언덕에 안장되어 있다. 정자각에서 능을 바라보면 왼쪽 언덕의 능이 문종의 능이고 오른쪽 언덕의 능이 현덕왕후의 능이다. 이와 같은 우상좌하의 원칙은 쌍릉, 합장릉, 삼연릉에서도 지켜지고 있다.

현릉의 능제는 『국조오례의』의 표본이 된 세종 영릉의 제도를 따랐다. 옛

---

107 정축년(1457년) 겨울에 세조가 궁궐에서 낮잠을 자다가 가위에 눌린 괴이한 일이 생기니, 곧 소릉을 파헤치라고 명하였다. 사신이 석실(石室)을 부수고 관을 끌어내려 하였으나, 무거워서 들어낼 도리가 없었다. 군민(軍民)이 놀라고 괴쩍어하더니, 글을 지어 제를 지내고서야 관이 나왔다. 사나흘을 노천(露天)에 방치해 두었다가 곧 명에 따라 평민의 예로 장사 지내고서 물가에 옮겨 묻었다(이긍익, 『연려실기술』, 문종조 고사본말).

108 왕과 왕비 중 한 위(位)만 안장하여 봉분이 하나인 왕릉.

109 한 곡장 안에 왕과 왕비를 좌우로 나란히 안장하여 봉분이 2기로 조성된 왕릉.

110 왕과 원비, 계비 등 3위를 한 곡장 안에 나란히 안장하고 3기의 봉분을 조성한 왕릉.

111 현릉 이외에도 광릉, 덕종의 경릉, 창릉, 선릉, 목릉, 명릉이 이 방법을 취하고 있다.

제1장 조선 전기의 왕릉 조성과 의례

영릉은 조성한 지 얼마 되지 않아 천장했기 때문에, 『국조오례의』식의 제도로 이루어진 가장 오래된 능은 바로 현릉이다. 능원은 크게 초계(初階), 중계(中階), 하계(下階)로 나뉘어 있고 각 계마다 배치되는 석물이 정해져 있다. 하계에는 석마와 함께 무인석 1쌍이 있고 중계에는 중앙에 장명등을 세우고 그 좌우에 문인석 1쌍이 배치되어 있다. 문인석이나 무인석 모두 미소를 띠고 있는데, 이는 아랫사람에게 온화하게 대했다는 문종 시대의 정치 분위기를 의미하는 듯하다.[112] 초계에는 봉분 바로 앞쪽에 상석이라고도 부르는 혼유석이 놓여 있고 그 좌우에 망주석이 세워져 있다. 혼유석은 귀면을 새긴 고석이 받치고 있는데 태조 건원릉은 고석이 5개이나, 현릉은 4개이다. 이는 앞서 말한 바와 같이 『국조오례의』를 따랐기 때문이다. 『국조오례의』의 형식을 따랐기 때문에 병풍석의 방울, 방패무늬가 사라졌고 구름무늬가 있다. 그리고 건원릉과 헌릉에 있던 소전대(燒錢臺) 대신 구 영릉의 제도에 따라 '예감(瘞坎)'[113]을 만들어 놓았다.

현덕왕후의 혼유석은 특이하게도 반상 형태다. 봉분 능침에 병풍석을 세우고 그 바깥 둘레에 다시 난간석을 세웠다. 왕비의 난간석은 중종 때의 양식을 따랐다. 신도비(神道碑)에 대해서는, 왕의 치적은 국사(國史)에 실리기에 굳이 사대부처럼 신도비를 세울 필요가 없다는 논의가 있었으므로 이때부터 나라의 능침에는 신도비를 건립하지 않았으며, 후일 세종의 영릉을 여주로 옮길 때에도 역시 비(碑)를 세우지 않았다.[114]

---

112 한국문원 편집실, 『문화유산 왕릉─왕릉 기행으로 엮은 조선왕조사』, 한국문원, 1996, 74쪽.
113 정자각 뒤쪽에 위치한 사각 돌 구덩이로, 제례 후 지방 등을 태워서 묻었던 곳이다.
114 이긍익, 『연려실기술』 별집 권2, 사전전고(祀典典故) 산릉(山陵).

5) 단종 시대의 왕릉 조성

문종 현릉(顯陵)의 조성

세종의 장례를 치르고 2년 4개월이 지난 1452년 5월 14일 문종(1414~
1452, 재위 1450~1452)이 승하하였다. 공조판서 정인지(鄭麟趾), 영의정 황보
인, 우의정 김종서 등이 빈전도감(殯殿都監), 산릉도감(山陵都監), 국장도감(國葬
都監)을 구성했다. 문종은 생전에 자신의 무덤을 세종의 영릉(英陵)[115] 부근에
마련해 달라는 유언을 남겼다. 그곳에는 1442년(세종 24)에 안장된 태종의
헌릉(獻陵)도 있었다. 하지만 이러한 유지는 훗날 세조가 되는 수양대군(首陽
大君)에 의해서 받아들여지지 못했다. 수양대군은 세종과 소헌왕후 국상의
풍수 실무를 맡을 정도로 풍수에 조예가 깊었다. 수양대군은 황보인 등과
함께 문종의 왕릉을 건원릉 화소지역(火巢地域)에 조성하였고, 그해 9월 장사
지냈다. 당시 문종의 묏자리가 건원릉 화소지역으로 결정될 즈음 지관 목효
지는 풍수적인 측면에서 건원릉 화소지역은 길지(吉地)가 아니라는 상소문
을 올렸다. 마전(麻田, 현 경기도 연천군)이나 장단(長湍, 현 경기도 장단군)의 산세가
건원릉의 지세보다 낮다는 것이다. 하지만 목효지의 상소는 수양대군과 황
보인 등에 의해 묵살되었고,[116] 결국 수양대군의 강력한 영향력으로 문종의
능은 건원릉 동쪽 언덕에 자리 잡게 되었다. 풍수지리학적으로 보면 건원릉
은 생룡(生龍)의 장생발복의 터이지만, 현릉은 사룡(死龍)의 절명에 해당하는
흉당에 해당하는데, 이후 벌어진 역사를 증명하는 듯하다.[117]

산릉도감에서는 천광의 깊이를 10척으로 하고 장삿날을 9월 1일과 17일

---

115 옛 영릉, 서울 서초구 내곡동 대모산.
116 훗날 세조는 자신의 아들인 의경세자의 묏자리를 찾을 때 건원릉 화소지역이 언급되었으나 선택하지
     않았다.
117 수양대군은 풍수사였던 목효지와 이현로, 국풍 최양선을 삭탈관직하였는데 능 자리에 물이 나고 바
     위가 있다는 이유였다. 그러나 이를 문종의 기를 꺾고, 자신의 등극을 위한 작업이었다고 보는 견해
     도 있다(이우상, 『조선왕릉 잠들지 못하는 역사』 1, 다할미디어, 2009, 112쪽).

중 하루로 결정했다. 강북 노원구의 돌을 강남 헌릉 근처로 옮겨 제작하다가 장지를 건원릉 동측으로 옮기니, 역부 8,000명을 동원해 한강을 넘는 도중에 많은 사람이 목숨을 잃기도 했다. 그래서 발인을 위해 동원된 인력은 선대 왕에 비해 반으로 줄었다.

『단종실록』에는 문종의 왕릉을 조성한 의례들이 정리되어 있다.

자정(子正) 3각(刻)에 노산군이 군신(群臣)을 거느리고 견전(遣奠)을 행하니, 종친과 문무백관이 근정전의 동서 뜰에 서립(序立)하여 곡림(哭臨)하며 사배하고 대전관(代奠官)이 전작(奠爵)하기를 의식과 같이 하니, 종친과 백관이 또 곡림하며 사배하고 나갔다. 축정(丑正) 3각에 봉재 궁관(奉梓宮官) 김종서와 빈전도감 제조 및 낭청(郞廳)에서 여사(轝士)를 거느리고 빈전에 들어가서 유장(帷帳)을 거두고, 재궁(梓宮)을 받들어 여(轝)에 태우고 광화문 밖에 이르러 대여(大轝)에 봉안하였다. 종친과 문무백관들이 길 좌우에 시립(侍立)하여 몸을 굽혔다가 연(輦)이 지나가자 걸어서 따라갔다. 우승지 박중손(朴仲孫)·좌승지 노숙동(盧叔仝)·동부승지 권자공(權自恭)도 또한 수행하여 종묘 앞에 이르러서 사례(辭禮)를 행하고, 흥인문(興仁門) 밖에 이르니, 의정부에서 유도(留都)하는 백관들을 거느리고 노제(路祭)를 올렸으며, 충훈사(忠勳司)도 또한 노제를 올렸다. 기로인(耆老人)·성균관 학생·사부 학생(四部學生)·승도·맹인 등이 길가에 차례로 서서 사배하여 곡하면서 보냈다. 숙빈(肅嬪)·경혜공주(敬惠公主)·문 소용(文昭容)·권 소용(權昭容)·봉보부인(奉保夫人) 및 시녀 12명, 수사(水賜) 5명, 방자(房子) 12명이 또한 수행하여 중량포(中良浦)에 이르러 낮 상식(上食)과 전을 올리었다. 오시(午時)에 산릉에 이르러 영악전(靈幄殿)에 봉안하고, 하산릉전(下山陵奠)을 올리니, 종친 및 문무백관이 곡림하기를 의식과 같이 하였다. 의정부에서 노산군이 나이가 어리고 원기가 약하므로 애훼(哀毁)를 이룰까 두려워하여 군이 궁(宮)에 머무르

문종의 현릉. 동원이강릉 형식이다.

기를 청하여, 대궐의 동서문은 열지 않고 다만 남문만 열고 위사(衛士)로 하여금 굳게 지키게 하였다.[118]

　건원릉에 이어 동구릉에 들어온 두 번째 능인 현릉은, 안산에 있던 현덕왕후의 능도 천장해 합장릉이 되었다. 그러나 6년 뒤, 세조에 의해 현릉이 파헤쳐지고 현덕왕후의 시신은 안산의 바다 10리 바깥에 내팽개쳐진다. 합장릉이었던 현릉은 56년 동안 다시 단릉으로 남겨졌다. 그러나 중종 때 종묘에 벼락이 치는 일이 있었고, 이 때문에 현덕왕후 복위 문제가 제기되었다. 1513년(중종 8) 유골을 몇 점 수습하여 문종이 묻힌 현릉으로 모셔와 문

118 『단종실록』 1452년(단종 즉위년) 8월 28일.
　子正三刻, 魯山率群臣, 行遣奠, 宗親及文武百官, 於勤政殿東西庭序立, 哭臨四拜. 代奠官奠爵如儀, 宗親及百官又哭臨四拜而出. 丑正三刻, 奉梓宮官金宗瑞, 殯殿都監提調及郞廳率冬士入殯殿, 撤帷帳. 奉梓宮乘轝, 至光化門外, 奉安大轝, 宗親及文武百官侍立於道之左右, 躬身輦過步從, 右承旨朴仲孫, 左承旨盧叔仝, 同副承旨權自恭, 亦隨行, 至宗廟前, 行辭禮. 至興仁門外, 議政府率留都百官進路祭, 忠勳司又進路祭, 耆老人, 成均四部學生, 僧徒, 盲人等序立於道旁, 四拜哭送. 肅嬪, 敬惠公主, 文昭容, 權暵容, 奉保夫人及侍女十二, 水賜五, 房子十二, 亦隨行, 至中良浦, 進晝上食及奠. 午時, 至山陵, 奉安於靈幄殿, 進下山陵奠, 宗親及文武百官哭臨如儀. 議政府以魯山幼沖氣弱, 恐致哀毁, 固請留宮, 不開闕東西門, 只開南門, 令衛士堅守.

종이 묻힌 곳에서 수십 미터 떨어진 곳에 현덕왕후의 능이 조성되어 동원이
강릉 형식이 되었다.

6) 세조 시대의 왕릉 조성

세조(世祖) 시대에는 왕릉 조성 작업은 없었다. 그러나 단종이 세조 때 사
망하여 단종의 무덤이 조성되었다. 그리고 세종의 맏아들인 의경세자(덕종으
로 추존)의 무덤 조성도 있었다. 여기에서는 노산군 묘와 의경세자 경릉에 얽
힌 사연들을 소개하고자 한다.

(1) 단종의 무덤 조성

『세조실록』에 의하면 단종(1441~1457, 재위 1452~1455)은 폐위된 뒤 1457년
6월 22일 창덕궁을 출발하였다. 제일 먼저 도착한 곳은 현재의 광진구 화
양동에 위치한 화양정 터이다. 화양정은 당시 세종의 별장이 있었던 곳으로
세조는 내시 안로를 시켜 이곳에서 조촐한 잔치를 마련해 주며 단종을 배웅
했다고 한다.

조선시대 고지도와 단종의 유배와 관련해 전해지는 이야기를 종합하면
대략 단종은 화양정에서 광나루를 거쳐 그곳에서 배를 타고 여주의 이포나
루에 도착한 것으로 추정된다. 이후의 여정은 여주에서 원주, 영월로 이어지
는 길을 택했을 가능성이 높다. 여주군 상구리의 '단종 어수정', 단강초등학
교에 남아 있는 '단정지(단종이 쉬어간 정자)' 등은 단종과 관련된 유적지이다.
6월 28일 단종은 마침내 청령포에 도착하였다고 한다.

청령포는 3면이 강으로 둘러싸여 있고 나머지 한쪽은 기암절벽으로 구성
되어 마치 사방에 요새를 설치한 모양을 띠고 있다. 동남북 3면이 남한강의
지류인 서강의 강줄기로 둘러싸여 있고, 서쪽은 험한 산줄기 절벽으로 막혀

단종의 유배지 청령포

있다. 육지이면서도 철저히 고립된 섬과 같은 형태를 띠고 있어서 외부와 완전히 차단될 수밖에 없는 곳이다. 이처럼 세조가 천혜의 유배지를 찾아낸 것은 단종이 도저히 재기를 도모할 수 없게 하기 위해서였을 것이다. 청령 포를 휘감는 강물이 서쪽에서 동쪽으로 원을 그리며 굽이쳐 흐르고, 앞자락 의 넓은 백사장은 관광지로서도 손색이 없는 모습이지만 단종에게 있어서 는 탈출구가 완전히 봉쇄된 지역이었다.

청령포 안에는 지금도 단종의 유배생활을 짐작하게 하는 600년 된 소나 무인 '관음송'이 있다. 600년 전, 유배생활의 아픔을 잠시라도 잊기 위해서 단종이 매일 올랐다는 이 소나무는 단종의 모습을 지켜본 유일한 소나무라 는 점에서 그 의미가 크다. 당시 처절했던 단종의 생활을 보았으니 '관(觀)' 이요, 단종의 오열을 날마다 들었으니 '음(音)'이라는 이름이 붙었다고 한다.

망향탑은 단종이 한양에 두고 온 부인 정순왕후를 그리며 하나둘씩 쌓아 서 만든 돌탑이며, 노산대는 단종이 아침저녁으로 올라 한양 쪽을 바라보며 외로움을 달랬다는 곳이다. 노산대는 청령포 서쪽의 높이 80미터 되는 낭떠 러지로, 이 전망대에서 바라보는 강과 층암절벽의 경치는 매우 뛰어나다. 이

제1장 조선 전기의 왕릉 조성과 의례

외에 청령포에는 단종이 죽고 나서도 한참 뒤인 영조 때 세운 금표비와 단묘유지비(端廟遺址碑)가 남아 있다. 단묘유지비는 단종이 머무르던 옛 집터를 기념하기 위해 1763년(영조 39) 왕명으로 원주 감영에서 세운 것이다. 비 앞면에 '단묘재본부시유지(端廟在本府時遺址)'라고 쓰여 있다.

단종이 유배지에 온 지 3~4개월 후 정국은 또다시 들끓었다. 이미 단종 복위 운동을 시도했다가 순흥으로 유배되었던 금성대군이 다시 단종 복위를 꾀하다가 발각되었기 때문이다. 조정에서는 금성대군의 처벌과 함께 단종의 처벌까지 주장하였다. 왕실의 종친들과 효령대군, 양녕대군까지 단종의 처벌을 강력히 주장하고 나섰다. 결국 세조는 1457년 10월 21일 단종의 처형을 명한다.

『세조실록』에는 단종이 스스로 목을 매어서 죽었다고 기록하였지만, 세조가 직접 죽음을 지휘한 정황이 여러 기록에서 발견된다. 인조 때 나만갑이 지은 『병자록』에는 세조가 보낸 사약을 가지고 간 금부도사 왕방연이 차마 어명을 전하지 못하고 주저하자, 단종 스스로 활시위를 목에 감고 옆에 심부름하던 사람을 시켜 활시위를 당겼다고 한다. 권력에 의해 기획된 죽음이었던 만큼 그의 시신도 거의 수습되지 못하였다.

1457년 단종이 관풍헌에서 죽음을 당하였으나 후환 때문에 그의 주검을 거두는 이가 없었다. 이때 영월 호장(戶長) 엄홍도가 한밤중에 몰래 시신을 거두어 산속으로 도망가다가 노루 한 마리가 있는 곳을 발견하고 이곳에 단종의 시신을 묻었다. 이후 단종의 무덤은 1517년(중종 11) 왕명으로 찾게 될 때까지 세상에 알려지지 않았고, 계속 노산군 묘로 방치되었다. 단종은 숙종 때 그 명예가 회복되기까지 왕으로 인정을 받지 못하였기 때문에 그 무덤 역시 왕자시절 호칭인 '노산군 묘'로 방치된 것이다.

현재 남아 있는 조선시대 왕릉 중 왕이 거처했던 한양의 궁궐에서 가장 멀리 떨어져 있는 왕릉은 무엇일까? 단종의 무덤인 장릉(莊陵)이 정답이다.

조선시대 왕릉 조성에서 가장 크게 고려된 것은 풍수지리와 지역적 근접성이었다. 풍수지리적으로 명당이면서도 서울에서 크게 벗어나지 않는 곳에 주로 왕릉을 조성하였다. 후왕들이 자주 선왕의 능을 참배하려면 우선 거리가 가까워야 했고 한강을 건너야 하는 곳도 가능한 피하였다. 현재 남아 있는 왕릉 대부분이 서울과 구리, 고양, 파주 등 경기 북부 지역에 분포하는 것도 이러한 이유 때문이다. 그러나 단종의 무덤은 유배라는 극단적인 상황에서 조성되었기 때문에 한양과 가장 멀어진 것이었다.

숙종 시대는 조선사회의 지배 이념인 성리학이 사회 곳곳에 완전히 침투된 시기였다. 국가적으로 성리학의 의리와 명분에 맞게 과거사를 정리한 시기이기도 하다. 노산군으로 강등되었던 단종의 왕위 회복과 사육신의 복권은 대표적인 조처였다. 조선시대 정치사의 전개에 있어서 사육신의 복권은 뜨거운 감자였다. 성리학을 이념으로 한 조선사회에서 의리와 충절이라는 성리학의 이념을 가장 적극적으로 실천한 인물이 사육신이었지만, 이들의 충절을 국가적으로 공인하게 되면 선왕인 세조의 즉위가 부적절했음을 인정할 수밖에 없는 논리 때문이었다. 따라서 사육신의 충절에 대해서는 16세기 이래로 재야 사림파 학자들 사이에서 그 충절을 높이 평가하고 이들의 정신을 따르려는 경향이 강한 정도였다. 물론 사육신을 국가적으로 포상해야 한다는 논의가 꾸준히 제기되기는 했지만 어느 왕도 사육신을 '국가의 충신'으로 공인하는 데는 주저하였다. 그러던 중 숙종이 총대를 맸다. 숙종은 1691년(숙종 17) 사육신의 관작을 회복하고 국가에서 제사를 지내도록 하는 특단의 조치를 단행했다.

해조(該曹)에 특별히 명하여 성삼문 등 여섯 사람을 복작(復爵)하고, 관원을 보내어 제사 지내게 하였다. 사당의 편액(扁額)을 민절(愍節)이라 내리고, 비망기를 내리기를, "나라에서 먼저 힘쓸 것은 본디 절의를 숭장(崇奬)하는 것

단종의 장릉   장릉의 정자각

보다 큰 것이 없고, 신하가 가장 하기 어려운 것도 절의에 죽는 것보다 큰
것이 없다. 저 육신이 어찌 천명과 인심이 거스를 수 없는 것인 줄 몰랐겠
는가마는, 그 마음이 섬기는 바에는 죽어도 뉘우침이 없었으니, 이것은 참
으로 사람이 능히 하기 어려운 것이다. … 당세에는 난신(亂臣)이나 후세에
는 충신이라는 분부를 내리는 것에 성의(聖意)가 있었으니, 오늘의 이 일은
실로 세조의 유의(遺意)를 잇고 세조의 큰 덕을 빛내는 것이다" 하였다.[119]

　　숙종은 사육신에 대해 '당세에는 난신이나 후세에는 충신'이라는 논리를
내세웠다. 그래서 사육신의 복권 조치가 결코 선왕인 세조의 뜻과도 어긋나
지 않는 것임을 강조하였다.
　　사육신의 복권과 함께 1694년(숙종 24) 11월 6일 노산군에게는 단종이라
는 묘호가 올려졌다. 민심 속에 살아 있던 단종이 역사 속에서 다시 살아나
는 순간이었다. 왕위 회복과 함께 노산군 묘는 장릉이 되었고,『노산군일기』
는『단종실록』으로 그 위상을 되찾았다. 사육신과 금성대군의 희생을 비롯
하여 16세기 사림파의 끈질긴 저항까지 수많은 희생을 딛고 230여 년 만에

119 『숙종실록』1691년(숙종 17) 12월 6일.

단종비 정순왕후의 사릉   사릉의 정자각과 비각

이뤄진 역사 바로 세우기였다. 당시의 기록을 보자.

> 대신(大臣)·육경(六卿)·의정부의 서벽(西壁)과 관각(館閣)의 당상(堂上)들을
> 빈청(賓廳)에 모이라 명하였다. 노산대군(魯山大君)의 시호(諡號)를 추상(追上)
> 하여 '순정 안장 경순 대왕(純定安莊景順大王)'이라 하였는데, 중정 정수(中正精
> 粹)함을 순(純)이라 하고, 대려 자인(大慮慈仁)을 정(定)이라 하고, 화합을 좋
> 아하고 다투지 않음을 안(安)이라 하고, 올바른 것을 실천하여 뜻이 화(和)
> 한 것을 장(莊)이라 하고, 의(義)로 말미암아 구제하는 것을 경(景)이라 하고,
> 자애롭고 화목하여 두루 복종하는 것을 순(順)이라 한다 하였다. 묘호(廟號)
> 는 단종(端宗)이라 하니, 예(禮)를 지키고 의(義)를 잡음을 단(端)이라 한다.
> 능호(陵號)는 장릉(莊陵)이라 하였다. 부인의 시호(諡號)를 '정순(定順)'이라 하
> 니, 순행(純行)하여 어그러짐이 없음을 정(定)이라 하고, 이치에 화합하는 것
> 을 순(順)이라 한다 하였다.[120]

숙종 시대 사육신의 복권과 단종의 왕위 회복은 성리학의 충의 이념을 왕
실이 주체가 되어 회복하려는 의지를 실천한 것이기도 했다.

---

120 『숙종실록』 1698년(숙종 24) 11월 6일.

제1장 조선 전기의 왕릉 조성과 의례

(2) 의경세자 경릉(敬陵)의 조성

세조의 맏아들인 의경세자(덕종)가 1457년(세조 3) 9월 2일 20세의 젊은 나이로 세상을 떠나자 조정에서는 삼도감(三都監)을 설치하고 본격적인 국장(國葬) 절차에 착수한다. 세조는 한성부윤 이순지, 정인지·강맹경 등 대신들을 광주, 과천, 한강나루 등 여러 곳으로 보내며 세자의 묏자리를 상지(相地)하게 하였다.[121]

이렇듯 묏자리를 상지하는 과정에서 10월 13일 밤 강맹경 등이 돌아와 고양 동쪽에 묏자리가 있다고 보고하였고[122] 이후 세자는 경기 고양현에 묻혔다. 이어 세자를 장사 지내고 천전[123] 의식을 베풀었다.

> 세자를 경기 고양현(高陽縣) 치소(治所) 동쪽에 장사를 지내고 천전(遷奠)을 베풀었는데, 그 의식은 이러하였다. "기일 전 1일에 충호위(忠扈衛)에서 길유궁(吉帷宮)을 현실(玄室) 서쪽에 남향하여 설치하는데 병장(屛帳)을 설치하고, 남쪽으로 유문(帷門)을 베푼다. …"[124]

세조는 국장도감에 세자묘의 석물을 후하게 쓰지 못하도록 어찰을 내렸다. 세조의 이러한 지침으로 경릉은 다른 왕릉에 비해 검소하게 조성되었다. 세조 3년 9월 7일의 기록을 보자.

> 어찰(御札)을 국장도감(國葬都監)에 내리기를, "대저 이번 장례(葬禮)는 임금의 장례가 아닌데, 모든 일이 정도에 지나친 것 같다. 그 무덤 안의 모든 일은 마땅히 한껏 후하게 할 것이지만, 무덤 밖의 모든 일은 비록 나의 장자

---

121 『세조실록』 1457년(세조 3) 9월 14일.
122 『세조실록』 1457년(세조 3) 10월 13일.
123 천전(遷奠): 재궁을 옮길 때 드리는 전(奠).
124 『세조실록』 1457년(세조 3) 11월 24일.

라 할지라도 반드시 박하게 해야 한다. 한갓 백성만 번거롭게 할 뿐이지 죽은 자에게는 유익할 것이 없다. 의당 이러한 뜻을 알고서 태반을 감손하여 작고한 이의(李懿)의 묘석(墓石)으로써 의상(儀象)을 만들되, 대략 경상(卿相)과 같게 하라" 하였다.

경릉은 1457년 9월 의경세자의 죽음을 시작으로 조성되어 소혜왕후 한씨가 죽은 1504년 4월 28일에 이르러 오늘날의 모습(동원이강릉)을 갖추게 되었다. 특히 소혜왕후의 사망 후 그녀의 능이 '우상좌하'의 원칙을 어기고, 남편의 무덤 오른쪽에 조성된 것이 주목된다. 이것은 그만큼 소혜왕후(인수대비)의 정치적 비중이 컸음을 의미한다.

7) 예종 시대의 왕릉 조성

세조의 광릉(光陵) 조성

예종(睿宗) 때는 선왕인 세조(1417~1468, 재위 1455~1468)의 무덤(광릉)을 조성하는 작업이 있었다. 세조는 자신의 병이 깊어지자 1468년 9월 7일 세자로 있던 예종에게 강권하여 왕의 자리에 오르게 했다. 그리고 다음 날 수강궁 정침에서 사망하였다. 옥산군(玉山君) 이제(李躋)와 우참찬 윤필상(尹弼商)을 수릉관(守陵官)으로 추천하였는데, 왕이 무송군(茂松君) 윤자운(尹子雲)을 수릉관으로 삼으니, 박원형과 도승지 권감이 아뢰기를, "윤자운은 독자(獨子)이고 그 어미도 늙었으니, 대고(大故)를 알 수 없습니다. 청컨대 바꾸소서" 하여, 곧 윤필상을 수릉관으로 삼았다.

광릉은 능지를 정할 때 광주(廣州)에 있는 이지직(李之直)의 분영(墳塋)과 남양주에 있는 정흠지(鄭欽之)의 분영이 함께 논의되었다. 결국 정흠지 분영의 터가 세조의 능침으로 좋다는 신하들의 말에 따라 능의 위치가 결정되었다.

세조의 광릉

의논하여 아뢰기를, "청컨대 석실을 쓰게 하소서" 하니, 임금이 말하기를, "그렇다면 어떻게 할 것인가?" 하니, 신숙주 등이 다시 아뢰기를, "안에는 석실을 쓰고 밖에는 단지 석난간(石欄干)만 설치하여, 석양(石羊)·석마(石馬) 등의 의물(儀物)은 모두 예전대로 하소서" 하였다.[125]

예종은 예조에 전지(傳旨)하여, "능침(陵寢)에 모두 석실(石室)을 썼는데 대행 대왕(大行大王)께서 석실을 만들지 못하도록 명하였으니, 이제 마땅히 유명(遺命)을 준봉(遵奉)하여 아름다운 덕을 이룩하게 하라" 하였다.[126]

세조의 광릉은 석실을 쓰지 않고 회격(灰隔)[127]으로 만들었고 봉분 주위에 둘렀던 병풍석(屏風石)을 없애면서 병풍석에 새겼던 십이지신상(十二支神像)은 난간의 동자석주(童子石柱)[128]에 옮겨 새겼다. 또한 홍살문에서 정자각(丁字

---

125 『예종실록』 1468년(예종 즉위년) 9월 17일.
126 『예종실록』 1468년(예종 즉위년) 9월 19일.
127 관을 구덩이 속에 내려놓고, 그 사이를 석회로 메워서 다짐.
128 봉군의 둘레를 둘러싼 구조물을 난간석이라고 하는데, 주축이 되는 돌을 석주(石柱)라고 하며 석주 사이의 난간을 죽석(竹石)이라고 하는데, 이 죽석을 받치는 작은 돌을 동자석주라고 한다.

閣)에 이르는 참도(參道)도 생략되어 있다. 그로 인해 왕릉 조성에 필요한 부역 인원을 반으로 줄일 수 있었으며, 비용도 절감할 수 있었다.

광릉으로 들어가는 입구에서 조선 왕릉에서는 유일하게 남아 있는 하마비(下馬碑)[129]를 볼 수 있다. 입구를 지나면 다른 왕릉에서 일반적으로 볼 수 있는 금천교(禁川橋)를 찾아볼 수가 없다. 왕릉에 화재가 나는 등 비상이 발생했을 때 출입하기 편하도록 길을 넓히기 위해 없앤 것이다. 홍살문을 지나 참도는 없지만 정자각을 볼 수 있다. 지금의 정자각은 두 능의 가운데에 위치하고 있는데, 정희왕후의 능이 반대쪽 언덕에 조성되면서 세조의 능 앞에 있던 것을 옮겨 지은 것이다. 정자각에서 보면 좌측이 세조의 능이며 우측이 정희왕후의 능이다. 정자각의 우측에는 비각이 세워져 있다. 광릉의 비각은 원래 세워지지 않았다가, 1754년(영조 30)에 현릉, 덕종 경릉, 창릉의 비각과 더불어 세워졌다. 비각의 내용은 "조선국(朝鮮國) 세조대왕(世祖大王) 광릉(光陵) 정희왕후(貞熹王后) 부좌강(祔左岡)"이다. 즉, 조선 세조의 무덤인 광릉이며, 그 왼쪽 언덕에 정희왕후를 묻었다는 뜻이다.

광릉 인근에는 광릉의 원찰인 봉선사(奉先寺)가 있다. 봉선사는 969년(고려 광종 20) 법인국사 탄문에 의해 창건되었다고 전해지며, 원래 운악사(雲岳寺)라는 이름으로 폐사에 가까웠는데, 1469년(예종 1)에 정희왕후가 세조의 능침인 광릉을 보호하기 위해 89칸 규모로 중창하면서 봉선사라는 이름이 붙었다고 한다. 봉선사는 임진왜란 때 소실되었다가 복원되었고, 6·25 때도 소실되었다가 복원되었다.

---

[129] 누구든지 그 앞을 지날 때는 말에서 내리라는 뜻을 새긴 비석으로 "대소인원개하마(大小人員皆下馬)"라고 새겨져 있다.

8) 성종 시대의 왕릉 조성

(1) 예종 창릉(昌陵)의 조성

1469년 11월 28일 예종이 승하하고, 성종(成宗)이 즉위하였다. 성종은 부친의 장례 의식을 주관하고 왕릉 조성 작업에 착수하였다. 1469년 12월 6일 여러 신하와 종친에게 능을 조성할 땅을 살피게 하였으며, 12월 10일에는 밀성군 이침과 능성군 구치관이 고양에 가서 산릉이 될 만한 땅을 살펴 정하였다. 12월 12일 실록의 기록에도 왕릉 터를 정하는 논의가 보인다.

> 고령군(高靈君) 신숙주와 상당군(上黨君) 한명회(韓明澮)가 의묘(懿墓)의 북쪽에 산릉(山陵)이 될 만한 땅을 다시 살펴보고 와서 복명(復命)하니, 하동군(河東君) 정인지(鄭麟趾) · 영의정 홍윤성(洪允成) · 상락군(上洛君) 김질(金礩) · 우의정 김국광(金國光)에게 명하여 밀성군(密城君) 이침(李琛)과 영순군(永順君) 이부(李溥)와 함께 다시 살펴보도록 하였다. 홍윤성 등이 가서 살펴보고 돌아와서 아뢰기를, "이 땅은 의심할 만한 것이 없습니다" 하였으나, 정인지만이 홀로 뒤에 이르러 아뢰기를, "이 산은 청룡(靑龍)이 높고 백호(白虎)가 낮으니 그다지 사용에 적합하지는 않으나, 다만 한양에 가까운 점만 취(取)할 뿐입니다" 하니 전교(傳敎)하기를, "여러 사람의 의논을 따르는 것이 옳겠다" 하였다. 마침내 산릉(山陵)에 갈 기일(期日)을 정하였다.

신하들의 논의로 왕릉 자리가 정해지자, 12월 18일에는 묘호는 '예종(睿宗)'이라 하고, 능은 '창릉(昌陵)'이라 하고, 혼전(魂殿)은 '경안(景安)'이라 하였다.

예종과 계비 안순왕후가 묻힌 창릉은, 현재 경기도 고양시 용두동에 위치한 '서오릉(西五陵)' 내에 위치하고 있다. 서오릉은 말 그대로 서울(한양) 서쪽에 있는 5개의 왕릉이라는 의미로서 서오릉 내부에는 창릉을 비롯하여 덕종과 덕종비 소혜왕후의 경릉, 숙종의 명릉, 숙종비 인경왕후의 익릉, 영조비 정성왕후의 홍릉까지 5기의 조선 왕릉이 위치하고 있다. 그뿐만 아니라 명종의 원자 순회세자의 순창원과 사도세자의 생모인 영빈 이씨가 묻혀 있는 수경원까지 포함하면 총 7기의 능이 함께 조성되어 있다. 동구릉과 더불어 조선시대의 대규모 '왕릉 단지'라고 할 수 있다.

서오릉에 가장 먼저 들어선 능은 덕종의 무덤인 경릉이지만, 덕종이 왕으로 추존되기 이전의 무덤이어서 최초로 조성된 왕릉은 예종과 안순왕후가 묻혀 있는 창릉이라고 할 수 있다.

창릉은 기본적으로 동원이강식의 무덤 형태로서, 왕과 왕비의 무덤이 같은 지역에서 하나의 정자각을 두고 양 언덕에 자리 잡고 있었다. 정면의 정자각을 기준으로 왼쪽이 예종의 능, 오른쪽이 안순왕후의 능(하늘에서 내려다보면 우상좌하)이 위치하고 있다. 창릉 역시 다른 조선 왕릉과 같이 홍살문을 지나 참도를 따라 걸으면 정자각이 위치하고 있었으며, 그 정자각을 중심으로 두 무덤이 정확히 대칭을 이루는 모습이 매우 인상적이다. 정자각 오른편으로는 비각이 위치하고 있었는데, 비각과 내부의 비석은 영조 대에 세워진 것이라고 한다.

정자각에서부터 언덕을 따라 능침에 다다르면 묘목으로 시야가 막혀 있는 경릉과는 달리 반대편 언덕에 있는 상대방의 능이 한눈에 들어옴을 알 수 있다. 광릉은 세조의 유명을 받들어 능침의 병풍석을 설치하지 않았다고 하는데, 예종의 창릉 역시 선왕의 의지를 받들어 병풍석 대신 난간석이 설치되어 있다. 봉분의 바로 앞에는 상석과 장명등이 마련되어 있고, 그 앞으로는 문인석 한 쌍, 무인석 한 쌍, 석마 두 쌍이 봉분을 중심으로 마주하고 있으며, 봉분을 둘러싸고는 석양이 무덤을 호위하는 형태로 세워져 있다.

한편 예조에서 산릉 예정지의 옛 무덤을 철거할 때 보상해 주는 기준을 아뢰는 대목은, 요즈음의 보상 정책과 관련해서 주목을 끈다.

예조에서 아뢰기를, "산릉(山陵) 기지(基地)의 한정(限定)은 동쪽 봉고개(蜂古
介)·가을고개(加乙古介)·미륵원(彌勒院)에서부터 북쪽으로는 덕연원(德淵院)
에 이르고 서쪽으로는 목단리(牧丹里)·신리(新里)에 이르고, 남쪽으로는 의
묘(懿墓) 밖의 안산(案山)까지 이르렀습니다. 도국(圖局) 안의 철거(撤去)할 구
분(舊墳)은 주분(主墳)이 있으면 쌀 2석(碩)과 콩 1석을 주고, 당상관(堂上官)
의 무덤과 당상관 부모의 무덤과 조부모의 무덤과 아내의 무덤은 쌀·콩
합계 15석을 주고, 주분이 없으면 경기 관찰사(京畿觀察使)로 하여금 인부(人
夫)를 적당히 주어서 옮겨 장사(葬事)하도록 하는 것이 어떻겠습니까?" 하
니, 그대로 따랐다.[130]

1469년 12월 27일에는 광릉의 예(例)에 의거하여, 수호군 70명을 뽑았다.
능(陵)에 가까운 경기 여러 고을의 부실(富實) 한역(閑役)한 사람을 정하였다.

(2) 장순왕후 공릉(恭陵)의 추숭

1470년 성종은 신하들의 의견을 받아들이는 방식을 취하여 예종의 비인
장순왕후의 능호를 공릉(恭陵)으로 하고, 의경세자의 무덤을 경릉(景陵)으로
하였다. 실록의 기록을 보자.

한명회 등이 건의하기를 … 장순빈(章順嬪)의 시호(諡號)는 휘인소덕장순왕
후(徽仁昭德章順王后) 또는 제인숙덕장순왕후(齊仁淑德章順王后)로 하고, 능호는
순릉(順陵), 또는 공릉(恭陵)으로 하고, 의경세자(懿敬世子)의 시호(諡號)는 온

---

130 『성종실록』 1469년(성종 즉위년) 12월 21일.

예종비 장순왕후의 공릉

공릉의 비각

문 의경왕(溫文懿敬王), 또는 인순 의경왕(仁順懿敬王)으로 하고, 묘호(廟號)는 의경묘(懿敬廟), 또는 의묘(懿廟)로 하고, 능호는 의경릉(懿敬陵), 또는 경릉(敬陵)으로 하고, 수빈(粹嬪)의 휘호(徽號)는 자수왕비(慈粹王妃), 또는 인수왕비(仁粹王妃)로 하도록 하소서" 하였다. 의논이 올라가니, 전교(傳敎)하기를, "장순빈의 시호는 휘인소덕장순왕후로 하고, 능호는 공릉으로 하고, 의경세자의 시호는 온문 의경왕으로 하고, 묘호는 의경묘로 하고, 능호는 경릉으로 하고, 수빈의 휘호는 인수왕비로 일컬어 올리도록 하라" 하였다. 또 대행 대왕(大行大王)의 외조고비(外祖考妣)의 분묘와 당대 외조고비의 분묘에 치제(致祭)하는 절목(節目)을 의논하기를, "대행 대왕의 외조(外祖)인 정정공(貞靖公) 윤번(尹璠)은 마땅히 전례(前例)에 의거하여 시행하도록 하고, 당대 외조인 양절공(襄節公) 한확(韓確)의 부처(夫妻)는 주상(主上)께서 이미 대행 대왕의 후사(後嗣)가 되었으니 외조고비로 일컫기는 어려울 것입니다. 선왕(先王) 외조의 분묘의 예에 의거하여 현지의 관원이 교지(敎旨)를 받들어 치제하도록 하는 것이 어떻겠습니까?" 하니 그대로 따랐다.[131]

　　　　제1장　조선 전기의 왕릉 조성과 의례

세자빈의 지위에서 사망한 장순왕후나 세자의 지위에서 사망한 의경세자에 대한 능호의 추숭 사업은 왕실의 권위 강화와도 관련이 있다.

(3) 폐비 윤씨의 사사(賜死)와 무덤 조성

1482년 폐비 윤씨에게 사약을 내린 후, 성종은 승정원에 전교하여 윤씨를 염장하는 일에 대하여 의논하여 아뢰게 하였다.[132] 성종은 "윤씨를 염장(斂葬)하는 일을 어떻게 해야 하겠는가? 이는 국가에서 마땅히 할 바가 아니고 또한 옛일에 의거할 수도 없다. 그러니 의논하여서 아뢰도록 하라" 하였고, 승정원에서는 "윤씨는 죄인이었으니, 염장의 일을 국가에서 할 수는 없고, 마땅히 그의 족친들로 하여금 하게 해야 하겠습니다. 다만 택지(擇地)와 택일(擇日)은 산 사람을 위한 것이요 죽은 자를 위한 것이 아닙니다. 청컨대 해당 관사로 하여금 의논하게 하소서" 하였다. 예조(禮曹)에 명하여 장사 지낼 장소와 일시(日時)를 택정(擇定)하게 하였으며 대비의 분부로 관곽(棺槨)을 내려주었다. 1489년 5월 16일의 실록 기록을 보면, 폐비 윤씨의 제사만 허락하고 명호는 허락하지 않았다.

(4) 정희왕후 광릉(光陵)의 조성

1483년 6월 12일 세조의 왕비이자 대비인 정희왕후가 사망하였다. 이미 세조의 무덤인 광릉을 조성해 두었으므로, 그 동쪽 곁에 왕비릉을 조성하였다. 『성종실록』에는, "대행 왕후(大行王后)를 광릉(光陵)의 동혈(東穴)에 장사 지냈는데, 인시(寅時)에 하관[下玄宮]하였다. 그 애책문(哀冊文)에 이르기를, 유세차(維歲次) 성화(成化) 19년 계묘(癸卯) 3월 임술(壬戌)에 대행 대왕대비(大行大王大妃)가 온양(溫陽)의 행궁(行宮)에서 훙(薨)하셨으므로, 모월 모일에 모릉(某

---

131 『성종실록』 1470년(성종 1) 1월 22일.
132 『성종실록』 1482년(성종 13) 8월 17일.

광릉의 정자각에서 본 정희왕후릉

陵)으로 천좌(遷座)하려 하니, 이는 예(禮)입니다. 좋은 날을 점치어 검은 말 [馬]이 앞에 서서 떠나는데, 늘어선 시위(侍衛)에 새벽 횃불이 빛나고, 수운(愁雲)은 곳곳마다 끼어 있습니다. 팔신(八神)이 장차 벽제(辟除)할 것이고, 세 번의 헌작(獻爵)은 이미 부어 올렸습니다. 애왕손(哀王孫)인 주상 전하께서 조전제(祖奠祭)에 정성을 다하였고, 애통하고 사모하여 마음에 병이 되었으며, 선장(仙仗)이 돌아오지 못함을 애통해하고, 영항(永巷)에 나아가지 못함을 슬퍼하였습니다. 이에 예지(睿旨)를 내려 휘음(徽音)을 칭송(稱頌)하게 하였습니다" 라고 기록하고 있다.

9) 연산군 시대의 왕릉 조성

성종 선릉(宣陵)의 조성

1494년(성종 25) 12월 24일 성종(1457~1494, 재위 1469~1494)이 창덕궁 대조전(大造殿)에서 승하했다. 12월 25일 예조 참판 송영(宋瑛)이 장생전(長生殿)에서 재궁(梓宮)을 옮겨 왔으며, 지중추부사(知中樞府事) 이극균(李克均)·좌찬성(左贊成) 한치형(韓致亨)·호조 판서(戶曹判書) 홍귀달(洪貴達)을 국장도감 제조로 삼고, 좌참찬(左參贊) 정문형(鄭文炯)·공조 판서(工曹判書) 유순(柳洵)·광양군(光陽君) 이세좌(李世佐)를 산릉도감 제조로 삼았다.

연산군(燕山君)은 5개월 장을 마친 후인 1495년 4월 6일 경기도 광주부 서면 학당리의 임좌병향(任左丙向) 언덕에 왕릉을 조성했다.[133] 『성종실록』에는 "4월 6일[己未]에 선릉(宣陵)에 장사하고 혼전(魂殿)의 이름을 영사(永思)라고 하였다"고 기록하고 있다. 왕릉에는 병풍석과 난간석을 세웠다. 세조의 유지에 따라 세조의 광릉부터 병풍석이 세워지지 않았으나, 성종 때 병풍석이 부활하였다. 다른 상석은 모두 『국조오례의』를 따르고 있다.

선릉은 태종의 왕릉인 헌릉과 세종의 영릉에 이어, 한강을 건너 조성된 왕릉이라는 점에서 눈길을 끈다. 결국 풍수지리적인 명당이 중요하지 한강 너머에 왕릉을 조성하는 것은 큰 부담으로 여기지 않았던 당시의 분위기를 보여 주고 있다.

1495년(연산군 1) 1월 10일의 실록 기사에는 성종의 산릉을 정하기 위해 여러 지역을 물망에 올려놓고 있음을 볼 수가 있다.

윤필상·노사신·신승선·이극돈·김응기·최호원이 산릉(山陵) 자리를 보고 와서 복명(復命)하는 서계에 이르기를, "광평대군(廣平大君)의 묘가 첫째요, 그다음이 정역(鄭易)의 묘요, 또 그다음이 고양군(高陽郡) 관사(官舍)의 자리입니다" 하니, 전교하기를, "고양군의 땅은 어떤 흉하고 해로운 것이 있어서 셋째가 되는가?" 하매, 윤필상 등이 아뢰기를, "안전(案前)에 관(官)이 있고 주산(主山) 뒤에 귀(鬼)가 있는데, 3, 4월은 월극(月尅)이 됩니다" 하였고, 호원이 서계하기를, "고양군의 땅은 길(吉)만 있고 흉(凶)은 없는 것이 광평대군의 묘와 다름이 없으나, 고양에는 다만 초목이 없고, 광평의 묘에는

133 『성종실록』 부록, 誌文.

선릉 중 성종릉

『호순신(胡舜申)』의 '산이 높고 물이 또 오는 것이 염려된다[恐]'는 말이 있으니, 공(恐) 자가 아마 흉한 데 가까운 듯합니다. 어떤 이는 말하기를 '월산대군(月山大君)의 묘가 고양(高陽)에 있어서 후귀(後鬼)가 된다' 하나, 주산(主山)이 불평(不平)하여 백호(白虎)가 혈(穴) 뒤에 연하여 내려왔으므로 정귀(正鬼)는 아닌데, 더구나 건원릉(健元陵)·영릉(英陵)·헌릉(獻陵)·창릉(昌陵)·경릉(敬陵)에도 다 후귀가 있으니, 귀혈(鬼穴)을 가지고 흉하다 할 수는 없습니다. 어떤 이는 말하기를 '전관(前官)이 있다' 하나, 건원릉 전관이 20리에 이르러 그쳤으며, 창릉·경릉에도 또한 10여 리의 전관이 있으니, 전관과 후귀로 논한다면 이상의 여러 능을 다 옮겨야 하지 않겠습니까. 하물며 고양의 전관은 내외 안산(案山)에 상관이 없고, 외청룡(外靑龍) 뒤에 따로 한 산을 이루고 앞에서 나성(羅星)이 되어 지나갔으니, 비록 수십 리에 이르러도 전혀 주혈(主穴)에는 상관이 없음이리까. 신은 근지에는 이만한 혈이 없다고 생각합니다." … 도승지 김응기가 지리관 정명도(丁明道) 등을 데리고 원준의 집에 가서 묻고, 회계(回啓)하기를, "원준이 말하기를 '신이 일찍이

　　　　　　　　　　　　　　제1장 조선 전기의 왕릉 조성과 의례

경성 근처의 모든 산을 두루 보았사온데, 건원릉·현릉(顯陵)이라 할지라도 다 광평대군의 묘보다는 못합니다. 비록 영순군·회원군은 일찍 죽었으나, 그 자손에는 또 번성한 집이 많습니다. 설사 대군의 묘를 가벼이 파내서는 안 된다 하더라도 임금에게 비교하면 차별이 있습니다. 고양은 결코 쓸 수 없고, 월산의 묘는 정혈(正穴)이 아닙니다. … 신의 생각으로는 광평의 묘가 제일입니다' 하였습니다" 하니, 전교하기를, "그곳으로 정하라" 하였다.

위의 논의를 통해 성종의 능은 광평대군의 묘역에 조성되었음을 알 수 있으며, 왕릉 선정에 풍수적인 기준이 중시되었던 시대상을 읽어 볼 수가 있다. 당시 성종의 묏자리를 광평대군 묘로 선정하는 것에 대하여, 대왕대비인 인수대비는 광평대군의 자손들이 병들고 요사했다는 점을 들어 반대했다. 그러나 영의정 윤필상 등은 "광평의 묘는 건해좌(乾亥坐)로서, 수파장생(水破長生)으로 흉하지만, 성종의 산릉을 임좌(任坐)로 정하면, 이는 수파문곡(水破文曲)으로 이보다 좋을 수 없다"는 논리를 폈고, 마침내 대왕대비의 동의를 이끌어 냈다.[134]

---

134 장영훈, 『왕릉풍수와 조선의 역사』, 대원미디어, 2000, 135~137쪽.

3 조선 전기 천릉(遷陵)의례와 주요 사례

1) 천릉의 개념과 원인

천릉 혹은 천장(遷葬)은 조선 왕릉만이 갖는 특수한 현상이라는 점에서 주목할 만하다.[135] 비슷한 시기 중국의 명나라나 청나라에서는 천릉이 거의 없었다.[136] 천릉이란 용어는 조선시대 이전에 등장하지 않았고, 중국에서도 사용하지 않는 용어였다.

천릉은 이장(移葬), 개장(改葬), 개수(改修), 개묘(改墓) 등의 용어와 유사한 의미로 사용되어 보통 분묘를 옮기거나 보수하는 것을 뜻했다. 그러다가 조선시대에 이르면 일반 묘의 이동은 천장이나 이장이란 용어로 굳어지고, 왕실의 능원에 대해서는 천릉, 천봉(遷奉), 천원(遷園)이란 용어가 일반화되었다.[137]

조선시대 왕릉의 조성은 왕실의 권위와 직접적인 관련을 가지며 축조 기간이나 인력 동원 면에서 대규모로 이뤄지는 중대 사안이었다. 국왕의 관심 사업이자 한정된 기간이 주어진다는 점에서 어려움이 큰 사업이기도 했다. 왕릉의 첫 조성은 왕과 왕비의 죽음에 따르는 불가피한 공역이었지만 천릉은 선택이 가능하다는 점에서 그 당위성 문제가 가장 큰 쟁점이 되었다. 특히 국가적인 재정 부담과 대규모의 인력 동원이 따랐기 때문에 천릉에는 무엇보다 명분이 우선시되었다. 특히 왕릉 조성 직후 바로 천릉한다는 것

---

135 조선시대 천릉의 과정과 정치적 성격에 대해서는 신재훈, 「조선 전기 천릉의 과정과 정치적 성격」, 『조선시대사학보』 58, 2011 참고.
136 청대에 慕陵의 경우 침수로 인해 淸東陵에서 淸西陵으로 이동한 적은 있다(조인수, 「조선시대 왕릉의 현상과 특징」, 『미술사학연구』 262, 2009 참조).
137 신재훈, 「조선 전기 천릉의 과정과 정치적 성격」, 『조선시대사학보』 58, 2011.

은 왕실의 체통과 권위에도 흠을 남길 수 있었다. 그럼에도 불구하고 조선 왕실에서는 태종 때부터 정릉(貞陵)의 천릉을 시행했고, 이후에도 여러 차례의 천릉이 있었다. 여기에서는 천릉의례의 기본적인 절차를 살펴보고, 조선 전기에 구체적으로 수행된 천릉 사례를 검토해 보고자 한다. 그리고 천릉이 실시된 정치적, 사회적 배경에 대해서도 살펴보고자 한다.

조선시대 천릉의 사례에 대해서는 세종의 영릉(英陵), 효종의 영릉(寧陵)과 관련한 연구 성과가 있지만[138] 천릉의 절차와 배경에 대한 본격적인 연구는 미진한 실정이다. 최근에는 조선 전기 천릉의 사례를 체계적으로 정리한 연구가 나와서, 조선 전기의 천릉 사례인 정릉(貞陵), 영릉(英陵), 소릉(昭陵), 희릉(禧陵), 정릉(靖陵) 등이 구체적으로 천릉된 사례를 분석하고 있다.[139]

천릉이란 용어는 조선시대 이전에 등장하지 않았고 중국에서도 사용되지 않은 용어였지만, 조선시대에 이르면 일반 묘는 천장이나 이장, 왕실의 무덤에 대해서는 천릉이나 천봉이란 용어를 사용했다.[140] 위에서 천릉에는 명분이 중요했다고 지적했지만, 조선시대에는 풍수적 길흉과 함께 추숭(追崇), 복위(復位)와 같은 정치적 이유로 천릉이 주로 이뤄졌다. 왕릉을 조성하기 전에 반드시 풍수사 혹은 상지관(相地官)이 대신과 함께 봉심하여 능지의 길흉을 판단한 것은 왕릉 조성에서 풍수가 중요 요인이었음을 보여 주고 있다. 그러나 한편으로 성리학을 국시(國是)로 한 왕실의 입장에서는 풍수를 적극적으로 권장할 수만은 없는 이중적인 상황에 봉착했다. 따라서 풍수설에만 입각해서 왕릉을 조성하거나 천릉을 할 수는 없었다. 오히려 왕비의 복위나 추숭 작업 등 정치적 상황의 변화가 천릉의 주된 요인으로 자리를 잡기도

---

138 김구진, 「朝鮮 初期 王陵制度 ― 世宗大王 舊英陵 遺蹟을 中心으로」, 『白山學報』 25, 1979.
　　이희중, 「17, 8세기 서울 주변 왕릉의 축조, 관리 및 천릉 논의」, 『서울학연구』 17, 2001.
　　김이순, 「세종대왕 '구 영릉(舊 英陵)' 석물 연구」, 『정신문화연구』 32, 2009.
139 신재훈, 「조선 전기 천릉의 과정과 정치적 성격」, 『조선시대사학보』 58, 2011.
140 현재 규장각한국학연구원 등에 소장된 의궤의 제목에도 천봉도감의궤(薦奉都監儀軌)라 한 것이 많다.

표 1 조선 전기 천릉 사례 목록

능호	능주	천릉 시기	능의 형식	천릉의 표면적 명분	원위치	현재 위치
정릉 (貞陵)	신덕왕후	1409년 (태종 9)	단릉	입지 부적합	황화방 (서울시 정동 추정)	서울시 성북구 아리랑로19길 116(정릉동)
덕릉 (德陵) · 안릉 (安陵)	목조 · 효공왕후	1410년 (태종 10)	동원 이강릉	외적의 침입	함경북도 경원군	함경남도 신흥군 가평면 능리
영릉 (英陵)	세종 · 소헌왕후	1469년 (예종 1)	합장릉	풍수적 길흉	헌릉(獻陵) 경역	경기도 여주시 능서면 영릉로 269-50(왕대리)
소릉 (昭陵)	현덕왕후	1513년 (중종 8)	동원 이강릉	복위	경기도 안산 바닷가	경기도 구리시 동구릉로 197(동구동)

했다. 조선 왕실은 전기에만 여섯 번의 천릉을 시행했는데, 이를 정리하면 〈표 1〉과 같다.[141]

〈표 1〉을 살펴보면 덕릉과 안릉은 외적의 침입에 의해 불가피하게 천릉하였고, 정릉은 입지의 부적합을 명분으로 삼았지만, 실질적으로는 신덕왕후에 대한 태종의 부정적인 입장이 가장 주요한 원인이었다. 이것은 정릉을 천릉한 후, 왕비릉에 걸맞은 조처를 거의 하지 않은 사실에서도 드러난다. 소릉의 천릉은 특히 정치적인 성격이 강하였다. 세조의 집권 이후 소릉을 대하는 인식과 세조 사후에 사림과 집권 이후로 소릉을 대한 인식은 완전히 달랐다.

---

141 신재훈, 「조선 전기 천릉의 과정과 정치적 성격」, 『조선시대사학보』 58, 2011, 39~40쪽.

2) 천릉의 주요 의례

천릉은 기본적으로『국조오례의』에 나타난 국장의 절차 중 산릉 의식에 기반해 진행되었다. 하지만 초상(初喪)인 국장의 산릉과는 별도의 절목과 의식, 순서를 갖고 있었던 것이 사실이다. 천릉의례는『국조오례의』를 영조 대에 보완한『국조속오례의(國朝續五禮儀)』에 그 기본적인 의례가 정리되어 있다. 주요 의례를 정리하면 다음과 같다.

① 지방(紙牓)[142] 쓸 때의 의식

당해 관사(官司)에서는, 지방을 쓸 길유궁(吉帷宮)[143]을 장전(帳殿)의 서쪽에 〈지형의 편리한 곳에 설치한다〉 설치하고, 또 평상·요·병풍과 휘장을 악차(幄次)에 설치한다.

봉상시(奉常寺)의 관원은, 탁자 두 개를 길유궁 안에〈지방을 쓸 탁자는 북쪽에 두고 필연(筆硯) 탁자는 그다음에 둔다〉 붓·벼루·먹·수건〈수건은 흰 세저포(細紵布)로 한다〉을 갖추어 설치한다.

대축(大祝)은 손을 씻고〈손 씻는 자리는 유문(帷門) 밖에 설치한다〉 지방궤(紙牓匱)를 받들어 탁자에 두고, 궤를 열어 지방을 받들어 탁자에 눕혀 둔다. 제주관(題主官)[144]은 상복(常服)을 갖추고 손을 씻고 탁자 앞으로 올라가서 서쪽을 향하여 선다. 지방의 전면(前面)에 '모호대왕(某號大王)'이라고 먹글씨로 쓴다. 〈왕후의 지방은 궁위령(宮闈令)[145]이 받들어 탁자에 눕혀 두고 제주관이 전면에 '모호왕후(某號王后)'라고 먹글씨로 쓴다.〉

마치면 부복(俯伏)하였다가 일어나서 물러가고, 대축은 지방을 받들어 궤에

---

142 지방(紙牓): 종이 조각에 지방문을 써서 만든 신주(神主).
143 길유궁(吉帷宮): 천릉 때 산릉 옆에 지방을 쓰게 하기 위하여 임시로 마련한 막차(幕次)를 말한다.
144 제주관(題主官): 신주 또는 지방에 글씨를 써 넣는 사람.
145 궁위령(宮闈令): 종묘 제사 때, 왕비의 신주를 받들어 모시는 환관을 궁위령이라고 한다.

넣어서 임시로 길유궁에 안치하여 백저건(白紵巾)으로 덮고, 궤(几)를 그 뒤에 설치한다. 〈왕후의 지방은 궁위령이 길유궁에 봉안하여 청저건으로 덮는다.〉

② 계릉(啓陵)[146]의 의식

4일 전에, 관원을 보내어 고유제(告由祭: 조상에게 사유를 고하는 제사)를 지낸다. 1일 전에, 전의(典儀)는 종친(宗親), 문무백관(文武百官)의 자리를 묘도 장전(墓道帳殿)의 남쪽에〈문관은 동쪽에, 무관은 서쪽에 설치한다〉 설치하되 모두 매 등의 위치를 달리하고 행렬을 거듭하여 북향으로 한다. 감찰(監察)의 자리 두 개는 문무반의 뒤에 북향으로 설치한다. 계릉(啓陵)할 때가 다가오면, 인의(引儀)는 종친, 문무백관을 인도하여 시마복(緦麻服)을 갖추고 들어와서 각자 자리로 나아가게 한다. 찬의(贊儀)가 창(唱)하기를, "꿇어앉아 부복하여 곡을 한다"라고 한다. 종친, 문무백관이 꿇어앉아 부복하여 곡을 하여 슬픔을 다한다. 찬의가 창하기를, "곡을 그치고 일어나 네 번 절하고, 일어나 몸을 바로 한다"라고 한다. 종친, 문무백관이 곡을 그치고 일어나 네 번 절하고, 일어나 몸을 바로 한다.

찬의가 창하기를, "꿇어앉는다"라고 한다. 종친, 문무백관이 꿇어앉고, 대축은 묘도의 남쪽에 북향으로 꿇어앉아 슬프게 세 번 소리를 내어 '계릉하는 사유'를 외친다. 마치면 부복하여 곡을 하여 슬픔을 다하고 물러간다.

찬의가 창하기를, "부복하여 곡을 한다"라고 한다. 종친, 문무백관이 부복하여 곡을 하여 슬픔을 다한다. 찬의가 창하기를, "곡을 그친다"라고 한다. 종친, 문무백관이 곡을 그친다.

제조(提調)가 역부(役夫)를 거느리고 파서 퇴광(退壙)·천광(穿壙)·계릉(啓陵)

---

146 계릉(啓陵): 왕릉을 옮기기 위하여 능을 파기 시작하는 경우에 이를 계릉이라고 한다.

을 하고 광중(壙中)의 애책(哀冊)[147]과 복완제구(服玩諸具)[148]를 각각 차례로 받들어 내어 집사(執事)에게 준다. 집사는 받아 가지고 장전(帳殿)의 곁에〈지형의 편의한 곳을 따라 한다〉 진열한다.

회석(灰石)의 보판(補板)을 천파(穿破: 뚫어 부수는 것)하고〈영의정과 사헌부 집의(司憲府執義)가 같이 개봉(開封)함을 감독한다〉, 외재궁(外梓宮)을 열어 하우판(下隅板)을 차례로 뜯어 낸 뒤에 재궁(梓宮)을 받들어 내는 것을 의식과 같이 한다〈아래 재궁을 받들어 내는 의식을 상세히 참조할 것. 이때 계릉한 뒤에 재궁을 받들어 낼 때에는 상(上)이 친림(親臨)하게 되므로 재궁을 받들어 내는 데 관한 의식은 아래 조문을 상세히 참조할 것〉.

③ 계릉 때 성복(成服)·망곡(望哭)하는 의식

[발인(發靷)·하현궁(下玄宮)·우제(虞祭) 때의 망곡 의식도 같다.]

그날, 액정서(掖庭署)는 전하(殿下)의 망곡위(望哭位)를 내정(內庭)에 북향으로 하여 설치한다. 전의(典儀)는 종친, 문무백관의 자리를 명정전(明政殿) 뜰에 설치하되, 위차를 달리하고 행렬을 거듭하여 북향으로 한다. 찬의(贊儀)·인의(引儀)의 자리도 또한 평상시와 같이 설치한다. 모든 호위하는 관원은 각각 그 복(服)을 입고 모두 합문(閤門) 밖으로 나아가서 대기한다. 1각 전에〈계릉을 할 때면 상의원관(尚衣院官)이 시복(緦服)을 올리고 예방승지(禮房承旨)가 합문 밖으로 나아가서 꿇어앉아 성복(成服)하기를 계청(啓請)한다〉, 종친, 문무백관은 시복을 갖추어 입고 명정문(明政門) 밖의 자리로 나아간다. 승지(承旨)와 사관(史官)은 시복을 갖추어 입고 내정으로 나아가 문밖에서 대기한다.

좌통례(左通禮)가 부복하고 꿇어앉아 중엄(中嚴)하기를 계청한다.

---

147 애책(哀冊): 국왕 또는 왕비의 죽음을 슬퍼하여 지은 글을 써서 장례 때 광중에 넣어 둔 책.
148 복완제구(服玩諸具): 복식·완물 기타 장신구를 통틀어 말한다.

인의가 종친, 문무백관을 나누어 인도하여 들어가서 자리에 나아간다.

계릉할 때가 다가오면, 좌통례가 밖의 준비가 다 되었음을 아뢴다.

전하께서 시복을 갖추고 나온다.

좌우통례가 앞을 인도하여 곡(哭)하는 자리로 나아간다.

승지와 사관들의 입시(入侍)는 평상시와 같다〈산선(繖扇) 및 호위하는 관원은 문밖에서 정지한다〉.

좌통례가 꿇어앉아 부복하여 곡하기를 계청한다.

전하께서 꿇어앉아 부복하여 곡을 하여 슬픔을 다한다.

찬의가 창하기를, "꿇어앉아 부복하여 곡을 한다"라고 한다. 종친, 문무백관이 꿇어앉아 부복하여 곡을 하여 슬픔을 다한다.

좌통례가 곡을 그치고 일어나 사배하고, 일어나 몸을 바로 하기를 계청한다.

전하께서 곡을 그치고 일어나 네 번 절하고, 일어나서 몸을 바로 한다.

찬의가 창하기를, "곡을 그치고 일어나 사배하고, 일어나서 몸을 바로 한다"라고 한다. 종친, 문무백관이 곡을 그치고 일어나 네 번 절하고, 일어나서 몸을 바로 한다〈우제(虞祭) 때이면, 먼저 대왕 우제의 망곡을 행하고 다음 왕후 우제의 망곡을 행한다〉.

좌통례는 전하를 인도하여 대궐 안으로 들어간다.

인의가 백관을 인도하고, 반수(班首)가 나아가서 북향하여 꿇어앉는다.

찬의가 창하기를, "꿇어앉는다"라고 한다. 백관이 꿇어앉고, 반수가 나아가서 명단(名單)을 올려 위로 한다. 마치면 부복하였다가 일어나서 몸을 바로 하여 본자리로 돌아온다.

찬의가 창하기를, "부복하였다가 일어나서 몸을 바로 한다"라고 한다. 종친, 문무백관이 부복하였다가 일어나서 몸을 바로 한다.

인의가 나누어 인도하여 차례로 나간다.

④ 대왕대비(大王大妃)의 성곡·망곡하는 의식

⑤ 재궁(梓宮)을 받들어 내는 의식

1일 전에, 당해 관사(官司)는 재궁을 임시로 봉안할 장전(帳殿)을 묘도(墓道)의 남쪽에 설치하고 또 왕후의 재궁을 임시로 봉안할 장전을 설치하며, 또 식건(拭巾: 닦는 수건)·상석(牀席)·요(褥)·병풍·휘장을 장전 내〈모두 지형의 편리한 곳에 따라 한다〉에 설치하고, 또 막차(幕次)를 장전 근처에 설치하여 재궁을 받들어 보관하는 자리로 한다.

액정서(掖庭署)는 전하(殿下)의 배위(拜位)를 묘도 장전의 북쪽 가까이에 북향으로 설치한다. 인의(引儀)는 종친, 문무백관의 자리를 묘도 장전의 남쪽에〈문관은 동쪽, 무관은 서쪽으로 한다〉, 모두 매 등의 위치를 달리하고 행렬을 거듭하여 북향으로 설치한다.

감찰(監察)의 두 자리는 문무반의 뒤에 북향으로 한다.

그날 재궁을 받들어 내기 1각 전에, 좌통례(左通禮)가 부복하고 꿇어앉아 막차에서 나오기를 계청한다.

전하(殿下)께서 시복(緦服)을 갖추어 입고 막차에서 나온다.

좌우통례가 앞을 인도하여 묘도 장전의 남쪽 배위에 이르러 북향으로 하여 선다.

외재궁을 열어 녹로(轆轤)[149]를 퇴광(退壙) 안에 들여 넣고 윤여(輪轝)를 가져다가 둔다〈전하께서 만약 봉심(奉審)하게 되면, 좌우통례가 앞을 인도하여 능상(陵上)에 이르러 봉심하기를 의식대로 하고 뒤에도 이에 의한다〉.

섭좌통례(攝左通禮)가 부복하고 꿇어앉아 재궁을 받들어 내기를 고한다.

좌의정(左議政)은 재궁을 마주 들 관원들을 거느리고 재궁을 받들어 내어

---

149 녹로(轆轤): 물체의 모형을 바로잡는 데 쓰는 기구.

윤여 위에 올려, 장전 안 상(牀) 위에 봉안한다.

좌통례가 꿇어앉아 부복하여 곡(哭)하기를 계청한다.

전하께서 꿇어앉아 부복하여 곡을 하고, 종친, 문무백관도 꿇어앉아 부복하여 곡을 한다〈찬의 또한 창을 한다〉.

좌통례가 곡을 그치고 일어나서 사배하고, 일어나 몸을 바로 하기를 계청한다.

전하께서 곡을 그치고 일어나서 네 번 절하고, 일어나 몸을 바로 하며, 종친, 문무백관도 곡을 그치고 일어나서 네 번 절하고, 일어나 몸을 바로 한다〈찬의 또한 창을 한다〉.

섭좌통례가 재궁 앞으로 나아가서 막차로 나아가기를 계청하고 부복하였다가 일어난다.

좌의정은, 재궁을 마주 들 관원들을 거느리고 윤여로써 재궁을 받들어 막차에 봉안하게 한다.

집사자(執事者)는 수건을 우의정에게 주고 우의정은 수건을 받아 재궁을 닦아서〈왕후의 재궁은 상전(尙傳)이 닦는다〉 관의(棺衣)를 가하고, 영좌(靈座)를 설치하여 소금저(素錦褚)를 가하고, 재궁 앞에 상(牀)을 설치하여 내시(內侍)가 지방궤(紙牓匱)를 받들어 대축(大祝)에게 주면, 대축은 지방을 영좌에 봉안하고 명정(銘旌)을 세운다〈왕후의 지방은 궁위령이 봉안한다. 나갈 때에는 대왕의 재궁을 먼저하고 들어올 때에는 왕후의 재궁을 먼저하며, 뒤에도 이와 같이 한다〉.

좌우통례가 전하를 인도하여 소차[150]로 들어가게 한다〈액정서에서 먼저 소차를 설치하되, 지형의 적당한 곳을 따라 설치한다〉.

---

150 소차(小次): 국왕의 거둥 때 잠깐 쉬기 위하여 막(幕)을 쳐 놓은 곳을 소차라고 한다.

⑥ 재궁을 내어 봉안(奉安)한 뒤 전(奠)을 베푸는 의식

⑦ 재궁을 정자각(丁字閣)에 모시고 성빈(成殯)하는 의식

⑧ 정자각 성빈전(成殯奠) 의식

[원서 삭망전(朔望奠)의 의식을 모방한다.]

⑨ 조석(朝夕)의 곡전(哭奠) 및 상식(上食)하는 의식

[원서 흉례 참조.]

⑩ 의정부에서 백관(百官)을 거느리고 진향(進香)하는 의식

[원서 흉례 참조.]

⑪ 재궁에 가칠(加漆)하는 의식

[상자(上字)의 서사(書寫)의 결과(結裹)하는 의식도 같으며 모두 위의 의식
참조.]

⑫ 계빈(啓殯)하는 의식

[원서 흉례 참조.]

⑬ 견전(遣奠)의 의식

[조전(祖奠)[151]은 없다. 원서 흉례 참조.]

---

151 조전(祖奠): 발인하기 전에 영결(永訣)을 고하는 제전. 이를 또 일포제(日晡祭)라고도 한다.

⑭ 발인(發引)의 의식

[원서 흉례 참조.]

⑮ 노제(路祭)의 의식

[원서 흉례 참조.]

이 외에 천릉의례로는 주정소(晝停所)의 설전(設奠) 의식, 신릉(新陵)의 정자각에 성빈(成殯)하는 의식, 천전(遷奠) 의식 등이 있었다. 천전 의식은 천릉에 관한 의식 중 가장 중요한 의식이므로 그 주요 내용을 정리하면 다음과 같다.

예를 마치면 인의(引儀)는 우의정(右議政)을 인도하여 동쪽 편계(偏階)로 올라 들어간다.

집사자(執事者) 1인이〈참외〉재궁의 먼지를 털어 버릴 수건을 받들고 따라서 올라간다.

우의정이 찬궁(欑宮)의 남쪽으로 나아가서 북향으로 하여 부복하고 꿇어앉아, "우의정 신 아무개는 삼가 좋은 때에 찬궁을 개봉하옵니다"라고 아뢰기를 마치면 부복하였다가 일어난다.

선공감관(繕工監官)은 그 소속을 거느리고 올라가서 찬도(欑塗: 찬궁의 봉함)를 철회한다〈내상(內喪)도 또한 의식대로 하되 원서를 참조할 것〉.

마치면 내시들이 영좌(靈座)를 정자각의 전내(殿內)로 옮겨 서향으로 하게 하고, 지방궤를 영좌로 옮겨서 봉안한다.

섭좌통례(攝左通禮)가 재궁 앞으로 나아가서 부복하고 꿇어앉아, 여(轝)에 올라 현궁(玄宮)으로 나아가기를 계청하고 부복하였다가 일어난다.

내시(內侍)는 애책함(哀冊函)을 받들어 집사자에게 주어 요여(腰轝)에 봉안하여 유문(帷門) 밖에 선다〈묘도의 남쪽에 이르러서는 봉애책관(捧哀冊官)에게 전해 준다〉.

집건자(執巾者)가 수건을 우의정에게 올리면, 우의정은 나아가서 재궁을 닦고 아울러 관의(棺衣)의 먼지를 털어 버린다. 충의위(忠義衛)는 명정(銘旌)을 받들어 앞을 인도하고, 좌의정은 재궁을 마주 드는 관원들을 거느리고, 재궁을 받들어 견여(肩轝)에 모신다.

섭좌통례는 앞을 인도하고, 봉삽자(捧翣者)는 삽(翣)으로써 재궁을 가린다.

백관(百官)들은 곡을 하면서 보종(步從)하여 묘도 남쪽에 설치된 봉사위(奉辭位)[152]로 나아간다〈궁인들도 모두 곡을 하고, 재궁이 묘도에 도착하면 궁인이 먼저 돌아온다〉.

여사(轝士)가 견여로써 재궁을 받들고 묘도에 도착하면, 방목(方木)을 깔고 그 위에 녹로(轆轤)를 설치하고, 그 위에 재궁을 내려서 모신다〈나갈 때는 대왕의 재궁이 먼저 나가고 들어올 때는 왕비의 재궁이 먼저 들어온다〉.

대신(大臣) 및 근시(近侍)들이 능상(陵上)으로 나아가 봉심(奉審)하고, 내시는 관의로써 덮으며, 명정은 깃대를 버리고 그 위에 둔다.

인의는 영의정(領議政)을 인도하여 옥백위(玉帛位)로 나아가고, 봉애책관과 봉옥백관(捧玉帛官)이 따라간다.

좌의정은 재궁을 마주 들 관원들을 거느리고 윤여로써 재궁을 받들어 묘도로 들어가서 현궁 안에 안치하고, 대관(大棺)의 머리를 북쪽으로 하게 한다.

우의정은 다시 관의와 명정을 정리하여 평평하고 반듯하게 한다.

천릉도감 제조는 그 소속을 거느리고, 보삽(黼翣)·불삽(黻翣)과 화삽(畵翣)을 재궁의 양쪽에 꽂고, 유의복(遺衣服)과 복완(服玩) 등의 봉지관(捧持官)이 각

---

152 봉사위(奉辭位): 영결을 고하는 의식을 행할 때 서는 자리.

각 차례로 나아간다. 산릉도감 제조는 그 소속을 거느리고 현궁을 폐쇄(閉鎖)한다.

영의정 및 사헌부 집의가 함께 폐쇄하는 것을 감시한다〈집의는 신(臣)이라 칭하고 서명을 한다〉.

우의정은 삽으로 아홉 번 흙을 덮고 인하여 석회로 쌓아 막는다.

영의정은 애책(哀冊)을 들여와서 퇴광(退壙)의 서쪽에 드리고, 다음은 증옥(贈玉) 및 증백함(贈帛函)을 애책의 남쪽에 드린다.

천릉도감 제조는 그 소속을 거느리고 명기(明器)와 복완 등 응당 넣어야 할 제구(諸具)를 가지고 각각 차례로 편리한 대로 진열하되, 행렬이 있도록 해야 한다.

산릉도감은 일꾼을 거느리고 계속하여 역사를 마치고, 지석(誌石)[153]을 묻는다〈능의 남쪽 가까운 땅, 석상(石床)의 북쪽에 묻는다〉.

이에 앞서, 재궁을 현궁에 들일 때에 찬의(贊儀)가 창하기를, "꿇어앉아 부복하여 곡을 한다"라고 한다. 종친, 문무백관이 꿇어앉아 부복하여 곡을 한다.

찬의가 창하기를, "곡을 그치고 일어나서 사배하고, 일어나 몸을 바로 한다"라고 한다. 종친, 문무백관이 곡을 그치고 일어나서 네 번 절하고, 일어나 몸을 바로 한다.

찬의가 또 창하기를, "꿇어앉아 부복하여 곡을 한다"라고 한다. 종친, 문무백관이 꿇어앉아 부복하여, 곡을 하고 슬픔을 다한다.

찬의가 창하기를, "곡을 그치고 일어나서 사배하고, 일어나 몸을 바로 한다"라고 한다. 종친, 문무백관이 곡을 그치고 일어나서 네 번 절하고, 일어나 몸을 바로 한다.

---

153 지석(誌石): 망령의 조상 및 자손, 일생의 행장 기록을 돌에 새겨 능 앞에 묻고 이를 지석이라 한다.

봉사(奉辭)하기를 마치면, 인의는 종친, 문무백관을 인도하여 나간다.

현궁의 왼쪽에 땅을 정리하여, 관상감에서 후토(后土)에게 제사 지내기를 처음과 같이 하고, 대여 및 견여에 속한 것은 백성(柏城) 내 경지(庚地)에 태워 버리고, 그 일반 관원에게 통용될 수 있는 것은 태우지 아니한다.

천전 의식에 이어서는 우제(虞祭) 의식을 정자각에서 행하였다. 예를 마치면, 대축(大祝)은 대왕의 지방궤(紙牓匱)를 요여에 모시고, 궁위령(宮闈令)은 왕비의 지방궤를 요여에 모셨다. 도감 당상(都監堂上) 및 본릉관(本陵官)이 모시고 가서 곡장(曲墻) 안에 동서로 묻되, 서쪽을 위로 하였다.

3) 조선 전기 천릉의 주요 사례

(1) 정릉(貞陵)의 천릉

조선 건국 후 첫 천릉 사례는 신덕왕후 강씨의 무덤인 정릉(貞陵)을 천릉한 것이다. 모든 왕릉은 도성 밖에 위치해야 한다는 명분에서 나온 것이었지만, 태종과 신덕왕후 강씨의 정치적인 관계가 천릉의 주된 원인이었다. 태종의 신덕왕후에 대한 반감은 그녀의 사후에 더욱 두드러지게 나타났다. 태종은 그녀의 무덤을 옮기는 방식으로 그 반감을 실천하였다. 1406년(태종 6) 태종은 정릉의 영역이 너무 넓다는 이유로, 100보(步) 이내로 줄게 하였다. 이에 세력 있는 집에서 어지럽게 다투어 좋은 땅을 점령하였다.[154]

1408년(태종 8)에 태조가 승하하자,[155] 더 이상 눈치 볼 사람이 없게 된 태

---

154 『태종실록』 1406년(태종 6) 4월 7일: 정릉(貞陵)의 영역(塋域)을 정하였다. 의정부에서 아뢰기를, "정릉이 경중(京中)에 있는데도 조역(兆域)이 너무 넓으니, 청하건대, 능에서 100보 밖에는 사람들에게 집을 짓도록 허락하소서" 하니 이를 허락하였다. 이에 세력 있는 집에서 분연(紛然)하게 다투어 좋은 땅을 점령하였는데, 좌정승 하륜이 여러 사위를 거느리고 이를 선점(先占)하였다.
155 『태종실록』 1408년(태종 8) 5월 24일.

종은 신덕왕후에 대한 불만을 천릉으로 실천하였다. 이듬해에는 아예 정릉을 도성 밖 사을한(沙乙閑) 산기슭, 즉 현재의 성북구 정릉동으로 보낸 것이다.[156] 옛 제왕(帝王)의 능묘가 모두 도성 밖에 있는데, 정릉(貞陵)만 성안에 있는 것이 적당하지 못하고, 또 사신(使臣)이 묵는 관사에 가깝다는 이유에서였다.[157] 그리고 이와 동시에 왕비의 제례를 폐하고 봄가을 중월제로 격하하였다. 그로부터 한 달쯤 후인 4월 13일에는 정릉의 정자각을 헐어서 이를 태평관(太平館)을 짓는 데 사용하게 하였다. 더불어 태종은 "정릉의 돌을 운반하여 쓰고, 그 봉분은 자취를 없애어 사람들이 알아볼 수 없게 하는 것이 좋겠으며, 석인(石人)은 땅을 파고 묻는 것이 좋겠다"고 말하였다.[158]

1410년(태종 10), 신의왕후 한씨가 태조와 함께 종묘에 부묘(祔廟)되었다.[159] 그러나 이와는 대비되게 신덕왕후는 같은 해에 여러 수모를 겪었다. 광통교가 홍수에 무너지자, 옛 정릉의 석물로 그것을 복구하게 하는가 하면,[160] 강씨의 기신(忌辰)에 정조(停朝: 조회 정지)하는 것을 파하였다.[161] 신의왕후가 이미 부묘되었고, 강씨는 정적(正嫡)이 아니기 때문이라는 것이 그 이유였다. 급기야 1412년(태종 12) 8월 23일에는 기신에 처음으로 대압문(代押文: 임금

---

156 『태종실록』 1409년(태종 9) 2월 23일: 신덕왕후(神德王后) 강씨(康氏)를 사을한(沙乙閑)의 산기슭으로 천장(遷葬)하였다. 처음에 의정부에 명하여 정릉(貞陵)을 도성(都城) 밖으로 옮기는 가부를 의논하게 하니, 의정부에서 상언(上言)하기를, "옛 제왕(帝王)의 능묘가 모두 도성 밖에 있는데, 지금 정릉이 성안에 있는 것은 적당하지 못하고, 또 사신(使臣)이 묵는 관사(館舍)에 가까우니, 밖으로 옮기도록 하소서" 하였으므로, 그대로 따랐다. 임금이 각사(各司)에 명하여 반(半)을 나누어 백의(白衣)·흑각대(黑角帶)·오사모(烏紗帽) 차림으로 시위(侍衛)하게 하였다. 예조에서 아뢰었다. "삼가 『문헌통고(文獻通考)』를 상고하건대, 송(宋)나라 선조(宣祖)의 안릉(安陵)을 하남 공현(河南鞏縣)으로 옮긴 뒤에 조석전(朝夕奠)과 삭망제(朔望祭)는 없었고, 다만 춘추(春秋) 중월(仲月)에 제사를 행하였을 뿐이니, 이제부터 신덕왕후의 산릉(山陵) 제례(祭禮)도 이러한 예(例)에 의하소서." 임금이 말하였다. "주공(周公)이 모든 제사에 질서를 지키고 문란하게 하지 않았으니, 마땅히 춘추의 두 중월과 이름이 있는 날[有名日]에 2품관(品官)을 보내어 제사 지내도록 하되, 항식(恒式)을 삼으라."

157 『태종실록』 1409년(태종 9) 2월 23일.
古之帝王陵墳 皆在都城之外 今貞陵在乎城內 未便 且近於使臣之館 乞遷于外 從之.

158 『태종실록』 1409년(태종 9) 4월 13일.

159 『태종실록』 1410년(태종 10) 7월 26일.

160 『태종실록』 1410년(태종 10) 8월 8일.

161 『태종실록』 1410년(태종 10) 8월 10일.

제1장 조선 전기의 왕릉 조성과 의례

을 대신하여 3품관 이상이 날인한 제문)을 가지고 재제(齋祭)를 지냈다.[162] 이는 대개 서모(庶母)나 형수(兄嫂)나 계수(季嫂)인 경우와 같이 3품관으로 제사를 대행 하게 한 조치였다. 이처럼 신덕왕후의 정릉은 능을 옮긴 뒤 수백 년간, 왕후 의 능이라기보다 주인 없는 무덤으로 방치되었다가 현종 대에 송시열 등의 건의에 의해 왕비릉의 지위를 되찾게 되었다.

『연려실기술』의 "정릉(貞陵)의 폐복(廢復)"에 관한 기사에는 정릉의 폐치와 복설에 관한 내용이 자세히 기록되어 있다.

홍무(洪武) 병자년(1396년) 8월에 현비 강씨(顯妃康氏)가 죽었다. 문하시중 조 준과 김사형 등이 아뢰어, 공신 한 사람을 시켜 능을 3년간 지키게 하기를 청하니, 안평군(安平君) 이서(李舒)로 하여금 능을 지키게 하였다. 처음에 정 릉동에 장사 지냈다가 뒤에 사을한리(沙乙閒里)에 옮겼다. 『야언별집(野言別 集)』 정축년(1397년) 정월 갑인일에 황화방(皇華坊) 북쪽 언덕에 장사 지내고 또 능의 동쪽에 흥천사(興天寺)를 창건하여 명복을 빌었다. 절의 건축 공사 가 끝나고 소상(小祥)이 되자 법채(法彩)를 성대히 베풀어서 낙성식을 하고, 권근에게 명하여 기문(記文)을 짓게 하였다.

「흥천사기(興天寺記)」
정릉에 장사 지낸 지 3년 만에 경복궁(景福宮) 인안전(仁安殿)에 혼백을 반 환하고, 3년이 지난 뒤에 인안전에 영정(影幀)을 봉안했다. 태종 기축년 (1409년) 태조가 승하한 이듬해에 정릉을 양주군(楊州郡) 남사아리(南沙阿里) 로 옮겼다. 정릉을 남사아리에 이장함을 고하는 제문(祭文)에 말하기를, "유 명(幽明)의 관계가 이치는 비록 하나이지만 나뉨은 다르도다. 신도(神道)는

---

162 『태종실록』 1412년(태종 12) 8월 23일.

청정(淸淨)함이 좋다는 옛 말씀이 어찌 거짓이랴. 고금을 통해 상고해 보건대, 나라의 도성에 무덤 둔 일 없도다. 예관(禮官)이 이런 뜻으로 말을 올리매, 대소 신료가 이에 찬동하여 길한 땅을 택하였으니, 성 밖 동북 모퉁이로다. 물은 졸졸 흘러서 일렁거리고, 산은 뻗어 내려 서로 얽혔도다. 현택(玄宅)을 두는 곳으로 여기가 마땅한데, 누가 이곳을 도성에 가깝다 하리요. 좋은 날 택하여 이안(移安)을 고하오며 술 한 잔을 올립니다. 숙령(淑靈)이 밝히 흠향하시기를 바라며 슬픈 정성 펴면서 울먹입니다" 하였다. 변계량(卞季良) 지음.[163]

위의 기록에서도 보듯이 태조가 승하하자마자, 정릉은 양주군(현재의 성북구 정릉동)으로 이장되었다. 태종은 태조의 입장을 생각해서 마지못해 정릉을 도성 안에 두었지만, 태조가 없어진 상황에서 정릉은 눈엣가시일 수밖에 없었다. 태종은 '고금을 통해 도성 안에 무덤을 둔 일이 없다'는 것을 가장 큰 명분으로 내세웠다. 이것은 한편으로 태조가 정릉을 도성 내에 설치한 것이 그만큼 파격적이었음을 의미하기도 한다. 정릉의 이장은 신덕왕후의 위상 격하를 위한 태종의 뜻이 관철된 사업이었다.

(2) 덕릉(德陵)과 안릉(安陵)의 천릉

정릉의 천릉에 이어 태종 대에는 덕릉(德陵: 목조릉)과 안릉(安陵: 목조비 효공왕후릉)의 천릉이 단행되었다. 1410년(태종 10) 10월 28일 함주 달단동에 합장된[164] 덕릉과 안릉은 본래 경원에 위치했으나 여진족 올적합의 침입을 피하기 위해 옮겨졌다. 이 과정에서 태종은 "능을 옮긴 일이 예전에도 있었다"[165]

---

163 이긍익, 『연려실기술』 권1, 태조조 고사본말.
164 『태종실록』 1410년(태종 10) 10월 28일.
165 『태종실록』 1410년(태종 10) 2월 10일.

고 말하면서 천릉의 방안을 논의케 했다. 이후 예조로부터 천릉의 예제(禮制)를 보고받은 태종은 복제를 정하고, 능을 여는 것과 동시에 3일간의 정조(停朝)를 명하는[166] 등 천릉의례를 도입하는 적극성을 보였다. 태종은 천릉을 담당하는 도감을 설치하기도 하였다.[167] 천릉도감은 천릉에 따르는 복제·능제를 상고하고, 천릉 장소의 조사, 신릉(新陵)의 결정과 감독 등 현장 업무를 담당하였다. 덕릉과 안릉의 천릉은 논의가 약 2개월간 진행되고, 복제가 구체적으로 확정되는 한편, 능제도 상고하는 등 정릉과 대비해 신중한 양상을 보이면서 진행되었다. 즉 덕릉과 안릉의 천릉은 여러 논의 과정을 거쳐 제도화되었음을 알 수 있다. 이 경험은 예종 대에 전개된 세종의 영릉 천릉 시에, 체계적인 사목과 절차를 갖추면서 보다 완성도 있는 천릉을 진행하는 데 도움이 되었다. 그 결과 영릉 천릉은 건국 이래 천릉의 대표적 전범이 되기도 했다.[168]

(3) 세종 영릉(英陵)의 천릉

세종은 원래 선왕 태종의 무덤인 헌릉의 곁에 조성되었으나, 풍수지리적으로 문제가 많다는 지적이 거듭되었다. 이에 예종은 선왕인 세조의 유언을 받아 세종 영릉을 경기도 여주로 옮겼다. 당시의 정황을 보자.

영릉(英陵)이 처음에는 광주(廣州) 헌릉(獻陵) 국내(局內)에 있었는데, 세조조에 논의하는 사람들이 말하기를, "좋은 자리가 아니니 마땅히 옮겨야 한다" 하였다. 세조가 서거정(徐居正)을 불러 물으니, 거정이 대답하기를, "신은 산수의 방위(方位) 여하로 자손의 화복이 좌우된다는 것은 알지 못하옵니다.

---

166 『태종실록』 1410년(태종 10) 8월 25일.
167 『태종실록』 1410년(태종 10) 9월 22일.
168 신재훈, 「조선 전기 천릉의 과정과 정치적 성격」, 『조선시대사학보』 58, 2011.

또 세상에서 옮겨서 장사하는 것은 복받기를 구하기 위함인데, 왕자로서 다시 무엇을 바라겠습니까" 하니, 임금이 이르기를, "나는 다시 능을 옮길 뜻이 없다" 하였는데, 예종 원년에 비로소 영릉을 여주(驪州)로 옮겼다.[169]

세종은 1450년 2월 17일 승하하여 같은 해 6월 12일에 그 장례가 거행되었다. 초장지는 부친인 태종의 능이 있는 대모산 자락의 헌릉 서쪽 언덕이었다. 세종이 생전에 헌릉 근처에 수릉터를 잡을 것을 명했기 때문이다. 그러나 세조가 집권한 후 영릉의 길흉에 대한 논란이 일었다.[170] 당시 세종의 후사인 문종과 6대군·단종·의경세자 등이 차례로 요절하자 지관들의 우려가 현실이 되었다는 풍문이 돌게 되었음은 『인조실록』의 기록에서도 보인다. 즉 원주목사 심명세가 목릉의 천릉을 건의하면서 올린 상소문을 보면, "전해 오는 소문에 의하면, 처음 영릉에 장례를 지낸 뒤로 문묘(文廟)의 재위가 짧았고 노산(魯山)이 양위(讓位)하였으며 6명의 대군(大君)들이 잇따라 일찍 죽는가 하면 덕종(德宗)이 또 오래 살지 못하였으므로 당시에 모두들 대모산의 능이 불길하다고 탓하였기 때문에 마침내 개장하는 논의를 결단하였다고 하였습니다. 그리하여 예종(睿宗) 원년에 여주로 옮겼는데, 여주는 풍수학상으로 국가의 능묘 중 첫 번째로 일컬어지는 곳입니다. 이것이 어찌 조종의 깊고 먼 계획이 아니겠으며 나라의 운세가 영원히 힘입을 복록이 아니겠습니까"라는 기록이 있다.[171] 영릉의 터를 잘못 잡았기 때문에 후손들의 불운이 이어졌다는 풍문이 당시에도 있었음을 보여 주는 사례이다.

세조는 세종 생전에 안평대군과 함께 영릉의 수릉터를 봉심하고 수릉 산

169 이긍익, 『연려실기술』 별집 권2, 사전전고(祀典典故).
170 『세조실록』 1467년(세조 13) 4월 5일.
171 『인조실록』 1630년(인조 8) 2월 4일.
　　未知何故而遷也 但以流傳所聞 則英陵初葬之後 文廟短祚 魯山讓位 六大君相繼夭促, 德宗又不永年 故 當時咸咎大母山宅兆不吉 遂決改卜之議.

맥을 찾기도 했기 때문에[172] 장지 선정 당시의 정황을 누구보다 잘 아는 입장에서 일종의 책임감도 가졌을 것이다. 세조는 영릉의 천릉을 추진했지만 단행하지는 못했고, 세조의 뜻을 이어받은 예종 대에 영릉의 천릉을 단행하였다. 특히 예종 대에 권력의 중심에 있었던 한명회 등은 천릉을 적극 주장하였다. 새롭게 천릉지로 선정된 여주는 "풍수학상으로 국가의 능묘 중 첫 번째로 일컬어지는 곳"이며[173] 그 형세가 "여러 왕릉 중에서 제일이 된다"[174]는 길지로 인식되었다. 아울러 여주는 여강(驪江)을 끼고 있어서 하루도 안 되어 서울에 도달할 수 있는 교통의 요지였다. 따라서 천릉을 위한 물품 조달이 용이했고 이러한 여건들은 "경복궁으로부터 10리 밖 100리 안에 입지해야 한다"는『경국대전(經國大典)』의 장지 선정 원칙에서 어긋난 곳이란 단점을 보완하기에 충분했다. 한명회는 택지 과정에서 가장 적극적인 모습을 보였다. 부인이 여흥 민씨라는 점, 여주의 죄수 한윤옥이 한명회의 수하로 사체를 거두고 다녔다는 기록[175]과 한명회가 여주로 통합된 천녕현의 관아와 대농장을 점유한 사실,[176] 또 한명회의 장인인 민대생과 그 손자인 민혜가 여주에서 영릉 공역 당시 물의를 일으킨 점,[177] 여주 사람인 정난공신 이몽가와 친분이 두터운 관계였다는 사실[178]은 그가 여주에서 인적·경제적 기반을

---

172 『세종실록』1443년(세종 25) 1월 22일.
173 『인조실록』1630년(인조 8) 2월 4일.
　　睿宗元年 遷用驪州 而驪州風水 稱爲國陵第一 此豈非祖宗深遠之計 國祚永賴之福也.
　　『춘관통고』17권 英陵.
　　宰臣求吉地得於驪興之北大洞 相地者以爲山面水曲子孫千億.
174 이중환,『택리지』, 을유문화사, 2006, 132~133쪽(『세종 英陵과 효종 寧陵―능역조성 및 관리에 관한 조사연구』, 문화재청 세종대왕유적관리소, 2008, 111쪽 재인용).
175 『성종실록』1479년(성종 10) 1월 21일.
　　驪州囚韓潤玉 收韓明澮私債 因而殺人 是必恃勢而然也.
176 『중종실록』1512년(중종 7) 10월 15일.
　　白上革罷其縣 以其地屬于驪州 其公衙坐地及官舍百三十餘間 明澮遂自占爲農舍其人吏衙前, 官奴婢等 皆役于驪州 相距乃四十餘里 非徒朝暮往來 從役之艱 中阻大川 雨水漲溢 舟無所施 … 欺罔君父 擅革舊縣, 自入爲私庄 其罪不可赦.
177 『예종실록』1469년(예종 1) 3월 1일.

쌓은 인물임을 재차 확인시켜 준다. 따라서 여주의 신릉지 채택은 한명회의 이해관계와 관련 깊었다고 할 수 있다.

이처럼 예종 즉위년에 시행된 영릉 천릉은 풍수적 요인을 명분으로 진행되었지만 천릉 단행과 천릉지의 결정에 있어 정치적 역학관계가 일정한 영향을 미쳤음을 알 수 있었다. 후일 시행되는 중종 대의 소릉(昭陵)·희릉(禧陵)의 천릉 역시 이러한 정치적 원인과 무관하지 않게 진행되었다.

---

178 『성종실록』 1487년(성종 18) 3월 18일.
　　蒙哥字季彭 驪興人. 藝文館大提學行之孽子 稍通經籍 又善弓馬 與權擥, 韓明澮友善.

제 2 장

조선 중기의 왕릉 조성과 정치적 성격

1 중종~선조 시대의 왕릉 조성

1) 중종 시대의 왕릉 조성

중종(中宗)은 1506년의 반정에 의해 즉위한 왕이었기 때문에, 다른 왕들과는 달리 선왕인 연산군의 능을 특별히 조성할 필요는 없었다. 연산군은 유배지인 강화도 교동도에서 삶을 마감했고, 연산군의 무덤은 현재의 도봉구 방학동에 초라한 형태로 조성되었다. 중종 시대의 왕릉 조성과 관련하여 주목되는 것은 현덕왕후의 능인 소릉(昭陵)을 복위한 것으로서, 소릉 복위 조처는 중종 대 성리학 이념의 강화와 긴밀히 연결되어 있다. 중종 대에는 또한 1515년 첫 번째 계비인 장경왕후의 무덤인 희릉(禧陵)을 조성하였으며, 1530년 성종의 계비이자 중종의 생모인 정현왕후의 선릉(宣陵)을 부친의 무덤 경역 내에 조성하였다.

(1) 연산군 묘의 조성

1506년 9월의 중종반정으로 폐위된 후 강화 교동도에 유배되었던 연산군(1476~1506, 재위 1494~1506)은 그해 11월 6일 유배지인 강화 교동도에서 역질로 병사하였다. 처음 연산군의 무덤은 교동도에 조성되었으나, 중종은 무덤에 별다른 관심을 두지 않은 것으로 보인다. 홍수로 무덤이 침식되자 여섯 호(戶)를 더 두는 정도의 조치를 할 뿐이었다.[1] 1512년(중종 7) 12월 12일 연산군 부인 폐비 신씨(愼氏)가 상언(上言)하여 연산군의 무덤을 양주(楊州) 해

---

1 『중종실록』 1512년(중종 7) 12월 10일.
   上聞廢主墓水齧, 命增置六戶守之.

촌(海村)으로 이장해 줄 것을 청하자 중종은 이를 허락하고, 왕자군(王子君)의 예로 개장(改葬)하도록 하였다.[2] 결국 연산군의 무덤은 양주군 해등면 원당리(현재의 서울 도봉구 방학동)로 이장되었다. 양주로 이장된 것은 이곳에 연산군의 사위인 능성 구씨의 선영이 있었기 때문이다. 1513년 2월 11일 중종은 연산군 묘를 수축하게 하고, 양주의 관원으로 하여금 제사를 지내게 하였다. 1537년(중종 32) 폐비 신씨가 사망하자 이곳에 무덤을 조성했다. 결국 연산군 묘는 연산군과 신씨의 무덤이 나란히 조성된 쌍릉의 형식이 되었다. 연산군 묘의 상설은 대군의 예로 장례했기 때문에 곡장 3면과 혼유석 2개, 장명등 2개, 망주석 1쌍, 문인석 2쌍과 향로석, 재실만이 있다. 봉분 앞에는 대리석 비석이 새겨져 있는데, 연산군 묘의 비명은 앞면에 "연산군지묘(燕山君之墓)", 뒷면에는 "정덕(正德) 8년 2월 22일 장(葬)"이라고 새겨져 있다. 신씨의 비명은 앞면에 "거창신씨지묘(居昌愼氏之墓)", 뒷면에는 "가정(嘉靖) 16년 6월 26일 장(葬)"이라고 하고 있다.[3]

(2) 소릉(昭陵)의 현릉(顯陵) 합장

중종 대의 왕릉 조성과 관련하여 가장 중요했던 것이 소릉 복위 운동이었다. 소릉의 주인공이 되는 현덕왕후는 세자빈으로 있을 때 단종을 낳고 동궁의 자선당에서 별세했다. 그녀의 능은 3개월에 걸친 공사 끝에 경기도 안산 와리산(고읍산) 바다가 굽어보이는 자락에 조성되었다. 그 뒤 문종이 즉위하자 현덕왕후에 추봉되고 능호를 '소릉(昭陵)'이라 했다.

『연려실기술』에는 "정축년(1457년) 겨울에 세조가 궁궐에서 낮잠을 자다가 가위에 눌린 괴이한 일이 생기니, 곧 소릉을 파헤치라고 명하였다. 사신

2 『중종실록』 1512년(중종 7) 12월 12일.
   愼氏上言, 請移葬燕山君于楊州海村. 傳于政院曰: "從願. 以王子君例改葬."
3 이호일, 『조선의 왕릉』, 가람기획, 2003, 174쪽.

이 석실(石室)을 부수고 관을 끌어내려 하였으나, 무거워서 들어낼 도리가 없었다. 군민(軍民)이 놀라고 괴이쩍어하더니, 글을 지어 제를 지내고서야 관이 나왔다. 사나흘을 노천(露天)에 방치해 두었다가 곧 명을 따라 평민의 예로 장사 지내고서 물가에 옮겨 묻었다"고 기록하고 있다.[4] 세조는 장자인 의경세자가 죽은 것이 현덕왕후의 저주 때문이라고 믿고 현덕왕후의 능을 훼손하는 극단적인 조처를 취한 것이다.

유교적인 가치에 위배되는 세조의 왕비릉 훼손 조처에 대한 비판은 성종대에 본격적으로 제기되었다. 성종은 계속적인 재이 현상이 나타나자 구언 상소를 받았는데, 남효온(南孝溫)은 이에 응하여 혼인을 바르게 할 것, 수령의 선발, 인재 등용과 더불어 소릉 복위에 대한 상소를 올렸다.[5] 정국의 뜨거운 감자를 건드린 것이었다. 임사홍(任士洪) 등 권신들은 소릉을 추복하는 것은 신하로서 의논할 수 없음을 주장하며 반대하였고, 문제 제기에서 그쳤다. 소릉의 복위 문제는 연산군 대로 이어져 김일손(金馹孫)이 예로부터 제왕은 사당에 신주 한 주만을 모시는 일이 없는데 문종은 홀로 한 위뿐이라는 점을 내세우며 소릉 복위 문제를 강력히 제기하였다. 김일손이 충청도사(忠淸都事)로 있으면서 제기한 사항은 다음과 같다.

우리 국가가 완전하고 결함 없기가 정히 금구(金甌)와 같지만 그래도 한 군데 이지러진 데가 있으니, 온 조정의 신자(臣子)가 하늘을 이고 땅을 딛고 살면서 강상이 무너진 속에서 희희낙락하며 무슨 일이 있는지도 모르는 것입니다. 옛부터 제왕은 배위(配位) 없는 독주(獨主)가 없거늘, 문종만은 배우자 없는 독주이옵니다. 광릉(光陵, 즉 세조를 가리킴)이 제세(濟世)의 방략을 가졌고 뭇사람의 요구에 못 이겨 부득불 선위(禪位)받은 것은 종사 대계를

4   이긍익, 『연려실기술』, 문종조 고사본말, 소릉(昭陵)의 폐위와 복위.
5   이긍익, 같은 곳.

위함이지만, 소릉을 폐위시킨 것은 아마도 세조의 본의가 아닐 것입니다. 신이 듣기로는 문종이 동궁에 있을 때 소릉은 이미 승하하였으니, 노산 복위의 모의에 참여하지 않았음은 명백한 일이고, 친정어머니의 연고 때문이라면 당시 앞장서서 난을 꾸민 여러 사람의 아들은 죽였어도 딸은 용서하였으니, 여자는 밖의 일과 관계없기 때문입니다. 송현수(宋玹壽)는 노산의 장인이나, 아들 거(琚)와 조카 영(瑛)은 이미 선왕(先王)의 사면을 받아서 조정에 벼슬하고 있사옵니다. 그런데 소릉을 용서하여 추복하지 못하겠습니까. 신은 원컨대 전하께서 소릉을 추복하여 풀 베고 짐승 놓아먹이는 것을 금하고 그 신주를 종묘에 부묘(祔廟)한다면 한 나라의 강상에 다행스럽다고 생각합니다.[6]

김일손의 소릉 복위 운동은 당시에는 큰 정쟁 없이 마무리되었으나, 1498년 「조의제문(弔義帝文)」이 무오사화의 원인이 되면서 소릉 복위 문제가 다시 언급되었다. 『연산군일기』의 기록은 김일손이 제기한 소릉 복위 운동이 큰 화를 당하는 주요 원인이 되었음을 잘 보여 주고 있다.

전교하기를, "김일손이 소릉 복위를 청할 때, 그 도당(徒黨)이 반드시 있었을 것이니 모두 찾도록 하고, 이주(李冑)가 유독 성종(成宗)은 '우리 임금이다' 칭하였으니, 이런 사람도 모두 수금(囚禁)하도록 하며, 강형이 말한 '자식으로서 그 아버지를 거역한다'와 '물려준 활이나 신발도 오히려 영원히 아끼는 마음을 갖는다'는 등의 말은, 지극히 불초하니, 잡아다가 낙형(烙刑)을 하여 그 실정을 추국하도록 하라" 하였다. … 정승들이, 김일손과 더불어 소릉 복위를 같이 간한 사람들을 써서 아뢰었다. … 전교하기를, "세조

6 이긍익, 같은 곳.

께서는 가문을 변화시켜 임금이 되신 분인데, 이와 같은 말을 오히려 차마 하였으니, 어찌 이보다 더한 난신적자(亂臣賊子)가 있겠는가. 김일손과 이주의 아비는 모두 부관참시(剖棺斬屍)하고, 한훈의 아비 충인은 잡아다가 교형(絞刑)에 처하고, 일손의 첩자(妾子) 김청이(金清伊)·김숙이(金淑伊)는 사람을 보내어 목을 베어 오고, 이주의 아들과 딸은 모두 정역(定易)하도록 하라" 하였다.[7]

위의 기록에서 보듯이 성종 대에는 남효온이, 연산군 대에는 김일손 등 사림파들이 적극적으로 소릉 복위 운동을 추진하였으나, 크게 성공을 하지 못하고 오히려 김일손의 경우처럼 훈구파들의 반격을 받고 희생을 당하였음을 알 수 있다. 1506년 중종반정 이후 소릉 복위는 연산군의 실정을 바로잡는 현안으로 다시 떠올랐다. 중종 초부터 여러 신하들이 집요하게 소릉 복위를 거론하자, 중종은 1507년(중종 2) 소릉을 수리할 것을 지시하였으며, 1512년(중종 7) 소세양(蘇世讓) 등이 소릉 추복을 건의하자, 이를 받아들였다. 검토관 소세양이 "임금은 태묘(太廟)요, 신하는 가묘(家廟)라, 천자 제후로부터 경·대부·사·서인에 이르기까지 다 제사가 있는데 우리 문종대왕만은 홀로 한 위(位)로서 제향을 받으니, 그때의 일은 신이 알지 못하오나 성종조 때에 소릉 복위 문제를 아뢴 이가 더러 있었는데도 고치지 아니해서 중론이 그것을 깊이 한탄하였습니다. 만약 자손이 조종(祖宗)이 한 일이라 해서 고치지 않는다면 만대를 지나도 조종의 허물이 소멸되지 않을 것이니 우리나라에서 실수된 거조로 이보다 큰 것이 없습니다"라고 하자, 중종은 "소릉 일은 조종조에서 한 바로 아무도 이에 관해서 말하는 이가 없음은 연대가 오래된 일이며, 또 일 자체가 가볍고 쉽게 처리할 것이 아니니 이제 처리하기

---

7   『연산군일기』 1504년(연산군 10) 10월 1일.

란 어려울 것 같다" 하면서, 실록을 빨리 상고해 볼 것을 지시하였다.[8]

1513년(중종 8)에 종묘의 소나무가 큰 벼락을 맞는 사건이 일어나자 장순손(張順孫) 등이 현덕왕후의 일과 관계가 있는 것이라 하였고, 김응기(金應箕) 등 소릉의 복위를 반대하던 신하들까지 입장을 바꾸게 되었다. 중종은 선조(先祖)들이 한 일이어서 고치기 어렵다고 하였으나, 신하들은 소릉의 폐위는 당시 대신들의 건의이며 세조의 의도가 아니고, 소릉을 추복하는 것이 효를 다하는 일이라고 강조했다. 마침내 중종은 현덕왕후 권씨의 위호를 추복해 종묘에 신주를 모시고, 4월 21일 문종이 묻힌 현릉 왼쪽 능선에 천장했다. 현덕왕후 사후 72년 만의 일이었다. 『중종실록』에는 당시의 정황을 다음과 같이 기록하고 있다.

현덕왕후의 재궁(梓宮)을 현궁(玄宮)에 내렸다. 사신은 논한다. 새 현릉(顯陵)이 옛 현릉 동쪽에 있어 서로 멀지 않은데, 그 사이의 소나무 한 그루가 까닭 없이 말랐으므로 공인(工人)이 이를 베니 가려진 것이 트여 두 능이 막힌 데가 없어졌다. 그러므로 사람들이 모두 정령(精靈)이 감응한 바라 하였다.[9]

소릉을 현릉으로 옮길 당시의 상황에 대해 김안로(金安老)는 『용천담적기(龍泉談寂記)』에서 "새로 이장할 능터를 현릉(顯陵) 왼쪽에 정하였는데, 두 능 사이에 잣나무가 빽빽이 하늘을 가리고 있던 것이 능의 역사(役事)를 시작하던 날에 갑자기 두서너 그루가 이유 없이 말라 버려 그것을 베어 버리니, 두 능이 서로 마주보는 데 가리는 것이 없었다"라고도 기록하고 있다. 『연려실기술』에도 "중종 8년에 소릉(昭陵)을 옮겨서 현릉(顯陵)에 합장하였다. 『단종

8   이긍익, 『연려실기술』, 문종조 고사본말, 소릉의 폐위와 복위.
9   『중종실록』 1513년(중종 8) 4월 21일.

기(端宗紀)』에 상세히 있다"고 기록하고 있다.[10]

중종 대 조광조가 등장한 시점인 16세기 초반은 훈구파와 사림파의 정치적·사상적 대립이 치열한 시기였다. 그 과정에서 소릉 복위 운동 역시 중요한 정치적 이슈가 되었다. 연산군 대만 하더라도 훈구파의 세력이 여전히 남아 있었을 뿐만 아니라 세조의 영향력이 컸기 때문에 소릉의 복위는 실패로 돌아갔지만, 중종 대에 사림파들의 목소리가 커지면서 소릉 복위가 이루어졌다. 사림파가 주도한 소릉 복위는 세조 대의 정치적 유산(遺産)을 일부 정리하는 한편, 사림파의 입지를 강화해 주었다고 볼 수 있다.

(3) 장경왕후 희릉(禧陵)의 조성

1515년(중종 10) 3월 2일 중종의 첫 번째 계비인 장경왕후(章敬王后, 1491~1515) 윤씨가 경복궁 별전에서 승하하였다. 장경왕후는 중종의 첫째 부인인 신수근의 딸이 중종반정으로 축출되자 궁궐에 들어오게 되었다. 중종에게 후궁이 없는 상태에서 최초로 계비를 외부에서 간택해야 하는 상황이 발생했으나, 대비인 정현왕후는 먼저 두세 명을 후궁으로 간택하였다가 후에 왕비로 삼자고 하였다.[11] 조선 전기에 안순왕후나 폐비 윤씨의 사례에서 보듯이 후궁 출신이 계비가 되는 것이 관례였던 점이[12] 이런 상황을 만든 것으로 보인다. 후궁으로 들어온 장경왕후는 1507년 8월 4일 왕비의 자리에 올랐다. 1515년 2월에 원자 호(훗날 인종)를 낳았으나 산후병으로 고생을 하다가 3월 2일에 승하하였다. 장경왕후 승하 후에 영의정 정광필 등은 의논하여 왕비의 휘호(徽號)를 숙신명혜(淑愼明惠), 시호를 장경(章敬), 능호를 희릉(禧陵), 전호(殿號)를 영경(永慶)이라 하였다.[13] 처음 장경왕후의 무덤은 경기

10 이긍익, 『연려실기술』 별집 권2, 사전전고(祀典典故), 산릉(山陵).
11 『중종실록』 1506년(중종 1) 9월 17일.
12 윤혜민, 「조선 전기 계비 선정의 변천과 그 의미」, 건국대학교 석사학위논문, 2012.
13 『중종실록』 1515년(중종 10) 3월 7일.

도 광주부에 소재한 태종의 무덤인 헌릉 옆에 조성했지만,[14] 1537년(중종 32)에 고양 원당리(元堂里)로 이장하였다. 『연려실기술』에는 장경왕후의 희릉 조성과 이장 사항에 관해 다음과 같이 기록하고 있다.

계비 선소의숙장경왕후(宣昭懿淑章敬王后) 윤씨는, 본관은 파평이며, 영돈녕부사 파원부원군 정헌공(靖憲公) 여필(汝弼)의 딸이다. 홍치 4년 신해년(1491년) 성종 22년 7월 6일 경진에 호현방(好賢坊) 집에서 태어났다. 정덕병인년(1506년)에 궁중에 들어와 처음에는 숙의(淑儀)에 봉해졌다가 정묘년에 마침내 왕비로 책봉(冊封)되었다. 을해년(1515년) 중종 10년 3월 2일 기미에 경복궁 별전(別殿)에서 승하하니, 수는 25세이다. 숙신명혜(淑愼明惠)라는 휘호(徽號)를 올렸다. 명종 정미년에 선소의숙(宣昭懿淑)이라는 휘호를 더 올렸다. 아들 하나와 딸 하나를 낳았다. 능은 희릉[고양 남쪽 원당리 간좌(艮坐: 북동)]이다. 처음에는 을해년 윤4월에 광주(廣州) 헌릉 바른편 산에 모셨다. 김 안로가 묘지를 지었다. 중종 32년 정유에 이장하였으며, 표석이 있다.[15]

희릉을 조성한 후 도화서에서는 희릉의 그림을 그려서 중종에게 올렸다. 이에 중종은 희릉에 동그라미를 쳐서 다시 올리라고 했고, 사관은 이를 "당 태종이 소릉(昭陵: 당 태종·문덕황후릉)을 바라보는 뜻에 비할 수 있다" 하였다.[16]

(4) 정현왕후 선릉(宣陵)의 조성

1530년(중종 25) 8월 22일 경복궁 동궁의 정침에서 성종의 계비인 정현

---

14 『중종실록』1515년(중종 10) 3월 23일.
    上諡曰章敬, 加徽號曰淑愼明惠. 治玄宮于廣州治西, 獻陵之右阜乾坐巽向之原, 葬以閏四月辛酉, 號曰禧陵, 衍後慶也.
15 이긍익, 『연려실기술』권7, 중종조 고사본말, 중종.
16 『중종실록』1515년(중종 10) 윤4월 11일.

왕후(貞顯王后, 1462~1530) 윤씨가 승하하였다. 정현왕후는 성종의 정비인 공혜왕후가 생존해 있었던 1473년(성종 4) 종2품 숙의로 들어와 후궁으로 궁중생활을 시작하였다. 1474년 공혜왕후가 승하한 후, 역시 후궁으로 있던 폐비 윤씨가 1476년 왕비로 책봉되었지만 1479년 폐출되었고, 1480년 11월 8일 정현왕후가 성종의 계비가 되었다. 정현왕후는 1488년 진성대군(훗날 중종)을 낳았고, 1506년 중종반정 때는 박원종 등의 건의를 받아 진성대군의 즉위를 허락하였다. 중종 즉위 후 경빈 박씨와 복성군의 죽음에도 관여하였으며, 1530년에 비교적 장수한 69세의 나이로 승하하였다. 정현왕후의 승하 후에 중종은 생모인 정현왕후의 무덤 조성에 착수하였다. 중종이 직접 왕릉을 간심(看審)할 뜻을 피력하였으나, 신하들은 "세종조에는 형편에 따라 친히 간심하신 일이 있었지만 성종조에는 승지를 보내 간심했습니다. 이번은 그때와는 다르니 아랫사람들을 보내 간심하는 것이 옳을 듯합니다. 국가 초기의 일을 오늘날에도 그대로 거행함은 마땅하지 않은 데다, 상사에 관한 일은 후세의 일정한 전례가 될 것입니다. 어찌 자손들에게 보여 줄 계책을 생각해서 하지 않을 수 있겠습니까? 신들은 모두 온당치 못하다고 여깁니다"라며 반대의 뜻을 나타냈고, 중종도 결국에는 수긍하였다.[17] 정현왕후의 무덤은 쉽게 정해졌다. 1494년 성종의 승하 후 선릉(宣陵)을 조성하였기에, 정현왕후의 무덤은 성종의 유명(遺命)을 따라,[18] 자연스럽게 선릉 동쪽의 간좌 곤향(艮坐坤向)에 동원이강식으로 조성되었다. 무덤의 이름도 예조에서 따로 이름을 지을 것도 없이 '신선릉(新宣陵)'으로 하자고 했고, 그대로 수용되었다.[19]

---

17 『중종실록』1530년(중종 25) 8월 23일.

18 이행의 『용재집(容齋集)』9권 소의흠숙정현왕후(昭懿欽淑貞顯王后) 선릉지(宣陵誌)에는 "이해 10월 29일 을유(乙酉)에 선릉(宣陵)의 좌측 간좌 곤향(艮坐坤向)의 둔덕에 안장(安葬)하였으니, 유명(遺命)을 따른 것이다"라고 기록되어 있다.

19 『중종실록』1530년(중종 25) 8월 28일.
　禮曹啓曰: "新陵無別號, 請名新宣陵." 傳曰: "可."

『연려실기술』에는 "가정(嘉靖) 9년경인 중종 25년 8월 22일 기묘에 경복궁에서 세상을 떠나니, 수(壽)는 69세였으며 능은 선릉, 경인 10월 29일에 성종대왕의 능의 왼쪽 산 간좌(艮坐)에 장사 지냈다"고 기록되어 있다. 이해 9월 4일에는 새 능에 정자각을 세우는 문제가 대두되었다. 성종의 무덤과 정현왕후의 무덤이 동원이강릉의 형식으로 조성되어 정자각을 각각 세우느냐, 아니면 한 곳에 세우느냐는 것이 쟁점이었다. 산릉도감에서는 예조의 첩정(牒呈)에 의거하여 다음과 같이 보고하였다.

산릉도감(山陵都監)이〈윤은보(尹殷輔) · 조계상(曺繼商) · 김근사(金謹思)임〉예조의 첩정에 따라 아뢰기를, "곰곰이 생각해 보니, 새 능과 옛 능은 예절이 달라서, 새 능에는 상복, 옛 능에는 평복을 입게 되어 있습니다. 새 능에는 부득이 임시 정자각(丁字閣)을 세우게 되지만, 전의 정자각은 본래 선왕의 신위(神位)를 봉안하던 곳으로서, 중앙으로 옮겨 배설(排設)한 다음에 이어서 즉시 신위를 봉안했다가 삼 년이 된 뒤에 두 신위를 합설(合設)하는 것은 안 될 것이 없기는 합니다. 그러나 오래 그 자리를 비워 두고 임시로 딴 곳에 봉안하는 것은 온당치 못할 듯합니다. 다만 새 능과 옛 능에 각각 정자각을 설치한 것이 이미 전의 준례가 있어 의거할 데가 없지 않은데, 억측(臆測)으로 용이하게 처리할 수 없습니다. 대신들의 의논을 모아 되도록 정과 예에 맞게 하는 것이 어떻겠습니까?" 하였다.[20]

이에 삼공(三公)은 의논하여 "임시 정자각을 두 군데에 설치하는 것은 예

---

20 『중종실록』 1530년(중종 25) 9월 4일.
　　山陵都監〈尹殷輔, 曺繼商, 金謹思〉因禮曹牒呈啓曰: "反覆詳度, 則新舊陵, 吉凶異禮. 新陵則不得已設假丁字閣, 而舊丁字閣, 元是先王安神之所, 移排于中央後, 仍卽奉安神座, 三年後兩位俯合, 未爲不可, 而久曠其所, 假安別處, 似爲未穩. 但新舊陵, 各設丁字閣, 已有前例, 不無所據, 不可以臆見, 容易處之. 收議大臣, 務合情禮何如?"

문에 실려 있지 않는 일입니다. 가령 대왕의 상사가 뒤에 있게 된다면 임시 정자각을 부득이 두 곳에 배설하게 되지만, 이번은 그렇지 않으니 정자각을 중앙에 옮겨 배설하는 것이 합당합니다"라고 하였다. 선릉 정자각의 위치에 대해서는 예문에 의거한 끝에 결국은 성종의 능과 정현왕후의 능에 함께 제사할 수 있는 곳으로 정자각을 옮기는 것으로 결론이 났다.

2) 인종 시대의 왕릉 조성

인종(仁宗)은 1544년 11월 즉위하여 1545년 7월 승하하였다. 재위 기간이 불과 8개월여 밖에 되지 않아서인지, 인종 대 왕릉 조성은 선왕인 중종의 왕릉 조성 사례 1건밖에 없다. 그나마 조성한 중종의 왕릉도 결국에는 문정왕후에 의해 옮겨졌으니, 인종의 불운함을 대변해 주는 것 같기도 하다.

중종 정릉(靖陵)의 조성

1544년 11월 15일 중종(1488~1544, 재위 1506~1544)이 창경궁 환경전(歡慶殿)에서 승하했다. 좌의정과 우의정이 이조와 함께 의논하여 빈전도감, 국장도감, 산릉도감을 설치하였다. 처음에 최보한(崔輔漢)을 수릉관(守陵官)으로 삼았는데, 보한이 병이 있다고 사양하자, 동지중추부사 송겸(宋璞)을 수릉관으로 삼았다. 중종 사후의 왕은 인종이었으나, 왕릉 조성의 실질적인 주관자는 중종의 계비인 문정왕후였다. 문정왕후의 명으로 빈전이 설치되고 습전의 시간이 결정되는 등 국장이 진행되었다. 문정왕후가 창경궁의 편전인 문정전에 빈전을 설치하라고 명하였는데, 문정전은 장소가 좁아 곤란한 점이 많았다. 당시 사관(史官)은 "빈전의 설치는 의당 대신이 의논해서 하는 것인데 명이 중전으로부터 나와 이것으로 결정이 되었으니 이미 크게 잘못되었다"고 지적하였다.[21]

중종의 왕릉은 첫 번째 계비인 장경왕후가 먼저 승하한 후 이미 희릉을 조성하였기 때문에, 장지의 선정에는 큰 문제가 없었다. 총호사이자 우의정 윤인경(尹仁鏡)이 11월 21일과 27일 산릉을 살펴본 후에, 전일에 선택한 곳이 적합함을 아뢰었고 인종이 이를 허락하였다.[22] 결국 중종의 왕릉은 첫 번째 계비인 장경왕후 윤씨의 희릉 오른쪽 언덕에 조성되었다. 그런데 문제가 된 것은 왕릉의 능호 문제였다. 처음에는 희릉이라고 했지만, 1545년 윤1월 23일 대간이 청하기를, 대왕이 후비(后妃)의 능호를 그대로 따르는 것은 옳지 않다며 능과 전의 호를 빨리 고쳐 달라고 하였다. 이에 정부·육경·판윤과 정승을 지낸 사람을 명소(命召)하여 능과 전의 호를 고치는 것을 의논하게 하였는데, 능은 정(靖)·유(裕)·의(懿)로, 전은 효성(孝成)·경사(景思)·경모(景慕)로 입계(入啓)하였다. 결국 능호는 정(靖)으로, 전호는 경사(景思)로 정하였다.[23] 『연려실기술』에는 "인종 즉위 초에 중종의 능호(陵號)를 논의할 때에 혹자가 당나라 소릉의 예를 들어서 그 구호(舊號)를 고치지 않으려고 하니, 정황(丁熿)이 말하기를, '문덕후(文德后)를 비록 소릉에 먼저 장사하였으나, 실상은 태종의 수릉(壽陵)이므로 고치지 않은 것이다. 곧 높은 것이 낮은 것을 통솔할 수는 있어도, 낮은 것이 높은 것을 끌어올릴 수는 없는 것이다' 하니, 논의가 드디어 정지되었다"[24]라고 하여, 중종의 능호를 고치는 데는 '높은 것이 낮은 것을 통솔한다'는 논리와 중국 당나라의 전례가 참고가 되었음을 알 수가 있다. 중종 사후 무덤은 정릉(靖陵)이라는 이름으로, 동원이강릉 형식으로 조성되어 중종과 첫 번째 계비인 장경왕후가 한 강역에 묻혀 있는

21 『중종실록』 1544년(중종 39) 11월 15일.
   史臣曰: "殯殿之設, 爲大臣所當議爲, 而命自中殿, 因以成之, 已失之甚. 而都監啓稟, 徒以狹窄之慮, 而竟無有憂其深邃不合於禮者, 其可謂國有人乎? 非徒群臣不得伸瞻望之慟, 至於擅易哭位, 姦禮變分. 不入代奠, 雜以宮妾, 而外人莫之知焉, 嗚呼痛哉!"
22 『중종실록』 1544년(중종 39) 11월 28일.
23 『인종실록』 1545년(인종 1) 윤1월 25일.
24 이긍익, 『연려실기술』 별집 권2, 사전전고, 산릉.

중종의 정릉

상황이었으나, 명종 대인 1562년(명종 17) 중종의 무덤을 경기도 광주부로 옮기면서, 장경왕후의 무덤만이 홀로 남게 되었다. 중종의 무덤이 옮겨지면서, 장경왕후의 무덤은 다시 원래의 능호인 희릉이라 칭하였고, 지금에도 희릉이라는 이름으로 존재하고 있다.

3) 명종 시대의 왕릉 조성

명종(明宗) 대에는 선왕인 인종의 효릉(孝陵)을 조성했고, 1562년에는 선왕인 중종의 정릉을 선릉의 경역 내에 천릉하였다. 명종이 12세의 어린 나이에 즉위하자, 대비인 문정왕후가 수렴청정을 하면서 권력의 정점에 섰다. 특히 왕릉 조성은 왕실의 위상 강화와도 관계가 깊은 사안이어서 문정왕후는 명종 대 왕릉 조성에 주도적인 역할을 했던 것으로 보인다. 특히 자신의 남편이자 선왕인 중종의 무덤을 천릉한 것은 당시 문정왕후의 영향력을 상징적으로 보여 주고 있다. 문정왕후는 아들인 명종의 재위 기간 중에 사망했음에도 그 무덤은 남편인 중종의 정릉 곁으로 가지 못했다. 정릉의 지대가 낮아 풍수적으로 좋지 않다고 여겼기 때문이다. 결국 문정왕후의 무덤은 지금의 서울시 공릉동에 조성되어 태릉(泰陵)이 되었다.

(1) 인종 효릉(孝陵)의 조성

1545년 7월 1일 인종(1515~1545, 재위 1544~1545)이 재위 8개월여 만에 경복궁 청연루(淸讌樓)에서 승하했다. 곧 장례 절차가 진행되었다. 좌의정 유관을 삼도감 총호사(三都監摠護使)로, 동지중추부사 이명규를 수릉관(守陵官)으로 삼았다. 대비는 인종의 유교(遺敎)를 따라 산릉을 복정(卜定)할 때에 정릉(靖陵) 근처에서 먼저 살피도록 명하였다.[25]

곧 좌의정 유관이 산릉을 살피고 돌아와 대전과 왕대비전에 아뢰기를, "정릉(靖陵)의 백호(白虎) 너머에 산이 있는데 형세는 크지 않으나 둘러싼 형상이 매우 아름다웠으므로 대행 왕의 유교에 의하여 이곳을 택하고 다른 곳은 찾아보지 않았습니다"라고 하였다.[26] 사실 인종은 생전에 반드시 아버지인 중종의 무덤 곁에 묻힐 것을 원했고, 그 결과 당시 고양군에 조성된 중종의 정릉 곁에 묻힐 수가 있었다.[27] 생전에 인종이 부친의 무덤 곁에 묻히고자 했던 의지는 실록의 기록에서도 확인할 수가 있다.

"대행 왕께서 임종 때에 전교하기를 '내가 우연히 이 병을 얻어서 부왕(父王)께 종효(終孝)하지 못하게 되었으니, 망극한 심정을 어떻게 죄다 말할 수 있겠는가. 산릉은 백성의 폐해를 덜도록 힘쓰고 반드시 부왕과 모후(母后)

---

25 『인종실록』 1545년(인종 1) 7월 5일.

26 『명종실록』 1545년(명종 즉위년) 7월 8일.

27 신광한, 『企齋文集』 권3, 「仁宗獻文懿武章肅欽孝大王孝陵誌」.
予死. 必葬于父母陵側. 凡予襄事. 無踰禮文. 懋從朴素. 以卒予志. 以紓民力. 是年十月十五日甲辰. 安厝于高陽郡治靖陵之旁艮坐坤向之原. 遺命也. 陵曰孝. 殿曰永慕. 謚曰獻文懿武章肅欽孝. 廟號曰仁宗. 嗟乎. 謚者天下之公. 臣子所不得以私. 旣號曰仁. 則更千億萬年. 見謚亦足以知其德矣. 嘉靖二十四年十月日. 臣謹誌.

두 능의 근처에 써야 한다. 상장(喪葬)의 모든 일은 되도록 소박하게 하고 상례도 일체 예문을 따르게 해야 한다. 내가 죽었다고 생각하지 말고, 말할 일이 있거든 반드시 대신에게 의논하여 일체 그 말을 들어야 한다. 동궁(東宮)에 있을 때부터 오래 있던 사부(師傅)와 요속(僚屬)도 많이 있으니, 어찌 내 뜻을 아는 사람이 없겠는가. 송종(送終)하는 모든 일은 절대로 사치하지 말도록 하라' 하셨는데, 반복하여 백성의 폐해를 더는 것을 생각하고 전교하셨다. 망극한 중에 전교하신 것을 들었으므로 죄다 기억하지 못하여 대강만을 전한다" 하였다. 이어서 전교하기를, "나도 어찌 오래 살 수 있겠는가. 위급하게 되면 어느 겨를에 처리할 일을 알리겠는가. 대행 왕의 능소(陵所)를 정한 뒤에 그 같은 언덕 안에 나를 묻을 곳도 아울러 정하는 것이 내 지극한 바람이다. 대행 왕을 위하여 정한 경역이 길면 상당(上堂)·하당(下堂)을 만들어야 할 것이고, 모자란다면 합장(合葬)하는 것도 전례가 있다" 하였다.[28]

영의정 윤의경도 정릉에서 돌아와 "다시 살펴보니 정릉 백호(白虎) 너머에 간목산(艮木山)이 있는데 간좌 곤향(艮坐坤向)이고, 득수 득파(得水得破)는 묘득신파(卯得申破)인데, 청룡(青龍)은 겹으로 싸이고 백호는 세 겹으로 되어 체세(體勢)가 감싸여 있고 수청룡(水青龍)이 감돌아 안대(案帶)가 되었으며, 수구(水口)가 막혔고 형혈(刑穴)이 분명하여 길하고, 흉함이 없는 것이 정릉의 형세와 꼭 같았습니다. 다른 곳에는 이와 같은 데가 없사오니, 이곳으로 정하실 것을 취품합니다"라고 아뢰었다.[29] 이에 부모 옆에 묻어 달라는 인종의 유언에 따라 중종의 정릉 옆에 능을 조성하였다.

---

28 『인종실록』 1545년(인종 1) 7월 4일.
29 『명종실록』 1545년(명종 즉위년) 7월 11일.

능호는 효릉(孝陵)이라 정하고 전호는 영모전(永慕殿)이라 정하였다.[30] 이후 추운 날씨를 이유로 발인 날짜를 15일 앞당기자는 의견이 받아들여져 결국 발인이 10월 12일에 진행되었다. 산릉 제조(山陵提調) 등이 함께 의논하여, 10월 27일은 동지가 임박하여 일기가 매우 추울 것이므로 10월 12일에 발인하여 15일에 하현궁하는 것이 좋겠다는 의견을 제시했고 명종은 "기일을 가깝게 정하는 것은 미안한 것 같으나 절후가 일찍 추워진다면 모든 역사가 과연 어렵게 될 것이다. 어찌 범연히 헤아려 아뢰었겠는가. 아뢴 대로 하라" 하였다.[31] 당시 인종의 발인을 앞당긴 중심인물은 문정왕후의 최측근인 우의정 이기(李芑)였다. 이기는 "무릇 예라고 하는 것은 시의(時宜)를 짐작하여 변통해서 중도(中道)를 얻은 것을 말합니다. 그리고 옛말에도 '예(禮)라 하지만 옥백(玉帛)만을 말하는 것이겠는가' 하였습니다" 하면서 예는 변통할 수 있음을 강조했다. 이에 대해 당시 사관은 "이기가 발인(發靷) 날짜를 앞당겨 정하자고 청하였으니, 그가 서둘러 장사 지내려 한 죄와 임금을 업신여긴 죄악은 천지가 아는 바이다"라고 하면서 이기를 강하게 비판하였다.[32]

결국 인종이 자신의 장사를 검소하게 치르도록 명한 이유도 있지만, 당시 인종의 외가인 대윤(大尹)과 명종의 외가인 소윤(小尹) 사이의 권력투쟁으로 인해 명종과 문정왕후 측에서 인종의 상례 절차를 줄이고 능역 조성을 소홀히 한 것으로 파악된다.

(2) 문정왕후 태릉(泰陵)의 조성

1565년(명종 20) 4월 6일 문정왕후가 창덕궁 소덕당(昭德堂)에서 승하하였다. 중종의 두 번째 계비인 문정왕후(文定王后, 1501~1565)는 파평(坡平) 윤

---

30 『명종실록』 1545년(명종 즉위년) 7월 12일.
31 『명종실록』 1545년(명종 즉위년) 7월 30일.
32 『명종실록』 1545년(명종 즉위년) 9월 26일.

씨로, 영돈녕부사(領敦寧府事) 윤지임(尹之任)의 딸이다. 1517년(중종 12) 왕비에 책봉되었는데, 외부 간택에 의해 선발되고 친영례를 행한 첫 번째 왕비가 되었다. 1545년 인종이 재위 8개월여 만에 죽고 명종이 12세에 즉위하자 모후(母后)로서 수렴청정을 하였다. 문정왕후는 이후 왕비가 정치에 관여하려 할 때 부정적인 전례로 자주 거론되었다. 문정왕후가 죽은 날 『명종실록』에 사신은 다음과 같이 기록하고 있다.

> 윤씨(尹氏)는 천성이 강한(剛狠)하고 문자(文字)를 알았다. 인종이 동궁(東宮)으로 있을 적에 윤씨가 그를 꺼리자, 그 아우 윤원로(尹元老)·윤원형(尹元衡)의 무리가 장경왕후(章敬王后)의 아우 윤임(尹任)과 틈이 벌어져, 윤씨와 세자의 양쪽 사이를 얽어 모함하여 드디어 대윤(大尹)·소윤(小尹)의 설이 있게 되었다. … 상의 천성이 지극히 효성스러워서 어김없이 받들었으나 때로 후원(後苑)의 외진 곳에서 눈물을 흘리었고 더욱 목놓아 울기까지 하였으니, 상이 심열증(心熱症)을 얻은 것이 또한 이 때문이다. 그렇다면 윤비(尹妃)는 사직의 죄인이라고 할 만하다. 『서경(書經)』 목서(牧誓)에 '암탉이 새벽에 우는 것은 집안의 다함이다' 하였으니, 윤씨를 이르는 말이라 하겠다.[33]

『명종실록』은 선조 때 대거 중앙으로 진출한 사림파들에 의해 편찬되었으니 문정왕후에 대한 평가는 바로 당시 사림파의 시각을 반영한 것으로 볼 수 있다. 이 같은 평가가 이루어진 까닭은 문정왕후가 왕권과 신권의 조화를 추구하는 성리학의 기본 이념을 외면하고 강력한 권력을 휘둘렀기 때문이며, '숭유억불(崇儒抑佛)' 정책의 시대에 승려 보우(普雨)를 봉은사(奉恩寺) 주지로 임명하고 불교를 육성했기 때문이다.

---

33 『명종실록』 1565년(명종 20) 4월 6일.

문정왕후의 태릉   태릉의 석물

　문정왕후는 자신이 중종 옆에 묻히길 원해 장경왕후의 능 옆에 있었던 중
종의 정릉(靖陵)은 풍수지리적으로 좋지 않으니 성종의 선릉(宣陵) 옆으로 가
야 한다는 명분을 내세워 무덤을 옮겼다. 자신이 심혈을 기울인 사찰 봉은
사가 왕릉의 원찰로 기능하는 것도 중요한 이유가 되었다. 그러나 새로 옮
긴 중종의 정릉은 지대가 낮아 홍수 피해가 자주 일어났다. 결국 문정왕후
는 그 자리에 묻히지 못하고 현재의 서울시 공릉동 위치에 안장되었다. 생
전에는 막강한 권력을 휘둘렀지만, 사망 이후에는 남편인 중종 곁에 묻히고
자 한 뜻을 이루지 못하였던 것이다. 1565년 4월 12일 문정왕후의 능호는
신정릉(新靖陵)으로 정해졌다.[34] 중종의 무덤인 정릉을 의식했기 때문이었다.
그러다가 6월 4일 능호를 태릉(泰陵)으로 다시 정하였다.[35]

　문정왕후의 무덤이 원치 않는 곳에 조성되기는 했지만, 아들인 명종이 왕
으로 있던 시절에 조성되었기에 태릉은 왕비의 단릉(單陵)이라 믿기 힘들 만
큼 규모가 컸다. 봉분을 감싼 12면 병풍석에는 십이지신상(十二支神像)과 구
름무늬를 새겼고, 병풍석 위의 만석(滿石) 중앙에 십이지를 문자로 새겼다.

34　『명종실록』 1565년(명종 20) 4월 12일.
　　大行大主大妃諡號曰文定〈慈惠愛民曰文, 安民大慮曰定〉殿號曰文德. 陵號曰新靖陵.
35　『명종실록』 1565년(명종 20) 6월 4일.

모든 석물(石物)제도는 『국조오례의』에 따랐다. 봉분 바깥쪽으로는 12칸의 난간석을 둘렀으며, 봉분 앞에 상석과 망주석 1쌍을 세웠다. 봉분 주위로 석양(石羊)·석호(石虎) 각 2쌍을 교대로 배치하였으며, 뒤쪽으로는 곡장(曲墻: 나지막한 담)을 쌓았다. 봉분 아랫단에 문인석과 석마(石馬) 각 1쌍, 팔각 장명등이 있고, 가장 아랫단에 무인석과 석마 각 1쌍이 있다. 능원 밑에는 정자각·비각·수직방(守直房)·홍살문이 있다.[36]

4) 선조 시대의 왕릉 조성

선조(宣祖)는 40년 7개월간 재위하며 왕릉 조성과 천릉을 몇 차례 주관했다. 특히 임진왜란 때 화를 당한 선왕의 무덤인 선릉(宣陵)과 정릉(靖陵)의 개장 작업을 지휘한 것이 주목된다. 선조 대 왕릉 조성 사업으로는, 선왕인 명종의 강릉(康陵) 조성, 1575년 승하한 대왕대비 인순왕후(명종의 비)의 강릉 조성, 1577년 승하한 대왕대비 인성왕후(인종의 비)의 효릉(孝陵) 조성, 임진왜란으로 화를 당한 선릉과 정릉의 개장, 정비인 의인왕후의 유릉(裕陵) 조성을 들 수가 있다.

조선시대에 왕릉을 조성한 후에는 의궤를 제작한 것으로 보이는데, 안타깝게도 조선 전기에 제작한 의궤들은 현재 한 건도 남아 있지 않다. 현존하는 의궤 중 최초의 것이 바로 1600년에 제작한 선조비 의인왕후의 장례와 관련된 의궤들인데, 왕릉 조성에 관한 『의인왕후유릉산릉도감의궤』도 남아 있다.[37] 선조 대 이후에는 왕릉 조성에 관한 의궤들이 대부분 남아 있어서 왕릉을 조성한 과정과 의례를 살펴보는 데 큰 도움이 된다(〈표 2〉 참조).

---

36 이호일, 『조선의 왕릉』, 가람기획, 2003, 213쪽.
37 현재 서울대학교 규장각한국학연구원에는 1책 63장으로 된 『懿仁王后山陵都監儀軌』가 남아 있다. 이 책은 앞부분이 불에 탄 흔적이 있는 零本이다.

표2 선조~현종 대의 왕릉 조성 관련 의궤

번호	책명	서기	왕력	책수	장수	소장처	도서 번호
1	의인왕후산릉도감의궤	1601년	선조 34	1	63	규	14826
2	선조목릉수개(修改)의궤	1609년 5월	광해군 1	1	40	규	13514
3-1	선조목릉천릉도감의궤	1630년 12월	인조 8	1	230	규	13515
3-2	선조목릉천봉도감의궤	1630년 12월	인조 8	1	235	규	15070
4-1	인목왕후산릉도감의궤	1632년 11월	인조 10	1	118	규	13517
4-2	인목왕후산릉도감의궤	1632년 11월	인조 10	1	118	규	14822
5	목릉천장시산릉도감의궤	1638년 12월	인조 16	1	237	국	2402
6-1	인조장릉산릉도감의궤	1649년 5월	효종 즉위년	1	215	규	15074
6-2	인조장릉산릉의궤	1649년 5월	효종 즉위년	1	199	장	2-2367
7-1	효종영릉산릉도감의궤	1659년 5월	현종 즉위년	1	193	규	15075
7-2	효종영릉산릉도감의궤	1659년 5월	현종 즉위년	1	211	장	2-2320
8	효종영릉수개도감의궤	1660년 10월	현종 1	1	27	장	2-3566
9	정종후릉수개도감의궤	1667년 10월	현종 8	1	37	국	2654
10-1	효종영릉천릉도감의궤	1673년 6월	현종 14	1	234	규	15071
10-2	효종영릉천릉도감도청의궤	1673년 10월	현종 14	1	215	규	13532
10-3	효종영릉천릉도감의궤	1673년 10월	현종 14	1	76	규	14885
10-4	효종영릉산릉(천릉)도감의궤	1673년 5월	현종 14	1	312	장	2-2321
11-1	인선왕후산릉도감의궤(全)	1674년 2월	현종 15	1	329	장	2-2322
11-2	인선왕후산릉도감의궤(上)	1674년 2월	현종 15	1	140	국	2405
11-3	인선왕후산릉도감의궤(下)	1674년 2월	현종 15	1	200	국	2413

* 소장처에서 '규'는 규장각, '장'은 장서각, '국'은 파리국립도서관에 소장되었다가 2011년 국립중앙박물관
  으로 돌아온 의궤를 말한다.

(1) 명종 강릉(康陵)의 조성

선조는 즉위 직후 선왕인 명종의 산릉 조성을 지휘했다. 명종(1534~1567, 재위 1545~1567)은 중종의 둘째 아들이자 문정왕후의 소생으로 재위 8개월여 만에 승하한 인종의 뒤를 이어 1545년 즉위한 이후 재위 22년 만인 1567년 6월 28일 경복궁 양심당(養心堂)에서 승하했다. 명종은 12세에 즉위한 까닭으로 어머니인 문정왕후 윤씨가 8년간 수렴청정을 했고, 윤원형(?~1565) 등 외척의 전횡으로 인해 을사사화(1545)가 일어나는 등 그의 치세는 정치적 혼란기였다. 비록 문정왕후가 승하한 후 명종의 독자적인 정치 시도가 이루어지면서 사림이 다시 등장하는 계기가 되었지만, 치세 말년에 병으로 인해 제대로 된 정치력을 행사하지 못했다. 특히 후사인 순회세자가 요절하여, 조선왕실에서는 최초로 왕실의 방계인 덕흥군의 아들 하성군(선조)이 왕위에 오르게 되었다.

명종이 1567년 6월 28일에 승하했으나 장례는 9월 22일에 치러졌다. 본래 제후의 장례는 5개월로 제한했기 때문에 10월에 장례를 치러야 했는데 10월에 길일이 없다는 이유로 3개월도 안 된 9월 22일에 장례를 치렀다. 당시의 정황에 대해 『선조수정실록』은 아래와 같이 기록하면서 당시의 장례가 예법대로 이루어지지 않았음을 지적하고 있다.

강릉(康陵)의 장례를 치렀다. 명종의 상을 10월에 장례해야 했는데, 일관(日官)이 10월은 불길하다 하여 9월로 청해 올렸던 것이다. 이에 대하여 생원(生員) 이유(李愈)는 갈장(渴葬)이 예가 아님을 상소하였고, 왕대비는 하교하기를, '모든 길흉(吉凶)은 하늘에 매여 있는 것이다. 일관의 말을 믿을 것이 뭐 있겠는가. 10월로 정하는 것이 옳다' 하였으나, 대신 이준경(李浚慶) 등이 아뢰기를, '장례에 있어 꼭 길일(吉日)을 택하지 않으시는 그 뜻은 비록 훌륭한 뜻이나, 다만 흉일(凶日)로 하면 선령(先靈)이 혹시 편안치 않으실까

그것이 염려됩니다' 하여, 대비도 그대로 따랐다. 대신은 상이 어리다는 이유로 회장(會葬)하지 말 것을 청하였다. 고사(故事)에 의하면 사왕(嗣王)이 상(喪)을 배종하지 못하면 대신이 대신하여 신주를 모시고 전례(奠禮)를 행하는 일을 하였는데, 대신이 그러한 전례(前例)를 살피지 않고 품계가 높은 종실(宗室)로 대신하게 하였으니, 다 예(禮)가 아니었다.[38]

장례가 9월 22일에 치러진 만큼 능역 조성도 약 3개월 이내에 완료했던 것으로 보인다. 명종의 산릉은 모후인 문정왕후의 능역, 즉 태릉(泰陵) 근처에 조성되었다. 왕의 산릉을 정할 때 부왕이나 왕비의 무덤 근처에 가는 관례를 깨고 모후의 곁에 간 것은 상당히 이례적인 것이었다.

(2) 인순왕후 강릉(康陵)의 조성

명종의 산릉이 조성된 지 8년 만에 강릉에는 왕비릉이 조성된다. 명종이 승하한 후 8년 만인 1575년(선조 8), 왕비인 인순왕후(仁順王后, 1532~1575) 심씨가 창경궁 통명전(通明殿)에서 승하하였기 때문이다. 인순왕후는 1545년 명종의 왕비로 책봉되었고, 명종 사후 이준경 등 고명대신에게 '후사를 덕흥군의 3남 하성군으로 한다'는 명종의 유지를 전해 선조(宣祖)의 즉위에 중요한 역할을 하였다. 따라서 인순왕후가 승하하자 선조는 왕릉 조성에 더욱 신경을 쓸 수밖에 없는 입장이었다. 인순왕후의 묏자리로는 8년 전 조성된 남편 명종의 강릉이 유력하였다. 생전에 인순왕후도 강릉에 깊은 관심을 보였다. 명종의 강릉을 조성한 후인 1569년 4월에 수렴청정 중이던 인순왕후 심씨는 이곳에 친히 행차하였다.[39] 강릉을 자주 찾고 싶었던 인순왕후는 5월에 또다시 친행을 강행하려 했다가 신하들의 반대

38 『선조수정실록』 1567년(선조 즉위년) 9월 22일.
39 『선조실록』 1569년(선조 2) 4월 19일.

에 직면하기도 하였다.

3월에 위에서 능에 행차하시려다가 마침 일변(日變)이 있어 정지하셨는데, 그때 경기의 수령들이 교량과 도로를 보수하느라고 백성들을 거느리고 왔었으니 농무(農務)에 얼마나 방해가 되었겠습니까. 일변으로 인하여 정지를 명하셨다가 지난번에 행차하자 수령들이 또 그 백성들을 거느리고 왔는데, 배릉(拜陵)이 끝나자 백성들은 모두 차후에는 일이 없을 것이라고 하였다 합니다. 그런데 지금 자전께서 배릉하신다면 수령들이 또 그 백성들을 거느리고 올 것이니 1년 안에 세 번씩이나 거둥이 있으시면 민폐(民弊)를 염려하지 않을 수 없습니다.[40]

인순왕후의 입장에서는 남편의 무덤을 참배하고, 앞으로 자신이 묻힐 곳을 자주 찾고 싶었지만, 대비가 자주 왕릉에 행차하면 백성들의 부담이 커진다는 이유로 신하들은 반대했던 것이다. 1572년(선조 5)에는 강릉의 정자각(丁字閣)에 불이 나는 변고가 일어났고,[41] 1574년 4월 선조는 화재가 있었음에도 즉시 강릉에 위안제를 지내지 못한 것을 이유로 친행을 하였다. 4월 20일에 강릉으로 출발한 선조와 백관 일행은 동대문을 거쳐 먼저 태릉을 참배한 후 강릉으로 이동해 친히 능상까지 올라가 봉심한 후 돌아왔다. 진시(辰時)에 태릉에 이르러 선조는 정자각에서 제사했으며, 사시(巳時)에 강릉에 이르러 백관을 거느리고 정자각에서 제사하고 또 친히 능에 올라가 봉심했다.[42]

40 『선조실록』 1569년(선조 2) 4월 19일.
41 『선조실록』 1571년(선조 4) 8월 27일.
42 『선조실록』 1574년(선조 7) 4월 20일.
　　寅正, 上至東大門, 而天始明. 卯時, 到三岐里, 上少憩爲晝停. 玉堂公辦於闕內外. 辰時到泰陵, 上祭於丁字閣. 諸將只立于紅門外. 上欲躬上陵奉審, 領相洪暹, 右相盧守愼, 以日熱恐勞傷玉體, 請勿爲之. 上以前頭有事, 從之. 巳時, 到康陵, 上率百官, 祭于丁字閣. 又親上陵奉審. 上返旆, 回至泰陵前, 上下皆步. 賜酒

1575년 1월 2일 대비인 인순왕후가 승하하자, 선조는 상지관과 풍수사를 태릉과 강릉 경역으로 보내 길지를 살핀 후에 5월 20일 인순왕후를 명종의 강릉에 부장(祔葬)하였다. 실록에는 "인순왕후(仁順王后)를 강릉(康陵)에 부장(祔葬)하였다. 상이 비로소 백포(白布) 의관으로 시사(視事)하였다. 이는 지평 민순(閔純)의 의논을 따른 것이다"[43]라고 하여, 당시 예의 해석에 민순이 중요한 역할을 했음을 기록하고 있다. 민순은 서경덕의 문인으로 화담학파 내에서는 예학에 가장 정통한 인물이었다. 명종, 선조 연간에 이르러 성리학에 대한 이해가 깊어지면서 예학에 대한 관심도 커졌고, 예학 전문가라 불릴 만한 다수의 학자들이 배출되었다. 정구, 김장생, 민순 등이 대표적인 인물이고 이들은 전문 예학서도 저술하였다.[44] 한편 예학에 대한 이해의 심화는 현종 대 이후에는 예송논쟁(禮訟論爭)으로 번지기도 하였다.

명종의 옆에 부장된 인순왕후의 무덤은 명종의 강릉과는 두 개의 무덤이 나란히 붙어 있는 쌍릉의 형태를 취하고 있다. 왕릉과 왕비릉 모두 병풍석을 두르고 있으며, 12칸의 난간석으로 연결되어 있다. 태릉과 마찬가지로 병풍석에 십이지신상을 새기고 만석에 방위 표시인 십이지를 문자로 새겨 놓았다. 혼유석은 왕릉과 왕비릉에 각각 설치했다. 망주석이 1쌍씩 세워져 있으며, 석양과 석호를 각각 2쌍씩 능침 주위에 배치하였고, 그 주위를 3면의 곡장이 둘러싸고 있다.[45] 조헌(趙憲)이 명나라에서 돌아온 후 조정의 문제점을 올린 「동환봉사(東還封事)」에는 강릉에 대해 언급한 내용도 있다. 조헌은 강릉이 조선 초기에 조성된 제릉과 후릉에 비해 사치하고 커서 무거운 석물을 멀리 끌어 옮겨 백성에게 많은 폐해가 있다고 비판하였는데,[46] 이를

於諸臣, 中時發行還宮.
43 『선조실록』 1575년(선조 8) 5월 20일.
44 고영진, 『조선중기 예학사상사』, 한길사, 1995.
45 이호일, 『조선의 왕릉』, 가람기획, 2003, 233쪽.
46 조헌, 『東還封事』, 「擬上十六條疏」, '陵寢之制'.

통해 선조가 부왕과 왕비를 위해 강릉 조성에 상당히 신경을 썼던 상황을 짐작할 수 있다.

1592년 임진왜란이 일어났을 때는 선릉·정릉과 더불어 태릉과 강릉의 경역도 왜적에 의해 많은 피해를 입었다. 특히 강릉은 임진왜란 당시 서울을 함락한 왜적에 의해 파헤쳐질 위기에 처했으나 가까스로 재궁을 훼손당하지는 않았다. 1592년 12월 16일에 왜적이 50여 명의 병력을 이끌고 도굴을 시도했으나 회격묘로 만들어진 능의 내부 구조로 인해 도굴의 위협에서 벗어날 수 있었다. 태릉도 마찬가지로 왜적에 의해 도굴이 시도되었지만 회격으로 조성되어 화를 면했다. 이러한 상황은 김천일이 올린 계(啓)에서 "12월 16일에 적이 기병과 보병 50여 명을 거느리고 또 성중의 주민 50명을 뽑아 강릉과 태릉에 가서 능을 팠지만 능 위에 회(灰)가 단단하게 막혀서 깨뜨리지 못하고 날이 저물어 파하고 되돌아왔으며, 또 대원군(大院君)의 묘소에 가서 팠지만 뚫지 못하고 되돌아왔습니다"[47]라고 한 것에서 확인할 수가 있다. 임진왜란 당시 서울이 왜적에 의해 점령을 당하면서 선릉과 정릉, 태릉과 강릉, 광릉 등 서울과 인근에 소재한 왕릉들은 상당한 피해를 입었다. 1593년 2월 운천군(雲川君) 이신(李愼) 등은 능침을 봉심(奉審)한 후, "광릉(光陵) 두 능은 능과 석물이 모두 전과 같으나 정자각(丁字閣)의 창과 벽이 여기저기 파손되었고 재실청(齋室廳)이 반은 소실되었으며, 봉선전(奉先殿)의 창과 벽이 여기저기 파손되었습니다. 영정은 한 중이 청결한 곳으로 옮겨 밤낮없이 지키면서 지금까지 봉안하고 있다고 합니다. 강릉(康陵)은 대왕의 능은 여기저기 불탄 흔적이 있고, 왕후의 능은 모두 불에 탔습니다. 두 능의 석물은 모두 전과 같고 정자각은 소실되었습니다. 태릉(泰陵)은 능 전면이 반

---

47 『선조실록』1593년(선조 26) 1월 22일.
金千鎰馳啓曰: "十二月十六日, 賊率騎步兵五十餘名, 又抄發城中民五十名, 向康, 泰陵鑿破, 陵上灰隔堅實未破, 日暮罷還, 又向大院君墓所, 掘破未穿而還. …"

쯤 파였고 난간석의 전면이 반쯤 파손되었습니다"[48]라고 하면서 태릉과 강릉이 불에 타고 석물이 파괴된 상황을 보고하였다. 임진왜란으로 강릉은 정자각이 소실되고 왕후릉과 왕릉은 여러 군데가 불탔다는 것으로 볼 때 그 손실이 적지 않았던 것으로 여겨진다.

(3) 인성왕후 효릉(孝陵)의 조성

1575년 명종비 인순왕후가 승하한 데 이어, 1577년(선조 10)에는 인종비 인성왕후(仁聖王后, 1514~1577)가 승하하였다. 선조의 입장에서는 연이어 국상을 맞게 된 것이다. 인성왕후는 1524년 인종의 세자빈으로 들어왔다가, 1544년 인종이 왕위에 오른 후 왕비로 책봉되었다. 그러나 인종이 재위 8개월여 만에 승하하여, 명종·선조 대에 궁궐의 최고 어른으로서의 역할을 하였다. 1577년 11월 인성왕후가 승하하자, 선조는 국장을 준비하고 대비의 왕릉 조성을 추진했다. 2년 전 인순왕후의 승하에 이어 연이어 상을 당하는 불운의 시기였다. 상복은 기년복(朞年服: 1년 동안 입는 상복)과 삼년복을 둘러싸고 논란이 있었으나, '명종이 인종의 상에 이미 삼년복을 입었으므로 대행 대비(大行大妃)와 전하 사이에는 조손(祖孫)의 의리가 있으니 당연히 삼년복을 입어야 한다'는 논리로 삼년복으로 정해졌다.[49] 왕비릉의 조성은 비교적 무난하게 전개되었다. 인종의 효릉 경역 내에 미리 옆자리를 비워 놓았기 때문이었다. 결국 인성왕후의 무덤은 인종의 무덤 곁에 쌍릉으로 조성되었고, 능호도 인종의 능호인 효릉으로 정해졌다. 쌍릉을 3면의 곡장이 두르고 있는데, 인종의 무덤에는 병풍석이 있는 데 비해 왕비릉에는 난간석만 있고 병풍석은 없다. 상설은 혼유석 2개와 장명등 1개, 문인석

---

48 『선조실록』 1593년(선조 26) 2월 20일.
49 『선조실록』 1577년(선조 10) 11월 29일.

과 석마 각 1쌍, 무인석과 석마 각 1쌍, 석양과 석호 각 2쌍씩이다.[50]

(4) 선릉과 정릉의 피해 상황과 개장(改葬)

선조 대에는 1592년 임진왜란의 여파로 말미암아 서울과 경기 일대에 소재한 능침 상당수가 훼손되었다. 따라서 왜란이 끝난 후에는 훼손된 능역과 능침을 다시 개장(改葬)하고 보수하는 것은 물론, 능침을 도굴한 범릉적(犯陵敵: 왕릉을 파헤친 왜적)을 처벌하는 문제가 중요한 외교 현안이었다. 선조는 사회경제 분야에서 전란의 후유증을 수습하는 것 외에 왕실의 정통성을 회복하기 위한 선왕의 왕릉 원모습 찾기에도 힘을 기울여야 했다.

임진왜란 중 가장 크게 훼손당한 왕릉은 성종의 선릉과 중종의 정릉이었다. 특히 선릉과 정릉은 왜적의 도굴로 선왕의 시신까지 훼손당하는 아픔을 겪게 되었다. 선릉과 정릉을 다시 천릉해야 한다는 논의도 있었지만, 개장을 하는 것으로 마무리되었다.

선릉과 정릉은 장지 선정 이전부터 논란이 있어 온 지역이었다. 중종의 정릉은 명종 대에 무리하게 천릉이 시행되었지만, 천릉을 주도한 문정왕후와 명종이 주변에 물길이 있어서 수재를 많이 입는다는 이유로 정릉에 합장되지 못해 천릉의 명분과 실리를 살리지 못했다. 지리적으로 선릉과 정릉은 지세가 낮아서 보수에 많은 비용이 드는 곳이었다. 매년 장마 때에는 한강의 물이 능 앞까지 넘쳐흘러 재실이 물에 잠기는 일이 많았다. "정릉 정자각 앞이 지세가 낮아 장마가 질 때마다 강물이 넘쳐 섬돌 밑까지 들어오므로 재실(齋室)에서 배를 타고 왕래하였다. 지난해에 대신과 육경들이 함께 가서 그 지세를 살펴보고는, 현궁(玄宮)이 봉안된 곳은 지세가 높아서 물이 미치지 못하니 정자각 앞에만 흙과 돌로 높게 쌓아 침수되지 않도록 하자고 하

---

50 이호일, 『조선의 왕릉』, 가람기획, 2003, 223~224쪽.

여, 도감(都監)을 설치하고 인부를 크게 징발해서 부역을 시켰는데, 금년 비에 축조한 곳이 많이 무너졌다"는 기록이 대표적이다.[51]

재실에 배를 타고 들어가는 경우가 생길 만큼 정릉의 침수 문제는 큰 골칫거리였다. 그래서 각별한 관리가 필요했고, 보토(補土) 등의 공사가 지속적으로 이어져야 했다. 지세가 낮은 곳이었으므로 흙을 쌓아 높이는 공역에 드는 비용만도 거만금이었고, 해마다 강물이 불어 넘치면 재실에까지 물이 차올랐으므로 나라 사람들도 비분을 금치 못하였다고 한다.[52]

잦은 침수로 많은 문제점을 노출하던 정릉이 더욱 수난을 당한 것은 임진왜란 때 왜적이 서울에 들어와 왕릉을 훼손했을 때이다. 1592년 9월 27일 분조(分朝)를 명령받고 남하하던 왕세자 광해군에게 비보가 들려왔다. 피난 길에 오른 임해군과 왕자들이 왜적에게 사로잡히고 중종의 능인 정릉이 파헤쳐졌다는 소식이었다.[53] 왜적은 한양을 점령한 후인 1592년 12월 1일에도 선릉과 정릉을 파헤쳤다.[54] 왜적이 한양을 점령했던 시기에 선릉과 정릉은 도굴까지 되었다. 1593년 4월 13일 경기좌도 관찰사 성영은 계를 올려, "지난 겨울에 흉적이 태릉(泰陵)과 강릉(康陵)을 범하는 변고가 있었는데 이제 선릉(宣陵)·정릉(靖陵)의 변고가 또 이와 같으니 온 나라의 신민(臣民)들이 이 왜적과는 한 하늘 아래 살 수가 없습니다"[55]라고 보고하였다. 당시 체찰사이던 유성룡은 선릉과 정릉의 피해 상황을 직접 조사하였다. 유성룡은 자신

---

51 『선조실록』 1582년(선조 15) 7월 16일.
　　靖陵丁字閣前, 地勢卑下, 每遇霖潦, 江水泛溢, 入于階下, 自齋室乘舟以通往來, 去年大臣, 六卿等晉去, 相其地勢, 以玄宮所安之處, 則地勢高峻, 水氣不及, 可於丁字閣前, 以土石墳築隆高, 使不侵於水, 設都監, 大發人丁赴役. 今年雨水, 所築處多頹落.
52 『선조수정실록』 1581년(선조 14) 2월 1일.
53 『선조실록』 1592년(선조 25) 9월 27일.
　　王世子聞, 王子被執, 靖陵掘土之變, 遣刑曹判書李憲國, 奔問行在.
54 『선조수정실록』 1592년(선조 25) 12월 1일.
55 『선조실록』 1593년(선조 26) 4월 13일.
　　京畿左道觀察使成泳馳啓曰: "去冬, 兇賊有犯泰陵, 康陵之變, 而今者宣, 靖之變又如是, 一國臣民, 不可與此賊, 共戴一天."

의 군관인 수문장 이홍국으로 하여금 몇몇 군사를 이끌고 선릉과 정릉으로 몰래 침투하게 하여 피해 상황을 알아보았다. 왜적이 정릉의 수도(隧道)를 파헤친 곳의 깊이는 포백척(布帛尺)으로 15척쯤 되고 너비는 7척쯤이었다.[56] 이어서 유성룡은 장계에서 당시의 선릉 상태에 대해서도 보고를 하였다.

> … 또 선릉을 봉심하니 대왕의 능은 수도의 깊이가 7척쯤, 너비 5척쯤 파헤쳐져 있었고, 구덩이 안에는 별로 딴 물건은 없었으나 축회(築灰) 밖에 설치하였던 엷은 판자들은 거의 다 타 버리고 두어 조각만 남아 있었다 합니다. 왕후의 능은 수도의 깊이가 6척쯤이고 너비는 4척쯤으로 파헤쳐져 있었고, 판자 조각은 역시 타 버렸으나 회격(灰隔)은 그대로 있었습니다. 두 분 능의 관(棺)은 침범당하지 않았다 합니다.[57]

왕릉이 파헤쳐지기는 했으나 다행히 선릉의 재궁은 훼손되지 않았다. 선조는 선릉과 정릉 훼손의 변고를 듣고 문제를 해결하기 위해 절치부심했다. 1593년의 한양 수복 이후 도굴당한 선·정릉을 개장해야 한다는 논의가 활발하게 전개되었다. 선릉은 개장하되 정릉은 원래 위치가 현재의 능역도 아니었고 입지가 좋지 않다는 이유로 아예 구릉(舊陵: 장경왕후의 희릉 옆)으로 천릉하기를 권하는 의견이 등장하기도 했다. 우찬성 성혼이 특히 천릉에 적극적이었다. 성혼은 "지난 임술년(1562년)에 능을 옮길 때에 신이 백성들의 의논을 들으니 '정유년에 고양군(高陽郡)의 읍치 자리를 길한 곳이라 하여 희릉을 옮겼는데 중종께서도 그곳이 훗날 수장(壽藏)할 만한 곳임을 아셨으며, 아직 오환(五患)이 없는데 갑자기 옮기는 것은 불가하다'고 하였습니다. 이제 신정릉(新靖陵)은 적화(賊禍)가 이와 같고 겸하여 홍수의 염려까지 있으니 그

---

56 이긍익, 『연려실기술』 권16, 선조조 고사본말(宣祖朝故事本末), 두 능의 변고.
57 이긍익, 같은 곳.

곳을 그대로 사용할 수는 없습니다. 다시 구 정릉으로 정하시는 것이 옳을 듯합니다"[58]라고 하면서 원래의 위치인 구 정릉으로 왕릉을 옮길 것을 건의하였다. 조정의 분위기는 천릉의 의견이 우세하였다. 대신들은 "정릉(靖陵)을 다시 정한 뒤에는 그곳의 지형에 대해서 밖에 있는 사람들은 잘 알 수 없었습니다. 다만 때때로 강물이 불어나면 홍살문까지 침수되어 제물(祭物)을 수송하느라 작은 배로 정자각(亭子閣)까지 왕래한 경우가 많았으므로 여러 사람들의 의논이 매양 미안하다고 해 온 지 오래입니다. 문정왕후가 돌아가셨을 때에 명종(明宗)께서 '능을 옮긴 이후로 국가에 길한 일이 없었다'고 하시고 별도로 태릉(泰陵)을 정하기까지 하였습니다. 근자에 일어난 참통한 화가 이처럼 망극하니 여러 사람들의 마음이 편안하지 않음이 더욱 심합니다. 어떻게 해야 하겠습니까? 감히 아룁니다"[59] 하면서 천릉의 필요성을 거듭 주장했다. 대신들은 명종이 문정왕후의 왕릉을 태릉에 조성할 만큼 정릉에는 문제가 많다는 점도 부각시켰다. 이에 대해 선조는 "나도 약간은 이러한 생각을 가지고 있다. 그러나 대사(大事)이니 마땅히 여러 사람의 의견을 따라야 할 것이다" 하면서 적극적인 의사를 표명하지 않았다. 윤두수, 정탁, 이항복, 구사맹 등 대부분의 신하들이 성혼의 의견에 동조하면서, 거듭 천릉의 불가피성을 주장했으나, 선조는 명확한 답변을 하지 않았다. 선왕 대에 천릉한 정릉을 재천릉하는 것이 큰 부담이 되었기 때문이다. 결국 정릉은 천릉이 아닌 개장을 하는 선에서 마무리된다.

한편 유성룡은 자신의 저서인 『운암잡록』에서 정릉의 변고에 대해 상세히 논하면서 사람들이 성혼의 눈치를 살피느라 중종의 체모에 대한 논의가 제

---

58 『선조실록』 1593년(선조 26) 4월 28일.
　　右贊成成渾以爲: "壬戌年遷陵時, 臣竊聞民間議論, '丁酉年以高陽治所爲吉地, 奉遷禧陵, 中廟聖意, 亦知其爲異日壽藏, 而旣無五患, 卒然遷改不可.' 云云. 今者新靖陵, 賊禍如此, 又有水患, 不可仍用其地. 則還卜于舊靖陵, 似爲允當."
59 『선조실록』 1593년(선조 26) 4월 28일.

대로 이루어지지 못했음을 노골적으로 드러내 불만을 표현하였다. 유성룡이 동인이고 천릉을 주장한 성혼, 이항복, 윤두수 등이 대부분 서인임을 고려하면 천릉 문제가 당쟁과도 일부 연결되었음을 짐작할 수가 있다.

이처럼 정릉의 변고는 정치적 문제로 옮겨 갈 정도로 민감한 사안이 되었으나 전쟁의 상황으로 인해 시간적으로나 경제적으로 여유가 없어 천릉까지 이르지 못하고 개장을 통해 능침 훼손에 대한 자체적 해결을 시행하였다.[60] 1593년 5월 2일 예조에서는 개장함에 있어서 염습할 때의 의식과 절차는 『오례의』에 근거하여 시행하겠다고 보고하였으며,[61] 개장도감이 구성되어 본격적인 개장이 추진되었다.

현실적인 여건 때문에 대신들도 초반의 천릉 주장에서 한 발짝 물러섰다. 특히 시신이 상당히 훼손된 상태에서 천릉을 하는 것이 큰 부담으로 다가왔다. "신들이 정릉의 흉변(凶變)을 들은 뒤에 새 능(陵) 자리를 희릉(禧陵)의 구강(舊岡)으로 정하자고 청했던 것은 전일에 천장(遷葬)한 것을 미안하게 여겼기 때문에 그렇게 말씀드렸던 것입니다. 그러나 지금은 지난날의 의관(衣冠)마저도 찾을 길이 없으니 애통한 마음이 어찌 끝이 있겠습니까. 그러니 종전에 체백(體魄)을 봉안했던 곳에나마 그대로 봉안하는 것이 좋을 듯합니다. 전일에 이 능을 개장(改葬)하는 일에 이런 의외의 변고가 있을 것을 알지 못하고 함부로 의논한 바가 있었으므로 감히 아룁니다"[62]라고 한 것은 현실적으로 천릉보다는 개장이 적절함을 보고한 것이었다. 결국 1593년 7월 27일에 선릉 개장의 예를 치렀으며,[63] 8월 15일에 정릉을 개장함으로써[64] 훼손된 왕릉에 대한 선조의 조처는 끝을 맺었다. 선조 시대의 선릉과 정릉의 변고

60 신명호, 「선정릉의 역사와 관리제도」, 『역사와 실학』 31, 2006.

61 『선조실록』 1593년(선조 26) 5월 2일.

62 『선조실록』 1593년(선조 26) 7월 6일.

63 『선조실록』 1593년(선조 26) 7월 27일.

64 『선조실록』 1593년(선조 26) 8월 9일.
　　宣陵改葬, 二十七日暫灑雨, 而不濕人衣, 故終得克成. 靖陵則當於今月十五日爲之矣.

는 전란의 상처 중에서도 왕실이 가장 먼저 회복해야 할 사안이 되었다. 정릉에 대해서는 성혼 등에 의해 재천릉 논의도 적극적으로 전개되었으나, 전란 후 왕릉을 천릉할 여력도 부족하고 명분도 약한 상황에서 결국에는 왕릉을 개장하는 것으로 타협을 보았다.

(5) 의인왕후 유릉(裕陵)의 조성

선릉과 정릉의 변고로 홍역을 치렀던 선조는 임진왜란이 수습된 이후 또 한 번 왕릉 조성 사업을 지휘하게 되었다. 정비인 의인왕후 박씨가 1600년(선조 33)에 사망한 것이다. 의인왕후(懿人王后, 1555~1600)는 선조의 첫 번째 왕비로, 1569년(선조 2) 15세의 나이로 선조와 가례를 올렸다. 선조의 정비였음에도 후사가 없었기 때문에 선조의 후궁인 공빈 김씨와 인빈 김씨의 아들들이 왕위 다툼하는 것을 지켜만 보는 아픔을 겪었다. 선조와 함께 임진왜란 등 많은 어려움을 겪다가 임진왜란이 끝난 직후인 1600년 6월 27일에 승하하였다. 왕비 승하 후에는 바로 국장도감과 산릉도감이 구성되었다.[65]

그러나 의인왕후가 승하한 시점이 전란 직후였기 때문에 능역을 조성하는 데 많은 어려움이 있었다. 임진왜란 직후 조선의 해이해진 기강과 피폐한 상황은 의인왕후의 장례를 진행하는 과정에서 여실히 드러났다. 상제를 치를 재물이 부족하였고, 지방 관서의 기강이 해이해져 물품 수취 과정에서 부정행위도 일어났다. 무엇보다 힘들었던 것은 전란으로 인해 많은 공문서가 불타 없어지고 조정의 질서가 제대로 잡히지 않아 참고할 전례가 없는 상황이었다. 의인왕후의 승하 이후 염습 과정과 복제 논의를 진행하는 과정에서 이러한 상황이 포착된다.

---

65 『선조실록』 1600년(선조 33) 6월 27일.
　　以左議政李憲國爲摠護使, 柳永慶, 黃璡, 李好閔爲殯殿都提調, 李忠元, 尹自新, 韓浚謙爲山陵都提調, 李廷龜, 金晬, 盧稷爲國葬都監提調, 尹洞爲守陵官, 李德章爲侍陵官.

…『대명회전(大明會典)』을 보면 가정(嘉靖) 27년 효열황후(孝烈皇后)의 상례 때엔 임금이 상복을 입었다가 12일 만에 벗었으니 이를 참작해서 정하는 것이 마땅하겠습니다. 위에서 기복(期服)을 법대로 갖추었다가 10일 후에 벗으시고〈10일 만에 벗으라는 말은 어디에 근거해서 정한 것인지 모르겠다. 예관(禮官)이 이렇게 정한 것은 잘못이다〉…[66]

명나라의 전례서인『대명회전』을 참고하는 모습에서, 조선왕실 자체의 전례서가 완비되지 못했거나 그것을 참고하지 않은 상황을 알 수 있고, 사관의 평으로 보이는 "어디에 근거해서 정한 것인지 모르겠다"는 말에서 예식에 대한 전거와 지식이 부재한 상황을 볼 수 있다. 특히 전란 후 문서의 유실로 장지 선정 과정에서 많은 어려움을 겪었다. "난이 일어난 뒤에 문적(文籍)이 유실되어 상고할 데가 없고, 다만 두세 명 술관(術官)의 구전에 의해 일곱 군데를 얻어 그 우열을 등재하였을 뿐입니다"[67]라 하고, 선조가 이에 대해 "상지관을 잘 선택해 데리고 가고, 조관(朝官) 중에 지리를 아는 자가 있거든 함께 가라"고 한 기록이 대표적이다. 참고할 전적이 유실된 가운데 술사들의 구전이 장지 선정에 주요한 변수로 떠오른 상황이 된 것이다.

선조는 조선인 지관뿐만 아니라 명나라 풍수사 섭정국(葉靖國) 등에게 명당을 알아보라고 지시했고, 여러 후보지 중에서 포천(抱川)의 신평(新坪)이 적합지라고 판단하였다.[68] 선조는 풍수지리설이 말하는 명당설에 대해 일부 회의감을 표시하기도 하였다. 선조는 "다만 택조(宅兆)를 점쳐서 체백(體魄)을 편히 안장하면 그만이라고 생각한다. 그러므로 대개 체백을 안장하는 곳

---

66 『선조실록』1600년(선조 33) 6월 29일.
67 『선조실록』1600년(선조 33) 7월 1일.
68 『선조실록』1600년(선조 33) 7월 21일.
　　總護使李憲國, 禮曹判書李好閔, 工曹判書李忠元, 兵曹參判韓浚謙, 因山再審後, 五處山論及抱川新坪山圖, 改付標入啓. 答曰: "他餘地, 皆不可用, 抱川地, 似可用矣, 而破軍, 則以爲何如? 此兩穴, 皆謂破軍乎?"

은 사방의 산세가 구비하여 바람이 자고 양지바르며 토질이 두텁고 물이 맑으면 곧 길지(吉地)가 되는 것이다"[69]라면서 장지를 가능한 한 상식적인 지역에 조성하려고 했다. 또한 조선의 인산(因山)제도가 중국에 비해 비효율적임을 역설하면서 의인왕후의 능 자리에 자신의 장지가 들어설 것을 예상하여, "또 그 두 혈에 모두 쌍분(雙墳)을 만들 수 있는지, 아니면 한 곳에는 쌍분을 만들 수 있고 한 곳에는 쌍분을 만들 수 없는지, 두 곳 모두 일분(一墳)밖에 만들 수 없는지 모르겠다"고 하여,[70] 쌍분이 조성될 수 있는지에 깊은 관심을 보였다.

선조는 중국의 천수산(天壽山)과 같이 역대 왕들을 모두 매장할 수 있는 장지의 필요성을 강조하기도 하였다.

상이 이르기를, "내 뜻은 하나의 혈처에 쌍분을 만드는 것일 뿐만이 아니다. 중국의 천수산이 얼마나 큰지 알 수 없고 그 장제(葬制) 또한 알 수 없으나, 역대 200년 동안 모두 이 산에 장례하였다. 우리나라는 그렇지 않아 수파가 비록 좋더라도 연운(年運)이 불길하면 쓰지 아니하므로 각기 능을 차지하여 기내(畿內)에 널려 있다. 우선 정릉(靖陵)으로 말하더라도 정릉·희릉(禧陵)·태릉(泰陵) 삼릉을 각각 다른 곳에 썼다. 유명(幽明)이 그 이치는 같은 것인데 어찌 미안한 일이 아니랴. 내 생각에는 이번 산릉의 일을 계기로 하나의 대산(大山)을 얻는다면, 비록 천수산의 제도와는 같지 못하여 몇 대밖에 못 쓴다 하더라도 오히려 산릉을 각기 정하는 것보다는 나을 것이다. 처음 간심할 때 내가 내관(內官)에게 이르기를 '길가의 비천한 곳은 비록 길지라 하더라도 나는 취하지 않는다. 만약 길지를 얻지 못하면 며칠 길 밖이라도 또한 무방하다'고 하였으니, 나의 말은 오늘날을 위한 것일 뿐 아니라

---

69 『선조실록』 1600년(선조 33) 7월 22일.
70 『선조실록』 1600년(선조 33) 7월 22일.

곧 만세의 계책이다."[71]

선조는 중종, 장경왕후, 문정왕후 등 선왕과 선왕비들의 무덤이 각각 따로 조성된 것에 아쉬움을 표현하고 가능한 한 왕실의 무덤이 한곳에 조성되기를 희망했다. 이에 대해 이항복(李恒福)은 조상이 명당에 장지를 잡으면 후손이 그 복을 얻는다는 지관의 말을 인용하면서 좋은 혈을 얻어야 한다는 당시 장례 풍속을 언급하여 반대 의사를 밝혔다.[72] 한준겸과 성영 등은 선조의 말에 수긍하였지만, 선조의 의지는 결국 실현되지 않았다. 여기에 이의신 등 풍수사들의 논의가 서로 엇갈리면서 장지 선정 문제는 결론을 내리지 못하는 상황에 이르렀다.[73] 6월 27일에 의인왕후가 승하했는데 두 달이 지난 시점까지 장지를 선정하지 못하고 논란이 계속되고 있었던 것이다. 이는 이항복의 지적대로 "난리를 겪은 후 의궤와 등록이 모두 보존된 것이 없으므로 오직 견문에만 의거하여"[74] 일을 한 점도 주요 원인이었고, 선조가 중국의 산릉제도와 중국인 풍수사를 신뢰한 것도 한 원인이었다. 선조는 윤근수로 하여금 섭정국에게 "만약 정혈을 쓴다면 청룡과 백호에 모두 쓸 수 없으며 수파도 볼 필요가 없는가?"라는 내용을 물어보게 할 만큼 그에게 신뢰를 보냈다.[75] 또한 장지로 선정할 만한 지역에 사대부의 묘역이 조성된 것도 한몫을 했다. 실제 유릉의 장지 선정에서 유력한 장지로 거론되기도 한 장단의 독장

<hr>

71 『선조실록』 1600년(선조 33) 7월 26일.
　　予意不但爲一穴雙墳而已. 中原天壽山, 不知幾許大, 天朝葬制, 亦未可知, 而歷代二百年, 皆葬于一山矣. 我國則不然, 水破雖好, 年運不吉, 則不用, 各占其陵, 遍於畿內. 姑以靖陵言之, 靖, 禧, 泰三陵, 各用他處. 幽明一理, 豈不未安? 予意, 今此山陵之役, 得一大山, 雖不如天壽之制, 只用數三代, 猶勝於各定山陵矣. 當初看審時, 予謂內官曰: '路傍淺地, 雖曰最吉, 予不取之. 若未得吉地, 則數日程外, 亦無妨' 予所云, 非但爲今日, 乃萬世計也.

72 『선조실록』 1600년(선조 33) 7월 26일.

73 『선조실록』 1600년(선조 33) 9월 1일.

74 『선조실록』 1600년(선조 33) 7월 26일.

75 『선조실록』 1600년(선조 33) 7월 26일.

산은 윤두수의 묘산이라는 이유로 능역지 대상에서 제외되었고, 그 옆의 이호민의 묘산도 후보에서 제외되었으며 유력한 후보로 올랐던 포천의 신평(훗날 이항복의 묘소가 들어섬) 역시 중국인 풍수사인 섭정국 등의 반대 때문에 조선 풍수사 박자우, 이의신, 박상의 등의 반대로 5,000여 명이 40여 일의 공사를 진행했음에도 장지에서 탈락하는 파행을 겪기도 했다.

남인 예학의 전문가 정구(鄭逑)는 풍수설과 지사들의 술수로 인해 의인왕후의 장지 선정이 지연되는 현실을 강하게 비판하였다. 정구는 사마광(司馬光)이 조부의 상을 당했을 때 삼촌들이 술사에게 유혹된 상황을 극복한 사례를 예로 들고, "신이 통탄스럽게 여기는 점은, 단지 길지를 잡은 지 이미 오래되어 역사가 반도 더 진행되었는데, 갑자기 한 사람의 말 한마디에 저지되어 가만히 앉아서 낭패를 당하게 됨으로써 길월의 기한에 마칠 수 없게 되어 황황히 다른 묏자리를 잡느라 분주함이 마치 갓 초상난 날과 같은 점입니다. … 신은 예문(禮文)의 다섯 달 기한이 홀연히 흘러가 버리고 거의 죽어 가는 백성들이 힘을 다 쓴 나머지 다시는 힘을 더 쓸 여력이 없게 될까 염려됩니다"[76]라고 하면서 선조가 지나치게 풍수가들에게 의존하는 점을 지적하였다.

의인왕후의 장지 선정이 결정되지 못하고 시간만 지체되자 선조는 "대체로 장기(葬期)로부터 점점 멀어지니 어느 산이건 간에 속히 장례를 치르는 것이 좋겠다. 대상(大喪)을 아직 장사 지내지 못해 주야로 애가 닳는데 이제 사람들의 말마저 이와 같으니, 슬프다. 사람이 세상에 태어나 죽어서는 좋은 땅을 얻어 기한에 맞게 장례를 치르는 것조차도 쉽지 않다. 진세(塵世)의 일이란 것이 이와 같단 말인가" 하면서, 그 답답함을 피력하였다.[77]

『연려실기술』에도 유릉의 장지 선정에 많은 어려움이 있었음을 기록하고 있다.

---

76 『선조실록』1600년(선조 33) 9월 4일.
77 『선조실록』1600년(선조 33) 10월 21일.

33년 경자 의인왕후 상사에 인산을 정하지 못하였는데, 사특한 말이 분분하게 일어나므로 여러 번 자리를 옮겨 정하였다가 교하(交河) 저현(猪峴)으로 정하였다. 그때 마침 한겨울이었는데, 처음 일을 시작할 때에 구름이 하늘을 덮고 폭우가 내리고, 우레와 번개를 치므로 다시 양주(楊州) 독장(獨墻)으로 정하였는데, 또 크게 우레와 번개가 치고 추운 기운이 뼈를 찌르는 듯하므로 다시 건원릉 서편 기슭으로 정하였더니, 이튿날부터 날씨가 따뜻하여 얼음이 녹고 땅이 풀리니, 역부(役夫)들이 기뻐하였다. 『백사집(白沙集)』[78]

그때 능소 자리를 오래도록 정하지 못하니 조정에서 심히 근심하여 여러 술관(術官)들에게 각기 아는 바를 들어서 밀계(密啓)하게 하였더니, 사대부의 묘가 있는 산은 물론 귀척(貴戚)의 산도 모두 그중에 들었고, 문충공 정몽주의 묘소가 있는 산도 그중에 들어 있었다. 임금이 예관(禮官)에게 명하여 빠짐없이 가서 살펴보게 하였으나, 유독 정몽주 묘에는 전교하기를, "설사 정몽주의 묘소가 과연 합당하다 할지라도, 어찌 차마 충현(忠賢)의 썩은 뼈를 백년 후에 발굴하겠는가. 특히 가보지 말라" 하였다.[79]

위의 기록에서도 유릉의 선정에서는 풍수가들의 서로 다른 의견과 사대부의 묘가 있는 곳에 왕실의 장지를 선정할 때의 어려움 등이 겹쳐 시간이 지체되었음을 볼 수 있다. 제후의 장기(葬期)는 5개월이 원칙이었지만, 5개월을 넘기는 시점이 되자 선조를 비롯해 많은 사람들이 초조해했고, 결국에는 기존에 논의되었던 후보지들이 제외되었다. 이러한 과정 끝에 1600년 11월 현재의 동구릉 경역인 건원릉 서쪽 언덕으로 장지가 최종 결정되었

---

78 이긍익, 『연려실기술』 별집 권2, 사전전고, 산릉.
79 이긍익, 같은 곳.

다.[80] 건원릉 경역이 장지로 결정된 데는 지루한 장지 선정 과정이 원인이기도 했고, 선조가 평소 주장한 천수산과 같은 대형 매장지로 손색이 없었기 때문이었다.

참으로 하늘이 만들어 준 수산(壽山)이었습니다. 국초에 도읍을 정할 당시 명산을 두루 찾아다니다가 이곳을 누대 세장(世葬)의 장소로 삼았으니 아마 깊은 뜻이 있었던 것으로 여겨집니다. 시속(時俗)에 전하는 말로는 "태조 3년에 신승(神僧) 무학(無學)을 데리고 몸소 능침(陵寢)을 구하러 다니다가 산 하나를 얻고서 '대대로 쓸 수 있다'고 하였다" 하였습니다. 이 말은 태종조 때 재상 김경숙(金敬叔)이 지은 주관(周官) 육익(六翼)의 글에서 나왔다고 하는데 신들이 아직 상고해 보지는 못하였습니다. … 만약 중국 천수산의 예에 따라 여러 대에 전하여 순서대로 쓰려고 한다면 이곳이 아니면 얻기 어렵겠기에 신들의 견해를 아울러 아뢰지 않을 수 없습니다.[81]

이러한 과정을 거쳐 12월 22일 건원릉 다섯 번째 언덕에 의인왕후의 유릉(裕陵)이 조성되었다. 결국 5개월의 장례 기간을 어긴 유일한 왕릉 조성의 전례가 남게 된 것이다. 이런 장지 선정의 어려움은 왕실과 사대부 간의 명당 자리에 대한 다툼이 한 원인일 수 있다는 연구도 있지만,[82] 대체로 유릉 선정에 많은 논란이 이어진 것은 임진왜란의 여파로 인해 기록이 망실되어 전례를 참고할 수 없는 상황과 풍수설이 주요 변수로 떠오른 분위기 때문이었다. "평시에는 국장(國葬)에 쓸 만한 산을 등급을 나누어 치부해 두었는데

---

80 『선조실록』 1600년(선조 33) 11월 9일.
81 『선조실록』 1600년(선조 33) 11월 9일.
82 이덕형, 「선조대 유릉 택지에서 드러나는 왕릉 조영의 변화와 원인」, 『지방사와 지방문화』 13권 2호, 2010 참조.

문적이 유실되어 상고할 데가 없다"[83]는 기록은 왕릉 조성을 위해 준비해 두었던 자료가 유실된 것이 왕릉 조성의 가장 큰 어려움이었음을 잘 보여 주고 있다. 왕릉 조성에 관한 자료가 없는 상태에서 선조는 명나라 장수였던 섭정국을 신임하면서 명의 기록과 지식에 의지하려 했고, 풍수사인 박자우와 이의신, 박상의 등의 견해에도 귀를 기울이는 과정에서 장지 선정은 더욱 혼란에 빠진 것으로 보인다. 이 과정에서 주목되는 점은 의인왕후의 능을 조성하면서 고려 대의 왕릉 조성과 중국의 천수산 사례를 인용하면서 왕릉의 장지를 넓은 곳에 한곳으로 지정해 두는 것을 심각하게 고려했던 부분이다.[84] 비록 실현되지는 못했지만 이는 임진왜란으로 인해 명나라의 지식인들과 교류하고 그 문화를 본받으려 한 선조의 성향과도 관련이 있으며, 조선 후기로 갈수록 왕실의 능역 조성도 여의치 않을 정도로 좋은 장지를 얻기가 쉽지 않았음을 보여 준다.

한편으로 유릉의 장지 선정 문제가 바로 결정되지 못한 것은 당시 왕릉 조성에 대한 예제가 완전히 확립되지 못했음을 의미하기도 한다. 왕릉 조성 의례를 담은 의궤가 제대로 작성되지 못한 것도 한 원인이었을 것이고, 조선 후기에 산릉 관련 의궤가 체제를 갖추게 되는 것은 이러한 혼란 상황을 극복하기 위한 조처로도 이해가 된다. 선조는 유릉을 조성한 후 1책 63장으로 된 『의인왕후유릉산릉도감의궤』를 편찬하게 하였는데, 이 의궤는 산릉 조성에 관한 현존 최초의 의궤가 되었다.[85]

---

83 『선조실록』 1600년(선조 33) 7월 1일.
84 『선조실록』 1600년(선조 33) 7월 26일.
85 1600년의 의인왕후의 국장은 국장도감, 빈전혼전도감, 산릉도감의 세 도감에서 업무를 분장하여 치러졌고 장례가 끝난 후 세 도감에서는 의궤를 편찬했다. 그중 『국장도감의궤』는 없어지고 현재는 『의인왕후빈전혼전도감의궤』와 『의인왕후유릉산릉도감의궤』만이 남아 있다. 한영우, 『조선왕조 의궤』, 일지사, 2005, 47쪽 참조.

2 광해군~현종 시대의 왕릉 조성

1) 광해군 시대의 왕릉 조성

조선시대는 조선 전기, 조선 중기, 조선 후기의 3시기로 나누기도 하지만, 임진왜란을 기준으로 조선 전기와 조선 후기를 구분하는 2시기 구분론도 있다. 2시기 구분에 의거할 때 조선 후기의 시작이 되는 광해군(光海君) 시대에는 선왕인 선조 목릉의 조성 사업이 있었다.

선조 목릉(穆陵)의 조성

광해군이 즉위한 후 처음 한 일은 선왕인 선조(1552~1608, 재위 1567~1608)의 왕릉을 조성하는 일이었다. 1607년(선조 40) 여름에 이르러 왕의 병이 심해져 증세가 위독해졌다.[86] 그 이듬해인 1608년 2월 1일, 정릉동 행궁에 있던 선조는 미시(未時)에 찹쌀밥을 진어했는데, 갑자기 기(氣)가 막히는 병이 발생하여 위급한 상태가 되었다. 이때, 대신이 어의(御醫) 허준(許浚) 등을 데리고 들어가서 진찰을 하였으나, 선조의 기후(氣候)는 이미 어떻게 할 수 없는 상황이었다. 이에 대신들이 모두 울면서 나왔고, 조금 있다가 선조가 승하하였다.[87] 선조 나이 57세였고, 재위는 41년이었다.[88] 이에 왕세자 신분에 있었던 광해군은 즉위식을 올리고 왕이 되었고, 선조의 장례식과 왕릉 조성

86 鄭經世,『愚伏集』제19권 墓誌,「有明朝鮮國宣祖昭敬正倫立極盛德洪烈至誠大義格天熙運顯文毅武聖敬達孝大王穆陵誌」.

87 『광해군일기』 1608년(광해군 즉위년) 2월 1일.

88 鄭經世,『愚伏集』제19권 墓誌,「有明朝鮮國宣祖昭敬正倫立極盛德洪烈至誠大義格天熙運顯文毅武聖敬達孝大王穆陵誌」.

을 주관하게 되었다.

당시 생존해 있던 선조의 계비 인목왕후도 선조의 왕릉 조성에 깊이 관여하게 되었다. 2월 7일 대비전에서는 언서(諺書)로 "산릉을 간심(看審)할 일로 나아가려 한다고 하는데 기박한 운명의 사생(死生)이 아침저녁을 기약하기 어려우니, 대행 대왕(선조)의 원릉(園陵)을 가려서 정한 곳에다가 나의 장지(葬地)도 또한 아울러 정하라. 유교(遺敎)에도 이런 내용이 있었다"[89]는 비망기를 내렸다. 이것은 선조의 왕릉을 조성할 때, 후에 인목왕후의 무덤을 조성할 것을 함께 고려해야 한다는 점을 강조한 것이었다.

2월 9일, 총호사 허욱(許頊), 관상감 제조 김제남(金悌男), 예조 판서 박홍로(朴弘老) 등이 능을 조성할 건원릉 안의 제1·2·4강(岡: 언덕)과 오른쪽의 제5강을 살펴본 상황을 보고하면서 제5강이 가장 적합하다고 하였다. 제5강은 주산(主山)을 이룬 형세가 꾸불꾸불 멀리 뻗어 나가다가 갑자기 우뚝 치솟아 봉우리를 이루었으며, 낙혈(落穴)이 풍후하고 양쪽 곁이 널찍하고 명당(明堂)이 탁 트여서 보기에도 마음에 흡족하다는 이유에서였다.[90]

그런데 선조는 세상을 떠나기 전에 이미 건원릉의 제2강을 택정(擇定)해 둔 상태였다.[91] 첫 번째 왕비인 의인왕후의 상(喪) 때, 술관(術官)은 제5강이 길하다고 하였는데, 선조는 깊숙한 곳에다 자리를 잡으려고 하여 제2강을 쓰고 이곳을 택정해 놓았던 것이다. 이에 대왕대비는 "제5강이 제2강만 못하지 않아 조금도 흠결이 없으니, 모쪼록 한 등성이에 쌍분(雙墳)으로 할 곳을 얻어서 정하도록 하라" 하였다. 광해군은 "제2강은 대행 대왕께서 택정한 곳이니 성의(聖意)를 둔 데가 있는 것이다. 제5강은 선왕께서 모르는 곳인데 자교(慈敎)가 이와 같으니, 일이 중대한 데 관계되어 나도 조처할 바를 모

89 『광해군일기』 1608년(광해군 즉위년) 2월 7일.
90 『광해군일기』 1608년(광해군 즉위년) 2월 9일.
91 『선조실록』 1600년(선조 33) 11월 9일.

르겠다. 상세히 의논하여 아뢰라" 하고 명하였다.[92]

윤승훈(尹承勳)·이산해(李山海)·이원익(李元翼)·심희수(沈喜壽)·허욱·한응인(韓應寅) 등은 지리를 잘 모른다고 하기도 하고, 혹 형세를 보지 않았으므로 억측하여 결단하기가 어렵다고 대답하였다. 기자헌(奇自獻)은 조상의 묘와 가까운 곳에 장사를 지내면 재앙이 미치므로, 그곳에 장사 지내면 안 된다고 주장하였다.

일찍이 『청오경(靑烏經)』에 대해 들은 적이 있는데 바로 지리(地理)의 원조(元祖)입니다. 그 내용에 조상의 분묘 가까이에 장사를 지내면 그 재앙이 아손(兒孫)에게 미치게 된다는 말이 있는데, 반드시 이 논리를 공파(攻破)한 연후에야 건원릉 가까이에 점지한 곳을 쓸 수가 있습니다.[93]

광해군은 신하들에게 술관과 상의하여 결정하라고 분부하였다. 예조에서는 대신과 함께 술관들에게 상세히 문의하였다. 술관들은 『홍낭경(紅囊經)』의 변혹론(辨惑論)에 의거하여 선조(先祖)의 분묘에 핍근(逼近)하고 형역(塋域)을 굴파(掘破)한다는 것으로, '가까이에 장사 지낸다[葬近]'는 뜻을 해석하였다. 그러나 강부(岡阜)가 이미 달라서 해로울 것이 없다고도 하였다. 이에 예조에서는 제2강은 선조가 택정한 곳이지만, 가장(家長)의 이야기에 구속되고 거리끼는 것이 없지 않으니 쓰기가 미안하다는 뜻을 밝혔다. 그러면서 제5강은 형세가 좋을 뿐만 아니라 지가(地家)에서도 꺼리는 것이 없으니, 써도 무방할 것이라고 보고하였다.[94] 능호는 '숙릉(肅陵)'이라고 정하여 보고하

---

92 『광해군일기』 1608년(광해군 즉위년) 2월 14일.
   傳曰: "第二岡乃大行大王擇定者, 聖意有在. 第五岡先王所不知之地, 而慈敎如此, 事係重大, 予亦不知所爲. 其詳議以啓."
93 『광해군일기』 1608년(광해군 즉위년) 2월 14일.
94 『광해군일기』 1608년(광해군 즉위년) 2월 22일.

였다.[95] 선조의 무덤은 선조 생전에 유명이 있었음에도 불구하고 이미 정한 곳이 풍수지리적으로 불길하다 하여 많은 논란이 오갔다. 심지어 수원부에 무덤을 조성하자는 논의까지 있었다.

총호사 기자헌은 이순풍(李淳風)의 지리서(地理書)에 있는 오음산(五音山) 사자 생운(死者生運)의 상생 상극법(相生相克法)에 "금산(金山)에 목생인(木生人)을 장사 지내면 자손이 9년 안에 병을 얻어 죽게 된다"고 했다는 것을 언급하였다. 그러면서 산릉의 정혈(正穴)이 금방(金方)이고 선조의 본래 생명(生命)은 목(木)에 속하기 때문에, 다시 여러 술관들로 하여금 널리 의논하여 조처하게 하자고 주장하였다.[96] 예조에서는 다시 선조의 장지에 대해 대신들과 의논을 하였는데, 대신들은 술관들이 오음산 상극론(五音山相克論)에 관해 처음 듣는 바라고 했음을 이야기하였다.[97]

고민 끝에 수원부를 장지로 할 것을 결정하자,[98] 첨지(僉知) 최철견(崔鐵堅)은 선왕이 정한 장지를 고쳐서는 안 된다는 상소를 올렸다. 그는 건원릉의 곁은 선왕의 유명에 관계된 곳이므로 개복해서는 안 된다고 하였다. 광해군은 다시 대신들에게 의논하라고 하였다. 대신들은 풍수가의 이야기가 본디 성현의 도가 아닌 것인데 지금 이 술법은 유별나게 더 요망하고 허탄한 것이라고 하며, 최철견의 의논이 십분 사리에 맞다 하였다. 그러나 자꾸 이럴까 저럴까 방황하면서 시일을 지연시키는 것이 걱정되어 의논을 제기할 수 없다고 하였다.

이러한 논의를 들은 광해군은 "수원에 새로 점지한 자리는 비록 제일 좋은 자리라고는 하지만 도리(道里)가 먼 것 같을 뿐만이 아니라 산성(山城)을 헐어서 철거하고 민호(民戶)를 옮겨 내보내야 하니, 폐단이 또한 적지 않다.

---

95 『광해군일기』 1608년(광해군 즉위년) 2월 25일.
96 『광해군일기』 1608년(광해군 즉위년) 3월 15일.
97 『광해군일기』 1608년(광해군 즉위년) 3월 15일.
98 『광해군일기』 1608년(광해군 즉위년) 3월 29일.

따라서 건원릉 안의 제5강이나 임영대군(臨瀛大君)의 묘산(墓山) 가운데서 택정하여 사용하는 것이 어떨까 한다" 하고 대답하였다.

광해군의 말에 따라, 대신들이 이번에는 임영대군의 묘산과 건원릉 제5강을 놓고 장지를 고민했다. 대신들은 임영대군의 묘산은 면세가 좁아 능침으로 쓰기에는 합당하지 않다고 하며, 마땅히 고려하여 버리거나 취하거나 할 곳은 수원과 제5강뿐이라고 보고하였다.[99] 그리하여 선왕의 유명을 지키면서도 백성들에게 피해를 주지 않을 수 있는 건원릉의 제5강이 선조의 능지로 낙점되었다. 이처럼 선조의 무덤은 많은 논란 끝에 결정되었음을 볼 수 있는데, 이것은 이 시기에 풍수론이 강하게 대두된 것과도 깊은 관련이 있는 것으로 여겨진다. 총호사 기자헌이 풍수론을 적극 주장하여 선왕이 미리 지명한 장지를 옮기려 한 것이 대표적이다. 또한 수원부가 무덤터로 고려된 것을 보면, 수원 지역은 강을 건너야 하는 부담이 있는 지역임에도 불구하고 명당으로 인식된 것을 볼 수가 있다.

선조의 무덤이 건원릉의 제5강으로 결정된 후, 우의정 심희수, 당흥 부원군(唐興府院君) 홍진(洪進), 예조 판서 박홍로는 이곳을 둘러보고 와서, 산릉의 아름다움에 대해 아뢰었다.[100] 척수(尺數)에 맞추어 파 놓고 보니 더욱 토맥(土脈)이 희고 깨끗하여 마치 비계를 잘라 놓은 것처럼 보였다고 표현했으며, 습기가 없는 데다 또 거친 모래도 섞여 있지 않다고 전하였다. 간혹 흰 흙덩어리가 뭉친 곳이 있었는데, 손을 대면 부서져 좋은 밀가루 같으니 자못 방서(方書)에서 이른바 "좋은 분(粉)을 바른 섬세하고 반들반들한 살결"이란 것이라고 했다. 사면의 벽을 깎아 세워 놓자 오색이 찬란하여 비단 병풍을 두른 것 같았으며, 술사들이 일찍이 보지 못한 곳이라고 치하했다고 아뢰었다.

이제 선조의 왕릉을 조성하기 위한 장소의 물색은 여기에서 그쳤다. 그런

99 『광해군일기』 1608년(광해군 즉위년) 4월 1일.
100 『광해군일기』 1608년(광해군 즉위년) 4월 22일.

제2장 조선 중기의 왕릉 조성과 정치적 성격

데 건원릉의 제2강과 제5강 및 수원과 임영대군의 묘산 등 여러 차례 장지를 바꿔 가며 논의를 혼란스럽게 했던 중심에 기자헌이라는 인물이 있어 주목된다. 그는 건원릉의 제2강과 제5강이 물망에 올랐을 때, 조상의 묘와 가깝다는 이유와 오음산 상극론을 들어 그 계책을 각각 반대하였으며, 수원에 장지를 마련하자고 주장했기 때문이다. 그에 대해 사신은 다음과 같이 논하였다.

기자헌은 일의 옳고 그름과 백성들의 기쁨과 슬픔을 헤아리지 않은 채 처음에는 장지가 할아버지와 가깝다는 말을 주창하여 선왕께서 맨 처음 정했던 제2강을 쓰지 못하게 하였으며, 또 정종주(鄭宗周)를 사주하여 이른바 『구룡별집(龜龍別集)』을 만들어 내어 목릉(穆陵)으로 정한 큰 계책을 동요시키고자 하여 수원 객사의 뒷산을 길지라고 하니, 온 나라 인심이 분개할 뿐 아니라 수만의 주민들도 일시에 통곡하였다. 다행히도 최철견의 소장을 받아들이고, 여러 대신들의 의논을 따라 산릉을 끝내는 목릉으로 정하였지만, 기자헌의 죄를 이루 다 벌줄 수 있겠는가.[101]

기자헌은 선조의 첫 번째 왕비인 의인왕후의 상사에서도 일을 혼란스럽게 했던 전력이 있다. 의인왕후의 산릉을 포천(抱川) 땅으로 정해 산릉의 일이 절반쯤 지났는데, 기자헌이 박자우를 협박하여 상소토록 하여 유릉(裕陵)으로 옮겨 쓰게 했던 것이다. 이에 백성들은 그를 원망하여 살을 씹고자 한 지 오래였다고 사관은 기록하였다.[102] 즉 의인왕후에 이어 선조의 능을 조성할 때도, 그의 의견으로 인해 혼선을 빚었던 것이다.

이러한 복잡한 상황은 마무리되었고, 이제 선조의 능을 마련하는 일은

101 『광해군일기』 1608년(광해군 즉위년) 4월 22일.
102 『광해군일기』 1608년(광해군 즉위년) 4월 22일.

순조롭게 진행되었다. 처음에 '숙릉(肅陵)'으로 했던 능의 이름은 '목릉(穆陵)'으로 고쳐졌고,[103] 6월 11일 재궁(梓宮)이 발인하여 신시(申時)에 능소의 영악전(靈幄殿)에 도착하였다.[104] 다음 날 사시(巳時)에 재궁이 능에 오르고, 오시(午時)에 하관하였다. 이때 영의정 이원익이 봉하는 것을 감독하고, 집의 이경전은 봉하고 휘호를 적었다. 인정(人定)이 지난 뒤에 혼전(魂殿)으로 반우(返虞)하니, 광해군이 궁에 있다가 먼저 혼전에 나아가 제사를 지내고 그대로 머물렀다.[105] 6월 25일, 광해군은 시사복(視事服)을 입고 친히 졸곡제를 지냈다. 이때 백관은 공제복(公除服)을 입었으며, 서인들은 검은 옷을 입었다.[106] 그리고 6월 29일, 태묘와 영녕전의 신주를 옮겨 봉안하는 예를 마쳤다.[107]

선조의 왕릉을 조성한 때가 큰 전쟁을 겪은 뒤여서 그런지 왕릉 조성의 과정을 담은 의궤도 제작되지 않았다. 선조의 장례는 국장도감, 빈전혼전도감, 산릉도감이 업무를 분장하여 치렀을 것으로 보이나, 장례에 대한 보고서인 의궤는 『국장도감의궤』만 제작되었다. 이것만 보더라도 선조의 국장이 얼마나 불안한 정국 속에서 치러졌는지를 알 수 있다.[108]

능을 조성하는 작업에 참여할 장인을 구하기도 힘들었다. 선조의 능은 조성된 지 얼마 되지 않아, 여름 장마를 거치면서 무너진 곳이 속출하였다.[109] 좌의정 이항복 등은 목릉을 살피고 와서, 말라 버린 사초(莎草)의 상태와 담장 안팎에 물이 고인 이유를 파악하여 다음과 같이 아뢰었다.

---

103 『광해군일기』 1608년(광해군 즉위년) 5월 19일.
104 『광해군일기』 1608년(광해군 즉위년) 6월 11일.
105 『광해군일기』 1608년(광해군 즉위년) 6월 12일.
106 『광해군일기』 1608년(광해군 즉위년) 6월 25일.
107 『광해군일기』 1608년(광해군 즉위년) 6월 29일.
108 한영우, 『조선왕조 의궤』, 일지사, 2005, 52~53쪽. 그러나 『산릉도감의궤』가 제작되었는데, 현재 전하지 않을 가능성도 배제할 수 없다.
109 『광해군일기』 1608년(광해군 즉위년) 8월 17일.

목릉 중 선조릉

당초 담장을 쌓을 적에 담장 뒤의 지세가 아래쪽으로 기울어져 있는 데다 땅을 잘 다지지 않아서, 물이 담장 밑에 고이면서 저절로 담 뿌리를 파먹게 된 것입니다. 그리고 장대(墻臺) 안쪽인즉 연석(練石)으로 대를 쌓고, 외대(外臺)인즉 부스러진 돌을 섞어 쌓았으므로, 안과 밖의 견고성이 서로 달라서 물이 저절로 그처럼 스며들게 된 것입니다.[110]

위의 보고에서 알 수 있듯이, 선조의 목릉은 견고하게 지어지지 못했던 듯하다. 그래서 공역할 곳이 매우 많았기 때문에, 이항복 등은 동원되었던 50명보다 더 많은 군정을 충원해 줄 것과 공사 기한을 연기해 줄 것을 청하였다.

그러나 다음 해에 또다시 문제가 발생하였다. 능 위의 병풍석(屛風石) 등이 갈라지게 된 것이다. 광해군은 "산릉에 역사를 마친 지가 아직 1년도 되지 않았는데 능 위에 기울고 무너진 곳이 이처럼 심하고 많으니, 지극히 미안하다"[111]고 심정을 토로하였다. 그리고 서둘러 봉심(奉審)하고 수리할 것을

---

110 『광해군일기』 1608년(광해군 즉위년) 8월 18일.
111 『광해군일기』 1609년(광해군 1) 1월 21일.

예조에 분부하게 하였다. 광해군은 수리하는 일을 십분 자세하고 극진히 할 것을 강조하면서, 모든 미심쩍은 곳은 다 수리하여 조금도 미진한 염려가 없도록 하라고 명하였다. 이와 함께 광해군은 붕괴된 목릉의 역을 담당했던 관원 및 감독한 관원 등을 잡아다가 추고하는 등 엄하게 다스리도록 지시하였다.[112] 1609년 5월 선조의 목릉 수개가 완료된 후 광해군은 『목릉수개의 궤』를 편찬하였다. 이 의궤는 40장의 소략한 내용이며 현재 단 1건만이 남아 있다. 그러나 왕의 능에 관계된 의궤로는 현존하는 최초의 것이다.[113]

2) 인조 시대의 왕릉 조성

인조(仁祖) 시대 왕릉 조성의 주요 사례로는 생부인 정원군(定遠君)을 원종(元宗)으로 추숭하고 무덤은 장릉(章陵)으로 한 것과 선조의 목릉(穆陵)을 천릉한 것, 대비인 인목왕후의 목릉을 조성한 것을 들 수가 있다. 선조의 목릉을 천릉한 과정은 『선조목릉천봉도감의궤(宣祖穆陵遷奉都監儀軌)』로 제작하였다.

(1) 선조 목릉(穆陵)의 천릉

인조 시대인 1630년(인조 8) 선조의 목릉을 천릉하였다. 이때의 천릉 상황은 의궤의 기록으로도 남아 있는데, 목릉의 천릉에 대해서는 다음 절의 천릉 사례에서 자세히 살펴보기로 한다.

(2) 인목왕후 목릉(穆陵)의 조성

1632년 10월 대비로 있던 인목왕후가 승하하자, 인조는 인목왕후의 왕

---

112 『광해군일기』 1609년(광해군 1) 1월 23일; 『광해군일기』 1609년(광해군 1) 3월 7일.
113 왕비릉을 조성한 과정을 기록한 의궤로 현존하는 최초의 것은 선조의 왕비인 의인왕후의 유릉(裕陵)을 조성한 과정을 기록한 『의인왕후유릉산릉도감의궤』이다.

제2장 조선 중기의 왕릉 조성과 정치적 성격

릉 조성을 주관하였다. 선조의 계비인 인목왕후(仁穆王后, 1584~1632)는 본관은 연안(延安)이며, 1584년(선조 17) 연흥부원군(延興府院君) 김제남의 딸로 태어났다. 선조의 첫 번째 왕비인 의인왕후가 세상을 떠나자, 1602년(선조 35) 7월 13일 왕비로 책봉되었다. 인목왕후는 1606년(선조 39)에 선조의 유일한 적통인 영창대군(永昌大君)을 낳았다. 당시 실권자였던 유영경(柳永慶)은 세자의 자리에 있었던 광해군을 물러나게 하고, 적통론(嫡統論)에 입각하여 영창대군을 세자로 추대하려고 하였다. 그러나 선조가 급사하면서, 1608년 광해군이 왕위에 즉위하게 되었다. 그래서 유영경 일파는 몰락하고 대북정권이 들어서게 되었는데, 이들은 선조의 첫째 왕자인 임해군(臨海君)을 비롯하여 영창대군과 인목왕후의 아버지 김제남을 제거하였다. 그리고 인목왕후를 폐비하여 서궁(西宮)인 경운궁(慶運宮)에 유폐하였다. 이러한 패륜행위는 훗날 정변의 구실이 되어, 인조반정이 일어나는 주요 원인이 되었다. 반정 후, 인목왕후는 복호(復號)되어 대왕대비가 되었다. 이러한 그녀의 삶이 그녀의 졸기에 다음과 같이 잘 요약되어 있다.

대왕대비 김씨가 훙(薨)하였다. 왕후는 어려서 총명하였고 왕비가 되어서는 인자하고 검소하였는데, 선묘(宣廟)가 승하한 뒤로는 끝내 화려한 옷을 입지 않았다. 광해군이 패란(悖亂)하여 어머니로서 모시지 않고, 왕후의 부친 김제남을 무고하여 영창대군을 옹립하여 변란을 도모한다고 하면서 살육하여 후손이 없었다. 화가 영창대군에게 미치자, 왕후를 서궁에 유폐하고 폐모하려는 자가 많았다. 계해년에 이르러서 금상(今上)이 의를 세워 난을 평정하고 왕후를 모셔다가 복위시켰다. 왕후는 하교하여 광해군의 죄를 일일이 제시하며 폐위시키고 금상이 대통을 잇도록 명하였다.[114]

---

114 『인조실록』 1632년(인조 10) 6월 28일.

다시 대왕대비의 자리에 오르게 된 인목왕후를 인조는 성의를 다하여 봉양하였다. 인조는 인목왕후를 위해 진찬을 베풀어 주고 이를 의궤로 남기기도 했다.[115] 그러나 인목왕후는 10년이 채 지나기도 전에 병석에 누웠다. 이때, 인조는 잠자리에 들어도 옷을 벗지 않았고, 약을 달이면 반드시 직접 맛을 보곤 하였다.[116] 그리고 주야로 인목왕후를 간호하면서, 관원을 보내 종묘·사직·산천에 기도하게 하였다.[117]

1632년(인조 10) 6월 28일, 인목왕후는 49세를 일기로 인경궁(仁慶宮) 흠명전(欽明殿)에서 승하하였다. 인조는 내신과 예관을 불러 국상을 발표하였다. 모든 신하들은 오사모(烏紗帽)·오각대(烏角帶)·오색단령(玉色團領)을 착용하고 통곡하였다.[118] 인목왕후의 빈전(殯殿)을 경덕궁(慶德宮)으로 옮겨 모실 때, 유사(有司)가 작은 수레를 대령하자 인조는 예가 아니라고 하면서 타지 않고 걸어서 뒤따랐다.[119]

7월 4일, 수릉관(守陵官)의 추천으로 남두창(南斗昌)·조창서(曺昌緒)를 산릉(山陵) 참봉(參奉)으로 삼았고, 이자(李澍)·이광익(李光翼)을 혼전(魂殿) 참봉으로 삼았다.[120] 그리고 3일 뒤, 인목왕후의 시호를 의논하여 '인목(仁穆)'이라고 정하였다. 인을 베풀고 의를 행하는 것[施仁服義]을 '인(仁)'이라 하고, 덕을 펴고 의를 지키는 것[布德執義]을 '목(穆)'이라고 하여 이름한 것이었다. 이때, 능호는 혜릉(惠陵)이라고 하였다.[121] 그러나 8월 4일 국장도감에서 광릉의 예를

<hr>

115 1630년(인조 8) 3월 22일 인조는 인목왕후의 장수를 기원하는 뜻에서 풍정도감(豊呈都監)을 설치하고, 잔치를 베풀어 준 후 이를 『풍정도감의궤』로 남겼다.
116 『국조보감(國朝寶鑑)』 권35, 1632년(인조 10).
117 『인조실록』 1632년(인조 10) 6월 28일.
118 『인조실록』 1632년(인조 10) 6월 28일.
119 『국조보감』 권35, 1632년(인조 10).
120 『인조실록』 1632년(인조 10) 7월 4일.
121 『인조실록』 1632년(인조 10) 7월 7일.
  議大行大王大妃諡號. 命招大臣及政府, 六曹參判以上, 館閣堂上, 會議諡號, 陵號, 殿號, 定諡曰仁穆, 施仁服義曰仁, 布德執義曰穆. 陵號曰惠, 殿號曰孝思, 魂殿也.

들어 능호를 고치자고 건의하였다. 국장도감에서는 "조종조의 옛날 전례를 삼가 상고해 보건대, 정희왕후릉은 대왕릉과 구릉이 다른데도 통틀어 광릉(光陵)이라고 부르기 때문에 김종직(金宗直)이 지은 정희왕후 애책(哀冊) 중에도 광릉이라고 부릅니다. 이번 대행 왕의 능이 이미 목릉 영역 안에 있어서 삼릉(三陵)을 통틀어 목릉이라고 부르고 정자각도 앞으로 합쳐서 설립하려고 한다면, 혜릉(惠陵)의 칭호를 마땅히 애책 중에 그대로 두지 않아야 하니, 혜릉 두 글자를 고치는 것이 당연합니다" 하자, 인조가 이를 따랐다.[122] 이 기록에서 보듯이 인목왕후의 능은 처음 혜릉이라 했다가 목릉으로 고쳤음을 알 수가 있다.

인목왕후의 목릉을 조성한 과정을 기록한 의궤도 현재 규장각한국학연구원에 소장되어 있다.[123] 의궤의 기록은 7월 7일 산릉도감에서 산릉 조성을 위한 계를 올린 것에서 시작한다.[124]

인목왕후의 능은 건원릉 안 다섯 번째 산등성이에 정해졌다.[125] 당초에 관상감 제조 장유(張維), 예조 참판 윤흔(尹昕) 등이 여러 술관(術官)과 더불어 건원릉의 산등성이들을 살펴보고 왔다. 그들은 본릉 좌우에 각각 다섯 개의 산등성이가 있는데, 왼쪽 두 번째 산등성이는 목릉(穆陵)이고 세 번째 산등성이는 유릉(裕陵)이라 하였다. 그리고 첫 번째 산등성이 및 다섯 번째 산등성이가 쓸 만한데, 첫 번째 것이 다섯 번째 것보다 낫다고 보고하며 각각의 산등성이를 별단자(別單子)에 써서 올렸다. 이에 인조는 능을 첫 번째 산등성

---

122 『인조실록』 1632년(인조 10) 8월 14일.
123 인목왕후의 장례를 치르고 나서 국장도감, 산릉도감, 빈전도감에서는 각각 『국장도감의궤』, 『산릉도감의궤』, 『빈전혼전도감의궤』를 편찬하였다. 『산릉도감의궤』의 앞에는 산릉에 조성한 건물과 기물을 설명한 채색도가 들어 있다.
124 『인목왕후산릉도감의궤』〈규13157〉.
　七月初七日 都監啓曰山陵需用雜物一依各項謄錄別單書啓矣 其中石役最爲浩大故自前陵所未定前預送 當該郎廳監造官急時起役 而若待該曹分定各道鐵物上來後打造則前頭日晷漸短事甚可慮別單啓下之 後令該曹査考容入鐵物或借用於京中各衙門所儲處數三日內爲先輸送 至於役軍 … 啓 傳曰依啓.
125 『인조실록』 1632년(인조 10) 7월 10일.

이에다 정하라 명하였다.

그런데 예조 판서 최명길(崔鳴吉)이 이의를 제기하였다. 최명길은 첫 번째 와 다섯 번째 산등성이가 낫고 못함이 없는데, 특별히 첫 번째 산등성이에 정한 것은 필시 목릉에 더욱 가까워 신령이 편안하게 여기리라 생각해서일 것이라고 이해했다. 그러나 첫 번째 산등성이는 시조의 능침인 건원릉과 가 까워 문제가 될 수 있다고 주장하였다.

고려조(高麗朝)의 시조 현릉(顯陵)이 다른 곳에 있는데, 후대 임금의 장사를 가까이 모시지 못하게 하였습니다. 이는 대개 시조의 장사한 땅은 복기(福 氣)가 모인 곳이어서 자손이 이로 인해서 음덕을 받는 것으로, 한 번 파손 하면 산 기운이 새어 복력(福力)이 감하므로 조선(祖先)의 분묘 가까이에 장 사하는 것을 금한 것입니다. 국초에 이 산지를 정한 뒤에, 술객(術客)들이 말하기를, '건원릉은 곳곳이 명당(明堂)이라'고 하였는데도, 200년간 열성 중에서 장사한 것은 현릉(顯陵)뿐이고 그것도 도국(圖局) 밖에 보이지 않는 곳에 있사오니, 그것이 어찌 시조의 능침에 근신을 지극히 하는 연유에서 나온 것이 아니겠습니까. 선조(宣祖)께서 첫째 등성이를 두고, 셋째 등성이 를 썼으니, 풍수가에서 금기하는 것을 살피지 않을 수 없습니다.[126]

또한, 최명길은 영침(靈寢)과 지척의 땅에서 돌을 끌어오고 흙을 쌓느라 달을 넘도록 시끄럽게 하는 것이 신도(神道)에 대하여 대단히 미안스러운 일 임을 상기시켰다. 인도(人道)는 왼쪽을 숭상하고 신도는 오른쪽을 숭상하기 때문에, 유릉을 잡아 장사 지낼 때에 선조가 첫 번째의 산등성이를 놔두고 세 번째 산등성이를 이용한 것은 위차(位次)가 순조로움을 취한 것이라고 덧

---

126 이긍익, 『연려실기술』 별집 권2, 사전전고(祀典典故), 산릉(山陵).

목릉의 선조릉(좌)과 의인왕후릉(우)

붙여 설명하였다.[127] 그러면서 다섯 번째 산등성이는 유릉 왼쪽에 있고 목릉에 있어서도 그다지 멀지 아니하여 위차도 순조로움을 이야기하였다. 인조는 지금 다시 생각해 보니 위차가 순조롭지 못하다고 답하며, 대신들에게 의논하여 처리하라고 하였다. 이에 총호사 이정귀(李廷龜)가 가서 다섯 번째 산등성이를 살펴보고는 형국이 몹시 아름답다고 하여 마침내 그 자리로 정하였다.

이어 총호사 이정귀는 정자각의 위치에 대해서 의문을 제기하였다. 기존 목릉의 정자각을 수십 보(步) 정도 뒤로 물려 삼릉(三陵)의 중간 장소에 합쳐 설치할지에 관한 것이었다. 그렇게 하면 편리는 하겠으나, 이미 지어진 정자각을 철거하여 옮기는 것은 매우 중대한 일이었기 때문에 마음대로 결정할 수 없는 노릇이었다. 대신들은 "동일한 산 안에 정자각을 결코 각각 설치할 수 없습니다. 일찍이 왕후릉을 먼저 정하고 대왕릉을 뒤에 정한 경우에는

---

127 『인조실록』 1632년(인조 10) 7월 10일.

정자각을 대왕릉 앞으로 옮겨 세우거나 혹은 지형을 따라서 두 능의 사이에 합쳐 설치하기도 했으며, 대왕릉을 먼저 정한 경우에는 정자각을 그대로 대왕릉 앞에다 두었다고 합니다"라고 아뢰며, 정자각을 마땅히 옛날대로 두어야 한다고 하였다.[128] 따라서 인목왕후릉의 신로(神路)를 이설하여, 옛 정자각에 접속하는 것으로 정자각의 위치 문제를 마무리하였다.

한편, 국장도감에서는 인목왕후릉의 칭호를 고칠 것을 청하였다. '혜릉'이라 칭한 인목왕후의 능을 선조와 의인왕후의 능과 함께 '목릉'이라고 칭해야 한다는 것이었다. 국장도감에서는 정희왕후의 능이 세조의 능과 구릉이 다른데도 통틀어 '광릉(光陵)'이라고 부른 전례를 상고하여 예로 들었다.[129] 그리하여 삼릉(三陵)을 통틀어 목릉이라고 부르게 되었다.

(3) 원종과 인헌왕후 장릉(章陵)의 조성

인조 시대의 왕릉 조성에서 주목되는 것 중의 하나는 인조의 생부인 정원군(定遠君)을 원종(元宗)으로 추숭한 후, 원종의 무덤인 장릉(章陵)을 조성한 것이다. 장릉의 조성은 원종 추숭 문제의 결과물에 해당하는 것으로 인조가 생부의 추숭을 통해 왕권의 정통성을 강화했음을 알 수가 있다. 1632년(인조 10) 인조는 생부를 원종으로 추숭하는 한편 생모 역시 인헌왕후(仁獻王后)로 추숭하고 무덤을 장릉(章陵)이라 하였다.[130]

원종으로 추숭된 정원군(1580~1619)은 선조의 다섯 번째 아들로, 어머니는 감찰(監察) 김한우(金漢佑)의 딸 인빈(仁嬪) 김씨였다. 1580년(선조 13) 6월

---

128 『인조실록』 1632년(인조 10) 7월 13일.
129 『인조실록』 1632년(인조 10) 8월 14일.
130 『인조실록』 1632년(인조 10) 3월 1일.
　　대신 및 2품 이상이 빈청(賓廳)에 모여 대원군(大院君)의 시호를 '경덕인헌정목장효(敬德仁憲靖穆章孝)'라 하고, 대원부인(大院夫人)의 호를 '경의정정인헌(敬懿貞靖仁獻)'이라 하고, 흥경원(興慶園)을 장릉(章陵)으로 고쳤다.

22일 경복궁의 별전(別殿)에서 태어났으며,[131] 이름은 부(琈)이다. 1587년(선조 20) 정원군에 봉해졌다. 11세의 나이로 좌찬성 구사맹(具思孟)의 딸과 가례를 올렸는데,[132] 슬하에는 능양군(綾陽君, 훗날 인조) 및 능원군(綾原君)·능창군(綾昌君)이 있었다. 임진왜란 때 부왕 선조의 곁을 떠나지 않고 전쟁이 끝날 때까지 옆에서 모셨으며, 그 공로로 1604년(선조 37) 호성공신(扈聖功臣) 2등에 봉해져[133] 충근정량효절협책호성공신(忠勤貞亮效節協策扈聖功臣)이란 호(號)를 받았다.[134]

1615년(광해군 7) 윤8월에 소명국(蘇鳴國)의 무고로 '신경희(申景禧)의 옥사(獄事)'가 발생했다.[135] 신경희는 당시 황해도 수안군수(遂安郡守)로 있었는데, 그가 양시우(楊時遇)·소문진(蘇文震)·김정익(金廷益) 등과 함께 모반을 꾀하여 정원군의 셋째 아들 능창군을 추대하려 했다고 하여 옥사가 일어난 것이다. 이에 광해군이 정원군을 집에서 쫓아내고 그 집을 고쳐 경덕궁(慶德宮)을 지었다. 정원군은 매우 비좁은 집에서 우거하며 죄수복을 입고 모함이 밝혀지길 기다렸으나 능창군은 끝내 구금되고 말았으며, 체포된 이들은 매우 참혹한 고문을 당하였다. 그러나 공초(供招)에서 모두 이구동성으로 원통한 정상을 말하여 옥사가 마침내 이루어지지 않았다. 그러자 죄안을 꾸며 만들어 능창군을 교동(喬洞)에 위리안치(圍籬安置)했다가 죽이고 말았다.[136] 정원군은 이때부터 비통한 나머지 병이 들어 자리에 누웠고,[137] 늘 "간흉(奸凶)이 정권을 농락하니, 나라가 장차 전복될 지경이다. 나는 해가 뜨면 비로소 간밤에 별일이 없었음을 알고 해가 지면 비로소 오늘을 잘 넘겼음을 아니, 그저 어

131 이긍익, 『연려실기술』 권22, 원종 고사본말(元宗故事本末), 원종.
132 申欽, 『象村集』 제28권 「仁嬪金氏神道碑銘」.
133 『선조실록』 1604년(선조 37) 6월 25일.
134 이정귀, 『月沙集』 제48권 「定遠大院君興慶園誌銘」.
135 이긍익, 『연려실기술』 권21, 폐주광해군 고사본말(廢主光海君故事本末), 申景禧의 옥사와 綾昌君 참조.
136 이정귀, 『月沙集』 제48권 「定遠大院君興慶園誌銘」.
137 李植, 『澤堂集』 제8권 「定遠大院君行狀」.

서 죽어서 지하에서 선왕(先王)을 모실 수 있기를 바랄 뿐이다"[138]라고 말하였다고 한다.

1619년(광해군 11) 겨울에 정원군은 병세가 더욱 악화된 나머지 12월 29일에 회현방(會賢坊)의 우사(寓舍)에서 숨을 거두었다.[139] 이때 정원군의 나이는 겨우 40세였다. 광해군은 중관(中官)을 보내 조객(弔客)을 기찰(譏察)하고, 또 장기(葬期)를 재촉하였다. 이 때문에 편안한 마음으로 장지가 될 산을 고르지 못하였다. 그래서 일가가 몹시 근심하고 두려워하여 인빈(仁嬪)의 묘소 곁에 부장하고자 하였으나, 참언이 두려워 감히 그렇게 하지 못하였다.[140] 이에 양주(楊州) 곡촌리(谷村里)에 임시로 매장하였다.[141]

정원군의 부인은 본관이 능성(綾城)이며, 좌찬성 구사맹의 딸이다. 1578년(선조 11) 4월 17일에 태어나 1590년(선조 23) 정원군과 가례를 올리고 연주군부인(連珠郡夫人)에 봉해졌다. 1623년 정원군과 구씨의 맏아들 능양군(인조)이 반정으로 왕위에 오르면서, 함께 궐내에 들어갔다. 인조는 어머니를 이현궁[梨峴宮: 광해군의 잠저(潛邸)]에 옮기어 모시고 그 궁호(宮號)를 계운궁(啓運宮)이라 한 뒤, 공상(供上)하는 물선(物膳)을 일체 왕비전(王妃殿)의 예에 따라 하도록 하였다.[142] 이때, 인조는 선조 때의 덕흥대원군(德興大院君, 선조의 생부)의 예에 따라, 아버지를 대원군(大院君)으로 어머니를 부부인(府夫人)으로 높였다.

인조의 어머니 계운궁은 1626년(인조 4) 1월 14일 경희궁(慶熙宮) 회상전(會祥殿)에서 춘추 49세로 세상을 떠났다.[143] 계운궁의 초상 시 인조의 상복을 의논하는 데에 조정이 통일되지 못하였다. 시마복(緦麻服: 석 달 동안 입는 상복)

138 이정귀, 『月沙集』 제48권 「定遠大院君興慶園誌銘」.
139 이긍익, 『연려실기술』 권22, 원종 고사본말, 원종.
140 이정귀, 『月沙集』 제48권 「定遠大院君興慶園誌銘」.
141 『광해군일기』 1619년(광해군 11) 12월 29일.
142 李裕元, 『林下筆記』 제14권 「文獻指掌編」 元宗 祔廟.
143 이긍익, 『연려실기술』 권22, 원종 고사본말, 원종; 『인조실록』 1626년(인조 4) 1월 14일.

을 입어야 한다는 주장과 함께 기년복·삼년복을 입어야 한다는 의견들도 나왔다. 이에 인조는 장기(杖朞: 지팡이를 짚고 1년 동안 상복을 입음)로 결정하였다.[144] 그해 5월 18일, 계운궁의 상(喪)을 김포현(金浦縣)의 뒷산에 장사했다. 이것이 바로 육경원(毓慶園)이다.[145] 인조는 장례를 지낼 즈음에 군신(群臣)들에게 "내가 집안의 다난(多難)을 만나 선친의 상(喪) 때 창졸간이라 외가의 산에 안장하였으니, 오래 두려고 생각했던 것은 아니었다. 이제 새 묘소에 함께 안장해야 할 것이니, 유사(有司)로 하여금 이장(移葬)의 의절을 미리 강구하게 하라"[146]고 전교를 내렸다.

인조는 아버지 정원대원군을 양주에 임시로 매장했던 것이 마음에 편치 않았던 것이다. 인조는 먼저 유신(儒臣)에게 명하여 한(漢)나라 도원(悼園)의 고사를 상고하여 그에 따라 묘(墓)를 원(園)으로 개칭하게 하였다. 그래서 정원군의 묘는 흥경원(興慶園)으로 승격되었다.[147] 그리고 1627년(인조 5) 8월 27일 인조는 격상된 흥경원을 양주에서 파서 육경원의 오른편으로 천장했다.[148] 이때, 육경원과 흥경원은 같은 언덕에 있었으나 혈(穴)은 달랐고,[149] 합해서 흥경원이라 일컬었다.[150] 인조는 흥경원의 천장을 무사히 마친 기념으로, 천장 때 공이 있던 신하들에게 시상하였다.[151]

이후, 정원대원군과 계운궁을 왕과 왕비로 추숭하는 논의가 활발하게 진행되었다.[152] 이 추숭에 반대 의견을 낸 사람으로는 병조 참판 최명길이 대표

---

144 張顯光, 『旅軒集』 제4권 雜著 「丙寅喪禮說」.
145 이긍익, 『연려실기술』 권22, 원종 고사본말, 원종인헌왕후추숭(元宗仁憲王后追崇).
146 이정귀, 『月沙集』 제48권 「定遠大院君興慶園誌銘」.
147 『인조실록』 1626년(인조 4) 8월 5일.
148 『인조실록』 1627년(인조 5) 8월 27일.
149 이긍익, 『연려실기술』 권22, 원종 고사본말, 원종인헌왕후추숭.
150 이긍익, 『연려실기술』 권22, 원종 고사본말, 원종.
151 『인조실록』 1627년(인조 5) 9월 16일.
152 이 논의에 대해서는 이영춘, 「仁祖의 宗統과 元宗追崇」, 『조선후기 왕위계승 연구』, 집문당, 1998, 145~178쪽이 참고가 된다.

적이다. 그는 "대개 왕으로 추봉하는 예는 주공(周公)에게서 시작된 것으로, 순임금이 고수(瞽瞍)에 대해서나 우임금이 곤(鯀)에 대해서나 탕임금이 계(癸)에 대해서 모두 왕호가 없었습니다. 전하께서 어버이를 높임에 있어서는 순임금·우임금·탕임금과 같이 하면 되는 것입니다. 어찌 사치스럽게 꾸미겠습니까"[153]라고 말했다. 고대의 성군(聖君)이었던 순·우·탕왕도 부모를 추숭하지 않았으므로, 이 전례를 따르자는 것이다. 양능군(陽陵君) 허적(許嫡)은 잇달아 상소를 올려서 정원대원군의 추숭을 청하였다. 이에 삼사에서 괴망(怪妄)하다고 배척하여 허적을 삭탈관직하고 문외출송(門外黜送)하라고 계청하였으나, 인조는 윤허하지 않았다.[154] 인조는 부모를 추숭하고 싶어 했던 것이다.

마침내 1630년(인조 8) 인조는 "만약 횡의(橫議)에 구애를 받아서 이를 끊어 버리지 못한다면, 이는 장차 아버지를 잊어버리고 할아버지를 일컫는 잘못을 범하게 될 것이다" 하고는, 즉시 유사에게 명하여 추숭에 대한 예법의 절차를 밟도록 하였다.[155] 이에 따라 1632년(인조 10) 정원대원군의 시호를 '경덕인헌정목장효(敬德仁憲靖穆章孝)'라 하고, 계운궁의 호를 '경의정정인헌(敬懿貞靖仁獻)'이라 하였으며, 흥경원을 장릉(章陵)이라 고쳤다.[156] 그리고 별도로 사당을 설립하였다.[157] 이어서 상설제도가 원제(園制)임을 미안하게 여겨, 왕릉제(王陵制)로 석물들을 바꾸었다. 이상의 내용을 일목요연하게 보여 주는 『신증동국여지승람』의 기록이 있다.

장릉(章陵) 성산(城山)의 양지 쪽에 있는데, 원종(元宗)대왕의 능이다. 기일

---

153 『인조실록』 1628년(인조 6) 3월 8일.
154 趙慶男, 『續雜錄』 3, 1629년(인조 7) 5월 26일.
155 이정귀, 『月沙集』 제48권 「定遠大院君興慶園誌銘」.
156 『인조실록』 1632년(인조 10) 3월 11일.
157 李裕元, 『林下筆記』 제14권 「文獻指掌編」 元宗 祔廟.

은 12월 29일이고, 인헌왕후(仁獻王后) 구씨(具氏)의 기일도 바로 이어 정월 14일이다. 영참봉(令參奉)이 각각 한 사람씩이다. 처음에는 양주(楊州) 군장리(群場里)에 장사하였는데, 인조가 즉위하여 홍경원(興慶園)이라 명칭하였고, 5년에 이곳으로 옮기고, 10년에 추숭(追崇)하여 장릉(章陵)이 되었다.[158]

(4) 인열왕후 장릉(長陵)의 조성

인조의 첫 번째 왕비인 인열왕후(仁烈王后)가, 1635년(인조 13) 남편인 인조에 앞서 승하하였다. 인열왕후 한씨는 본관이 청주(淸州)이고, 서평부원군(西平府院君) 한준겸(韓浚謙)의 딸이다. 그녀는 1594년(선조 27) 7월 1일 강원도 원주에서 태어나, 1610년(광해군 2) 능양군(인조)과 가례를 올리고 청성현부인(淸城顯夫人)에 봉해졌으며, 인조가 즉위하면서 왕비로 책봉되었다. 소생으로는 소현세자·효종·인평대군·용성대군이 있다.

인열왕후는 1635년 12월 9일 창경궁 여휘당(麗暉堂) 산실청(産室廳)에서 승하했다. 용성대군을 낳은 지 7일도 채 못 되어 갑자기 세상을 떠난 것이다. 후에 봉보부인(奉保夫人) 응옥(應玉)을 강령(康翎)으로 유배 보낼 때, "대군이 처음 태어났을 때 보호를 잘하지 못하여 끝내 죽게 하였고, 이로 인해 대행 왕비가 놀라 죽기에 이르렀기 때문에 이 명이 있었다"[159]고 죄목을 든 것으로 보아, 인열왕후는 출산 직후 용성대군이 죽은 것에 대한 충격과 산후병으로 인해 죽음을 맞이한 것으로 파악된다. 사헌부에서는 인열왕후의 옥체가 건강하였는데 갑자기 돌아가신 것에 대해 인열왕후를 간호했던 의관들을 문초하게 하였다.[160]

인조는 대신과 예관을 불러 각사로 하여금 염습(斂襲)할 여러 도구를 준비

---

158 『신증동국여지승람』 제10권 「경기」 – 김포현(金浦縣).
159 『인조실록』 1635년(인조 13) 12월 27일.
160 『인조실록』 1635년(인조 13) 12월 10일.

케 할 것을 하교하였다. 염습한 뒤 전(奠)을 드리고, 백관이 봉위례(奉慰禮)를 거행하였으며, 홍보(洪靌)를 수릉관(守陵官)으로 삼았다.[161] 그리고 예조에서 중전에 대한 상례를 아뢰니, 인조는 그대로 시행케 하였다.[162] 인열왕후의 시호는 '인열(仁烈)'이라 하였는데, 인을 베풀고 의를 따르는 것[施仁服義]을 '인(仁)'이라 하고 공로가 있고 백성을 편안하게 하는 것[有功安民]을 '열(烈)'이라 하여 붙여진 것이었다. 애초에 인조가 '명헌(明憲)'을 왕후의 시호로 하고자 하여 대신에게 물었는데, 대사헌 김상헌이 시호를 짓는 것은 담당 관원의 일이므로 군주의 의향대로 해서는 안 된다고 하여 '인열'로 지은 것이다.[163] 이때, 능호는 '장릉(長陵)'으로 정했다.

1636년(인조 14) 2월 9일에 영상 윤방, 우상 홍서봉은 여러 지관(地官)들과 산릉으로 쓰기에 합당한 땅을 상의했는데, 모두 파주(坡州) 지방의 산이 제일이라고 하여 그곳으로 정했다. 파주의 산은 바로 고(故) 부윤 이유징(李幼澄)의 묘가 있는 산이었는데, 지관 이간(李衎)이 앞장서서 의논하여 합당하다고 주장하였다. 뒤에 이간에게는 통정(通政)을 상가(賞加)하였다.[164] 총호사 홍서봉 등이 파주의 산릉에 가서 묘좌 유향(卯坐酉向)으로 혈(穴)을 정하고,[165] 그 구역 안에 있던 고총(古塚) 756개소를 옮겼다.[166]

그런데 『연려실기술』에는 장릉(長陵)의 자리가 불길함에 대해 기록하고 있다. 특히, 조익(趙翼)의 상소에서는 이간을 부정적인 인물로 그리고 있는데, 이간이 묘지를 잡아 준 자들이 모두 낭패를 당했기 때문이었다. 그 내용은 다음과 같다.

---

161 『인조실록』 1635년(인조 13) 12월 9일.
162 『인조실록』 1635년(인조 13) 12월 10일.
163 『인조실록』 1635년(인조 13) 12월 17일.
164 『인조실록』 1636년(인조 14) 2월 9일.
165 『인조실록』 1636년(인조 14) 2월 13일.
166 『인조실록』 1636년(인조 14) 2월 19일.

인열왕후를 장릉(長陵)에 장사 지내자 어떤 이는 택조(宅兆)가 불길하다 하였다. 대행 대왕을 장사 지낼 때에 이르러 장차 그 자리를 잡으려 하였는데, 조익(趙翼)이 소를 올려 아뢰기를, "전일 장릉을 정할 때에 신이 들으니, 이간(李衎)이 그 자리를 주장했다고 합니다. 그때 다른 지관(地官)은 감히 이의가 없었고, 오직 김백련(金百鍊)이란 자가 그곳이 불길하다고 힘써 말하다가 여러 지관들의 배척을 받았다 합니다. 그 후에 듣자오니 지술(地術)을 하는 자가 역시 그곳에 흠이 있다고 말하는 자가 많습니다. 또 구봉서가 제 아버지를 장사 지낼 때에 이간이 묘지를 잡아 주었는데, 그 후 10여 년에 봉서의 부자가 모두 죽어서 후사가 없는 집이 되었습니다. 그리고 다른 사대부의 집도 이간의 지술을 채용한 사람은 패를 당함이 역시 많았다 합니다. 이것으로 본다면 이간의 지술은 전혀 자세히 알 수 없습니다. 그런데 이제 인산을 당하여 장릉에 묘지를 정하는 것을 신은 지극히 민망하고 답답하게 여기나이다" 하였다.[167]

4월 8일에는 인열왕후의 발인을 앞두고 민간에서 "발인하는 날에 서울에 변이 있을 것이다"라는 와언이 떠돌았다. 그래서 이날 저녁에 성안의 사람들이 일시에 대문을 닫고 몸을 숨겼으며, 재상들의 집에서는 세간살이를 옮기는 일이 벌어지기도 했다.[168] 다음 날, 4경 3점(點)에 대여(大輿)가 대궐을 나와 유시(酉時)에 능소(陵所)에 도착했는데, 여사(輿士) 및 각종 차비군(差備軍)이 6,770명이었다.[169] 4월 11일에는 현궁(玄宮)을 내리자, 정원과 옥당의 6품 이상과 육조가 문안례(問安禮)를 행하였다.[170] 다음 날에는 반곡(返哭)하

---

167 이긍익, 『연려실기술』 권27, 인조조 고사본말, 장릉(長陵).
168 『인조실록』 1636년(인조 14) 4월 8일.
169 『인조실록』 1636년(인조 14) 4월 9일.
170 『인조실록』 1636년(인조 14) 4월 11일.

고 안신제(安神祭)를 행하였다.[171]

3) 효종 시대의 왕릉 조성

효종(孝宗) 대에는 선왕인 인조의 장릉(長陵)을 조성하였다. 어머니 인열왕
후가 인조 대에 사망하여 이미 파주에 장릉을 조성하였기 때문에, 효종은
이곳에 선왕인 인조의 왕릉을 조성했다. 조익 등의 반대가 있었으나, 효종은
선왕이 택정한 곳이라는 점을 강조하면서 왕릉 조성을 주관하였다.

인조 장릉(長陵)의 조성

인조(1595~1649, 재위 1623~1649)가 1649년 5월 8일 창덕궁 대조전 동침
(東寢)에서 승하하였다.[172] 미시(未時)에 인조의 병이 위독하여 의관들이 약을
받들고 달려 들어갔으나, 증후가 위독하다고 하였다. 세자가 월랑(月廊)에 자
주 나와 어의에게 인조의 증후를 말하면, 죽력(竹瀝)·청심원(淸心圓) 등의 약
을 바쳤다. 점차 증세가 악화되자, 세자는 경덕궁(慶德宮)에 계신 중전을 서
둘러 모셔 오도록 했다. 중전이 경덕궁에서 돈화문(敦化門)을 거쳐 협양문(協
陽門)으로 들어와 대내(大內)에 들어올 때에 인조가 승하하였는데, 일관(日官)
이 막 유시(酉時)를 알린 때였다.

대신이 내시를 시켜 대행 왕의 침상을 옮겨 머리를 동쪽으로 할 것을 청
하고, 이어서 고운 솜을 입과 코에 대어 숨의 유무를 알아보는 속광(屬纊)을
행하였다. 속광이 끝나고 내시 두 사람이 전(殿) 지붕 위에 올라가 "상위복(上
位復)"이라고 세 번 부르니 대신 이하가 곡하고 나왔다. 이후, 함릉군(咸陵君)
이해(李澥)를 수릉관(守陵官)으로, 금림군(錦林君) 이개윤(李凱胤)을 대전관(大奠

171 『인조실록』 1636년(인조 14) 4월 12일.
172 『인조실록』 1649년(인조 27) 5월 8일.

官)으로, 이경석(李景奭)을 총호사(摠護使)로 삼았다. 세자의 명령으로 구인전
(具仁墿)과 정선흥(鄭善興)을 불러 대내에 들어와 상사(喪事)를 돌보게 하였는
데, 두 사람은 다 내척(內戚)이었다.[173] 닷새가 지난 5월 12일에 의례(儀禮)대
로 대렴(大殮)을 하였고, 엿새가 지난 13일에는 성복(成服)을 하였으며, 세자
가 인정문(仁政門)에서 즉위하고 뭇 신하를 거느리고 '인조(仁祖)'라는 묘호를
올렸다.

왕으로 즉위한 효종은 아버지 인조의 상을 주관하게 되었다. 효종은 인조
의 능호를 인열왕후의 능 이름을 그대로 따라 장릉(長陵)이라 하였다.[174] 효종
은 인조가 재위 시에 자신의 능지로 택정해 두었던 곳이자 인열왕후가 묻혀
있는 파주 장릉의 자리에 인조의 능을 조성하고자 하였다. 그러나 대사헌
조익은 차자를 올려 장릉이 좋지 않음을 건의하였다. 조익은 "당초 장릉을
의논해 결정한 것은 지사 이간이 주장하였습니다. 그러나 지사 김백련은 그
곳이 좋지 않다고 강력하게 말하고, 또 듣건대 그 뒤에 그곳이 좋지 않다고
말하는 술사들이 많다고 합니다. 지금 만약 길흉도 분간되지 않고 의혹도
풀리지 않았는데 그대로 그 자리에 능을 모신다면 무궁한 후회가 있을까 염
려됩니다. 술사들을 모아 다시 살펴보고 각각 소견을 진술하게 하면 그 길
흉을 판정할 수 있을 것입니다"[175]라고 하면서, 당초 지사 이간의 주장에 의
해 장릉으로 결정하였는데, 지사 김백련을 비롯하여 그곳을 좋지 않다 여기
는 술사들이 많다는 점을 거론하였다.

이에 대해 총호사 이경석은 당초 장릉을 정할 때, 김백련이 다른 술사들
보다 그 자리가 좋다고 심히 칭찬했는데 지금 김백련이 죽고 나자 와전에
와전이 거듭된 것이라고 반격하였다.[176] 아울러 인조가 널리 여러 사람들의

173 『인조실록』 1649년(인조 27) 5월 8일.
174 『효종실록』 1649년(효종 즉위년) 5월 15일.
175 『효종실록』 1649년(효종 즉위년) 5월 18일.
176 『효종실록』 1649년(효종 즉위년) 5월 18일.

의논을 보아서 사후(死後)에 묻힐 자리로 삼은 곳이니, 길지(吉地)로서 이만한 자리가 없음을 강조하였다. 이에 대해 효종은 다음과 같이 답하였다.

산릉은 바로 선조(先朝)에서 정하신 바로서 이미 사후에 묻히시겠다는 말씀을 남기셨다. 더구나 자손이 번성하고 조금도 해로운 것이 없다. 다만 다시 술사에게 묻기로 한 것은 조금이라도 미진한 곳이 있으면 인력(人力)으로 보강하여 미진한 염려가 없게 하려는 것일 뿐이다. 비록 널리 묻는다 해도 다른 곳으로 자리를 옮기어 정하는 것은 결단코 할 수 없다.[177]

효종은 아버지 인조가 정한 장릉의 자리를 바꾸지 않으려는 확고한 의지를 보였다. 그리하여 이를 반대했던 조익은 체직되었다. 효종은 인조의 능을 만드는 일로 민폐가 발생하지 않도록 각별한 주의를 기울였다. 효종은 "산릉에 필요한 인력을 모두 민간에서 차출하므로 책임지고 부역에 임하는 백성들의 고통이 말로 형용하기 어려울 정도인데, 어찌 내가 먹을 것을 바치게 하여 거듭 백성들의 힘을 곤궁하게 할 수 있겠는가" 하며, 진봉(進封)을 금지하여 백성의 고통을 줄이도록 하였다.[178] 그리고 산릉의 역사(役事)로 경기 백성들이 거듭 곤란을 겪게 되자, 경기 도민의 세금을 감하여 주었다.[179]

9월 11일에는 발인하여 노제(路祭)를 행하고 곡하여 보냈으며,[180] 14일에는 효종이 친히 산릉에 가고자 하였다. 그러나 대신들은 장릉의 거리가 몹시 멀고 효종의 슬픔이 너무 심하여 병이 난 지 여러 날임을 걱정하여, 산릉의 행차를 중지할 것을 청하였다.[181] 인조의 장례는 9월 20일에 치러졌다. 오

---

177 『효종실록』 1649년(효종 즉위년) 5월 18일.
178 『효종실록』 1649년(효종 즉위년) 7월 23일.
179 『효종실록』 1649년(효종 즉위년) 7월 26일.
180 『효종실록』 1649년(효종 즉위년) 9월 11일.
181 『효종실록』 1649년(효종 즉위년) 9월 14일.

시(五時)에 현궁을 내리고 유시(酉時)에 산릉에서 초우제(初虞祭)를 지냈다. 효종은 직접 산릉에 가지는 못했지만, 망곡(望哭)을 의례대로 하고 승지를 보내 산릉에 문안하게 하였다. 승정원에서는 승지를 보내 문안하게 하는 일이 전에는 없던 예라고 아뢰었으나, 효종이 특별히 가도록 지시하였다.[182] 다음날, 축시(丑時)에 산릉에서 재우제(再虞祭)를 행하고, 효종이 의례대로 망곡하였다.[183]

한편 인조 승하 후 장릉을 조성한 과정은 『인조장릉산릉도감의궤(仁祖長陵山陵都監儀軌)』로 정리되었다. 표제는 "順治 六年 己丑 五月 仁祖長陵山陵都監儀軌"이며, 의궤는 삼물소(三物所), 조성소(造成所), 좌우부석소(左右浮石所), 노야소(爐冶所), 소부석소(小浮石所), 좌수석소(左輸石所), 우수석소(右輸石所), 별공작(別工作), 분장흥고(分長興庫)로 업무를 분장하여 기록하였으며, 찬궁(攢宮)에 그려진 사수도(四獸圖)를 비롯하여 영약전(靈幄殿)에 대한 채색도설이 그려져 있다.[184] 의궤의 첫머리는 계사로 시작하는데, 인조 승하 후 도감에서 장지를 선정하는 것에 대해 계(啓)하는 것으로 시작한다.[185]

4) 현종 시대의 왕릉 조성

현종(顯宗)은 즉위 후 선왕인 효종의 영릉을 조성하였고, 현종 자신이 승하하기 직전인 1674년 2월에 모후인 인선왕후가 승하하자 다시 인선왕후의 능을 조성하였다. 그리고 재위 기간 중에 부친인 효종의 능을 천릉하는 사업을 주관하였다.

---

182 『효종실록』 1649년(효종 즉위년) 9월 20일.
183 『효종실록』 1649년(효종 즉위년) 9월 21일.
184 『인조장릉산릉도감의궤』〈규15074〉 참조.
185 『인조장릉산릉도감의궤』〈규15074〉, 계사.
　　己丑五月十三日 都監郞廳以摠護使意啓曰 自前因山新卜之時 則禮曹堂上及觀象監提調先往看審
　　然後政府堂上始爲去例也 今則陵所已定成服過後 臣卽當帶同應往 各奉審長陵.

효종(1619~1659, 재위 1649~1659)의 영릉 조성에는 장지(葬地)를 놓고 많은 논란이 있었다. 15곳이 장지 후보지로 거론되는 등 의견이 분분했다.[186] 이러한 과정은 한편으로 조선 중기 당파의 세력이 커지면서 사대부 세력이 왕릉의 조성에도 왕권에 맞서 자신의 의견을 적극적으로 피력하는 상황을 맞이했기 때문으로 보인다.

1659년 5월 4일, 효종이 대조전에서 승하하였다. 당시 종기의 독이 퍼져 침을 놓아 나쁜 피를 뽑아내려고 했으나, 침이 혈락(血絡)을 범하여 피가 계속 그치지 않고 솟아 나왔다. 빨리 피를 멈추게 하는 약을 바르게 하였는데도 피가 그치지 않으니, 제조와 의관들이 어찌할 바를 몰랐다. 백관들은 놀라서 황급하게 모두 합문(閤門) 밖에 모였는데, 이윽고 효종이 삼공(三公)과 송시열(宋時烈)·송준길(宋浚吉), 약방 제조를 부르라고 명하였다. 승지·사관과 제신들도 뒤따라 들어가 어상(御床) 아래 부복하였는데, 효종은 이미 승하하였고 왕세자가 영외(楹外)에서 가슴을 치며 통곡하였다. 승하한 시간은 사시(巳時)에서 오시(午時) 사이였다.[187]

묘호를 '효종(孝宗)'으로 하였으며 능호는 처음에 '익릉(翼陵)'으로 올라갔는데, 현종이 미흡하다고 하여 '영릉(寧陵)'으로 개정되었다.[188] 신하들은 '영(寧)'자는 안녕의 뜻으로, 예를 들면 『서경(書經)』에 '영고(寧考)·영왕(寧王)'이라고 한 것과 본조의 '영녕전(永寧殿)·숙녕전(肅寧殿)' 등의 칭호들이 다 그 뜻이라고 하였다. 송시열은 이 글자에 대해 "사람이 천지의 이치를 다하다가 죽으면, 살았을 때 하늘의 섭리에 순응한 것이고 죽을 때에도 아무 미련

---

186 효종 영릉의 초장지 선정 과정에 대해서는 김충현,「효종 영릉의 조성과 능제의 변화」,『역사문화논총』7, 2012 참조.
187 『효종실록』 1659년(효종 10) 5월 4일.
188 이긍익,『연려실기술』권30, 효종조 고사본말(孝宗朝故事本末), 영릉(寧陵);『현종실록』1659년(현종 즉위년) 5월 11일;『현종개수실록』1659년(현종 즉위년) 5월 11일.

없이 편안한 것입니다. 이 때문에 횡거(橫渠)가 서명(西銘)에서 순·우·증자가 했던 일들을 극구 말하고 나서 '존오순사 몰오령야(存吾順事沒吾寧也)'로 끝맺음을 했던 것이며, 주자도 자신의 장래 무덤을 순녕(順寧)이라는 이름으로 정하였고, 명도(明道)가 소자(邵子)의 무덤에 명(銘)을 쓰면서도 역시 편안히 잠든 한 유궁이 있다는 뜻으로 '유령일궁(有寧一宮)'이라고 하였던 것입니다" 하면서, '영(寧)' 자의 용례를 열거하며 그 좋은 뜻을 아뢰었다.

현종은 좌의정 심지원을 총호사로 임명하고, 종실 평운군(平雲君) 이구(李俅)를 수릉관으로 삼았다.[189] 능침 후보지를 조사하기 위해, 예조 판서 윤강과 관상감 제조 오준 등이 인조 장릉 주위를 간심하였다.[190] 총호사 심지원은 능침지를 조사하러 가면서, 전 참의 윤선도(尹善道)와 행 부호군 이원진(李元鎭)을 대동하기를 청하였다. 그들이 풍수에 해박하여 이름이 났기 때문이었다.[191]

산릉도감에서 효종 영릉의 후보지로 최초 선정한 곳은 헌릉 이수동(獻陵梨樹洞), 건원릉(建元陵)의 제일 첫째 등성, 영릉 홍제동(英陵弘濟洞), 임영대군 묘산(墓山), 안여경(安汝慶) 묘산, 월롱산(月籠山) 등 여섯 곳이었다.[192] 그러나 선정된 지역에서 풍수적 흠결이 발견되자, 6월 3일 새롭게 15곳을 선정했다.[193] 그 15곳 중 최종적으로 경합을 벌인 곳은 세종의 영릉이 있는 여주의 홍제동과 수원 호장(戶長) 집 뒷산이었다.[194]

수원은 광해군 때 선조 목릉의 후보지로 결정되었다가, 큰 고을이어서 민가를 옮기는 등의 폐단이 있다 하여 반대되었던 곳이다. 여주 홍제동은 인

---

189 『현종실록』 1659년(현종 즉위년) 5월 4일.
190 『효종영릉산릉도감의궤』, 계사 5월 15일.
191 『현종실록』 1659년(현종 즉위년) 5월 17일; 『현종개수실록』 1659년(현종 즉위년) 5월 16일; 『효종 영릉산릉도감의궤』, 계사 5월 16일.
192 『현종실록』 1659년(현종 즉위년) 5월 23일; 『현종개수실록』 1659년(현종 즉위년) 5월 24일; 『효종 영릉산릉도감의궤』, 계사 5월 24일.
193 『현종실록』 1659년(현종 즉위년) 6월 3일.
194 『현종실록』 1659년(현종 즉위년) 6월 16일.

조의 비인 인열왕후의 능으로 거론되었다가, 인조가 거리가 멀다는 이유로 꺼렸던 지역이다. 이렇듯 여주의 홍제동과 수원은 이미 선대에 왕릉 후보지로 논의된 이력이 있던 곳이었다. 그리고 모두 왕릉으로 선정되지 못한 뚜렷한 이유가 있었지만, 그 이유가 풍수적인 흠결 때문은 아니었다. 결국 효종 영릉의 장지는 조정에서 논의에 관여했던 사람들의 정치적 영향으로 선정될 수밖에 없었다.[195]

현종은 홍제동이 거리가 멀어 불편하니, 수원 산을 썼으면 좋겠다는 의견을 밝혔다. 이에 송시열은 수원이 국가 관방(關防)의 지대이고, 주자(朱子) 산릉론(山陵論)[196]에 의하면 길지를 고르는 데 있어서 거리의 원근에 구애받지 않음을 이야기하였다. 그리고 정자(程子)의 오환(五患)[197]을 논하면서 수원을 강력히 반대하였다.[198] 이러한 반대에도 불구하고, 현종은 "수원이 가깝고 또 흉해가 없으니 그곳을 쓰기로 결정함이 좋겠다" 하였다.[199]

현종이 반대 의견에 강경하게 대응하며 수원으로 결정한 데에는, 심지원과 윤강, 윤선도의 뒷받침이 있었다. 심지원은 홍제동 역시 일개 조각 산이어서 뒤에 염려가 있을 수 있다고 말하였고, 윤강은 홍제동에 흠결이 있다고 주장하였다.[200] 윤선도는 홍제동을 크게 반대하지는 않았지만, 수원을 적극적으로 주장하였다.[201] "수원 호장의 집 뒷산이 용혈(龍穴)로서 사(砂: 앞산)

---

195 김충현, 「효종 영릉의 조성과 능제의 변화」, 『역사문화논총』 7, 2012, 55쪽.
196 『朱子大全』 「山陵儀狀」.
197 훗날 도로가 날 자리, 성곽이 들어설 자리, 개울이 생길 자리, 세력이 있는 사람이 탐낼 자리, 농경지가 될 자리 등 묘를 쓸 때 피해야 하는 다섯 곳을 말한다.
198 『현종실록』 1659년(현종 즉위년) 6월 16일. 이시백과 이경석도 수원이 요충지이며, 오환이 염려됨을 언급하였다(이긍익, 『연려실기술』 권30, 효종조 고사본말, 영릉).
199 『현종실록』・『현종개수실록』 1659년(현종 즉위년) 6월 19일.
200 『현종실록』 1659년(현종 즉위년) 6월 19일.
201 후에 윤선도는 영돈녕 이경석(李景奭)에 의해 "윤선도와 같이 간사한 사람이 도리어 신용을 받으니, 이것이 어찌 우연히 그렇게 된 것이겠습니까"[『현종개수실록』 1659년(현종 즉위년) 7월 9일], "윤선도는 일찍이 원두표(元斗杓)를 불칙한 말로 모함했는데, 대낮에 모든 사람이 쳐다보고 있는 것을 그처럼 진달하였으니, 더군다나 잘 알 수 없는 이치를 어찌 확실하게 알겠습니까"[『현종개수실록』 1659년(현종 즉위년) 7월 11일]라고 비난의 대상이 되었다.

와 물이 모두 지극히 좋고 아름다워서 흠이 없사오니 진실로 대명당(大明堂)으로 천 리 안에는 없는 땅이요, 천재일우의 땅입니다. 종묘의 제사를 영구하게 하도록 하는 계책은 오로지 여기에 있습니다" 하였다.[202]

이후, 송시열은 현종의 반대를 무릅쓰고 여주 홍제동에 효종의 능침을 마련하자는 주장을 펼쳐 나갔다. 여기에 서인들이 합세하여, 효종에게 수원이 능지로 부적합함을 거듭 상소를 올려 알렸다. 부호군(副護軍) 이상진(李尙眞)은 "수원 산은 행룡(行龍)이나 바닥의 혈이 느릿느릿하고 흐리터분하여 조금도 청수하거나 존귀한 기세가 없을 뿐만 아니라, 국세(局勢)마저 평평하고 낮아 아늑하고 야무진 곳이라고는 없는데, 거기가 어떻게 대장(大葬) 자리가 될 것입니까"[203] 하고 상소를 올렸다. 함릉군(咸陵君) 이해(李澥)는 "수원은 바로 3도(三道) 도회지로서 분명히 오환(五患)의 자리입니다. 그뿐만 아니라 예로부터 덕망 있고 준결한 인물이 그 고장에서 나왔다고 들은 바도 없습니다. 지난 일들을 증험해 보면 장래도 미루어 알 수 있는 일입니다" 하고, 이어 윤강이 지리를 보는 법을 배우지 못했음을 꾸짖고는 홍제동을 극구 찬미하였다. 이러한 이상진과 이해 등 송시열의 의견에 동조한 자에 대한 사관의 평가가 『현종실록』과 『현종개수실록』에서 엇갈리고 있다는 점이 주목된다.

이상진과 이해는 송시열의 논에 동조하는 자들이다. … 송시열이 쓸 수 없는 자리임을 한 번 선창하자 조정 전체가 그리로 쏠려 수원을 쓰지 말자는 말이 무슨 청의(淸議)라도 되는 양하고 있는 것이다. 이해의 상소도 그러한 맥락에서 나온 것으로 어리석은 짓이라 하겠다.[204]

202 이긍익, 『연려실기술』 권30, 효종조 고사본말, 영릉.
203 『현종실록』·『현종개수실록』 1659년(현종 즉위년) 6월 20일.
204 『현종실록』 1659년(현종 즉위년) 6월 21일.

삼가 상고하건대, 이해는 훈구(勳舊)로 병을 핑계 대고 두문불출한 지 10년이 거의 되도록 입을 막고 세상일을 말하지 않았는데, 이에 이르러 소를 올려 산릉을 수원에 쓸 수 없음을 극언하니, 그는 반드시 국가를 위한 원대한 생각이 있는 사람이다. 그러나 혹은 그를 공격하여 송시열의 논을 두둔하는 것이라고 한다. 세상에 욕심이 없는 이해로도 오히려 이와 같은 비난을 받았으니 그 나머지는 말할 게 뭐 있겠는가.[205]

실록에서는 수원을 부정한 함릉군 이해를 두고 각각 다른 입장에서 서술하고 있다. 남인의 주도로 편찬된 『현종실록』에서는 능지로 수원을 쓰지 말자는 송시열의 의논을 쫓은 이해를 어리석다고 표현한 데 반해, 서인이 다시 기술한 『현종개수실록』에서는 국가를 위해 원대한 생각을 하는 사람으로 묘사하였다. 이러한 상반된 평가는 효종 능지 선정의 논쟁이 서인과 남인의 정치적 대립관계를 기저에 두고 일어났다는 사실을 알게 해 준다.

현종은 여기에서 물러서지 않았다. 때때로 반대의 의견을 수용하는 것처럼 보이기도 했으나, 자신의 뜻을 쉽게 꺾지 않았다. 현종은 "이미 정해진 국릉에 대해 풍수를 알지 못하는 자는 감히 함부로 의논해서는 안 된다. 지금 흠을 잡는 상소가 분분하게 이르는데 국가가 어찌 이와 같은 것을 용납하겠는가. 이후부터 이와 같은 상소는 절대로 받아들이지 말라"[206] 하고 좀 더 확고한 입장을 표명하였다.

현종과 서인들의 팽팽한 줄다리기는 계속되었다. 대사헌 송준길은 심지어 현종이 혹은 알았다는 말로 일축하여 답하고 혹은 받아들이지 말라고 하교하는 것에 대해 그 처사가 타당하지 않다고까지 아뢰었다. 그리고 훗날의 국사가 걱정된다는 마음까지 실토하였다. 이에 현종은 수원의 영릉 조성을

---

205 『현종개수실록』, 1659년(현종 즉위년) 6월 21일.
206 『현종개수실록』, 1659년(현종 즉위년) 6월 21일.

정지하게 하라고 명하였다.[207] 그러나 현종은 다음 날부터 다시 능을 수원에 조성할 것을 추진했고, 이에 서인들 역시 반대를 계속하였다.

한편, 현종은 총호사 심지원의 건의를 받아들여 건원릉 서쪽 구릉을 조사하게 했다.[208] 잠시나마 서인의 불만을 잠재우려 한 조처였으며, 현종 역시 수원 이외의 능침 후보지를 고려할 수 있음을 밝힌 정치적인 행동이었다.[209] 그러나 얼마 지나지 않아 현종은 다시 본뜻을 드러냈다. 양사가 합계하여 수원의 산을 그대로 쓰라는 명을 정지하기를 청했는데, 현종이 따르지 않았던 것이다.[210] 그리고 예조 판서 윤강과 부호군 이상진이 건원릉 안의 건좌(乾坐) 언덕이 수원보다 크게 좋다고 진달하였는데, 현종은 이 역시 거부하였다.[211]

건원릉을 살피게 하여 서인을 회유하는 한편, 계속해서 수원에 능역 조성을 추진했던 현종. 그러나 지속적인 서인의 반대는 현종에게 정치적 부담이 되었다. 또한, 7월 이후 현종의 주장을 뒷받침해 주던 심지원 등이 의견을 바꾼 것도 큰 영향을 미쳤을 것으로 파악된다. 심지원은 수원에 산을 정한 뒤 이를 헐뜯는 의논이 분분해졌고, 그대로 쓴다면 여론이 더욱 격렬해질 것을 염려하였으며,[212] 수원 산에 혈을 잡으라는 명을 받들기 어렵다고 하였다.[213]

7월 11일, 마침내 현종이 수원을 포기하고, 건원릉 서쪽 언덕에 효종의 능지를 마련할 것을 명하였다. 이날 송준길이 "나라에 일이 있으면 수원에서 변이 일어나고 기보(畿輔)와 나라 안이 어지럽게 된다"는 비기(秘記)를 거

207 『현종개수실록』 1659년(현종 즉위년) 6월 28일.
208 『현종개수실록』 1659년(현종 즉위년) 7월 2일.
209 김충현, 「효종 영릉의 조성과 능제의 변화」, 『역사문화논총』 7, 2012, 58쪽.
210 『현종개수실록』 1659년(현종 즉위년) 7월 8일.
211 『현종개수실록』 1659년(현종 즉위년) 7월 8일.
212 『현종개수실록』 1659년(현종 즉위년) 7월 8일.
213 『현종개수실록』 1659년(현종 즉위년) 7월 9일.

론하였고, 현종이 그렇다면 그 뜻을 받아들이겠다고 했던 것이다.[214] 겉으로는 현종이 이 비기의 내용에 수긍하고 수원을 포기하는 듯한 모양이었지만, 실제로 현종은 자신의 지지 세력들도 부담을 느끼는 상황에서 서인의 압박을 더 이상 버티기 버거웠던 것으로 보인다.[215]

현종은 서인이 중재안으로 내놓은 건원릉 서쪽 건좌의 산에 효종의 장지를 마련하게 하였다.[216] 이로써 약 2개월에 걸친 능침지 선정에 관한 논쟁이 마무리되었다. 10월 28일 효종의 재궁(梓宮)을 발인하고,[217] 다음 날 건원릉 영릉(寧陵)에 장사 지냄으로써[218] 모든 절차가 마무리되었다.

한편 효종 승하 후 영릉을 조성한 과정은 『효종영릉산릉도감의궤(孝宗寧陵山陵都監儀軌)』로 정리되었다. 표제는 "順治 十六年 己亥 五月 日 孝宗寧陵山陵都監儀軌"이며, 의궤는 조성소(造成所), 삼물소(三物所), 노야소(爐冶所), 좌부석(左浮石), 우부석소(右浮石所), 소부석(小浮石), 보토소(補土所), 별공작(別工作), 분장흥고(分長興庫)로 업무를 분장하여 기록하였으며, 찬궁(攢宮)에는 사수도(四獸圖)를 비롯한 채색도설이 그려져 있다.[219] 의궤의 첫머리는 계사로 시작하는데, 인조 승하 후 도감에서 장지를 선정하는 것에 대해 계(啓)하는 것으로 시작한다.[220]

(2) 효종 영릉(寧陵)의 천릉

효종의 영릉은 조성된 지 1년이 채 지나지 않아, 지대석(地臺石)·상석(裳

---

214 『현종개수실록』 1659년(현종 즉위년) 7월 11일.
215 김충현, 「효종 영릉의 조성과 능제의 변화」, 『역사문화논총』 7, 2012, 58쪽.
216 『현종개수실록』 1659년(현종 즉위년) 7월 11일.
217 『현종개수실록』 1659년(현종 즉위년) 10월 28일.
218 『현종개수실록』 1659년(현종 즉위년) 10월 29일.
219 『효종영릉산릉도감의궤』〈규15075〉 참조.
220 『효종영릉산릉도감의궤』〈규15075〉, 계사.
　　五月初九日 都監郎廳以撦護使意 啓曰因山新卜之時 禮曹堂上及觀象監提調 先往看審然後 政府堂上始爲往審例也 明日禮曹堂上等 當爲出去 而在外地.

石) · 병풍석(屛風石) · 가석(駕石) 등의 연결 부위에 이상이 생겨 개수를 해야 하는 상황이 발생했다.[221] 이후에도 영릉은 석물에 틈이 생겨서 빗물이 스며드는 등 지속적으로 문제점을 노출하여, 해마다 수리해야 하는 번거로움이 발생하였다.[222] 이러한 영릉의 문제는 심각하게 고민되었으며, 결국 1673년(현종 14) 개수를 넘어 천릉을 단행하게 되었다. 영릉의 천릉 문제는 다음 절의 천릉 사례에서 자세히 언급하기로 한다.

(3) 인선왕후 영릉(寧陵)의 조성

현종은 즉위 후 부친의 왕릉을 조성하였고, 승하하기 몇 개월 전에 모후인 인선왕후(仁宣王后)의 무덤을 조성하게 되었다. 인선왕후는 1674년 2월에 승하하였고, 6개월 뒤인 8월에 현종이 승하하였다. 효종의 비 인선왕후는 본관이 덕수(德水)이며, 우의정 신풍부원군 장유(張維)와 영가부부인(永嘉府夫人) 김씨의 딸로 1618년(광해군 10) 12월 25일 경기도 안산에서 태어났다. 효종이 봉림대군으로 있던 시절인 1631년(인조 9)에 가례를 올렸고, 이때 풍안부부인(豊安府夫人)에 봉해졌다. 병자호란이 일어났을 때는 봉림대군(효종)과 함께 심양에서 8년 동안 볼모생활을 해야만 했다. 귀국한 후에, 소현세자가 세상을 떠나 효종이 세자의 자리로 오르면서 세자빈이 되었다. 1649년에는 인조가 승하하고 효종이 즉위하면서 왕비에 책봉되었다. 그리고 효종이 세상을 떠나고, 아들 현종이 즉위하면서 왕대비가 되었다.

왕대비로 있던 인선왕후는 1674년(현종 15) 2월 24일 경희궁 회상전(會祥殿)에서 춘추 57세로 승하했다.[223] 인선왕후는 인조가 승하한 기축년(1649년)에 큰 슬픔을 당한 후로, 지나치게 야위어 병이 났는데 고질이 되고 말았다.

---

221 『현종실록』 1660년(현종 1) 7월 18일.
222 이긍익, 『연려실기술』 권31, 현종조 고사본말(顯宗朝故事本末), 영릉천봉시사(寧陵遷奉時事).
223 『현종실록』 1674년(현종 15) 2월 23일; 이긍익, 『연려실기술』 권31, 현종조 고사본말.

여러 번 호서의 온양에 거둥하여 온천에서 목욕하니 조금 효험이 있었는데, 1674년 2월에 병이 갑자기 심해져 세상을 떠나게 된 것이다.[224] 시호는 '인선(仁宣)'으로 정해졌는데, 사랑을 베풀고 의로운 일을 행하는 것을 '인(仁)'이라 하며, 성스럽고 착함이 두루 소문난 것을 '선(宣)'이라 하여 지어진 것이었다.[225]

인선왕후의 능지에 대해서는 별다른 논의를 거치지 않았다. 한 해 전에 효종의 능을 천릉하였으므로, 그 자리인 여주 홍제동에 조성하면 될 것이기 때문이었다. 현종은 제도의 승군(僧軍)을 동원하여 각자 한 달의 식량을 준비해 가지고 산릉의 역사에 나가게 하라고 명하였다.[226] 5월 28일, 인선왕후의 상을 발인하였다. 현종이 흥인문 바깥길 제소(祭所)까지 모시고 나갔는데, 백관은 모두 걸어서 따라갔다. 현종이 영여(靈轝)를 곡하여 보내고 묘시에 돌아왔다. 왕세자는 나이가 어리다고 하여, 홍화문 안에서 곡배(哭拜)하고 전별하게 할 것을 예조가 청하여 그렇게 하였다.[227]

현종은 대비의 유지를 좇아서 수로(水路)로 행상(行喪)할 것을 정하였다. 그러나 정언 이익태(李益泰)가 육로로 갈 것을 청하여 엄한 비답을 받았다. 이에 응교 김석주는 "가령 수로로 간다 해도 수백 척의 배 위에 여러 사람이 모여야 하는데, 낮이면 볕이 뜨겁고 밤이면 습기가 차서 구토나 설사가 나기 쉽고 대소변도 수습할 수 없을 것이므로, 이 역시 죽는 사람이 생길 수도 있으며, 한 배 위에 관을 두고 장막을 두려면 따로 수십 척 되는 큰 배를 만들지 않으면 안 될 것입니다"라고 더운 여름날 수로로 가기 어려운 사정을 말하였다. 이와 함께 수로로 가기 어려운 3가지 이유를 들었다. 여름날이라 갑자기 구름이 덮이고 세찬 바람이 갑작스럽게 불 수 있다는 것, 6월 장마

---

224 『현종실록』 1674년(현종 15) 6월 4일.
225 『현종실록』 1674년(현종 15) 3월 2일.
226 『현종실록』 1674년(현종 15) 3월 3일.
227 『현종실록』 1674년(현종 15) 5월 28일.

철을 당하여 비가 많이 오면 물이 불기 쉽다는 것, 가뭄이 심해서 물이 줄어들 수도 있다는 것이다.[228]

6월 4일에는 신시에 인선왕후를 영릉(寧陵)에 장사하였다. 인선왕후의 유언에 따라 효종의 능소인 여주 홍제동 밑에다 장사를 지냈는데, 같은 산줄기인 데다 가깝기 때문에 영릉이라고 불렀다.[229] 이때, 현종은 희정당 안뜰에서 망곡례를 행하였다.[230] 인선왕후는 효종의 영릉 천릉 직후에 승하했기 때문에 천릉된 영릉에 남편과 함께 묻힐 수 있었다. 한편 영릉의 상설에는 일정한 변화가 나타난 점도 주목된다. 효종과 인선왕후의 영릉에는 3면의 곡장을 설치했고, 능침에는 병풍석을 세우지 않았으며, 12칸의 난간석을 두르고 동자석주에 방위를 표시하는 십이지를 문자로 새겨 놓았다. 십이지신상을 새긴 병풍석이 세조의 광릉 이후 없어졌다가 성종의 선릉에서 다시 시작된 병풍석 설치제도가 이곳 영릉에서부터 다시 없어진 것이다. 또한 현실(玄室)의 회격 바닥에 지회(地灰)를 깔아 조선조의 능제상 새로운 전환기가 되었다. 난간석 밖으로는 석양과 석호 각 2쌍이 배치되었고, 능침 앞에 혼유석이 놓였으며, 망주석 1쌍이 양옆에 세워져 초계를 이루고 있다. 한 단 아래의 중계에는 중앙에 장명등이 세워져 있고, 양옆에 문인석 1쌍과 석마 1쌍이 세워져 있으며, 하계에는 무인석 1쌍과 석마 1쌍이 세워져 있다. 왕릉 아래쪽에 위치한 왕비릉에는 곡장만 설치되어 있지 않을 뿐 상설제도는 왕릉과 똑같다.[231]

한편 인선왕후 승하 후 무덤을 여주 효종의 영릉 옆에 조성한 과정은 『인선왕후산릉도감의궤(仁宣王后山陵都監儀軌)』로 정리되었다. 표제는 "康熙十三

---

228 이긍익, 『연려실기술』 권31, 현종조 고사본말.
229 『현종실록』 1674년(현종 15) 6월 4일.
230 『현종개수실록』 1674년(현종 15) 6월 4일.
231 이호일, 『조선의 왕릉』, 가람기획, 2003, 290쪽.

年 二月 日 山陵都監儀軌"이며, 상하 2책으로 구성되었다.[232] 이 의궤는 파리 국립도서관에 소장되어 있다가 2011년에 반환되어 현재는 국립중앙박물관에 소장되어 있다.[233]

232 『인선왕후산릉도감의궤』에 대한 자세한 해제는 김문식·신병주 외, 『파리국립도서관소장 외규장각의궤 조사연구』, 외교통상부, 2003 참조.
233 『인선왕후산릉도감의궤』는 총 5건이 제작되었는데, 어람본 1건과 예조, 춘추관, 강화부, 적상산에 각 1건씩 보관되어 있었다. 어람본은 외규장각에 있다가, 1866년 병인양요 때 프랑스군에 의해 약탈당해 파리국립도서관에 있었는데 2011년 국내에 돌아와 현재는 국립중앙박물관에 보관되어 있다. 적상산본은 현재 한국학중앙연구원 장서각에 보관되어 있다.

3 조선 중기(중종~현종) 천릉의례와 정치적 성격

1) 조선 중기 천릉 사례 개관

천릉은 이장(移葬), 개장(改葬), 개수(改修), 개묘(改墓) 등의 용어와 유사한 의미로 사용되어 보통 분묘를 옮기거나 보수하는 것을 뜻했다. 그러다가 조선시대에 이르면 일반 묘의 이동은 천장(遷葬)이나 이장(移葬)이란 용어로 굳어지고, 왕실의 능원에 대해서는 천릉(遷陵), 천봉(遷奉), 천원(遷園)이란 용어가 일반화되었다. 천릉은 기본적으로 국장 이후 왕릉을 조성하는 절차와 유사하게 진행되었지만, 천릉이 지니는 특수성을 반영하는 의식이 포함되었다.[234] 흉례의 국장 절차는 대체로 빈전에 안치된 재궁(梓宮)을 계빈(啓殯)하여 산릉에 안장(安葬)하기까지의 의례인 계빈의(啓殯儀)에서 안릉전(安陵奠)까지의 과정을 이른다. 천릉 역시 국장 절차의 일부 의식을 포함하고 있지만 초상(初喪)이 아닌 관계로 일반적으로 왕이 승하한 후 왕릉을 조성하는 의례와는 차이를 보이고 있다. 대표적으로 구릉(舊陵)에서 천릉을 위한 개릉(開陵)을 고하는 의식과 구릉을 파고 재궁을 꺼내는 의식이 추가되었지만, 반우(返虞) 등의 의식은 생략되었다. 규모 역시 간소화되어 능역이 조성된 기간이 축소되었다. 영릉을 처음 조성할 때의 기간은 120일이었고, 부역군도 1만 5000명이 동원된 데 비하여, 영릉의 천릉 때에는 35일의 기간이 소요되고, 부역군도 5,000명 정도만이 동원되었다. 이 외에 초상에서 이용한 물품이 재활용되는 경우가 많았으며, 대여(大轝)를 작게 만들었다.[235]

---

234 신재훈, 「조선 전기 천릉의 과정과 정치적 성격」, 『조선시대사학보』 58, 2011, 42~44쪽.
235 신재훈, 위의 논문, 44~47쪽.

천릉 의식 때 재궁의 발인은 중요하긴 했지만 초상에 비해 그 비중이 크지는 않았다.[236] 특히 인조 대 목릉의 천릉처럼 같은 건원릉 경역에 구릉과 신릉이 존재하는 경우에는 발인(發靷) 행차가 더 간략하게 진행되었다. 대여가 생략되어 견여만 사용하기도 했다. 그러나 천릉에도 능역의 조성이 필요했기 때문에 처음 왕릉을 조성할 때와 마찬가지로 여전히 많은 인력과 물자를 동원하는 것이 불가피했다. 능역 조성을 위해 석물을 만들고 건물을 조성하는 것도 필요했다. 따라서 천릉의 능역 공사에서도, 능역 근처에 대규모 인력이 상주해야 했고 이를 위해 역군(役軍)의 가가(假家)가 지어져 적지 않은 민폐를 끼치기도 했다. "막 중국 사신의 접대를 겪고 났는데 또 천릉(遷陵)의 역사를 만났으므로 백성들이 모두 일을 놓쳐서 생활이 편안하지 못합니다. 모든 일은 간략하게 해야 하는데 이제 들으니 신·구릉의 가가가 굉장하여 200여 가에 이르며 온돌과 대청 같은 것은 오래도록 살 집과 같이 지었다 합니다. 가가는 다만 바람과 비만 가리면 되므로 이같이 넓게 짓는 것은 옳지 않습니다. 도감의 관원들을 추문하고 치죄하여 백성의 폐해를 없애소서"[237]라고 한 기록에서 천릉이 백성들에게 큰 부담이 되었던 상황을 짐작할 수가 있다.

초상 때와 천릉의례는 발인 때부터 일정한 차이가 있었다. 조선 전기의 국장 의식에서 발인은 국왕을 비롯하여 각 도 관찰사·문무백관·시위군 행렬과 곡하는 궁인들이 이동하는 대규모 의식이었다. 그러나 천릉에서는 재궁의 발인 의식에 국왕이 참여하지 않았고 문무백관도 모두 동원되지 않은 경우가 많았다.[238] 결국 천릉 의식은 초상이 아닌 관계로 발인보다는 개릉과

---

236 그러나 그 외의 경우에도 발인이 중시되지 않은 예를 확인할 수 있다[『예종실록』 1469년(예종 1) 윤2월 1일; 『중종실록』 1513년(중종 8) 4월 18일].
237 『중종실록』 1537년(중종 32) 8월 5일.
　　遭遷陵 民皆失業 不得聊生 凡事所當簡約 而今聞新舊陵假家 多至二百餘間 如溫埃大廳 有同久居之家.
238 『예종실록』 1469년(예종 1) 윤2월 1일; 『중종실록』 1513년(중종 8) 4월 18일 참조.

능역 조성에 중점을 두고 진행되었다. 그 이유는 처음 국장 시에는 산릉을 조성하는 주체가 현왕인 데 비하여, 천릉은 이미 승하한 능주(陵主)를 중심으로 진행되는 것에서도 찾을 수가 있을 것이다. 이러한 천릉의 절차상 특징은 전거로 삼을 규례가 마땅하지 않았기 때문에, 조선 전기 이후 몇 차례의 천릉 사례를 계승하면서 점차 그 전례를 완성해 갈 수 있었다.[239]

조선시대에는 태종 대에 신덕왕후의 정릉(貞陵)을 천릉한 사례에서 보듯, 조선 초기부터 왕실의 판단에 따라 왕릉의 천릉 작업이 지속적으로 이루어졌다.[240] 천릉 혹은 천장은 조선 왕릉만이 갖는 특수한 현상이라는 점에서 주목할 만하다. 비슷한 시기 중국의 명나라나 청나라에서는 천릉이 거의 없었다.[241] 천릉이란 용어는 조선시대 이전에 등장하지 않았고, 중국에서도 사용하지 않는 용어였다. 조선시대에 천릉이 자주 이루어지게 된 원인으로는 풍수지리적인 요인과 함께 정치적인 이유가 크게 작용하였다. 능을 옮기는 것은 정치적인 타협을 포함하여 이미 결정된 것을 뒤집는 행위이므로 국왕과 신하 사이, 원래 능을 조성했던 측과 천릉을 주도하는 측 사이의 정치적 긴장을 불러일으킬 수밖에 없었다. 천릉 과정에서 먼저 확인되는 대립은 국왕과 정치적인 힘을 주도하고 있는 사류들 간의 주도권 다툼이었다.[242] 특히 조선 후기에는 서인과 왕실 간의 갈등으로 나타난다. 여기에 국왕의 도움을 얻어 서인과 정치적인 균형을 유지하려는 남인 등이 개입하는 등 복잡한 양상이 나타난다. 따라서 천릉은 단순히 무덤의 이장으로만 파악할 수가 없고

---

239 조선 중기 천릉의례 때는 英陵의 천릉이 전거가 되었고, 이 외에 昭陵의 천릉이나, 禧陵의 천릉처럼 몇 차례의 천릉 사례가 참고가 되어 범차 천릉의례가 완비되었다. 조선 중기에는 穆陵이나, 寧陵의 천릉 사례를 의궤의 기록으로 남김으로써 보다 체계화할 수가 있었다.

240 조선시대 천릉의 과정과 정치적 성격에 대해서는, 이희중, 「17, 8세기 서울 주변 왕릉의 축조, 관리 및 천릉 논의」, 『서울학연구』 17, 2001; 신재훈, 「조선 전기 천릉의 과정과 정치적 성격」, 『조선시대사학보』 58, 2011; 정해득, 『정조시대 현륭원 조성과 수원』, 신구문화사, 2009 참조.

241 청 대에 慕陵의 경우 침수로 인해 淸東陵에서 淸西陵으로 이동한 적은 있다(조인수, 「조선시대 왕릉의 현상과 특징」, 『미술사학연구』 262, 2009 참조).

242 이희중, 「17, 8세기 서울 주변 왕릉의 축조, 관리 및 천릉 논의」, 『서울학연구』 17, 2001, 27쪽.

이를 통해 그 시대의 정치적 흐름까지 파악할 수가 있다.

　여기에서는 16~17세기 중종에서 현종에 이르는 시기의 천릉 사례를 살펴보고자 한다. 중종에서 현종 대에도 몇 차례 천릉이 있었다. 중종 대에 장경왕후의 무덤을 처음 헌릉 근처에 조성하였다가 현재의 서삼릉(西三陵) 경역 내에 옮긴 적이 있었고, 명종 대에는 문정왕후의 입김이 강하게 작용하면서, 중종의 무덤을 성종의 선릉 근처로 옮겼다. 인조 대에는 선조의 목릉천릉이 이루어졌다. 천릉은 기본적으로는 왕릉을 조성하는 방식과 같으나천릉을 위해 개릉(開陵)을 고하는 의식, 구릉(舊陵)을 파고 재궁(梓宮)을 꺼내는 의식, 재궁을 꺼내서 막차에 봉안하는 의식 등 천릉이 지니는 특수성을반영하는 의식이 포함되기도 한다. 조선 중기 천릉의 대표적인 사례는 인조대에 선조의 무덤인 목릉을 천릉한 사례이다. 특히 목릉의 천릉 상황은『선조목릉천봉도감의궤』에 기록되어 천릉의 의식 절차를 구체적으로 파악할수 있으므로 목릉의 천릉 과정은 따로 나누어 설명하기로 한다.

2) 중종~명종 시대의 천릉과 정치적 성격

(1) 중종 시대 장경왕후 희릉(禧陵)의 천릉

　중종은 왕으로 재임하면서 첫 번째 계비인 장경왕후의 희릉을 천릉하였다. 1515년 3월 헌릉 서쪽 언덕에 조성된 장경왕후의 무덤을 1537년(중종 32)에 이장한 것이다. 표면적인 이유는 재궁의 침수 가능성이었지만, 중종 대의 권신인 김안로가 원래 무덤을 조성한 정광필 등의 세력을 견제하기 위한 정치적 의도도 작용을 하였다. 처음 희릉을 조성할 당시 능소의 금정(金井)을 파내려 가다가 큰 돌이 나와서 남쪽으로 약간 이동하여 천광(穿壙)한 것이 발단이 되자 김안로는 재궁의 침수 가능성을 제기하며 천릉을주장했다.[243] 김안로가 천릉을 강하게 주장한 데는 처음 희릉을 조성할 당시 총호사였던 정광필과 산릉도감 제조였던 남곤 등을 견제하기 위한 정치적 목적도 크게 작용했다. 김안로는 중종의 부마가 되어 권력을 지나치게 행사하다가, 1524년 남곤과 심정의 탄핵으로 유배되었다. 유배 후 재기한 김안로는 희릉 천릉을 정적의 제거에 활용하였다. 천릉 논의가 본격화되면서 초장(初葬) 책임자의 문책을 요구하는 상소가 이어졌다. 중종은 "그때의 관원들이 상지관에게 속아서 잘 살펴서 하지 못하고, 공역(功役)을 절반이 넘게 진행한 것 때문에 돌이 있는 사실을 숨기고 썼다가 이제 와서 이런 큰 역사를 하게 만들었으니, 몹시 그르다. 그때의 상지관인 황득정(黃德正)과 성담기(成聃紀) 등을 먼저 투옥하여 죄를 다스려서 뒤에는 이런 폐단이 없게 하라"고 지시하면서,[244] 상지관을 벌하는 것으로 무마하려 했지만 사헌부에서는 거듭 도감과 제조 등 책임자의 처벌을 요구했다.[245] 결국 중종은 5월 10일, "장경왕후의 상례(喪禮) 때 산릉의 감독을 맡은 신하가, 수토(水土)가 심후(深厚)해야 신도가 편안하리라는 것은 생각지 않고, 오직 아첨하여 흉측한 일을 꾸미려는 태도만을 가졌다"라면서 정광필 등의 처벌을 결정했다. 특히 중종이 내린 전교에서는, "그 당시의 총호사 정광필, 도감 도제조인 강혼·유담년·남곤, 낭관 윤세림·구지신, 상지관 조윤·황득정·성담기가 속으로 다른 뜻을 가지고 일찍부터 반역할 마음을 품어 오다가 세자가 외롭고 어린 때를 당하여 후일의 요행을 바라는 기반을 삼고, 박씨의 세력에 아부하여 드디어 국모(國母)의 존귀함을 잊었으니, 떳떳한 형벌로 용서받기 어려운 바요, 법에 있어서 사면할 수 없는 것이다"라고 하면서, 처음 희릉 조성에 참

---

243 이하 희릉의 천릉에 대해서는 신재훈, 「조선 전기 천릉의 과정과 정치적 성격」, 『조선시대사학보』 58, 2011, 52~55쪽 참조.

244 『중종실록』 1537년(중종 32) 4월 27일.

245 『중종실록』 1537년(중종 32) 4월 30일.
　　憲府啓曰: "山陵, 國家大事. 事雖細纖, 若涉未安, 爲臣子所當愼重. 況壙內如有非常之變, 不計(功)役, 改卜他山可也, 而其時都監堂上, 郎官等, 知有石根, 而隱(怨)不改, 致有今日之議. 言及于此, 孰不寒心? 若在遷陵之後, 則形跡難掩. 其時官員等, 不論存沒, 幷當重治."

여한 인물들을 대거 처벌하였다. 희릉의 천릉은 단순히 무덤을 천릉한 것이 아니라, 정치세력의 재편과도 긴밀히 연결되었던 것이다. 왕릉의 천릉이 정치적인 문제와 긴밀히 연결되는 사례는 태조의 계비인 신덕왕후의 정릉(貞陵) 천릉 이래, 전 시대에 걸쳐 조선시대 천릉의 주요 요소가 되었음을 알 수가 있다.

장경왕후의 희릉은 결국 현재의 서오릉 경역 내에 옮기는 것으로 결정되었다. 그런데 주목되는 것은 원래 김안로가 정적 축출을 위해 천릉을 주장하다가, 권신이 무덤을 정치적으로 이용하는 것에 부담을 느낀 중종의 노여움을 사서 천릉 이후 축출된 점이다. 이것은 그만큼 천릉이 정치적 사안과 결부되었음을 보여 주고 있다.

(2) 명종 시대 중종 정릉(靖陵)의 천릉

1544년 중종은 승하 후에 첫 번째 계비인 장경왕후의 무덤이 조성된 서삼릉 경역 내의 희릉(禧陵)에 안장되었다. 그러나 중종의 무덤은 1562년(명종 17)에 홀로 지금의 위치인 선릉 옆으로 옮겨지게 되었다. 중종은 스스로 왕비인 장경왕후의 희릉을 옮기고 사후에 그 곁에 묻혔지만, 명종과 문정왕후가 주도하여 중종의 무덤을 옮기면서 장경왕후와는 영원히 이별하게 되었다. 중종의 무덤은 천릉한 뒤에 정릉(靖陵)이라는 호칭은 그대로 하되, 왕후의 능은 다시 희릉(禧陵)이라고 하였다.[246] 정릉 천릉의 배경에는 문정왕후가 있었다. 문정왕후는 자신의 세력을 양성하는 수단으로 불교를 적극 지원하였다. 승려 보우를 봉은사 주지로 삼았고, 왕실의 지속적인 후원을 약속했다. 정릉이 봉은사가 관장하는 선릉 근처로 옮겨진 사실은 이러한 배경을 주지시켜 준다.

---

246 『명종실록』 1562년(명종 17) 1월 12일.

또 윤원형과 문정왕후는 중종과 장경왕후의 소생인 인종을 보위한 윤임 세력과 치열한 다툼 끝에 왕권을 쟁취한 것이었기에 장경왕후의 희릉 곁에 위치한 중종의 정릉을 옮겼을 가능성이 높다.[247] 중종의 두 번째 계비인 문정 왕후와 그 소생으로 즉위한 명종은 왕위 계승의 정통성에 부담을 느꼈을 것 이기 때문이다. 그 결과 이들은 장경왕후의 곁에 있는 중종의 정릉을 천릉 하여 중종에서 문정왕후, 명종으로 이어지는 정통성을 강화할 필요가 있었 다. 또한 궁극에는 문정왕후 사후에 중종의 곁으로 갈 수 있는 명분까지 만 들어 놓았다.

1549년(명종 4) 문정왕후는 정릉의 주산(主山)이 좋지 않다는 풍수적인 명 분으로 정릉 천릉을 단행하려 했지만 성공하지 못했다. 문정왕후가 정원에 전교하여 "정릉의 주산이 좋지 않다는 말이 인종조로부터 있었는데 그때 헌 부에서 비록 그 말을 전파한 사람을 다스리기는 하였으나 그 말을 듣고부터 는 항상 미안한 생각이 있었다. 때마침 중국 사신이 나오게 되어 있어 여러 가지로 국사(國事)가 바쁜 데다 흉년까지 겹쳐 감히 일에 대한 단서를 열지 못한 지 오래였다. 지금 갑자기 능을 옮길 수는 없지만 이번 배릉 때 예관 (禮官)을 시켜 지리를 잘 보는 자를 골라 그로 하여금 대가(大駕)를 따르게 하 여 다시 살펴보게 하라"고 하였지만, 우의정 상진, 예조 판서 윤개 등은 정릉 을 살피고 돌아와서 세 상지관(相地官)이 살펴보고 왔는데, 전체적으로 길하 다고 보고하였다. "주산이 낮아서 혈(穴)과 맞지 않는다고 하였으나 이번에 동구(洞口)에서 보았을 때는 맞지 않는 듯하더니만 막상 산에 올라가서 보니 아주 잘 맞았고 또 곧았습니다. 전해 들은 말은 잘못된 것이었습니다. 더구 나 그 산은 임산(壬山)이어서 높거나 크면 흉하고 반드시 낮아야지만 길합니 다. 그렇다고 그렇게 낮은 것도 아니어서 조금도 흠잡을 데가 없었습니다"

247 신병주, 「왕릉으로 본 행복한 왕, 불행한 왕」, 『선비문화』 12, 2007, 91쪽 참조.

라고 보고하였다.[248] 문정왕후는 명종 즉위 초부터 정릉의 천릉을 단행하려 했지만, 신하들이 별다른 하자가 없다고 보고하여 천릉은 바로 단행되지 못하였다.

그러나 이후에는 명종이 천릉에 대한 의지를 강하게 보이면서, 결국 문정왕후의 천릉에 대한 꿈은 실현될 수 있었다. 명종이 천릉을 계속 추진한 것은 모후인 문정왕후의 천릉에 대한 관심이 컸기 때문일 것으로 여겨진다. 1558년(명종 13)에는 명종이 인사권을 장악하고 윤원형의 전횡을 견제하는 데 성공했고, 이후 1562년 천릉을 단행한 기간까지 이량(李樑) 등을 중심으로 한 자신의 친위세력을 기반으로 친정체제를 공고히 하였다.[249] 이렇듯 정릉 천릉의 배경에는 문정왕후가 가장 크게 자리 잡고 있었지만, 명종이 천릉을 추진할 만큼 친정체제를 구축했기 때문에 가능한 일이었다. 문정왕후가 자신의 세력을 키우고 정통성을 강화하기 위해 천릉을 시도했다면, 명종은 천릉을 통해 실추된 왕권을 회복하려 한 것으로 생각된다.

1561년 무렵부터 친정체제를 강화한 명종은 1562년(명종 17) 8월 중종 왕릉의 천릉을 단행하였다. 8월 22일 발인(發靭)하여 신릉(新陵)을 향해 도성을 지나갔다. 명종은 궁중에서 서쪽을 향하여 부복하고 지송하였고, 도성에 있는 백관들은 광화문 밖에서 서쪽을 향하여 부복하고 지송하였다. 당시 상황에 대해 사관은 "능침을 옮기는 것은 중대한 일이므로, 산이 무너지거나 물에 파여 나가는 부득이한 경우가 아니면 능을 옮겨서는 안 되는 것이다. 풍수의 길흉설(吉凶說)에 끌리어 옮기는 것도 불가한데 하물며 옮길 만한 아무런 까닭도 없이 대중의 의사와 여론을 어겨 가며 옮기는 것이겠는가"[250] 라 하면서, 명종이 당시의 여론을 무시하고 천릉을 단행한 처사를 비판하였

248 『명종실록』 1549년(명종 4) 10월 7일.
249 한춘순, 「명종 親政期의 권력관계 변화와 정국동향」, 『조선시대사학보』 12, 2000.
250 『명종실록』 1562년(명종 17) 8월 22일.

다. 이어서 "중종께서 돌아가신 지가 지금까지 몇 년이었던가. 그동안 체백 (體魄)이 이곳에서 편안히 지냈고 혼령도 이곳에서 노셨으며 희릉·효릉도 이곳에 있으니, 인정으로 신명의 도를 미루어 보건대 어찌 다른 곳으로 옮기고자 할 이치가 있겠는가. 그러나 이번 천릉한 일은 상의 뜻이 아니고 문정왕후의 생각에서 나온 것이라는 것을 백성이 모두 알고 있다. 고금을 막론하고 세상에 투기(妬忌)하는 사나운 여자가 어찌 없을까마는 이미 죽어 유명(幽明)을 달리한 뒤까지 시기하여 남편의 무덤을 옮겨 전처(前妻)의 무덤과 멀리 떨어지게 하였다는 말은 듣지 못하였다. 그런데도 당시의 대신들은 입을 다물고 한마디도 하지 않아 19년 동안 편안히 모셔져 있던 신어(神御)를 하루아침에 다른 곳으로 옮기는데도 말리는 사람이 없었으니, 하늘에 계시는 중종의 혼령이 어떻게 생각하셨을지 모르겠다. 아! 애통하다"[251]라고 하면서, 천릉이 문정왕후에 의해 주도되었음을 노골적으로 비판하였다. 천릉이 완료되어 안릉제를 지낸 것은 9월 4일이었다. 천릉도감에서 "오늘 간시(艮時)에 하관하고, 묘시 초에 안릉제(安陵祭)를 지냈습니다"라고 보고하였다. 이에 대해 사관은 거듭 천릉의 문제점을 지적하였다. "능침을 옮기는 것은 부득이한 경우가 아니면 쉽사리 거행할 수 없는 것인데, 이번에 능을 옮기자는 의논은 성렬대비(聖烈大妃, 즉 문정왕후)의 뜻이었으니 대개 장경왕후와 같은 경내에서 무덤을 함께 하지 않으려고 한 것이다. … 요승(妖僧) 보우가 은밀히 그 계획을 도와 지리(地理)를 아는 중을 시켜 봉은사 곁에 자리를 정하게 하였으니, 이는 보우가 이 사찰에 주지로 있으면서 저들의 소굴을 튼

---

251 『명종실록』 1562년(명종 17) 8월 22일.
大興發引, 向新陵, 過都城時, 上於宮中, 露處西向, 俯伏祗送, 在都百官, 於光化門外, 西向俯伏祗送.〈史臣曰: "遷陵, 大事也. 非有山崩水囓不得已之事, 則不可爲也. 拘於風水吉凶之說而遷之者, 亦爲不可, 而況無一事一言可諉以遷之者, 而拂群情拒輿議, 卒然而遷之乎. 中廟之賓天, 凡幾年干玆矣? 體魄之安於是, 魂氣之遊於是, 禧陵, 孝陵之在於是, 以人情而求諸神道, 寧有欲遷之理乎? 今者遷陵之擧, 非上意也. 國人皆知其出於文定王后. 嗚呼! 古今天下, 悍婦之妬忌者何限? 然起猜於幽明已別之後, 遷其葬而遠其地者, 固未聞焉. 當時大臣, 默無一言, 遂使十九年安靜之 神御, 一朝遷動而莫之禁, 中廟在天之靈, 不知其何以爲心耶? 痛哉!"〉

튼히 하려고 한 짓이다. 그 일이 매우 전도된 것인데도 대신들은 막지 않았다. 안현(安玹) 같은 자는 명을 받드는 데 온갖 힘을 다 쏟아 승군(僧軍)들을 공대하는 것도 극력 주선하여, 중들을 애틋하게 여기는 자전(慈殿)의 뜻을 기쁘게 하기를 힘쓰니 사람들이 모두 더럽게 여겼다"[252]고 하여 문정왕후의 주도로 천릉이 된 상황과 그 배후에 보우가 있었음을 신랄하게 비판하고 있다.『연려실기술』에도 이수광의『지봉유설』을 인용하여, 중종의 천릉이 당대뿐만 아니라 후대에도 큰 문제가 되었음을 지적하고 있다.

명종 임술 17년에 정릉(靖陵)을 광주(廣州)로 옮겼는데, 지세가 낮아서 보토(補土)하는 공비가 여러 만 냥에 이르렀다. 상세한 것은『명종기』의 보우를 귀양 보낸 기사에 있다. 중종은 처음 고양(高陽)에 장사하였다가 희릉(禧陵)과 동영(同塋)에 모시었었는데, 윤원형이 문정왕후를 힘써 도와서 한강가 비습한 곳으로 옮기게 하니, 사람들이 모두 놀라고 분개하면서도 감히 말하지 못하였다. 세상에 전하는 말이, "능을 옮길 때에 광중으로부터 곡성이 났는데 일하는 사람 중에 안 들은 자가 없다"고 하더니, 이듬해에 순회세자(順懷世子)가 죽고, 2년 뒤에 문정왕후가 승하하고, 또 2년 뒤에는 명종(明宗)이 승하하니, 사람들이 능을 옮긴 탓이라고 말하였다. 임진년에 이르러 정릉이 왜적들의 발굴을 당하였으니 신민들의 통분을 어찌 모두 말할 수 있으랴.[253]

위의 기록에서 보듯이 선조 대에 들어와 정릉이 도굴되고, 이곳이 침수가 잦아 계속 보수가 요구되었던 것도 많은 사람들이 천릉에 불만을 품는 주요한 이유가 되었다. 선조 때도 침수 문제가 있을 때마다 중종 대 문정왕후와

252 『명종실록』 1562년(명종 17) 9월 4일.
253 이긍익,『연려실기술』별집 권2, 사전전고(祀典典故), 산릉(山陵).

제2장 조선 중기의 왕릉 조성과 정치적 성격

윤원형이 주도한 천릉의 문제점을 꼬집은 기사가 자주 보인다. 아래의 기록을 보자.

삼공과 육경에게 명하여 정릉(靖陵)을 간심(看審)하게 하였다. 이보다 앞서 명묘조(明廟朝) 때 요승 보우가 오랫동안 봉은사의 주지로 있으면서 중종(中宗)의 능침을 사찰 주변으로 옮길 것을 청하여 사찰의 위세를 높이려 하였다. 이리하여 문정왕후에게 선릉(宣陵) 근처에 좋은 자리가 있다고 속여 능침을 그곳으로 옮길 것을 청하자 문정왕후는 자못 그의 말을 믿게 되었다. 그리고 윤원형이 자전(慈殿)의 뜻을 맞추기 위해 대신들을 위협으로 견제하자 대신 안현(安玹) 등은 위세에 눌려 감히 거역하지 못하였다. 정릉은 전대비(大妃) 윤씨(尹氏)의 희릉(禧陵)과 같은 골짜기에 있었는데, 원형이 먼저 왕릉을 옮기고 문정왕후가 승하하면 한자리에 장사 지내야 한다고 하였기 때문에 문정왕후가 더욱 현혹되었던 것이다. 이리하여 왕릉을 옮겼으나 지세가 낮은 곳이었으므로 흙을 쌓아 높이는 공역에 드는 비용만도 거만금이었다. 그러나 해마다 강물이 불어 넘치면 재실에까지 물이 차올랐으므로 나라 사람들이 비분을 금치 못하였다. 문정왕후의 상례 때에는 다른 산에 장지를 정하여 썼다. 물의가 모두 왕릉을 옮기려고 하였으나 재차 옮기는 것은 어려운 일이라고 하여 대신들로 하여금 다시 형세를 간심하게 하였다. 이에 회계하기를, "강물이 차오르는 지점에서 혈도(穴道)까지의 거리가 상당히 멀기 때문에 물결에 부딪히거나 파일 염려가 없으니, 흙과 돌로 낮은 곳만을 증축하고 재실은 높고 건조한 지대에 옮겨 짓는 것이 괜찮을 듯싶습니다" 하였는데, 따랐다.[254]

254 『선조수정실록』 1581년(선조 14) 2월 1일.
命三公, 六卿, 往審靖陵. 先是, 明廟朝妖僧普雨, 久作奉恩寺住持, 請移中宗陵寢於寺側, 欲隆重其寺. 乃
証惑文定王后謂: "宣陵近處有吉兆, 請遷陵于其地." 文定頗信之. 尹元衡等逢迎慈旨, 脅持諸大臣, 大臣
安玹等, 懼不敢違. 蓋靖陵與前大妃尹氏禧陵同洞. 元衡請先遷王陵, 文定身後當同兆以葬, 故文定尤惑

위의 기록에서는 정릉 천릉의 주역이 문정왕후와 윤원형임이 잘 드러난다. 이 외에 천릉의 역사에는 많은 사람들이 동원되어 민원의 대상이 되기도 하였다.

우여곡절 끝에 천릉된 정릉의 상설은 『국조오례의』를 따르면서, 성종의 선릉 양식을 답습하고 있다. 구름무늬의 십이지신상을 새긴 병풍석을 능침에 세웠고, 그 밖으로 12칸의 난간석을 둘렀다. 그리고 곡장이 있으며, 혼유석 1개, 장명등 1개, 망주석 1쌍, 문인석 1쌍, 무인석 1쌍, 석마 2쌍, 석양 2쌍, 석호 2쌍과 홍살문, 정자각, 비각 등이 있다.[255] 문정왕후에 의해 주도된 정릉의 천릉 이후, 정작 당사자인 문정왕후의 무덤은 중종 곁이 아닌 다른 곳에 태릉으로 조성되었다. 결국 중종은 3명의 왕비(단경왕후, 장경왕후, 문정왕후)를 두었음에도 불구하고 사후에 왕비릉 없이 혼자 묻혀 있는 비운의 왕이 되고 말았다.

3) 인조 시대 목릉(穆陵)의 천릉

(1) 선조 목릉의 천릉 논의와 과정

1630년(인조 8) 인조는 선조 목릉의 천릉을 단행하였다. 목릉은 1608년 선조가 승하한 후 건원릉 서쪽 산줄기에 조성되었으나, 1630년 원주목사 심명세가 목릉의 광중(壙中)에 물이 차 불길하다면서 천릉을 건의하자,[256] 천릉이 본격적으로 논의되었다. 심명세는 "목릉(穆陵)은 곧 선조대왕(宣祖大王)

之故也. 旣遷陵, 而地勢卑下, 補築之功費累鉅萬. 每年江漲, 水侵齋室, 國人悲憤. 文定之喪, 乃改卜他山. 物議皆欲遷陵, 而以再遷爲難, 故使大臣等更審形勢. 回啓曰: "江漲所及, 去穴道尙遠, 無擊齧之患, 只當用土石, 增築卑處, 而移造齋室于高燥地爲宜." 從之.

255 이호일, 『조선의 왕릉』, 가람기획, 2003, 182~183쪽.
256 『선조목릉천봉도감의궤』〈규13515〉.
庚午二月初四日 原州牧使書雲觀臣沈命世上疏 … 穆陵穴道騰路 地勢斗峻 內無關欄 平臨大野 直見水去 此皆葬法之大忌也.

께서 영원히 계실 현궁(玄宮)인데 당시 총호사(摠護使)가 풍수설을 극도로 배척한 나머지 용렬한 지사(地師)에게 맡김으로써 길하지 못한 땅을 잡아 쓰게 되었습니다. 그리하여 오늘날에 와서는 사람들마다 모두 미안하게 되었다는 것을 알고 있는데, 너무도 중대한 관련이 있는 일인 까닭에 감히 앞장서서 말을 꺼내지 못하고 있으니, 신은 속으로 통탄할 따름입니다. 우선 지가(地家)의 설을 가지고 논하더라도 장법(葬法)에서는 바람이 막히고 기(氣)가 응결하는 것을 선결 과제로 삼습니다. 그런데 목릉은 혈도(穴道)가 우뚝 드러나고 지형이 비탈지고 험준하고 안쪽에 가려 주는 산이 없어 큰 들과 평평히 맞닿아 물이 흘러 나가는 곳이 곧바로 보이니, 이것은 모두가 장법에서 크게 꺼리는 것들입니다"라고 하여 목릉은 장법에서 크게 꺼리는 곳이라고 지적하였다.[257] 또한 천릉의 정당성을 강조하기 위해 예종 때 세종의 영릉(英陵)을 여주로 천릉한 것이 매우 잘된 사례임을 지적하기도 했다.[258]

인조 대에 추진된 목릉의 천릉에는 왕실과 인척관계에 있었던 심명세 등이 왕권에 밀착하고 풍수설을 이용하여 자신의 입지를 넓히려는 정치적인 의도가 개입되어 있었다. 그러나 인조의 이종사촌으로서 왕권에 빌붙어 풍수를 통하여 자신의 입지를 강화하려는 심명세의 의도는 대다수 사론의 외면을 받았다. 목릉의 천릉은 이루어졌지만 천릉 과정에서 목릉에 물이 생겼다는 심명세의 말이 사실이 아닌 것으로 밝혀져 심명세는 탄핵을 받기도 했다.[259]

한편 목릉은 심명세의 상소 이전부터 그 문제점이 드러났다. 병풍석(屛風

---

257 『인조실록』 1630년(인조 8) 2월 4일.
　　臣竊惟穆陵乃宣祖大王萬年之玄宮, 而當時摠護之臣, 極詆風水之說, 付之庸師, 用此不吉之地. 至于今日, 人人皆知未安, 而事係重大, 莫敢先發, 臣竊痛焉. 姑以地家之說論之, 則葬法以藏風, 聚氣爲先, 而穆陵穴道騰露, 地勢斗峻, 內無關欄, 平臨大野, 直見水去, 此皆葬法之大忌也.
258 『선조목릉천봉도감의궤』〈규13515〉.
　　臣竊稽 英陵之葬 初在廣州大母山下 而其後遷卜驪州 其時改葬之議 必詳在國乘 … 睿宗元年遷用驪州 而驪州風水稱焉 國陵第一 此豈非祖宗深遠之計.
259 이희중, 「17, 8세기 서울 주변 왕릉의 축조, 관리 및 천릉 논의」, 『서울학연구』 17, 2001, 28쪽.

石)이 자주 기울어지는 일이 발생하자 광내(壙內)에 물이 있지 않나 하고 의심을 받았고, 또 지술(地術)을 아는 사람들이 대부분 지리가 불길하다고 하면서 혹 능을 옮겨야 한다고 말들을 하였으나 감히 드러내어 말하지는 못하였다. 이때 심명세의 상소가 올라오자 인조는 지리를 볼 줄 아는 사람과 지술을 아는 조사(朝士)들을 불러 모아 목릉의 천장(遷葬)에 대한 일을 의논하게 하였다.[260] 1600년 3월 14일에는 우의정 이정귀를 보내 술관과 지술을 아는 조사들을 이끌고 목릉 안의 여러 언덕을 살피도록 하였다. 전 감사 최현(崔晛), 병조 좌랑 이상형(李尙馨), 전 현감 박홍중(朴弘中), 신령 현감(新寧縣監) 성력(成櫟), 전 참봉 성여춘(成汝橁)이 참여하였다.[261] 3월 21일 이조에서는 총호사 좌의정 김류(金瑬)를 비롯하여 도감 제조에 예조 판서 서성(徐渻), 평성군 신경진(申景禛), 호조 판서 김기종(金起宗) 등 천릉 책임자들의 명단을 보고하였다.[262]

천릉을 할 곳으로는 1600년에 선조가 정해 둔 건원릉의 두 번째 언덕이 가장 유력하게 떠올랐다. 해창군 윤방(尹昉)과 예관 등은 "여러 사람이 모두 건원릉의 두 번째 언덕이 매우 길한 곳이라고 말하고들 있는데, 이곳은 실로 경자년(1600년)에 선왕께서 정해 놓으신 곳으로서 훗날 쓰기 위해 남겨 놓은 자리입니다.[263] 따라서 이 언덕으로 옮겨야 마땅할 듯한데, 막중한 일이니만큼 다시 더 살펴보게 해야 하겠습니다"라고 보고하였다.[264] 4월 7일에는 천릉할 때 사용할 석회(石灰)와 격회(隔灰)를 사전에 배정해야 한다는 논의가

---

260 『인조실록』 1630년(인조 8) 2월 30일.
　　招集相地人及朝士之解地術者, 議穆陵遷葬事 先是宣祖大王陵上屛風石, 數有傾頹之患. 當時以爲: "壙內
　　疑有水氣, 以致此患." 且爲地術者多言地理不吉, 或有爲遷陵之說者, 而莫敢顯言. 至是, 因沈命世上疏,
　　群議頗以爲然, 故有是命.
261 『인조실록』 1630년(인조 8) 3월 14일.
262 『선조목릉천봉도감의궤』〈규15070〉 27쪽.
　　摠護使 議政府左議政金瑬 提調 禮曹判書徐渻 平城君申景禛 戶曹判書金起宗.
263 1600년(선조 33) 의인왕후의 장례 때 선조가 유릉을 조성할 때 선조가 장지를 살펴 둔 것을 말한다.
264 『인조실록』 1630년(인조 8) 3월 16일.

있었으며,[265] 5월 4일 천릉도감에서는 "능을 옮길 때 거행해야 할 일에 대해 등록(謄錄)을 가져다 상고해 보았는데, 대행(大行) 초상의 예에 비해서는 흉에 따른 의장(儀仗)이나 수레 등의 의물을 줄이는 절목이 반드시 있어야 할 것입니다"라고 하여 천릉 때는 의물을 줄여야 함을 아뢰었다. 또한 천릉할 곳이 건원릉의 경역 내이므로 대여(大輿)는 쓰지 말고 견여(肩輿)만 마련해도 되는 것을 아뢰었고 인조는 이를 수용하였다.[266] 1630년 11월 4일 목릉의 재궁(梓宮)을 모셔 내어 영악전(靈幄殿)에 봉안하였으며,[267] 11월 21일 인조가 우제(虞祭)를 지내면서 천릉의 전 과정을 마무리 지었다.

1630년(인조 8) 선조의 목릉을 천릉한 절차를 도표로 정리하면 〈표 3〉과 같다.

〈표 3〉[268]을 바탕으로 천릉 의식을 정리하면 다음과 같다. 8월 25일 신릉(新陵)에 후토제(后土祭)를 지내고 능지를 조성한 후, 10월 10일 구릉(舊陵)에 후토제를 지내고 천릉을 위한 개릉(開陵)을 고하였다. 후토제는 흉례에서 산릉의 준비 절차인 치장(治葬) 전에 치르는 의식인데, 천릉의 경우에는 신릉에서 먼저 후토제를 행하고 능역을 조성한 후, 다시 구릉에서 재궁을 꺼내기 전 후토제를 행했다.[269] 고사유제(告事由祭) 역시 능을 옮기는 것을 고하는 개릉 전에 행하는 의식이었다. 이러한 준비 의식을 마치고 11월 4일 구릉을 열고 능의 이전을 시작하는 계릉전(啓陵奠)을 시행해 재궁을 땅속 광중에서 꺼

---

265 『인조실록』 1630년(인조 8) 4월 7일.
266 『인조실록』 1630년(인조 8) 5월 4일.
　　"今自穆陵至新陵, 俱是健元陵內, 其間相距甚邇, 似當不用大輿, 只以肩輿磨鍊. 如竹散馬, 鞍馬, 靑繡鞍馬, 紫繡鞍馬等物, 皆是大轝所用, 不可入帷門之內. 且新, 舊兩陵之間, 地形窄迫, 勢不容排立, 似當減去, 而此外許多節目, 無可據之地, 其仍舊者, 新造者, 減去者, 宜令禮官稟定." 上從之.
267 『인조실록』 1630년(인조 8) 11월 4일.
268 『인조실록』 1630년(인조 8) 11월 15일.
269 이것은 원(園)을 천봉하는 의식에서도 같은 방식으로 전개되었다. 서울대학교 규장각, 『규장각 소장 의궤 해제집 1』, 2003, 449쪽 참조.

표 3 **목릉 천릉의 의식 순서**[270]

	천릉의 주요 의식과 내용	
날짜(1630년)	**의식**	**주요 내용**
8월 25일	후토제(后土祭)-신릉	신릉에 먼저 능지 조성(斬草, 破土)
10월 10일	후토제(后土祭)-구릉	개릉 전 토지신에 고함(斬草, 破土)
10월 10일	고사유제(告事由祭)-구릉	천릉을 위한 개릉을 고하는 의식
11월 4일	계릉전(啓陵奠)-구릉	구릉을 파고 재궁을 꺼내는 의식
11월 7일	재궁출안막차전(梓宮出安幕次奠)	재궁을 꺼내서 막차에 봉안하는 의식
11월 7일	영악전성빈전(靈幄殿成殯奠)	영악전에 빈소를 마련하는 의식
11월 11일	친제(親祭)	국왕(인조)이 친히 방문 후 제사
11월 15일	망제(望祭)	국왕 및 세자가 숭정전(崇政殿)에서 능을 바라보며 곡함
11월 18일	계빈전(啓殯奠)	빈소에서 재궁을 꺼냄
11월 21일	견전(遣奠)	신능소로 이동
11월 21일	천전(遷奠)	신능소에 재궁 안장
11월 21일	안릉전(安陵奠)	신릉에 봉안 완료
11월 21일	사후토제(詞后土祭)	토지신에 제사
11월 21일	우제(虞祭)	장례 후 제사

냈다.[271] 그다음으로 재궁을 막차에 모신 후 영악전에 빈소를 만들었다. 빈소를 만든 후에는 인조가 친히 제향을 올리는 의식을 치렀다. 11월 15일에는 국왕과 세자, 문무백관이 숭정전에서 망곡례를 행하였고, 11월 18일에는 빈소에서 재궁을 열고 신릉으로 이동할 준비를 마치는 계빈 의식이 거행되었다. 계빈 3일인 11월 21일에는 재궁을 신릉에 옮기는 견전(遣奠) · 천전(遷

---

270 〈표 3〉은 『선조목릉천봉도감의궤』〈규13515〉 및 신재훈의 논문(2011)을 참조하여 작성하였다.
271 『선조목릉천봉도감의궤』〈규15070〉 78쪽, 11월 4일.
　　今日子時啓陵奠設行 後啓陵仍爲施行爲白乎事.

奠)·안릉전(安陵奠)을 거쳐 현궁(玄宮)을 내리는 하현궁(下玄宮)을 마쳤다. 이후 토지신에 고하는 사후토제(詞后土祭)와 혼백을 달래는 우제(虞祭)를 지내면서 천릉 의식은 종료되었다. 이날 인조는 우제를 지낸 후 경희궁의 숭정전에 돌아와서 망곡례를 행하고 의주대로 뜰에서 곡하였다. 그리고 시복을 벗고 이어 다음 날까지 조시(朝市)를 정지하도록 명하였다.[272] 『선조목릉천봉도감의궤』의 기록과 『인조실록』에 의하면, 10월 10일 고후토제(告后土祭)와 구릉선고사유제(舊陵先告事由祭), 11월 4일 자시(子時) 계릉전(啓陵奠), 11월 7일 재궁출안막차전(梓宮出安幕次奠)과 영악전성빈전(靈幄奠成殯奠), 11월 11일 친제(親祭), 11월 15일 망제(望祭), 11월 18일 동지제(冬至祭)와 계빈전(啓殯奠), 11월 21일 견전 및 천전, 우제까지 천릉의 의식이 진행되었음을 알 수가 있다.[273]

(2) 목릉 천릉의 기록, 『선조목릉천봉도감의궤』

조선 중기의 대표적인 천릉 사례는 인조 대인 1630년(인조 8)에 단행한 선조 목릉(穆陵)의 천릉이다. 특히 목릉 천릉에 관한 내용은 『선조목릉천봉도감의궤(宣祖穆陵遷奉都監儀軌)』로 정리되어 있어서 천릉의례와 천릉의 구체적인 과정을 잘 보여 준다. 선조 승하 후 건원릉 서쪽 언덕에 조성되었던 선조의 목릉을 건원릉 경역 내 두 번째 언덕으로 천릉한 과정과 소용된 물품 등이 자세히 기록되어 있는데, 현존하는 천릉 관련 의궤 중에서 가장 오래된 것이다.

『선조목릉천봉도감의궤』는 인조 대에 선조의 무덤을 천릉한 과정을 기록한 의궤이다. 선조의 무덤은 원래 의인왕후 박씨의 유릉(裕陵) 능역으로, 1630년(인조 8) 12월에 새롭게 왕릉을 옮기고 조성한 과정을 정리한 의궤를 현재 서울대학교 규장각한국학연구원에서 소장하고 있다. 책의 앞부분

---

272 신재훈, 「조선 전기 천릉의 과정과 정치적 성격」, 『조선시대사학보』 58, 2011, 43~44쪽.
273 『선조목릉천봉도감의궤』〈규15070〉389~391쪽.

이 부식되어 천봉의(遷奉議)의 일부분만이 수록되어 있으며, 전반적으로 형식이 완비되지 않는 상태로 작성되어 있다. 1608년 조성된 선조의 목릉은 조성 직후에도 왕릉이 붕괴하는 등의 문제가 발생했다. 능역에 대한 논란이 생기자 총호사였던 이항복이 대죄한 후 바로 수개(修改)를 하였는데 이때의 수개 과정은 『목릉수개의궤(穆陵修改儀軌)』로 정리되어 있다.[274] 이후에도 목릉에 대한 문제는 끊이지 않았다. 1613년(광해군 5)에는 목릉 저주사건이 일어나 정치적인 문제와 관련되었으며, 인조가 즉위한 이후에도 병풍석에 균열이 생기고 물난리를 겪는 등 능역에 대한 문제가 지속적으로 발생했다. 결국 1630년(인조 8) 인조의 친인척인 원주목사 심명세가 목릉의 풍수적 위치가 좋지 않고 물이 샌 전례가 있어 천릉해야 한다고 상소문을 올린 것이 발단이 되어 천릉을 하게 되었다. 『선조목릉천봉도감의궤』의 계사(啓辭)에는 심명세의 상소문과 급제(及第) 최현이 올린 상소문이 수록되어 있다. 최현은 인산(因山)하는 날 목릉의 장지를 다녀온 경험을 언급하면서 그 형세가 사신(四神)이 온전하지 못하고 혈의 길이 갑자기 드러나 있으며 네 곳 방위신의 형세가 각기 올바르지 못해 풍수지리적 관점에서 부적합한 위치임을 검증하였다. 이후 심명세와 최현이 목릉의 능역에서 물이 흘러나오는 사실을 목격하였다면서 천릉을 거듭 주장하였다.

『선조목릉천봉도감의궤』의 구성은 먼저 천릉의 배경과 천릉을 논의한 상소문이 포함된 계사로 시작되어, 삼방의 품목을 준비하는 과정과 각 방별 품목을 나열한 내관품목(來關稟目), 채색의 행렬도인 이안반차도(移安班次圖)가 나온다. 그 뒤에는 이어서 1방, 2방, 3방의 인원과 업무 분장을 기록한 각방소장(各房所掌)과 소용물품을 아뢴 내용인 품목(稟目) 등이 실려 있다. 계사는

---

274 이 책은 40장으로 매우 간략하고, 현재 서울대학교 규장각한국학연구원에 단 1건이 남아 있다. 광해군 대 선조의 국장과 산릉 조성에 관한 의궤에 대해서는 한영우, 『조선왕조 의궤』, 일지사, 2005, 52~53쪽 참조.

천릉과 관련하여 도감 등에서 왕에게 아뢴 내용들이 주류를 이루고 있다. 먼저 1630년 2월 초에 시작된 천릉 논의의 시점부터 같은 해 11월 21일의 하현궁에 이르기까지 천릉에 대한 대략적인 과정과 논의 사항에 대한 자료를 싣고 있다. 계사의 주요 내용을 보면, 우의정 이정귀를 비롯한 대신들은 3월 14일부터 천릉에 관한 논의를 시작하고 있다. 대신들은 목릉을 살펴보고 심명세 등의 건의가 풍수설에 현혹된 바가 없지 않지만 천릉의 필요성을 인정하고 있다. 3월 18일에는 관상감에서 길지를 찾아보고, 19일에 예조는 천릉의 전례를 찾아보았다. 이후 3월 22일에 이조는 김류(金瑬)를 총호사로 삼고 예조 판서인 서성과 평성군 신경진, 호조 판서 김기종 등을 제조로 삼는 명단을 올렸다. 3월 24일에는 남별궁에 제조와 낭청이 회합하여 업무를 1방, 2방, 3방으로 분장하였다. 4월 3일에는 천릉도감의 설치를 위해 전대의 천릉 사례인 세종의 영릉(英陵), 장경왕후의 희릉(禧陵), 중종의 정릉(靖陵)에 대해 찾아보았다. 역대 천릉 사례를 찾아본 결과 실록의 기록이 소략하나 천릉과 산릉 두 도감의 설치는 분명하고 빈전도감은 광중에서 재궁을 꺼낸 후에 빈전 절목이 거행되어야 하므로 필요하다고 하여 세 도감이 설치되어야 한다고 건의하여 결국에는 천릉도감, 산릉도감, 빈전도감의 세 도감이 설치되었다. 한편 『인조실록』 기록에도 의궤에 보고된 내용이 거의 그대로 기록되었다.

예조가 아뢰기를, "산릉(山陵) · 국장(國葬) · 빈전(殯殿) 3도감(都監)의 당상과 낭청(郎廳)을 차출할 일로 대신에게 의논하니, 대신 모두가 '천릉(遷陵)과 같은 막중한 일은 십분 자세히 살펴야 하는데, 실록(實錄)의 기록이 이처럼 소루하니, 이를 근거로 행하기는 어려울 듯하다. 그리고 산릉과 천릉 두 도감을 설치하는 것만은 과연 분명한 듯한데, 그렇다고 빈전도감을 천릉도감과 합친다면 일이 구차하게 될 것이다. 이는 대체로 재궁(梓宮)을 광중(壙中)

에서 꺼낸 뒤에는 빈전 절목을 모두 거행해야 하는 만큼 각기 관장하는 바가 없어서는 안 되기 때문이다. 산릉도감과 빈전도감은 『오례의』에 의거하여 그대로 설치하고 국장도감의 명칭을 고쳐 천릉도감으로 한다면 이름도 알맞게 되고 사체(事體)상으로도 온당할 것이다. 그리고 실록에서 근거를 취할 수가 없다고 하는 것은, 선릉(宣陵)을 옮긴 것이 『오례의』가 반포된 뒤이긴 하지만 감조관(監造官)이 포상 대상에 포함되지 않았기 때문인데, 어쩌면 그 당시 번거로운 글들을 삭제해서 그렇게 되었는지도 모르겠다. 실록에는 실려 있지 않지만 『오례의』나 근래 국장의 예를 보면 모두 감조관이 있으니, 예전대로 차출하는 것이 또한 무방할 듯싶다' 하였습니다" 하니, 상이 답하기를, "아뢴 대로 하라. 그리고 도감은 전례에 따라 두 곳만 설치하고, 낭청의 일은 감조관이 또한 겸해 살피게 하는 것이 옳을 듯하다" 하였다.[275]

일자별로 정리된 의궤 계사의 주요 내용은 실록의 같은 날 논의 내용과 거의 일치하여, 의궤가 행사 보고서임을 확인시켜 주고 있다. 이 외에도 『선조목릉천봉도감의궤』에는 춘추당상관 조익이 천릉의 전례를 살피고 예제와 복제, 봉안 일정 등에 대해 기록이 소략하여 천릉도감의 절목이 필요하다고 한 보고가 실려 있고, 5월 4일에는 구릉과 신릉의 거리가 가까워 천릉을 하기 위해 견여(肩輿)를 통한 재궁의 이동이 필요하므로 대여(大輿)나 각종 의장과 물건의 증감을 미리 정해야 한다고 한 보고가 실려 있다.

5월 8일에는 새로 제작해야 하는 응조물목(應造物目)과 다시 사용할 수 있는 물목인 잉용물목(仍用物目)으로 애책과 증옥(贈玉), 규(圭), 제기, 분화제구(焚火諸具)를 기록하고 있으며, 미리 헤아려서 감하는 물목인 재감물목(裁減物

---

275 『인조실록』 1630년(인조 8) 4월 7일.

日)을 분류하여 기록하고 있다. 잉용물목과 재감물목은 천릉이 초장의 산릉 조성에 비해 물품 준비가 적음을 대표적으로 보여 주는 것이다. 물목에 이어서는 7월 20일 이후의 공정 일정과 전반적인 작업일지에 대한 기록이 실려 있다.『오례의』와 전례의 천릉 기록과 각 등록(謄錄),『두씨통전(杜氏通典)』 등의 예서 고찰을 통해 전례에 따른 물품의 배설과 추가, 잉용 등의 여부에 대해 논한 부분은 천릉에 관한 기존 의궤가 없었기 때문에 다른 전례서를 참고한 것으로 여겨진다. 결국『선조목릉천봉도감의궤』의 제작은 한편으로는 앞으로 또 있게 될 천릉 사례의 준거가 될 자료의 마련이라는 점에서도 그 의미를 찾을 수 있다. 이후 예서의 전례에 입각한 영침(靈寢)과 영좌(靈座) 등의 설치를 논의하고 물력과 인력의 동원 문제를 논의하고 있다. 가가(假家)의 설치, 견여와 재궁 등의 제작, 도습의(度習儀)와 계빈전, 견전, 천전, 하현궁까지의 일정에 대한 내용이 차례로 실려 있다.

계사에 이어서 나오는 내용은 내관품목이다. 내관품목에는 5월 4일부터 11월 12일까지의 각종 의례에 들어가는 품목과 비용, 소용물품 등에 대한 논의가 실려 있고 물목이 나열되어 있다. 먼저 나무를 급히 작벌해야 하는 물목에 관한 도감의 논의와 나무의 필요량으로 시작하여 지석을 나르는 문제와 인력의 문제, 급료의 지불 등에 관한 내용이 실려 있다. 그 외에 천릉에 소용되는 잡물의 수송이나 목재의 소용 범위, 각 방의 인원 분장과 공장(工匠) 선발 등에 대한 내용도 포함되어 있다. 그 뒤에는 각 방별 품목이 분류되어 나열되고 있으며 가가의 설치와 영악전, 외재궁 등의 품목 제조 계획이 서술되어 있다.

또 천릉 때 진행되는 의식 순서인 계릉전, 성빈전, 계빈전, 견전, 천전, 하현궁, 우제에 이르기까지의 순서에 따른 지방(紙榜)의 서사(書寫), 명정(銘旌)의 서사 절목 등이 기록되어 있어서 당시 천릉의례의 구체적인 모습을 살펴볼 수가 있다. 이 외에도 각 방의 여사군(舁士軍)에 대하여 1방은 1,530명,

2방은 316명, 3방은 472명이라 기록하여[276] 당시 천릉에 동원된 인력의 규모를 알 수 있게 한다. 왕실 및 관원의 복장에 대한 기록도 있다. 왕을 비롯한 왕자, 왕비 등의 왕실은 천릉 시 3개월복에 해당하는 시마복(總麻服)을 입고, 종친과 문무백관, 능소의 관원 역시 시마복을 입었다.[277]

천릉의 발인을 연습하는 의식인 도습의(度習儀)의 일정과 비용에 대해서도 상세히 기록하고 있는데, 이를 통해 천릉 의식 전에 몇 차례의 예행 연습이 있었음을 알 수가 있다. 10월 22일에 첫 도습의를 남별궁에서 동대문까지 행하고 두 번째 도습의는 10월 27일에, 세 번째는 11월 12일에 영악전에서 신릉까지 행한 일에 대해서 기록하였다. 이후 천릉의 일정을 구체적으로 기록하고 있다. 10월 10일에 구릉 수도각(隧道閣) 건설과 이안제(移安祭)의 시행, 11월 11일에 친행, 11월 21일 우제 등의 일정을 기록했다.[278] 마지막으로 차비관 등의 인원 분배와 그들에게 주어지는 필요물품 등에 관해 기록한 내용도 보인다. 끝에는 의궤의 분상처가 기록되어 있는데, 어람본 1건, 의정부에 1건, 예조에 1건, 춘추관에 1건, 강화부에 1건 등 5건을 나누어 올릴 것을 건의하였다.[279]

이안반차도는 목릉 천릉 행렬의 구체적인 모습을 확인시켜 준다는 점에서 매우 중요하다. 채색으로『선조목릉천봉도감의궤』의 149~158쪽의 10면에 걸쳐 그려져 있으며, 색감이 매우 선명하다. 큰 가마인 견여(肩輿)와 향정(香亭), 연(輦) 등은 물론이고 애책과 복완(服玩), 명기(明器), 지방(紙牓)을 나르는 요여(腰輿) 등이 잘 표현되어 있다. 또 이들의 양옆으로 이를 따르는 관원들의 모습도 잘 드러나 있다. 건원릉 경역 내의 이동이라서 대여 대신에 견여가 등

---

276 『선조목릉천봉도감의궤』〈규15070〉131쪽.
　　一房轝士軍一千五百三十名 二房轝士軍三百十六名 三房轝士軍四百七十二名.
277 『선조목릉천봉도감의궤』〈규15070〉134쪽.
278 의궤에 기록된 일정은『인조실록』에 기록된 일정과 일치한다.
279 의궤의 기록에서 보듯이『선조목릉천봉도감의궤』는 총 5건이 제작되었으나, 현재 서울대학교 규장각한국학연구원에는 분상처 미상 1건이 보관되어 있다.

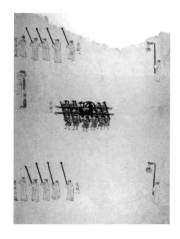

『선조목릉천봉도감의궤』
이안반차도 중 견여 부분
* 자료 제공: 규장각한국학연구원

장하는 것이 흥미롭다. 이안반차도 다음에는 일방소장이란 이름으로 일방의 업무를 분담하는 관원과 일방에서 다루는 물품이 기록되어 있다. 일방에서 준비한 물품은 견여 1개, 수여(輪輿) 14개, 요여 8개, 연 1개, 평교자 1개 등 주로 수레 및 가마와 관련된 물품이었다.

이방은 이방소장으로 시작되는데, 이방에서 관장한 물품은 길의장(吉儀仗), 흉의장(凶儀仗), 복완(服玩), 명기(明器), 포연(鋪筵), 양구(兩具), 결관(結棺) 등 주로 의장물품이었다. 명기에는 악기인 호(濩), 관(管), 당적(唐笛), 통소(洞簫), 금(琴), 슬(瑟), 대쟁(大箏), 평생(平笙), 박(拍), 생(笙), 장고(長鼓), 어(敔) 등 전통 악기가 기록되어 있는 것이 주목된다. 이방소장의 마지막에는 역시 면류관(冕旒冠), 상(裳), 폐슬(蔽膝), 홍말(紅襪), 대대(大帶), 마궤(馬机) 등의 그림이 실려 있는데, 이들 그림은 천릉 의식의 재현에 도움을 줄 수 있다.[280]

삼방에서는 애책과 증옥, 면류, 증백(贈帛), 규(圭) 등 왕실을 상징하는 물건과 고인을 애도하는 물품인 만장(挽章), 지방(紙榜), 지석 등과 제복, 망촉(望

---

280 『선조목릉천봉도감의궤』〈규15070〉303~306쪽.

燭), 장막, 제기, 제전 등 제사와 의전에 쓰이는 물품을 담당하고 있음이 나타난다.

제전 조항에서는 1630년 10월 10일의 후토제로부터, 구릉선고사유제, 계릉전, 재궁출안막차전, 영악전성빈전, 친제, 망제, 동지제, 계빈전, 견전, 천전, 우제까지 천릉의 의식 순서와 날짜를 함께 기록하고 있다.[281] 이후에는 상식(上食)을 지내는 각 부서와 각 도의 진향 제문의 전문을 일일이 싣고 있다. 마지막 부분에는 장인들이 사용한 물품을 기록한 공장도용(工匠都用), 실제 잡물이 들어온 수량을 기록한 잡물실도수(雜物實都數), 장인들의 명단을 기록한 장인질(匠人秩), 남은 물건을 각사(各司)로 돌려보낸 기록인 조작물건용후환하각사질(造作物件用後還下各司秩), 애책함(哀冊函), 배안상(排案床) 등이 그려진 도설이 있다.[282]

4) 현종 시대 효종 영릉(寧陵)의 천릉

현종은 즉위 직후 선왕인 효종의 영릉을 건원릉 자락에 조성하였다. 그러나 효종의 영릉은 1년이 채 지나지 않아 지대석(地臺石)·상석(裳石)·병풍석(屛風石)·가석(駕石) 등의 연결 부위에 이상이 생겨 개수를 해야 하는 상황이 발생했다.[283] 현종은 영릉의 석물을 수개하고 난 후에, 1660년(현종 1) 10월, 1책 27장의 간단한 『효종영릉수개도감의궤(孝宗寧陵修改都監儀軌)』를 편찬하였다.[284] 그러나 이후에도 영릉은 석물에 틈이 생겨서 빗물이 스며드는 등 지속적으로 문제점을 노출하여, 해마다 수리해야 하는 번거로움이 발생하였

---

281 『선조목릉천봉도감의궤』〈규15070〉389~391쪽.
282 『선조목릉천봉도감의궤』〈규15070〉437~438쪽.
283 『현종실록』 1660년(현종 1) 7월 18일.
284 『효종영릉수개도감의궤』〈K2-3566〉.

다.[285] 이러한 영릉의 문제는 심각하게 고민되었으며, 결국 1673년(현종 14) 개수를 넘어 천릉을 단행하게 되었다.[286]

천릉 논의는 영림부령(靈林副令) 이익수(李翼秀)의 상소에서부터 시작되었다. 이익수는 영릉의 각 석물들과 봉분의 파손 상태에 대해 자세히 언급하였으며, 해마다 수리를 했지만 외면에 회를 바르는 등의 임시방편일 뿐이라고 문제점을 지적하였다. 따라서 견고하게 하여 오래가도록 도울 수 있는 방법을 모색해야 한다고 하며, 영릉의 천릉에 대해 대신과 예관에게 물어보고 『예경(禮經)』을 참작하여 능침을 개봉(改封)하자고 건의하였다.[287]

현종은 신하들을 영릉으로 보내 상태를 살피게 하였다. 그런데 이때, 현종은 이미 영릉의 천릉을 어느 정도 염두에 두었던 것으로 보인다. "신해년에 봉분을 개조한 일과 영릉(英陵)을 옮겨 모셨을 때의 사유를 사관(史官)으로 하여금 실록에서 상고해 내게 하라"[288]라고 명하여, 사관을 강화도 사고에 파견해 세종 영릉의 천릉에 대해 알아보게 했기 때문이다. 이후, 현종은 영릉을 봉심했던 관련자들을 처벌하고, 천릉을 위해 봉심한 문서 등을 조사하며 천릉 준비에 들어갔다.[289]

실록을 상고해 본 현종은 영릉을 그대로 봉안할 수 없다고 하며, 구릉(舊陵)을 파묘할 길년을 먼저 알고 싶으니 지사(地師)에게 물어 의논하라 하였다.[290] 이로써 현종은 영릉의 천릉을 기정사실화했다. 우의정 김수흥, 예조판서 조형, 참판 이은상, 참의 이혜는 "지금 비록 개축한다 하더라도 뒷날 무사하리라고 어떻게 보장하겠습니까. 일이 이미 이 지경에 이르렀으니, 길

---

285 이긍익, 『연려실기술』 권31, 현종조 고사본말, 영릉천봉시사.
286 영릉의 천릉에 대해서는 김충현, 「효종 영릉의 조성과 능제의 변화」, 『역사문화논총』 7, 2012 참조.
287 『현종실록』 1673년(현종 14) 3월 24일.
288 『현종개수실록』 1673년(현종 14) 4월 5일.
289 『현종개수실록』 1673년(현종 14) 4월 12일·17일.
290 『현종실록』 1673년(현종 14) 4월 19일.

지(吉地)를 가려 능을 옮기는 외에는 다른 대책이 다시없습니다"[291] 하며 현종의 천릉에 대한 뜻을 지지해 주었다. 이에 현종은 새로운 길지를 찾게 하였다.

5월 15일, 김수흥은 현종에게 건원릉(健元陵)·헌릉(獻陵)·광릉(光陵)·영릉(英陵) 및 양주(楊州) 화접동(花蝶洞) 등은 모두 살펴볼 대상 중에 들어 있는데, 수원 읍내 역시 가 보아야 하지 않겠냐고 질문하였다. 현종은 "당초 수원을 쓰지 않았던 것이 하자가 있다고 생각해서 그런 것이 아니었으니, 지금도 가 볼 필요가 없다"고 대답하였다.[292] 이것은 수원이 풍수지리적인 이유가 아니라, 정치적인 문제로 인해 제외되었음을 확인시켜 주는 대목이다.

현종은 지관(地官)이 금년에 능을 옮기면 좋다고 했음을 언급하며, 천릉을 빨리 끝내려고 서둘렀다. 따라서 천릉지 선정은 초장지(初葬地)의 선정 때와는 달리, 신속하게 이루어졌다. 산릉도감 당상 조형과 민유중 등이 산을 본 뒤에 돌아와 "여러 지관이 모두 말하기를 영릉(英陵) 안의 홍제동(弘濟洞)이 가장 좋다고 하였습니다"라고 아뢰었다.[293] 현종은 아직 조사하지 못한 지역이 많다고 함에도 불구하고, 다 조사할 필요가 없다 하며 능지를 홍제동으로 결정하였다. 그리고 우의정 김수흥을 총호사로 임명하며 천릉도감을 설치하였다.[294] 그리하여 효종의 영릉은 여주로 옮겨지게 되었다.[295]

현종은 총호사 김수흥 및 도감 당상을 인견하는 자리에서 신릉(新陵)을 쌍분(雙墳)으로 쓸 수 있는지 물었다. 민유중은 "만약 쌍분으로 쓴다면 정혈(正穴)이 가운데에 있어 비어 버리게 됩니다. 지관들이 모두 말하기를 아래 혈(穴)도 아주 길(吉)하다고 합니다. 만약 상·하혈에 쓴다면 정리상 쌍릉과 다

---

291 『현종개수실록』 1673년(현종 14) 5월 5일.
292 『현종개수실록』 1673년(현종 14) 5월 15일.
293 『현종실록』 1673년(현종 14) 5월 26일;『현종개수실록』 1673년(현종 14) 5월 27일.
294 『효종영릉천봉도감의궤』, 계사;『현종실록』 1673년(현종 14) 6월 2일.
295 이긍익,『연려실기술』별집 권2, 사전전고, 산릉.

름이 없을 것입니다"라고 대답하였다.[296] 이에 따라 영릉은 동원상하릉(同原上
下陵)으로[297] 조성되었다.

영릉의 천릉은 현종과 송시열의 변화된 정치적 역학관계를 보여 준다는
점에서 정치사적으로도 매우 중요한 사건이다. 송시열의 아쉬움에도 불구
하고 현종의 의도대로 영릉이 천장되었지만 새 능의 자리로 결정된 것은 송
시열계가 주장하고 현종이 처음 왕릉 조성 때는 반대했던 여주였다. 현종이
천릉을 관철하여 송시열과 그를 추종하는 서인들을 압박하였지만, 아직은
이들의 주도권을 일부 인정할 수밖에 없었음을 보여 준다.[298]

1673년(현종 14) 3월부터 10월에 있었던 효종 영릉 천릉의 전 과정은 『효
종영릉천봉도감의궤(孝宗寧陵遷奉都監儀軌)』로 정리되었다.[299] 3책으로 구성되
었는데 1책에 좌목(座目), 계사(啓辭), 장계(狀啓), 이문(移文), 품목(稟目), 감결
(甘結), 예관(禮關), 의궤(儀軌), 서계(書啓), 상전(賞典)이, 2책에 일방의궤(一房儀
軌), 이방의궤(二房儀軌), 3책에 삼방의궤(三房儀軌), 빈전소(殯殿所), 지석소(誌
石所), 사지석소(沙誌石所), 지방소(紙牓所), 표석소(表石所), 내외별공작(內外別工
作), 분전설사(分典設司), 분장흥고(分長興庫)가 각각 기록되어 있다.[300] 1673년
3월 24일 영림부령 이익수의 상소로부터 시작되어,[301] 5월 5일 현종이 세종
의 영릉과 선조 목릉을 천봉(遷奉)한 사례를 조사하게 하고[302] 천봉할 것을 결

---

296 『현종실록』 1673년(현종 14) 6월 20일.
297 동원상하릉은 한 언덕의 위아래에 각각 왕과 왕비의 봉분과 상설(象設)을 배치한 이봉이실(二封二
室)의 능으로 효종과 인선왕후의 영릉과 경종과 선의왕후의 의릉이 대표적이다.
298 이희중, 「17, 8세기 서울 주변 왕릉의 축조, 관리 및 천릉 논의」, 『서울학연구』 17, 2001.
299 의궤는 총 5건이 제작되었는데, 현재 서울대학교 규장각한국학연구원에는 〈규13532〉와 〈규14885〉,
〈규15071〉의 3종이 소장되어 있다.
300 서울대학교 규장각, 『규장각한국본도서해제 史部 2』, 1982, 113~114쪽 참조.
301 『효종영릉천봉도감의궤』 〈규13532〉 1책, 5~11쪽.
　　　癸丑三月二十四日靈林副令翼秀上疏 … 臣妾自冒禁詳細奉審 則封陵大勢西北方似傾 而四面駕石屛石
　　　及裳石地臺石並皆眹舜生隙小隙可容一指大隙 可容兩指前面地傍石裳石之間生隙尤大.
302 『효종영릉천봉도감의궤』 〈규13532〉 1책, 17쪽.
　　　寧陵奉審大臣以下引見時上曰英陵遷陵之由及辛亥年穆陵改封之事 令春秋館考出實錄可也.

표 4 중종~현종 대 조성 왕릉의 유형별 분석

봉분 형태	설명	사례
단릉 (單陵)	일봉일실(一封一室) 왕과 왕비의 봉분 각각 조성	정릉(靖陵-중종), 온릉(溫陵-단경왕후), 희릉(禧陵-장경왕후), 태릉(泰陵-문정왕후)
쌍릉 (雙陵)	이봉이실(二封二室) 한 언덕에 왕과 왕비의 봉분 나란히 배치	효릉(孝陵-인종, 인성왕후), 강릉(康陵-명종, 인순왕후), 장릉(章陵-원종, 인헌왕후)
삼연릉 (三連陵)	삼봉삼실(三封三室) 한 언덕에 왕·왕비·계비의 세 봉분 나란히 배치	
동원이강릉 (同原異岡陵)	이봉이실(二封二室) 하나의 정자각 뒤 각기 다른 언덕에 왕과 왕비의 봉분 배치	선릉(宣陵-성종, 정현왕후), 목릉(穆陵-선조, 의인왕후, 인목왕후)
동원상하릉 (同原上下陵)	이봉이실(二封二室) 한 언덕의 위와 아래에 왕과 왕비의 봉분 배치	영릉(寧陵-효종, 인선왕후)
합장릉 (合葬陵)	일봉이실(一封二室) 왕과 왕비를 하나의 봉분에 합장	장릉(長陵-인조, 인열왕후)
기타	쌍분묘(雙墳墓)	연산군, 거창군부인 광해군, 문성군부인

정한 내용, 9월 29일 구릉(舊陵)을 시역(始役)하고, 10월 7일 우제(虞祭)를 행하여 천릉을 마친 사실까지를 기록하고 있다. 계사의 기록에 의거하면 외부 제도의 기준은 영릉(英陵)과 광릉(光陵)에 두었지만 광을 조성하는 기준은 인조의 장릉이 기준이 되었다는 것이 나타나며, 천회(天灰) 위에 바로 황토, 세사, 석회의 삼물을 잉요하여 복부형 구조를 만들면서 광중(壙中)을 더욱 견고히 한 모습도 나타난다.[303]

한편 일방의궤의 말미에는, 경기감사를 선두로 하고 중앙에 견여(肩輿),

대여(大興)를 중심으로 한 이안반차도가 26면에 걸쳐 채색으로 그려져 있다.[304] 『선조목릉천봉도감의궤』의 이안반차도에는 견여만 등장한 것에 비하여, 대여가 등장하고 반차도도 훨씬 대규모로 제작되었다. 『효종영릉천봉도감의궤』의 이안반차도는 천릉의례의 재현 행사 때 주요한 텍스트로 활용할 수 있다.

303 김충현, 「효종 영릉의 조성과 능제의 변화」, 『역사문화논총』 7, 2012, 80~81쪽.
304 『효종영릉천봉도감의궤』〈규13532〉 2책, 343~368쪽.

제 3 장

조선 후기의 왕릉 조성과 그 의미

이 책에서 조선 후기로 구분한 숙종 시대 이후에도 선왕 대의 왕릉 조성 사업을 이어 여러 차례 왕릉 조성을 역사하였다. 조선 후기 왕릉 조성의 역사에서 특히 주목되는 것은 정조의 현륭원(顯隆園)으로의 천장이나, 익종 수릉(綏陵)의 천릉 등 천릉 양상이 전대보다 그 비중이 높아졌던 점이다. 그만큼 왕실에서 왕릉의 입지를 중시하고, 이를 통해 왕실의 위상을 강화하려는 움직임이 컸기 때문으로 풀이된다. 조선 후기 왕릉 조성의 역사는 대부분 의궤의 기록으로 정리되었고, 대부분의 의궤가 현존하고 있다. 왕릉 조성에 관한 역사는 산릉도감에서 주관하였고, 산릉도감은 국장도감, 빈전도감, 혼전도감과 긴밀한 업무 협조를 통해 조성을 진행하였다. 유교 국가에서 가장 중시했던 것이 상장의례였던 만큼 상장의례의 마지막 관문인 왕릉 조성에는 국가의 역량이 총집결되는 양상도 볼 수가 있다.

왕릉 조성과 관련하여 시기 구분이 이루어지는 시점은 1897년 고종황제가 대한제국을 선포하고 황제국을 선포한 때이다. 고종 황제와 순종 황제는 비록 황제릉의 형식을 갖추긴 했지만, 1910년 대한제국이 멸망하면서 이후의 황제와 황후의 능역 조성 사업은 전대의 위상을 갖지 못하게 되었다.

이 장에서는 조선 후기 정치적·문화적으로 가장 정비되었던 시기인 숙종 시대에서 영조 시대까지의 왕릉 조성, 19세기 세도정치 시대의 왕릉 조성, 대한제국과 일제 강점기의 왕릉 조성 등 시대별 왕릉 조성 사업의 주요 내용과 특징을 살펴보려고 한다.

1 숙종~정조 시대의 왕릉 조성

1) 숙종 시대의 왕릉 조성

조선의 19대왕 숙종(肅宗)은 46년이라는 긴 기간 동안 재위한 만큼, 여러 차례 왕릉 조성의 역사(役事)를 주관했다. 즉위 직후 선왕인 현종의 숭릉(崇陵)을 조성하였으며, 1683년 모친인 명성왕후가 승하하자 어머니의 무덤 조성을 주관하게 되었다. 조선의 역사상 현왕이 생부와 생모의 무덤을 함께 조성한 사례는 그리 많지가 않았다. 세종이 태종과 원경왕후의 무덤을 함께 조성한 이후 처음으로 숙종은 왕위에서 부모의 무덤을 모두 조성하였다.

숙종은 재위 기간 중에 두 명의 왕비를 잃는 아픔을 겪었고 이들의 무덤을 조성하였다. 1680년 정비인 인경왕후 김씨가 승하하자, 현재의 서오릉 경역 내에 익릉(翼陵)을 조성하였다. 1701년에는 인경왕후 승하 후 계비로 들어왔던 인현왕후 민씨가 승하하자, 역시 서오릉 경역 내에 명릉(明陵)을 조성하였다. 현왕이 두 왕비의 무덤을 재위 기간에 조성한 사례는 숙종이 유일했다.

이 외에도 숙종은 세자빈의 신분이었던 경종의 정비 단의왕후 심씨가 1718년 승하하자 경기도 양주에 혜릉(惠陵)을 조성하였는데, 이는 현재의 동구릉 경역이다.

(1) 현종 숭릉(崇陵)의 조성

1674년(현종 15) 8월 18일, 현종(1641~1674, 재위 1659~1674)이 창덕궁 재

전(齋殿) 양심각(養心閣)에서 승하하였다. 왕위에 있은 지 15년이고, 나이
는 34세였다.[1] 현종은 유년시절 영양 부족으로 몸이 허약하여 평생을 안질
(眼疾)에 시달렸다. 온양의 행궁에 자주 들러 심신을 요양하는 일이 많았다.
1674년 7월, 현종은 침을 맞는 일이 잦았다. 8월 14일에 설사 등 제반 증세
가 심하였고, 16일에는 혼수상태에 빠졌다가 결국 사망한 것이다.

　현종의 장자이자 유일한 아들로서 후계자가 되었던 숙종은 14세의 나이
로 왕위에 오른 직후 선왕의 왕릉 조성을 주관하였다. 현종의 산릉 역사는
8월부터 시작되었다. 산릉의 역사는 팔도의 승군 2,650명을 징발하여 1개
월분의 식량을 지참하고 부역토록 하였다.[2] 숙종은 산릉의 위치를 놓고 원
상(院相) 및 여러 당상(堂上)과 논의하였다. 산릉도감 제조 민정중(閔鼎重)은
국용(國用)에 합당한 다섯 군데를 올리는데, 숙종은 건원릉 안의 혈이 좋다
고 하였으나 영의정 허적은 쉽게 정할 수 없는 것이라며 재심을 건의한다.[3]
며칠 뒤 김수항(金壽恒)이 건원릉 안으로 중론(衆論)이 귀일되었다고 말하고
있지만, 허적은 또다시 건원릉 안과 다른 산을 구하는 것이 좋겠다고 하면
서 산릉을 놓고 대립한다.[4] 다음 날 금천 부정(錦川副正) 지(橔) 또한 조상의
영역에서 자주 토공을 일으키면 후회가 생길 것이라고 말하나 숙종은 능을
정하였으니 번거롭게 하지 말라는 일침을 놓는다.[5] 허적이 남인의 영수이
고, 김수항이 서인의 영수인 점을 고려하면, 현종 숭릉의 조성에는 당파의
대립이 개입되어 있었음을 알 수 있다.

　『현종숭릉산릉도감의궤(顯宗崇陵山陵都監儀軌)』의 기록에 나타난 산릉 공역
의 과정을 살펴보면, 9월 17일 능역을 시작하여 12월 11일 발인(發靷)을 하였

1　이긍익, 『연려실기술』 권31, 현종조 고사본말.
2　『숙종실록』 1674년(숙종 즉위년) 8월 27일.
3　『숙종실록』 1674년(숙종 즉위년) 9월 7일.
4　『숙종실록』 1674년(숙종 즉위년) 9월 13일.
5　『숙종실록』 1674년(숙종 즉위년) 9월 14일.

고, 12월 13일 현궁에서 하관하였으며, 12월 22일에는 모든 역사를 마쳤다.

현종의 부인이자 대비인 명성왕후의 명에 따라 선왕인 효종 영릉(寧陵)의 석물을 사용하였는데,[6] 백성들의 폐단을 생각하여 동구릉에 있던 옛 영릉을 여주로 옮긴 이후로는 남은 옛 석물을 사용하도록 하였기 때문이다. 또한 산릉에 영악전(靈幄殿)을 짓지 말고 재궁(梓宮)을 정자각에 봉안하게 함으로써 백성의 수고를 덜어 주게 되었다.[7]

허적 등이 의논하여 "중정(中正)하고 정수(精粹)한 것을 순(純)이라 하고, 자혜(慈惠)하여 백성을 사랑하는 것을 문(文)이라 하고, 자기 몸을 바르게 하여 아랫사람을 통솔하는 것을 숙(肅)이라 하고, 대업(大業)을 보전하고 공을 정한 것을 무(武)라 하고, 이른 아침부터 밤늦게까지 경계하는 것을 경(敬)이라 하고, 인덕(仁德)을 베풀고 정의(定義)를 시행하는 것을 인(仁)이라 하여 순문숙무경인창효대왕(純文肅武敬仁彰孝大王)"의 시호와 현종(顯宗)이란 묘호를 올리고, 전호는 효경(孝敬)이라 하고, 능호는 숭릉(崇陵)이라 하였다.[8]

현종 승하 후 숭릉을 조성한 과정은 『현종숭릉산릉도감의궤』로 정리되었다. 표제는 "현종숭릉산릉감도궤(顯宗崇陵山陵監都軌)"이며, 상하 2책으로 구성되었다.[9] 상책은 좌목, 계사, 이문, 감결로 구성되었고, 하책은 삼물소(三物所), 조성소(造成所), 노야소(爐冶所), 대부석소(大浮石所), 보토소(補土所), 소부석소(小浮石所), 별공작(別工作), 분장흥고(分長興庫), 번와소(燔瓦所), 수석소(輸石所), 의궤(儀軌), 서계(書啓), 논상(論賞)으로 구성되어 있다. 의궤는 총 5건이 제작되었는데, 현재는 어람본 1건을 비롯하여 규장각에 보관된 분상처 미상본과 장서각에 소장된 적상산본 등 3건이 남아 있다.[10]

---

6 『숙종실록』1674년(숙종 즉위년) 9월 15일.

7 『숙종실록』1674년(숙종 즉위년) 9월 17일.

8 『숙종실록』1674년(숙종 즉위년) 8월 24일.

9 김문식·신병주 외, 『파리국립도서관소장 외규장각의궤 조사연구』, 외교통상부, 2003, 406~409쪽 참조.

10 『현종숭릉산릉도감의궤』는 총 5건이 제작되었는데, 어람본 1건과 의정부, 춘추관, 예조, 적상산에 각

숭릉의 조성과 관련하여 또 하나 언급될 것은 1677년(숙종 3) 3월 숭릉을 수개한 것이다. 겨울에 장례를 치른 관계로 봄이 되자 숭릉이 무너지는 사태가 일어난 것이다. 이에 숙종은 좌의정 권대운(權大運)을 도제조로 하여 수개도감을 설치하고, 삼물소와 보토소를 두어 숭릉의 수개 작업에 들어갔다. 숭릉의 수개 작업의 과정 역시 의궤로 남겼는데, 현재 장서각에 소장되어 있는『현종숭릉수개도감의궤(顯宗崇陵修改都監儀軌)』가 그것이다.

(2) 인경왕후 익릉(翼陵)의 조성

숙종의 첫 번째 왕비인 인경왕후(仁敬王后, 1661~1680)는 광산(光山) 김씨로 광성부원군 김만기(金萬基)의 딸이다. 1670년(현종 11) 9세 때 세자빈으로 간택되어 어의동(於義洞) 별궁에 들어갔고, 다음 해 3월에 왕세자빈으로 책봉되었다. 1674년 숙종이 즉위하면서 왕비가 되었고, 1676년(숙종 2)에 정식으로 왕비의 책명을 받았다.[11] 그러나 왕비는 1680년(숙종 6)에 천연두를 앓게 된다. "중궁(中宮)이 편찮은 징후가 있었는데, 증세가 두창(痘瘡) 병환이었다. 그때 왕도 또한 아직 두창을 앓은 적이 없었으므로, 약방(藥房) 도제조 김수항이 청대(請對)하여 임금이 다른 궁궐로 이어(移御)하기를 청하니, 왕이 이것을 허락하였다"[12]라고 하여, 왕비가 천연두에 걸리자 숙종이 이어한 정황이 기록되어 있다. 천연두는 전염성이 강한 질병이므로 왕실에서 천연두가 발생하면 다른 궁궐이나 전각으로 이동한 상황을 확인할 수가 있다.

결국 인경왕후는 병에 걸린 지 약 10일 만인 10월 26일 2경(二更)에 경덕궁 회상전에서 20세의 젊은 나이로 승하하게 된다.[13] 숙종은 중전 장례의 담

1건씩 보관되어 있다. 어람본은 외규장각에 있다가, 2011년 국내에 돌아와 현재는 국립중앙박물관에 보관되어 있다. 적상산본은 현재 한국학중앙연구원 장서각에 보관되어 있다. 규장각한국학연구원에는 분상처 미상본이 1건 보관되어 있다.
11 『숙종실록』1676년(숙종 2) 10월 21일.
12 『숙종실록』1680년(숙종 6) 10월 18일.
13 『숙종실록』1680년(숙종 6) 10월 26일.

당으로 민정중을 총호사(總護使)로, 남용익(南龍翼)·신정(申晸)·남이성(南二星)을 빈전도감 제조로, 민유중(閔維重)·여성제(呂聖齊)·조사석(趙師錫)을 국장도감 제조로, 박신규(朴信圭)·이익상(李翊相)을 산릉도감 제조로 삼고, 여성제에게 산릉도감을 겸하여 살피게 하였다.[14] 11월에는 빈청(賓廳)에서 왕비의 시호를 의논하여 인경(仁敬)이라 하였는데, 대개 시법(諡法)에 "인덕을 베풀고 정의를 행하였으며 자나 깨나 항상 조심하고 가다듬는다"는 뜻을 취한 것이다. 또 능호를 익릉(翼陵), 전호를 영소(永昭)라 하였다.[15] 산릉은 고양에 이미 조성되어 있던 덕종과 소혜왕후(인수대비)의 경릉(敬陵) 경내 축좌의 산지로 정하였고,[16] 다음 해인 1681년(숙종 7) 2월 20일에는 인경왕후의 발인식을 행한다.[17] 이틀 후인 22일 묘시(卯時)에 익릉에 장사를 지냈다.[18]

인경왕후 승하 후에는 『인경왕후국장도감의궤』 2책, 『인경왕후빈전혼전도감의궤』 2책, 『인경왕후산릉도감의궤』 2책이 편찬되었는데, 바로 직전에 편찬된 『현종숭릉산릉도감의궤』가 1책으로 구성된 것을 고려하면 이때부터 산릉 조성에 관한 의궤의 내용이 보다 상세해졌음을 알 수 있다.[19]

인경왕후는 서인의 대표적 인물인 김만기의 딸이었다. 김만기는 딸을 세자빈으로 세우고 영릉(寧陵)을 옮길 때 산릉도감의 당상관이 되었다. 다시 1674년 7월에는 병조 판서로서 인조의 계비인 장렬왕후(자의대비)의 복제(服制)에 대해 상소를 올려 3년상을 주장했으며, 그해 숙종이 즉위하자 왕의 장인으로서 영돈녕부사에 승진되고 광성부원군에 봉해졌다. 김만기의 증조부는 송시열의 스승인 김장생으로, 인경왕후는 조선 후기 서인의 최고 명문가 출신이었다. 익릉은 서인이 권력을 가진 시절에 조성된 능이므로 서오릉

---

14 『숙종실록』 1680년(숙종 6) 10월 28일.
15 『숙종실록』 1680년(숙종 6) 11월 2일.
16 『숙종실록』 1680년(숙종 6) 11월 15일.
17 『숙종실록』 1681년(숙종 7) 2월 20일.
18 『숙종실록』 1681년(숙종 7) 2월 22일.
19 한영우, 『조선왕조 의궤』, 일지사, 2005, 175쪽.

능역에서 가장 높은 곳에 자리한다. 숙종이 능의 석물을 간소화하라는 명을 내리기 이전이므로 그 모습 또한 장엄하게 지어졌다. 정자각 양쪽 측면에 기둥을 세우고 5칸짜리 정자각을 만든 것은 현종 숭릉이 처음인데, 그다음에 적용된 곳이 인경왕후의 익릉이었다.

(3) 명성왕후 숭릉(崇陵)의 조성

숙종은 부친인 현종의 숭릉을 조성하고 자신의 정비인 인경왕후의 익릉을 조성한 데 이어서, 1683년 12월 5일 모친인 명성왕후가 창경궁에서 승하하자 어머니의 산릉 조성을 주관하게 되었다.[20]

현종비 명성왕후(明聖王后) 김씨는 본관은 청풍(淸風)이며, 종9품 세마(洗馬)직 김우명(金佑明)의 딸로 지능이 비상하고 성격이 과격했다. 1642년(인조 20) 장통방(長通坊) 사저에서 태어났고, 1651년에 세자빈으로 책봉되어, 가례를 어의동 본궁에서 행하였으며, 1659년에 왕비로 책봉되었다. 1676년(숙종 2)에 존호를 현열(顯烈)이라 올리고, 1683년(숙종 9) 12월 5일에 창경궁의 저승전(儲承殿)에서 승하하니 나이는 42세였다. 명성왕후는 효종 대에 세자빈, 현종의 왕비, 그리고 아들 숙종이 왕이 된 후 대비가 되었는데, 정비로서 세자빈, 왕비, 대비의 세 과정을 모두 거친 유일한 왕비가 된다.

1683년 10월에는 두질(痘疾)[21]이 크게 유행하였는데 왕대비(명성왕후)는 임금을 보호하기 위해 금표(禁標)를 설정하고 전염병이 임금에게 옮지 않도록 일반 백성들을 도성 밖으로 내보내자고 한다.[22] 그러나 두질을 앓은 적이 없던 숙종은 곧 병에 걸리게 된다.[23] 8일 뒤인 10월 21일에는 약방에서 입

---

20 『명성왕후숭릉산릉도감의궤』〈규14832〉.
　　康熙二十二年 癸亥十二月 日 山陵都監儀軌 癸亥十二月初五日未時 明聖王后 昇遐于昌慶宮.
21 '마마'라고도 불린다.
22 『숙종실록』 1683년(숙종 9) 10월 13일.
23 『숙종실록』 1683년(숙종 9) 10월 18일.

진하여 숙종을 진찰하는 장면이 있는데, 조선시대의 '마마 전문의'인 두의 (痘醫)가 등장하고 7명의 내의(內醫)가 궁궐 약방에서 만약의 사태에 대비하고 있을 정도로 숙종의 상태는 심각했다.[24] 11월 1일 임금의 환후가 크게 회복되었고 딱지도 떨어졌다는 기사를 볼 수 있다. 이날도 대비인 명성왕후가 여전히 일처리를 주도하는 장면을 볼 수 있다. 숙종이 마마에 걸린 이후로 대궐 약방에서는 육선(肉膳) 즉 고기반찬을 임금에게 올리지 말도록 했었다. 아들이 마마에서 회복되자, 명성왕후는 상선(常膳) 즉 평소 음식을 올리도록 하는 새로운 조치를 취했다. 명성왕후만큼은 건강을 유지하고 있었음을 보여 주는 대목이다.[25]

그런데 전염병이 멈춘 때로부터 3주 뒤의 실록에는 아주 짤막하게 "왕대비가 불예(不豫)하다"[26]라는 기록이 있다. 명성왕후가 병에 걸렸다는 뜻인데, 그로부터 13일 뒤인 1683년 12월 5일에 명성왕후는 결국 세상을 떠난다.[27] 명성왕후가 두질 문제에 개입한 날인 1683년 10월 13일부터 병석에 누운 11월 22일까지 왕실에서 발생한 일들을 놓고 보면, 그것들이 평소 적극적이고 활력적이던 대비의 건강을 위협했을 가능성이 크다. 음력 10월·11월의 추운 날씨에, 마마에 걸린 아들의 건강을 챙기고 사태 해결을 지휘하는 과정은 결국 40대 여인의 급사를 초래했을 가능성이 크다고 볼 수 있다.

예(禮)가 끝나고서 재궁(梓宮)이 윤여(輪輿)에 오르니, 임금이 곡하고 인화문 (仁和門)을 나와 먼저 돈화문(敦化門) 밖의 지송위(祗送位)로 가는데, 걸어서 영순(靈輴)이 멈추어 있는 곳을 지나다가 장전(帳殿)에 들어가 슬피 곡하여 마지않았다. 재궁이 선정문(宣政門)을 나가서 소련(小輦)에 올라 돈화문에

24 『숙종실록』 1683년(숙종 9) 10월 21일.
25 『숙종실록』 1683년(숙종 9) 11월 1일.
26 『숙종실록』 1683년(숙종 9) 11월 22일.
27 『숙종실록』 1683년(숙종 9) 12월 5일.

현종과 명성왕후의 숭릉

이르러 비로소 영순을 받들고 의장채여(儀仗彩轝)가 차례로 앞서 가고 신련
(神輦)이 이어서 떠나니, 임금이 지송위에서 나가 국궁(鞠躬)하여 지송하였
다. 드디어 영순을 받들어 끌어가다가 길에서 조금 멈추니, 임금이 곡하여
슬픔을 극진히 하고 사배하였다.[28]

　　숭릉은 높은 언덕 위에 조성되었고, 현재의 동구릉 능역 중 가장 왼쪽 호
젓한 곳에 있다. 현종과 명성왕후의 쌍릉 형식이며, 조선 왕릉 중에서 유일
하게 정자각에 팔작지붕을 얹고 있다. 이런 특징 때문에 숭릉의 정자각은
보물 1742호로 지정되어 있다. 성리학이 절정을 이루며 중국화 바람이 불
던 시대에 조성된 능이므로 전래의 맞배지붕 정자각에서 벗어나 중국 양식
을 모방한 것으로 보고 있다. 맞배지붕 양옆으로 지붕을 덧달아 놓아 하늘

28　『숙종실록』 1684년(숙종 10) 4월 3일.

에서 보면 한자 '八'의 모양이어서 팔작지붕, 합각지붕이라 부른다. 조선 왕릉 중 가장 화려한 숭릉의 정자각은 익랑(문의 좌우에 잇대어 지은 행랑)에 기둥이 하나 더 붙어 있다. 왕과 왕비의 능 모두 병풍석 없이 난간석만으로 연결되었고 능침 앞에 혼유석이 각각 놓여 있다.[29]

숭릉의 조성 과정은 『명성왕후숭릉산릉도감의궤』로 정리되었는데, 어람본은 2책으로 분책되었으며, 분상본은 1책으로 남아 있다.[30]

(4) 인현왕후 명릉(明陵)의 조성

숙종은 1680년 정비 인경왕후를 잃은 지 21년이 지난 1701년(숙종 27), 계비 인현왕후(仁顯王后) 민씨를 잃는 아픔을 겪었다. 인현왕후 민씨는 민유중과 어머니 은진 송씨의 딸로 1667년(현종 8) 4월 한양에서 태어났다. 외할아버지는 대학자 송준길(宋浚吉)이었다. 숙종의 첫 왕비인 인경왕후가 세상을 떠나자, 1681년(숙종 7)에 가례를 올리고 계비가 되었다.

1688년 후궁 출신인 장희빈이 왕자 윤(昀, 훗날 경종)을 세자로 책봉하려 하자, 세자 책봉을 반대했던 서인(西人)들은 숙청되기 시작했고 이 문제로 1689년(숙종 15) 기사환국(己巳換局)이 일어나 서인이 정계에서 완전히 밀려나고, 인현왕후도 폐위(廢位)되어 궁중에서 쫓겨나 서인(庶人)이 되었다.[31] 1693년 무수리 출신으로 궁에 들어온 최씨가 숙종의 아이를 잉태하자 장씨에 대한 숙종의 총애도 시들해지기 시작했다. 또한 국정을 운영하는 남인에 대한 실망감도 커져 가던 상황에서 1694년(숙종 20) 남인이 주도하는 역모 사건이 고변되었고 갑술환국(甲戌換局)이 일어나 서인 중 소론 세력이 다시

---

29 이우상,『조선왕릉 잠들지 못하는 역사』2, 다할미디어, 2009, 61쪽.
30 한영우,『조선왕조 의궤』, 일지사, 2005, 185쪽.
    1책으로 된 의정부본은 서울대학교 규장각한국학연구원에, 적상산본은 한국학중앙연구원 장서각에 보관되어 있다.
31 『숙종실록』1689년(숙종 15) 5월 2일.

정치적 실세로 등용되었으며 그해 4월 폐서인되었던 민씨도 왕후로 복위하였다.[32] 그러나 왕비로 복위되어 다시 입궐한 지 7년 만인 1701년 8월에 소생 없이 창경궁 경춘전에서 사망하였다.[33]

인현왕후를 죽음에 이르게 한 병이 최초로 보고된 시점이 1700년 3월 26일이었음을 고려하면,[34] 인현왕후는 사망하기까지 1년 5개월을 병고에 시달렸음을 알 수 있다. 『승정원일기』를 살펴보면 거의 매일같이 인현왕후의 병과 치료에 관한 자세한 기록이 있음을 볼 수 있다. 또 인현왕후의 투병 기간 중에 숙종 26년 4월 2일~7일, 5월 6일~19일, 11월 22일~12월 16일, 27년 8월 5일~14일, 총 4번에 걸쳐 의약청이 설치되었다.

『승정원일기』웹사이트(http://sjw.history.go.kr)에서 먼저 '중궁전(中宮殿)'으로 검색한 후에 다시 숙종 26년과 숙종 27년으로 기간을 설정하여 재검색하면 발병에서 사망까지 대략 1,300여 건의 기사를 검색할 수 있다. 그만큼 투병생활이 길고 힘들었음을 반증하는 것이다.

인현왕후가 승하하자 1701년 8월 대신들이 왕비의 시호를 인현(仁顯), 능호를 명릉(明陵), 전호를 경녕(敬寧)으로 올렸으며, 12월 8일에 발인하였다. 발인 다음 날 인현왕후는 명릉에 묻혔다. "인현왕후를 명릉에 장사 지내었다. 묘시(卯時)에 현궁(玄宮)에 내리니, 임금이 승지(承旨)·사관(史官)을 거느리고 소복(素服) 차림으로 숭문당(崇文堂)에서 망곡(望哭)하고, 세자(世子)는 궁관(宮官)을 거느리고 시민당(時敏堂) 남쪽 뜰에서 망곡하였다"고 『숙종실록』은 기록하고 있다. 인현왕후의 명릉이 조성된 후 19년 만인 1720년에 숙종이 승하하자 이곳 빈자리에 묻혀 쌍릉의 형식이 되었다.

---

32 『숙종실록』1694년(숙종 20) 4월 12일.

33 『숙종실록』1701년(숙종 27) 8월 14일.

34 『승정원일기』1700년(숙종 26) 3월 26일.
　　藥房啓曰, 卽聞醫女所傳之言, 中宮殿自數日前, 有左右脚部疼痛之候, 昨夕以後, 痛勢倍劇, 症涉痛風云.
　　再啓曰, 卽伏聞醫女所傳之言, 中宮殿脚部疼痛之候, 右邊爲爲甚, 環跳上腰脊近處, 顯有浮氣, 痛難堪忍,
　　而夜分後, 症勢倍劇爲敎云.

명릉(숙종과 인현왕후의 쌍릉,   인원왕후릉(좌)과 명릉의 쌍릉(우)
좌측 언덕에 인원왕후릉이 보인다)

명릉의 특이한 점은 석물(石物)들이 왜소하다는 것이다. 숙종이 재위시절 검소하고 단출하게 조성할 것을 명하고 이를 몸소 실천하면서 석물들도 거의 실물의 크기와 비슷하도록 다소 작게 만들어졌기 때문이다. 아울러 부장(副藏) 명물(明物)도 단출하게 줄였다. 또한 새로운 양식으로서 능 앞 장명등(長明燈)의 지붕이 팔각(八角)이 아닌 사각(四角)의 모양을 하게 된 것도 명릉부터 볼 수 있다.

인현왕후 명릉을 조성한 과정은『인현왕후명릉산릉도감의궤(仁顯王后明陵山陵都監儀軌)』2책으로 편찬되었다.[35]

(5) 단의왕후 혜릉(惠陵)의 조성

숙종은 재위시절에 어머니와 2명의 왕비를 잃은 데 이어, 세자빈까지 잃는 아픔을 겪었다. 1718년(숙종 44)에 경종의 빈으로 있던 단의왕후(端懿王后, 1686~1718) 심씨가 승하한 것이다. 숙종은 생전에 인현왕후, 희빈 장씨, 숙빈 최씨 등 많은 여인들을 가까이하면서 여복을 누린 왕이었지만, 왕실의 여인을 먼저 보내는 아픔을 겪기도 했던 왕이었다. 단의왕후는 본관이 청송

---

35 한영우,『조선왕조 의궤』, 일지사, 2005, 202쪽.

으로, 1686년(숙종 12) 5월 21일 회현동(會賢洞) 청은방(靑恩房)[36]에서 아버지 청은부원군(靑恩府院君) 심호(沈浩)와 어머니 고령(高靈) 박씨의 딸로 태어났다. 청송 심씨는 왕실의 배필을 많이 배출한 집안이었으므로 그 배경이 단의왕후가 세자빈이 되는 데 유리하게 작용한 것으로 보인다. 세종의 비 소헌왕후, 명종의 비 인순왕후 등이 모두 청송 심씨였다. 이는 "청송 심씨 문벌이 관진(觀津)을 능가하니, 영광스러운 왕실 배필 대대로 나왔다네"[37]라는 김창협(金昌協)의 시구에서 확인할 수 있다.

1696년(숙종 22) 단의왕후는 11세의 나이로, 세자였던 경종의 세자빈 간택에 참여했다. 4월 8일에 삼간택되어[38] 별궁(別宮)에 거처하게 되었는데, 그녀는 하루 종일 단정하게 앉아서 잠시라도 함부로 기대거나 나태한 모양을 짓지 않았으며 항상 『소학(小學)』을 애독하였다.[39] 5월 15일에 인정전(仁政殿)에서 책빈례(冊嬪禮)를 했으며,[40] 나흘 뒤에 초례(醮禮)를 거행하여 세자빈이 되었다.[41] 대례(大禮)하던 날에 세자빈은 복통이 갑자기 심하여 부모와 친족들이 모두 걱정했으나, "어찌 제 병 때문에 대례를 그르칠 수 있겠습니까?"[42] 하며 견디어 무사히 행례를 마칠 수 있었다.

가례를 올리는 날부터 아팠던 세자빈은 평상시에도 몸이 약했던 것으로 추정된다. 1701년(숙종 27)에는 세자빈이 기이한 질병에 걸려 병이 위독했다.[43] 그럼에도 그녀는 병이 조금 나아지자 인현왕후의 상사(喪事)에 병 때문

---

36 『萬機要覽』,「財用編」1, 各貢, 各宮各司等 王后考妣房.

37 김창협, 『農巖集』 제5권, 詩「沈監司挽」.
   靑松名閥邁觀津 王室榮姻代有人.

38 『숙종실록』 1696년(숙종 22) 4월 8일.

39 『숙종실록』 1718년(숙종 44) 2월 24일.

40 『숙종실록』 1696년(숙종 22) 5월 15일.

41 이때, 모든 의례는 『오례의(五禮儀)』의 구의(舊儀)대로 진행되었다[『숙종실록』 1696년(숙종 22) 5월 19일].

42 『숙종실록』 1718년(숙종 44) 2월 24일.

43 『숙종실록』 1701년(숙종 27) 9월 11일·1718년(숙종 44) 2월 24일.

에 예를 다하지 못한 것을 매우 애통해하였고, 숙종의 병환을 걱정하여 음식을 폐하고 눈물을 흘리면서 밤낮으로 자기 몸으로 대신하기를 원하는 등[44] 자신의 몸은 잘 돌보지 못했던 것으로 보인다.

결국, 세자빈 심씨는 병을 앓다가 33세의 나이로 생을 마감했다. 경종이 즉위하기 2년 전인 1718년 2월 7일의 일이었다. 당시에 사신(史臣)은 세자빈이 어려서부터 매우 슬기롭고 예쁘며 온순하였고, 양궁(兩宮)을 섬기는 데에 정성과 효도가 지극하였으며 동궁(東宮)을 섬기는 데에도 곡진하게 예절을 갖추었다고 평하였다. 그리고 세자빈의 죽음에 대해 "임금이 매우 아끼고 중하게 여겼는데, 이때에 이르러 뜻하지도 않게 상(喪)을 당하니, 임금이 통곡하고 애도하여 마지않았다"고 논하였다.[45]

다음 날인 2월 8일 오시(午時)에 세자빈의 습례(襲禮)를 행하고, 술시(戌時)에 소렴례(小斂禮)를 행하였다. 그리고 세자빈의 예장을 치를 담당자들을 선정하였다. 서종태(徐宗泰)를 빈궁도감(殯宮都監) 도제조로, 이건명(李健命)·유집일(兪集一)을 원소도감(園所都監) 당상(堂上)으로, 김석연(金錫衍)·박봉령(朴鳳齡)을 빈궁도감 당상으로, 권상유(權尙游)·이택(李澤)을 예장도감(禮葬都監) 당상으로 삼았다.[46] 이때, 숙종의 하교(下敎)로 원소(園所)의 '원(園)' 자와 수원(守園)의 '원(園)' 자를 모두 '묘(墓)' 자로 고친 점이 주목된다.[47] 다음 날 오시에는 대렴례(大斂禮)를 행하였다.[48]

그런데 세자빈의 상사(喪事)를 준비함에 있어서 근거할 만한 전례가 없다

---

44 『숙종실록』 1718년(숙종 44) 2월 24일.
45 『숙종실록』 1718년(숙종 44) 2월 7일.
46 『승정원일기』 1718년(숙종 44) 2월 8일.
47 이로 인해 세자빈의 무덤을 조성하는 도감은 '묘소도감(墓所都監)'이 되었으며, 당시에 기록된 의궤도 『묘소도감의궤(墓所都監儀軌)』로 남아 있다. 참고로, '묘소(墓所)'는 조선시대 왕세자 또는 세자빈의 묘를 말한다. 묘는 능원에 비해 격이 낮지만 왕세자와 세자빈이 대부분 왕과 왕비로 추숭되었기 때문에 묘소 역시 능원으로 격상되었다. 따라서 『묘소도감의궤』 역시 왕과 왕비의 『산릉도감의궤』와 같은 체제로 이루어져 있다(정해득, 「康熙五十七年戊戌二月日墓所都監儀軌 解題」, 한국정신문화연구원).
48 『숙종실록』 1718년(숙종 44) 2월 9일.

는 것이 큰 문제가 되었다. 이에 소현세자(昭顯世子) 상사 때의 등록(謄錄)에 의거하자는 제안이 나왔다.[49] 또, 사관(史官)을 강화도에 보내 실록 중에 문종이 동궁으로 있을 적에 당한 빈궁(嬪宮)의 상사와 순회세자빈(順懷世子嬪)의 상사에 대한 절목을 고증하여 오게 하자는 의견이 대두되었다.[50]

이처럼 세자빈 심씨의 상사는 명확한 기준점이 없어 논란의 소지를 안고 있었다. 이것은 특히 세자빈을 위하여 왕과 왕비, 즉 숙종과 인원왕후(仁元王后)가 어떤 복제를 할 것인가 하는 문제에서 두드러지게 나타났다.

"이번 빈궁(嬪宮)의 상에 대한 대전과 중전의 복제에 대하여 『가례(家禮)』와 『경국대전(經國大典)』의 오례도(五禮圖)에는 장자(長子)의 아내에 대해서는 기년복(朞年服)을 입는다 하였고, 『의례경전통해(儀禮經傳通解)』의 천자와 제후의 방기복도(旁朞服圖)에는 적부(嫡婦)에 대해서는 대공복(大功服)을 입는다고 하였습니다. 그런데 세종 때에 현덕왕후(顯德王后)가 동궁(東宮)에서 훙거하였을 때 양궁(兩宮)이 대공복을 입었는데 지금은 어떻게 마련하여야 되겠습니까?"[51]

이에 대해 숙종은 세종조의 전례를 채용하여 대공복을 마련케 하였다.[52] 그러나 일주일의 시간이 흐른 뒤, 숙종은 세자빈을 위하여 기년복을 입을 것으로 개정하였다. 세종조에서 시행한 복제는 『경국대전』이 완성되기 전에 있었던 것이며, 근래의 제도로 인경왕후의 국휼(國恤)을 당하였을 때에 명성왕후가 기년복을 입은 전거(典據)가 있었기 때문이었다.[53]

49 『숙종실록』 1718년(숙종 44) 2월 7일.
50 『숙종실록』 1718년(숙종 44) 2월 8일.
51 李裕元, 『林下筆記』 제15권, 「文獻指掌編」, 端懿嬪服制; 權尙夏, 『寒水齋集』 年譜.
52 『승정원일기』 1718년(숙종 44) 2월 9일.
53 『숙종실록』 1718년(숙종 44) 2월 14일.

한편, 찬궁(欑宮)의 설치, 각도의 승군(僧軍) 1,000명을 조발하는 일, 진향 (進香)하는 일, 빈궁(嬪宮)의 봉구(捧柩) · 식구(拭柩)와 옥백(玉帛)을 바치는 일, 빈궁 묘소의 수호군(守護軍)을 두는 일 등은 을유년(乙酉年)의 전례를 채용하 도록 하였다.[54] 을유년은 1645년(인조 23) 소현세자가 세상을 떠난 해로, 소 현세자의 상사의 일을 전례로 삼았음을 알 수 있다. 이 일을 진행하는 데 있 어, 세자였던 경종이 적극적으로 참여하였다.[55] 아내의 장례였다는 이유도 있지만, 1717년(숙종 43) 8월부터 세자가 대리청정을 하고 있었다는 점[56]도 지적할 수 있다.

처음에 세자빈 심씨의 시호는 '온의(溫懿)'로 정해졌다. 영의정 김창집(金 昌集)과 우의정 조태채(趙泰采) 등이 의논하여 '단혜(端惠) · 온의(溫懿) · 순정(順 靖)'의 세 가지를 의망(擬望)하여 바쳤고, 숙종이 '온의'라는 두 글자에 낙점하 였던 것이다.[57] 그러나 후에 김창집이 "'온(溫)' 자가 빈궁의 선휘(先諱)를 범하 였으니, 마땅히 개정하여야 합니다"[58]라고 차자(箚子)를 올려 시호를 다시 정 하게 됐다. 다시 올린 세 가지는 '단의(端懿) · 장순(莊順) · 소정(昭定)'이었으며, 숙종은 '단의'로 결정하였다. 이는 덕성이 너그럽고 온화하고 거룩하고 착하 다는 글을 취한 것이었다.

세자빈이 세상을 떠난 지 한 달이 채 되기 전에, 묘소도감(墓所都監)에서는 빈궁을 장사 지낼 땅으로 세 곳을 택점(擇占)하였다.[59] 묘소도감에서 그 도형 (圖形)을 바치자, 숙종은 세자빈의 무덤을 숭릉(崇陵) 안 유좌(酉坐)의 언덕에 쓰도록 명하였다.[60] 숭릉은 현종과 명성왕후의 왕릉으로, 당시 태조의 건원

54 『숙종실록』 1718년(숙종 44) 2월 9일 · 20일 · 27일, 3월 18일 · 29일.
55 『단의왕후묘소도감의궤』, 계사 참조.
56 『숙종실록』 1717년(숙종 43) 8월 1일.
57 『숙종실록』 1718년(숙종 44) 2월 19일.
58 『숙종실록』 1718년(숙종 44) 3월 8일.
59 순릉묘좌(順陵卯坐) · 광릉건좌(光陵乾坐) · 숭릉유좌(崇陵酉坐)의 세 곳이었다(『단의왕후묘소도감의 궤』, 계사).
60 『숙종실록』 1718년(숙종 44) 2월 24일.

릉(健元陵)·문종과 현덕왕후의 현릉(顯陵)·선조와 의인왕후 그리고 인목왕후의 목릉(穆陵)·인조 계비 장렬왕후의 휘릉(徽陵)과 더불어 동오릉(東五陵)[61]을 형성하고 있었다. 단의빈(端懿嬪)의 무덤은 이 왕릉군(王陵群) 속 숭릉의 좌측 언덕에 조성되었던 것이다.[62]

4월 16일 축시(丑時)에 세자빈의 발인을 하였으며,[63] 이틀 후 장례가 치러졌다.[64] 무덤의 조성이 마무리되고 난 후, 상장(喪葬) 때 수고한 사람들에 대한 포상이 이루어졌다.[65] 도제조 김창집과 서종태 이하 당상(堂上)·낭청(郎廳) 등에게 물품을 하사하고 차등 있게 자급(資級)을 올려 주었다.[66] 단의빈은 후에 경종이 왕으로 즉위한 후, 단의왕후(端懿王后)로 추봉(追封)되었다. 이때, 능호도 혜릉(惠陵)으로 승격되었다.[67]

혜릉은 석물이 실물 크기로 제작되어 간략화된 능침의 짜임을 보여 준다. 특히 대부분의 조선 왕릉은 머리를 북쪽에 둔 북침을 하고 있는데, 단의왕후의 혜릉은 서쪽에 머리를 두고 다리를 동쪽으로 향하게 되어 있다.[68] 곡장 안의 봉분은 병풍석이 없이 12칸의 난간석만 둘러 있고, 봉분 주위에는 네 마리의 석호와 네 마리의 석양이 교대로 배치되어 능침을 수호하고 있다.

단의왕후의 무덤을 조성한 일은 『단의왕후묘소도감의궤(端懿王后墓所都監儀軌)』에 잘 정리되어 있어 참고가 된다. 이 의궤는 상하 2책으로 편찬되었다. 상권에는 좌목(座目)·계사(啓辭)·달사(達辭)·이문(移文)·감결(甘結)이 수록되

---

61 지금의 경기도 구리시에 있는 동구릉(東九陵) 일대이다. 조선시대에 동구릉이라고 부른 것은 문조(文祖)의 능인 수릉(綏陵)이 아홉 번째로 조성되던 1855년(철종 6) 이후의 일이다. 그 이전에는 동오릉(東五陵)·동칠릉(東七陵)이라고 부르던 사실이 실록에 전하고 있다.

62 『신증동국여지승람』 제11권 「경기」 – 양주목(楊州牧).

63 『숙종실록』 1718년(숙종 44) 4월 16일.

64 『숙종실록』 1718년(숙종 44) 4월 18일.

65 『단의왕후묘소도감의궤』, 논상(論賞).

66 『숙종실록』 1718년(숙종 44) 4월 25일.

67 『경종실록』 1720년(경종 즉위년) 6월 15일.

68 이호일, 『조선의 왕릉』, 가람기획, 2003, 328~329쪽.

단의왕후의 혜릉

어 있다. 하권에는 '각소(各所)'에 삼물소(三物所)·번와소(燔瓦所)·대부석소(大
浮石所)·보토소(補土所)·조성소(造成所)·소부석소(小浮石所)·별공작(別工作)·
분장흥고(分長興庫)·노야소(爐冶所)·수석소(輸石所)로 구성되어 있고, '부(附)'
로 분류된 의궤(儀軌)와 서계(書啓) 그리고 논상(論賞)이 포함되어 있다. 여기
에 왕세자가 섭정할 때 왕에게 올리던 계사인 '달사(達辭)'가 있는 것이 특징
이다. 본 의궤는 장서각에 적상산성본〈K2-2312〉이 상하책으로 소장되어 있
고, 파리국립도서관에서 국립중앙박물관으로 돌아온 어람본〈coreen 2635〉이
하책만 존재하고 있다.

이 외에 『목릉휘릉혜릉표석영건청의궤(穆陵徽陵惠陵表石營建廳儀軌)』(국립중앙
박물관 소장 〈coreen 2574〉)와 『혜릉석물추배도감의궤(惠陵石物追排都監儀軌)』(장
서각 소장 〈K2-3603〉·규장각 소장 〈규14940〉·국립중앙박물관 소장 〈coreen 2496〉) 및
『혜릉지(惠陵誌)』(장서각 소장 〈K2-4496〉) 자료도 참고할 수 있다.

2) 경종 시대의 왕릉 조성

경종(景宗)은 재위 기간이 짧았고, 선왕인 숙종의 승하 이외에 국상이 없어서 숙종의 명릉(明陵)만을 조성하였다.

숙종 명릉(明陵)의 조성

1720년 숙종이 승하하자 경종은 숙종의 왕릉 조성을 주관하였다. 숙종 (1661~1720, 재위 1674~1720)은 1661년(현종 2) 8월 15일 경덕궁(景德宮)의 회상전(會祥殿)에서 현종의 외아들로 태어났다.[69] 어머니는 명성왕후 김씨이며, 이름은 순(焞), 자(字)는 명보(明普)이다. 1667년(현종 8) 7세의 나이에 창덕궁 인정전에서 세자로 책봉되었고,[70] 1671년(현종 12) 11세에 김만기의 딸을 숭정전(崇政殿)에서 왕세자빈으로 맞아들였다.[71] 1674년(현종 15) 8월 18일 현종이 승하하자, 그 뒤를 이어 숙종이 8월 23일에 인정문에서 즉위했다.[72] 숙종이 즉위함에 따라 세자빈 김씨는 인경왕후로 승격하였으나, 천연두에 걸려 요절하였다. 그 뒤로 인현왕후를 들였는데,[73] 그녀 역시 세상을 떠나자 다시 인원왕후를 계비로 삼았다.[74] 숙종은 그 외에도 경종을 낳은 희빈(禧嬪) 장씨와 영조를 낳은 숙빈(淑嬪) 최씨 등을 후궁으로 두었다.

숙종은 즉위하여 47년 동안 왕위에 있다가, 1720년 6월 8일 경덕궁의 융복전(隆福殿)에서 60세의 나이로 승하했다.[75] 그 후 6일이 지나고 아들인 경

---

69 『현종실록』·『현종개수실록』 1661년(현종 2) 8월 15일; 『숙종실록』 肅宗大王誌文.
70 『현종실록』 1667년(현종 8) 1월 22일; 『현종개수실록』 1667년(현종 8) 1월 21일.
71 『현종실록』 1671년(현종 12) 3월 22일.
72 『숙종실록』 1674년(숙종 즉위년) 8월 23일.
73 『숙종실록』 1681년(숙종 7) 5월 2일.
74 『숙종실록』 1702년(숙종 28) 10월 3일.
75 『승정원일기』 1720년(숙종 46) 6월 8일.

종이 경덕궁의 숭정문(崇政門)에서 즉위하여,[76] 아버지의 장례를 주관하였다. 먼저, 경종은 사헌부와 사간원에서 병의 증세에 따라 약을 쓰지 못하여 숙종을 승하하게 한 의관(醫官)들의 죄를 물을 것을 청하자, 이를 윤허하였다.[77]

이어서 총호사(摠護使)가 아뢰기를, "신사년(辛巳年) 국상(國喪) 때에 산릉의 우편(右便)을 비워 두었는데, 한결같이 장릉(長陵)의 제도에 따르라는 대행 대왕(大行大王)의 유교(遺敎)가 이미 있었으므로 돌을 새겨 치표(置標)하였으니, 곧 능소(陵所)에 나아가 봉심(奉審)함이 마땅합니다"[78]라고 아뢰었다. 신사년의 국상은 1701년(숙종 27) 숙종의 계비인 인현왕후가 승하했을 때의 일을 말한다. 당시 인현왕후를 명릉(明陵)에 장사 지냈는데, 이때 숙종은 사후에 자신의 묏자리를 인현왕후릉의 오른쪽에 마련할 것으로 정하고 그 자리를 비워 놓도록 명하였었다.[79] 총호사는 숙종의 그 유명(遺命)을 기억하였고, 이에 따라 숙종의 능소를 인현왕후의 명릉 우측에서 봉심할 것을 청하였던 것이다.

이와 더불어 빈청(賓廳)에서는 능의 호칭을 그대로 명릉으로 쓸 것을 제안하였다. "인조의 국휼(國恤) 때 그대로 장릉(長陵)의 호칭을 썼습니다. 대행 대왕의 능호도 지금 마땅히 그대로 명릉이라 칭해야 할 것입니다."[80] 이처럼 인현왕후릉의 능호를 그대로 쓰자는 데에는 인조의 장릉이 전거로 활용되었다. 인조의 원비인 인열왕후가 인조보다 일찍 세상을 떠나 장릉(長陵)을 조성하였는데, 인조가 사후에 함께 묻히게 되면서 능호를 그대로 장릉으로 쓴 전례가 있었다. 이것을 근거로 숙종의 능도 그대로 명릉이라고 칭하게 되었던 것이다.

능호의 사례에서처럼 장릉은 숙종의 무덤을 조성하는 데 지표가 되어 주

---

76 『경종실록』·『경종수정실록』 1720년(경종 즉위년) 6월 8일.
77 『경종실록』 1720년(경종 즉위년) 6월 13일.
78 『승정원일기』 1720년(숙종 46) 6월 13일.
79 『숙종실록』 1701년(숙종 27) 11월 21일.
80 『경종실록』·『경종수정실록』 1720년(경종 즉위년) 6월 15일.

었다. 그 예로 정자각의 배설(排設) 문제도 들 수 있다. 왕비의 능이 먼저 있었고 왕의 능이 뒤에 생겼으므로, 기존 정자각의 물품을 처리하고 새로운 정자각을 마련하는 일이 필수적으로 행해져야 했다. 장릉의 경우를 상고해 보니, 새로운 왕의 재궁(梓宮)을 옛 정자각에 배설하고, 왕비의 신위(神位)와 상탁(牀卓)은 가정자각(假丁字閣)에 옮겨 봉안하였다가 3년 후에 훼철(毁撤)한 경험이 있었다. 이 장릉의 예(例)를 따라 인현왕후의 신위·상탁을 가정자각에 옮겨 봉안하게 하였다.[81]

특히, 명릉의 공역은 검소하게 진행되었다. 이것은 살아생전에 숙종이 강조했던 바를 반영한 결과였다. 왕대비였던 인원왕후는 숙종의 뜻을 따라 백성들의 힘을 손상시키지 않기를 바라며,[82] 내탕(內帑)에 저축된 은자(銀子) 3,753냥을 내려 주어 도감의 수용(需用)에 쓰게 하였다.[83] 그리고 김창집은 표석(表石)을 세울 때, 과대하게 세우지 말 것을 당부하였다.

"표석의 양식을 과대하게 하는 것이 반드시 오래도록 전하는 유익한 방법이라고는 할 수 없습니다. 그리고 명릉의 석물은 대행 대왕(숙종)께서 특별히 명하여 후릉(厚陵: 정종릉)의 제도에 따르도록 하였으니, 지금 비록 영릉(寧陵: 효종릉)보다 줄인다고 하더라도 이 또한 지나치게 작은 것이라고 할 수는 없습니다."[84]

숙종은 왕릉을 조성할 때, 정종의 무덤인 후릉의 제도를 따를 것을 명한 적이 있었다. 이는 후릉이 인력과 경비를 절감하여 간소하게 마련되었기 때

---

81 『경종실록』·『경종수정실록』 1720년(경종 즉위년) 6월 18일.
82 『숙종명릉산릉도감의궤』 좌목(座目) 다음에는 '中宮殿以諺書 下敎于院相曰'로 시작하는 글이 있다. 중궁전에서 원상(院相)들에게 내린 언문교서다. 여기에 근래 여러 도(道)가 흉황이므로 능역(陵役)에 민폐가 없도록 하고, 특별히 은자(銀子) 3,753냥을 내린다는 내용이 나온다.
83 『경종실록』·『경종수정실록』 1720년(경종 즉위년) 6월 15일.
84 李裕元, 『林下筆記』 제14권, 「文獻指掌編」陵寢表石.

문이었다. 숙종은 이러한 입장을 고수하여, 자신의 능을 만드는 데도 적용케 하고자 하였다. 숙종은 생전에 명릉의 오른쪽 자신의 묏자리로 비워 둔 곳에 석각(石刻)을 묻어 두고, 초단(草單)에 회격(灰隔)의 척수(尺數)를 써서 들여 놓았다. 여기에는 퇴광(退壙)의 척수를 감하라는 하교와 유의복(遺衣服) 외에 서책과 의대(衣襨)는 넣지 말라는 전교가 실려 있었다.[85] 비록 많은 명기(明器)들을 넣을 수 없어 퇴광의 크기를 변통하는 조치가 취해졌지만, 의대와 서책은 모두 넣지 않는 것으로 결정되어 숙종의 뜻이 반영되었다.

인산(因山) 때 사용할 막차(幕次)의 비용도 줄였다. 막차는 마포(麻布) 및 면포(綿布) 270여 동(同)이 소요될 예정이었는데, 사약방(司鑰房)에 쌓아 둔 새 유막(帷幕)을 그대로 사용하여 경비를 줄이게 하였다.[86] 부장품의 수량도 줄었고 석물의 크기도 실물 크기에 가깝게 제작되었다. 또한 건원릉 이후의 장명등이 팔각옥개이던 것을 사각 옥개로 바꾼 것은 특기할 만한데, 이것도 공역을 줄이기 위한 일련의 작업이었던 것으로 보인다. 명릉에서 이것을 제도화함으로써 조선 후기 석물의 한 양식으로 발전하게 되었다. 이와 같은 명릉의 제도는 『국조속오례의』「산릉의(山陵儀)」의 골자가 되었고, 조선 후기 치장(治葬)의 근간이 된 『국조상례보편』「산릉의」의 기초를 이루었다.[87] 이처럼 숙종의 능에는 간소하게 능을 조성코자 했던 숙종의 의지가 반영되었음을 확인할 수 있다.

숙종의 명릉과 관련하여 명릉 곁에 고양이를 묻었다는 특별한 이야기도 전한다. 숙종이 금묘(金猫) 한 마리를 길렀는데, 숙종이 세상을 떠나자 그 고양이 역시 밥을 먹지 않고 죽으므로 명릉 곁에 묻어 주었다는 것이다. 이에 대해 이익(李瀷)은 『성호사설(星湖僿說)』에서 다음과 같이 말했다. "개와 말

85 『경종실록』·『경종수정실록』 1720년(경종 즉위년) 6월 26일.
86 『경종실록』 1720년(경종 즉위년) 9월 14일; 『경종수정실록』 1720년(경종 즉위년) 9월 13일.
87 이호일, 『조선의 왕릉』, 가람기획, 2003, 307쪽.

도 주인을 생각한다'는 말은 옛적부터 있지만, 고양이란 성질이 매우 사나운 것이므로, 비록 여러 해를 길들여 친하게 만들었다 해도 하루아침만 제 비위에 틀리면 갑자기 주인도 아는 체하지 않고 가 버리는 것이다. 그런데 이 금묘 같은 사실은 도화견(桃花犬)[88]에 비하면 더욱 이상하다."[89] 공식적인 실록이나 의궤에 고양이에 대한 기록은 전하지 않지만, 이익의 문집에는 이 이야기가 서술되어 있으므로 실제 없었던 일은 아니라고 추정된다.

10월 20일, 숙종의 영가(靈駕)가 발인(發靷)하였고,[90] 다음 날 명릉에 장례를 모셨다.[91] 이 장례에 72세의 나이로 참여했던 정제두(鄭齊斗)의 문집 기록이 남아 있어, 당시 참여했던 자들의 동선을 파악할 수 있다. 그는 14일에 서울에 들어와 20일에 발인하는 상여를 길에서 맞아 곡하였으며, 능소까지 따라가서 21일에 현궁 하관식(下棺式)의 곡반에 참례(參禮)하고 22일에 돌아왔다.[92]

숙종은 경기 고양의 명릉에[93] 잘 안치되었다. 열흘 뒤에 영의정 김창집은 "고양(高陽)은 산릉이 있는 지방관(地方官)으로서 온갖 책응(責應)이 다른 고을에 비해서 갑절이나 되니, 봄철의 대동미(大同米) 3두(斗)를 양감(量減)해서 덕의(德意)를 보여 주십시오"[94]라고 청하였다. 명릉이 조성되고 난 후, 지방관이 이를 잘 돌보게 하도록 배려한 조처였다. 숙종의 능소를 마련하는 데 힘쓴 담당자들에게도 상을 내려 노고를 치하하였다.[95] 우의정 김수흥을 비롯

---

88 송(宋)나라 함평(咸平, 眞宗)·순화(淳和, 太宗) 연간에 합주(合州)에서 공물(貢物)로 바친 도화견(桃花犬)이라는 개는 늘 어탑(御榻) 앞에서 길들여지게 되었다. 태종이 병석에 누웠을 때는 그 개가 밥을 먹지 않고, 태종이 죽을 때에는 울부짖고 눈물을 흘리면서 파리해지기까지 하였다(이익, 『성호사설』 제4권, 「萬物門」, 金猫).

89 이익, 『성호사설』 제4권, 「萬物門」, 金猫.

90 『경종실록』·『경종수정실록』 1720년(경종 즉위년) 10월 20일.

91 장례의 의식 절차가 실록에 상세하게 기록되어 있다[『경종실록』·『경종수정실록』 1720년(경종 즉위년) 10월 21일].

92 징제두, 『霞谷集』 附錄, 年譜 肅宗大王 46年 更子 先生 72歲.

93 『신증동국여지승람』 제11권 「경기」–고양현(高陽郡).

94 『승정원일기』 1720년(경종 즉위년) 11월 1일.

95 『경종실록』·『경종수정실록』 1720년(경종 즉위년) 12월 1일.

한 실무자들에게 품계나 관직 제수 및 말·궁·미·포 등의 물품을 상으로 내렸던 것이다.[96]

한편, 청나라에서는 숙종을 조제(弔祭)하기 위해 사신을 파견하였다. 내각학사(內閣學士) 액화납(額和納)과 부사(副使) 일등 시위(一等侍衛) 의도액(宜都額)·진덕록(眞德祿)이 온 것이다.[97] 그들은 청나라 황제의 명대로 곧장 산릉에 가서 조전(弔奠)의 예(禮)를 설행하고, 다음 날 능소에 가서 행례(行禮)를 하겠다고 전했다. 이에 조선에서는 좋은 말로 거절하고자 하였으나, 칙사는 앞서 한 말을 계속 고집하였다. 조선 측에서는 청나라 사신이 명릉을 방문한다면 문제가 될 소지를 가지고 있었다. 이것은 민진원(閔鎭遠)의 말에서 잘 드러난다.

민진원은 말하기를, "저들이 만약 황제의 분부라고 일컫고 반드시 산릉에 간다고 한다면 표석(表石)에 쓴 '숭정(崇禎)' 두 글자가 매우 불편합니다. 판벽(板壁)으로 막고 저들이 설혹 묻더라도 복어물(服御物)을 간직한 곳이라고 대답함이 마땅할 것입니다" 하니, 임금이 모두 그대로 따랐다.[98]

바로 표석에 '숭정(崇禎)'이라고 쓴 글자가 문제가 될 수 있었던 것이다. 숭정은 명나라의 마지막 황제였던 의종(毅宗)의 연호다. 청나라의 연호를 쓰지 않고 멸망한 명나라의 연호를 쓴 것은, 청나라의 노여움을 살 수 있는 일이었다. 따라서 이 글자를 판벽으로 막고 그곳을 왕이 사용하던 의복과 물품 등의 복어물을 간직한 곳이라고 대답하자고 했던 것이다.

청나라 사신과의 실랑이는 계속되었다. 수역(首譯) 김홍지(金弘祉)는 산릉에 가서 제전(祭奠)을 올리는 것은 이미 전례(前例)가 아니며 또 황지(皇旨)의

---

96 『숙종명릉산릉도감의궤』, 논상.
97 『경종수정실록』 1720년(경종 즉위년) 11월 10일.
98 『경종실록』·『경종수정실록』 1720년(경종 즉위년) 11월 20일.

문자도 없으니, 결코 창행(創行)하기 어렵다며 누누이 말했다. 그러나 청나라 사신 측에서는 "황제가 특별히 보내어 산릉에 가서 제전을 올리게 한 것은 모두 전에 없었던 특별한 은혜다"[99]라며 맞섰다. 이에 영의정 김창집과 예조 판서 이관명(李觀命)이 사신을 만나 능소에 제전을 올리는 것은 원래 예의 뜻이 아니며, 반우(返虞)한 후에는 혼전(魂殿)이 소중하다는 뜻으로 누누이 개유(開諭)했다. 이에 칙사는 "우리나라에서는 오직 산릉을 소중히 여기므로 이런 별다른 은전(恩典)이 있었는데, 이제 만약 능소에 제전을 올리지 않고 돌아간다면 명을 어긴 죄를 면하지 못할 것이다"[100]라고 이야기하며 이에 대해 어첩(御帖)을 써 줄 것을 청하였다. 결국 어첩을 주는 것으로 이 문제는 마무리되었다.

숙종 명릉을 조성하는 의식 절차를 기록한 자료로는 『숙종명릉산릉도감의궤(肅宗明陵山陵都監儀軌)』가 있다. 책의 첫머리에 간략하게 그린 능의 모형과 채색으로 된 사신도(四神圖)가 있으며 이어 목록이 나온다. 본문의 구성은 제1책은 좌목(座目)·계사(啓辭)·이문(移文)·내관(來關)·감결(甘結)의 순서로 되어 있다. 제2책은 각소(各所)에 삼물소(三物所)·조성소(造成所)·노야소(爐冶所)·대부석소(大浮石所)·보토소(補土所)·소부석소(小浮石所)·별공작(別工作)·분장흥고(分長興庫)·번와소(燔瓦所)·수석소(輸石所)가 실려 있고, 부(附)는 의궤(儀軌)·서계(書啓)·논상(論賞)으로 구성되어 있다. 본 의궤는 현재 장서각에 적상산성본〈K2-2328〉만 전하며, 파리국립도서관에서 국립중앙박물관으로 돌아온 어람본〈coreen 2408·2418〉이 소장되어 있다.

이 외에 명릉의 채색지도인 '명릉도(明陵圖)'〈국립문화재연구소 소장, 장서각 마이크로필름 소장 〈K2-4423〉〉와 명릉과 관련된 여러 사안을 기록해 놓은 등록인 『명릉등록(明陵謄錄)』〈장서각 소장 〈K2-2300~2303〉〉 및 명릉에 관한 날짜별 기록

---

99 『경종실록』·『경종수정실록』 1720년(경종 즉위년) 11월 22일.
100 『경종실록』·『경종수정실록』 1720년(경종 즉위년) 11월 25일.

명릉의 정자각

명릉의 비각

인『명릉일기(明陵日記)』(장서각 소장 〈K2-2943〉) 자료도 있다. 또, 명릉 참봉 전임자 명단인『명릉참봉선생안(明陵參奉先生案)』(장서각 소장 〈K2-4989〉)과 명릉의 제기 품목인『명릉제기연한책(明陵祭器年限冊)』(장서각 소장 〈K2-2309〉) 등도 참고할 수가 있다.

3) 영조 시대의 왕릉 조성

영조(英祖) 대에는 52년이라는 조선의 최장기 재위 기간 만큼이나 왕릉 조성도 많이 이루어졌다. 선왕인 경종의 의릉(懿陵) 조성과, 경종의 계비인 선의왕후 어씨의 의릉 조성을 비롯하여, 1739년에는 중종의 정비인 단의왕후를 추숭하고 온릉(溫陵)을 조성했다. 1757년에는 두 번의 왕비릉 조성이 있었다. 2월에 자신의 정비인 정성왕후(貞聖王后) 서씨의 홍릉(弘陵)을 조성하였으며, 3월에는 숙종의 계비인 인원왕후가 승하하자 숙종의 명릉(明陵)이 조성된 경역 내에 왕비릉을 조성하였다.

제3장 조선 후기의 왕릉 조성과 그 의미

경종(1688~1724, 재위 1720~1724)은 숙종의 장자(長子)로, 1688년(숙종 14) 10월 27일에 태어났다.[101] 후궁이었던 희빈 장씨의 소생이었으며, 이름은 윤(昀)이고 자(字)는 휘서(輝瑞)였다. 1720년(숙종 46) 6월 숙종이 승하하자,[102] 경종은 33세의 나이로 경덕궁 숭정문에서 즉위했다.[103] 그러나 경종은 건강이 좋지 않았다. 경종의 병환이 여러 날 동안 낫지 않아 수라(水刺) 올리는 것마저 싫어하였는데, 1724년(경종 4) 8월에 이르러서는 한열(寒熱)의 징후가 나타났다.[104] 이에 대해 실록에서는 "동궁(東宮)에 있을 때부터 걱정과 두려움이 쌓여 마침내 형용하기 어려운 병을 이루었고, 해를 지낼수록 깊은 고질이 되었으며, 더운 열기가 위로 올라와서 때로는 혼미한 증상도 있었다"[105]고 설명하였다.

한열은 계속되었고,[106] 이로 인해 침선(寢膳)이 날로 줄어들고 소변이 점점 단축되었다.[107] 그러다가 복통과 설사가 동반되었고,[108] 점점 피로해하고 맥(脈)이 낮아져서 힘이 없었다.[109] 결국 1724년 8월 25일 축각(丑刻)에 창경궁 환취정(環翠亭)에서 승하하였다.[110] 이에 바로 장례를 담당할 관리들이 임명되었다. 우의정 이광좌(李光佐)를 총호사(摠護使)로, 종실(宗室) 낙창군(洛昌君) 이탱(李樘)을 수릉관(守陵官)으로, 심단(沈檀)·이진검(李眞儉)·이명언(李明彦)을 빈전 제조(殯殿提調)로, 조태억(趙泰億)·김일경(金一鏡)·이세최(李世最)를 국

---

101 『숙종실록』1688년(숙종 14) 10월 27일.
102 『숙종실록』1720년(숙종 46) 6월 8일.
103 『경종실록』1720년(경종 즉위년) 6월 13일.
104 『승정원일기』1724년(경종 4) 8월 2일.
105 『경종수정실록』1724년(경종 4) 8월 2일.
106 『경종실록』1724년(경종 4) 8월 3일·8일.
107 『경종실록』1724년(경종 4) 8월 16일.
108 『경종실록』1724년(경종 4) 8월 20일·22일·23일.
109 『경종실록』1724년(경종 4) 8월 24일.
110 『승정원일기』·『경종실록』1724년(경종 4) 8월 25일.

장 제조(國葬提調)로, 오명준(吳命峻)·심수현(沈壽賢)·이사상(李師尙)을 산릉 제조(山陵提調)로 삼았고, 이광좌를 원상(院相)으로 삼아 승정원에서 직숙하도록 하였다.[111]

29일 오각(午刻)에 환취정으로부터 경종의 어상(御床)을 받들어 선정전(宣政殿)으로 옮기고, 대렴(大斂)을 하여 재궁(梓宮)에 내렸다. 이때, 왕세제(王世弟)로 있던 영조와 우의정 이광좌가 상사(喪事)를 주관하였다.

세제(世弟)가 몸소 송종(送終)의 일을 집행하는데 일마다 정례(情禮)에 합당하였고 털끝만큼도 차질이 없어서 남은 유감이 있지 않았다. 우의정 이광좌 역시 홀로 균축(鈞軸)을 잡고 갑자기 대상(大喪)을 만났는데도 일을 처리함에 있어 진중하고도 자상하고 세밀하여 조금도 빈틈이 없었으니, 중앙이나 지방에서 모두 의지하여 중하게 여겼다.[112]

왕세제였던 영조는 8월 30일에 인정문(仁政門)에서 즉위하였다.[113] 이로써 영조는 이제 왕으로서 선왕인 경종의 국장을 주관할 수 있었다. 즉위한 날, 사간원과 사헌부에서는 병 증세에 따라 약을 쓰지 못한 어의(御醫) 등을 잡아다가 국문(鞫問)하여 죄를 주게 해 달라고 청하였다.[114] 특히, 유의(儒醫) 이공윤(李公胤)에 대한 엄중한 처벌을 요구하였다. 이공윤이 입진(入診)할 때마다 오만한 태도를 취했으며, 이번에 공격적인 약제만을 써서 병세가 도리어 악화되게 하였다는 것이 그 이유였다. 또한 그는 경종이 위독했던 날 저녁에 경종이 초조해서 서둘러 불러다가 증세를 물어봤는데, 조금도 놀라지

111 『경종실록』 1724년(경종 4) 8월 25일.
112 『경종실록』 1724년(경종 4) 8월 29일.
113 『경종실록』 1724년(경종 4) 8월 30일; 『영조실록』 1724년(영조 즉위년) 8월 30일.
114 『승정원일기』 1724년(경종 4) 8월 30일.

영조가 즉위하기 전 연잉군 시절의 초상과 영조 어진
* 소장: 국립고궁박물관

않고 느릿느릿 아무렇게나 대답하고 서둘러 나가 버렸다고 한다.[115] 이공윤의 교만스러운 말씨와 행동거지에 여러 신하들은 분개하였고, 이로 인해 벌줄 것을 주장하게 된 것이었다. 영조는 그들의 의견을 따라 이공윤을 처벌하였다.

9월 3일에 묘호를 '경종(景宗)'으로 정했다. 사려(思慮)를 부지런하고 원대하게 하는 것을 '경(景)'이라 하여 정해진 묘호였다. 능호는 '의릉(懿陵)'으로 하였다.[116] 산릉도감에서는 우선적으로 경종의 원비(元妃)였던 단의왕후의 혜릉(惠陵)이 있는 언덕에 능을 쓸 만한 자리가 있는지, 상세히 봉심하여 그 능

115 『영조실록』 1724년(영조 즉위년) 8월 30일.
116 『승정원일기』·『영조실록』 1724년(영조 즉위년) 9월 3일.

혈(陵穴)의 모양을 살펴보고 그 넓이를 재어서 우선 치계(馳啓)하겠다고 하였다. 그러한 다음에 다른 곳을 돌아다니며 산을 간심하자고 제안하였다.[117]

총호사 이광좌가 도감 당상(都監堂上)과 감여사(堪輿師) 11명을 거느리고 산릉의 길지(吉地)를 두루 구하다가 마침내 효종의 왕릉이 처음 조성된 구 영릉(舊寧陵)·중량포(中粱浦)·용인(龍仁)·교하(交河)·왕십리(往十里) 등 다섯 곳을 선정하였다.[118] 이광좌는 구 영릉을 주장하였고, 도감 당상 김일경·이사상 등은 중량포를 주장하였으며, 이진검은 양설(兩說)을 가지고 망설이다가 김일경의 주장에 편을 들었다.

이광좌가 아뢰기를, "비록 기해년(1659년, 효종 승하)의 일기를 보더라도 고 상신 정태화(鄭太和)·이후원(李厚源)·이시백(李時白)이 등대(登對)하여 건원릉의 국내(局內)에 쓸 것을 권하였는데, 이는 건원릉의 산세가 매우 기이하여 실로 우리나라의 억만년 무궁한 기틀을 열어 준 곳이기 때문입니다. 이번 옛 영릉 자리는 건원릉의 주산을 함께 조산(祖山)으로 삼으니, 그 산세를 가히 알 만합니다."[119]

이광좌가 말한 영릉(寧陵)은 효종과 인선왕후의 능을 말하는데, 양주의 건원릉(健元陵: 태조릉) 서쪽에 초장되었다가 1673년(현종 14)에 여주로 천장하였다. 이광좌는 영릉의 초장지를 택했던 것이다. 그러나 김일경은 "비록 사대부의 집안이라 하더라도 천폄(遷窆)한 장소에다가 그 어버이를 장사 지내려고 하지는 않는데, 더구나 국릉(國陵)이겠습니까?"[120] 하며 중량포를 묏자리로 쓸 것을 주장하였다.

117 『승정원일기』 1724년(영조 즉위년) 9월 3일.
118 『영조실록』 1724년(영조 즉위년) 9월 16일.
119 『승정원일기』 1724년(영조 즉위년) 9월 14일.
120 『영조실록』 1724년(영조 즉위년) 9월 16일.

영조는 길지로 선정된 다섯 곳 중에서 구 영릉과 중량포를 제외한 용인·교하·왕십리는 어떠한지 물었다. 그러자 이광좌는 선조(宣祖)의 산릉을 수원(水原) 읍내에 정하려고 하였을 적에 이항복이 백성을 애휼하는 뜻이 아니라고 말한 것을 들어, 마땅히 이를 본받아야 할 것이라고 아뢰었다.[121] 영조는 그의 말을 옳게 여겨, 이광좌와 도감의 여러 당상에게 명하여 다시 중량포를 살펴보게 하였다. 지관들과 지리에 해박한 사인(士人)들이 옛 영릉이 확실히 낫지만 이미 능을 옮긴 자리라서 곤란하고, 이 외에 중량포보다 나은 곳이 없다고 했음을 아뢰자, 결국 산릉 자리는 중량포[122]로 결정되었다.[123]

중량포에 의릉을 조성하는 일은 쉽게 진행되지 않았다. 산릉의 안산(案山)에 많은 무덤들이 있었기 때문이다. 이광좌의 말에 의하면, 무덤들이 많이 있어서 천만으로 셀 정도이며 비석을 세운 것도 이루 다 셀 수가 없었다고 한다.[124] 이에 대해 영조는 화소(火巢) 안에 있는 것은 파서 옮겨야 할 것이지만, 서로 보인다는 이유로 파서 옮기는 것은 어떻게 해야 할지 고민하였다. 영조는 신하들과 논의 끝에 다음과 같은 결론을 내렸다.

왕이 말하기를, "왜 굳이 평토해야 한다는 것인가? 산 사람도 오히려 불쌍히 여겨야 하는데, 더구나 이미 죽은 자이겠는가? 일찍이 능행(陵行) 때 길가에 있는 많은 무덤을 보았는데 모두 봉분을 평탄하게 하였고 혹은 그 축대까지 헐어 버린 것이 있었으므로 마음에 차마 볼 수가 없었다. 더구나 그렇게 많은 무덤이겠는가?" 하였다.[125]

---

121 『승정원일기』 1724년(영조 즉위년) 9월 14일.
122 한양과의 거리는 15리였다[『신증동국여지승람』 제11권 「경기」 – 양주목(楊州牧)].
123 『승정원일기』 1724년(영조 즉위년) 9월 17일.
124 『영조실록』 1724년(영조 즉위년) 10월 17일.
125 『승정원일기』 1724년(영조 즉위년) 10월 17일.

영조는 석물(石物)에 대해서도 능소에서 보이는 곳에 있는 것은 뽑게 하고, 그렇지 않으면 너무 심하게 하지 않는 것이 좋겠다고 하였다. 그리고 화소 안에 묵혀서 버려 두게 된 논에 대해서는 적몰한 밭을 대신 주거나 값을 치러 주되, 억울함을 호소하는 데 이르지 않게 하라고 당부하였다.[126] 그리하여 능소와 마주 대하는 곳에 산소가 있는 사람은, 이장할 수 있는 사람은 인산(因山) 전에 서둘러 하게 하고, 이장하고자 해도 가난하여 할 수 없는 자는 봉분을 평토(平土)하지 말고 석물만 뽑아내라고 하였다.

그런데 민간에 잘못 전해져 모두 파내어야 하는 것으로 알게 되어 상당한 소동이 일어났다. 이에 이광좌는 일일이 다 알려서 백성들로 하여금 환히 알게 할 것을 청하였다. 또, 영조는 깊은 겨울철인 것을 고려하여 백성들에게 인산 전에 이장하게 하는 대신 내년 봄까지 기다리게 하여 폐단을 줄일 것을 명하였다.[127] 신하들은 봉분을 쌓은 다음에 마주 대하고 있는 산에서 어떻게 흙을 파고 이장할 수가 있겠냐며 반대했지만, 영조는 이는 곧 선왕(先王)들께서 백성을 사랑하고 불쌍히 여기는 뜻을 본받기 위한 것이라며 독촉하지 말고 능력에 따라 하게 하라고 백성들을 배려하는 면모를 보였다.

한편, 영조는 이복형이자 선왕이었던 경종의 능소에 친히 행차하고 싶어했다. 하지만 신하들은 이를 강력히 저지하고자 했다. 이광좌는 제왕의 효(孝)는 일반 백성들과는 달라 정(情)에 따라 곧장 행할 수 없는 것이 있다고 아뢰며, 열성조(列聖朝)에서 일찍이 행하지 않았고 찬바람에 영조의 건강이 걱정된다며 만류하였다.[128] 영조는 "제왕과 일반 백성은 명분(名分)이 비록 다르지만, 효제(孝悌)의 도리는 본래 둘이 아니다"라고 말하며, 수차례의 계청(啓請)을 모두 거절하였다.[129] 이광좌 등은 구전(口傳)으로 왕대비 선의왕후께

---

126 『영조실록』 1724년(영조 즉위년) 10월 17일.
127 『영조실록』 1724년(영조 즉위년) 10월 27일.
128 『영조실록』 1724년(영조 즉위년) 12월 4일.
129 『영조실록』 1724년(영조 즉위년) 12월 4일 · 8일 · 10일 · 11일; 『승정원일기』 1724년(영조 즉위년)

개유(開諭)할 것을 청하였고, 이에 왕대비도 합세했다. 결국 영조는 능소에 가는 것을 포기하였다.

12월 16일 경종을 의릉에 장사 지냈다. 이날 비가 물동이를 뒤집은 것처럼 쏟아졌다고 실록은 전한다.[130] 백관들은 비를 맞으며 겨우 의식(儀式)대로 일을 진행하였다. 산릉도감에 화재가 일어나는 불운도 있었다. 며칠 사이에 연속해서 불이 났으므로, 영조는 해당 하리(下吏)를 우선 가두어 죄를 묻고 더욱 각별히 엄금하도록 명하였다.[131] 다음 날, 영조는 전날 장사 지낼 때 군병들 중에 겨울비를 맞아 동상에 걸린 자가 없는지 살피게 했다. 동상에 걸린 자는 없었으나, 본래 병을 달고 사는 일부의 사람이 비에 젖어 병세가 심해졌으므로 그들을 약물로 치료해 주었다.[132]

경종의 의릉은 숙종 명릉의 석물과 제도를 따라 검소하게 조성하였다.[133] 의릉의 조성을 마친 뒤, 영조는 수고한 자들에게 상을 내렸다.[134] 심단·심수현에게 숭록대부(崇祿大夫), 이진검에게 정헌대부(正憲大夫), 이사상에게 자헌대부(資憲大夫), 남취명(南就明)·서명균(徐命均)·이진유(李眞儒)·이명언에게 가의대부(嘉義大夫), 윤순(尹淳)에게 가선대부(嘉善大夫), 박정(朴涏)·조최수(趙最壽)·이진수(李眞洙)·윤성시(尹聖時)·이정걸(李廷傑)·서종하(徐宗廈)·심준(沈埈)에게 통정대부(通政大夫)의 자급을 더하였는데, 빈전도감(殯殿都監)·국장도감(國葬都監)·산릉도감(山陵都監)의 상전(賞典)으로서 준 것이었다.[135]

1724년(영조 즉위년) 경종의 의릉을 조성하는 과정과 절차는 『경종의릉산

12월 5일·9일·10일·11일.

130 『영조실록』 1724년(영조 즉위년) 12월 16일.

131 『승정원일기』 1724년(영조 즉위년) 12월 16일.

132 『승정원일기』 1724년(영조 즉위년) 12월 17일.

133 의릉은 후릉 및 명릉의 예제를 따른 것으로 상설 규모가 작고 검소하다. 이는 『국조속오례의(國朝續五禮儀)』 규정에 따라 조영되었다(최종희 외, 「의릉 일원의 입지와 공간구성특성에 관한 연구」, 『문화재』 43, 2010, 215쪽).

134 『경종의릉산릉도감의궤』, 논상 참조.

135 『영조실록』 1724년(영조 즉위년) 12월 27일.

룽도감의궤(景宗懿陵山陵都監儀軌)』에 상세히 기록되어 있다. 의궤의 앞부분에는 간략하게 그린 능의 모형과 채색으로 된 사신도(四神圖)가 있으며 이어 목록이 나온다. 본문의 구성은 1책에는 좌목(座目)·계사(啓辭)·이문(移文)·내관(來關)·감결(甘結), 2책에는 각소(各所)에 삼물소(三物所)·조성소(造成所)·노야소(爐冶所)·대부석소(大浮石所)·보토소(補土所)·소부석소(小浮石所)·별공작(別工作)·분장흥고(分長興庫)·번와소(燔瓦所)·수석소(輸石所), 부(附)에 의궤(儀軌)·서계(書啓)·논상(論賞)이 실려 있다. 보통 국왕 산릉도감의궤에는 많은 도설(圖說)이 실리는데, 이 책은 기명도(器皿圖)·제작도(製作圖) 등 도설이 거의 없는 것이 특이하다.[136] 현재 본 의궤는 장서각에 적상산성본〈K2-2329〉, 파리국립도서관에서 국립중앙박물관으로 돌아온 어람본〈coreen 2403·2416〉이 존재한다.

(2) 선의왕후 의릉(懿陵)의 조성

선왕인 경종의 왕릉을 조성한 지 6년 만에 영조는 대비인 선의왕후(宣懿王后, 1705~1730)의 왕릉을 조성하였다. 선의왕후가 1730년에 승하했기 때문이다. 선의왕후는 1705년(숙종 31) 10월 29일 어유구(魚有龜)의 딸로 태어났다. 경종의 세자시절 세자빈이었던 단의빈이 세상을 떠나자, 계빈(繼嬪)으로 궁중에 들어왔다. 1718년(숙종 44) 세자빈으로 책봉되었으며,[137] 1720년(경종 즉위년) 6월 13일 경종이 즉위하면서 왕비로 책립되었다. 선의왕후는 1724년(경종 4) 경종이 승하하자 왕대비에 올랐다.

왕대비로 있던 그녀는 1730년(영조 6) 환후가 위중해졌다. 이에 급히 국구(國舅)인 어유구를 입시하게 하였다.[138] 선의왕후는 구역증(嘔逆症)을 보이며

---

136 최지선,「조선시대 왕릉 관련 문헌의 서지적 연구」, 성균관대학교 석사학위논문, 2007, 105쪽.
137 『숙종실록』1718년(숙종 44) 9월 13일.
138 『영조실록』1730년(영조 6) 6월 27일.

몸을 떨고 있었다. 영조는 약방(藥房)의 여러 신하들에게 "지나치게 몸을 떨고 혹은 통곡하는 소리를 내며 혹은 읍성(泣聲)도 내는데, 의관들은 일찍이 이런 증후를 보았는가?"[139] 하고 물었다. 중관(中官)은 왕대비전께서 헛소리를 하시는 것 같다고 말하였다. 영조는 왕대비가 별로 아픈 곳은 없는 듯한데 울음소리 같은 음성을 내며 손으로 물건을 치는 듯한 형용을 하는 이유를 물었고, 홍치중(洪致中) 등은 그다지 염려할 것이 없다고 아뢰었다. 영조는 아들 된 도리에 극진한 정성을 다하지 않을 수 없다며, 종묘 및 사직단에 대신을 보내어 기도를 거행하게 하였다.[140] 그러나 다음 날 선의왕후는 경덕궁 어조당(魚藻堂)에서 26세의 나이로 승하하였다.[141]

이에 대해 사헌부에서는 분통해하며 다음과 같이 말했다. "대행 왕대비(大行王大妃)께서는 비록 본래부터 담습(痰濕)의 증세가 있기는 하였으나 여러 해 동안 뿌리박힌 고질병과는 다른데, 여러 의관(醫官)들이 전연 치료하는 이치도 몰랐고 약물을 쓰는 것도 방법에 어긋나서 갑자기 망극한 지경까지 이르게 되었으니, 신(神)과 사람들이 모두 분통하게 여기므로 국법(國法)에서 용서할 수 없습니다. 청컨대 시약(侍藥)한 여러 의관들을 모두 나국(拿鞫)하도록 하소서."[142] 사간원에서도 함께 발계(發啓)하여, 영조는 그 뜻을 따랐다.

빈전(殯殿)은 광명전(光明殿)에 설치되었으며, 이조에서 빈전·국장·산릉의 3도감에 당상(堂上) 및 낭청(郎廳) 각 8원(員)을 차출하였다.[143] 우의정 이집(李㙫)을 총호사로 삼았으며, 해흥군(海興君) 강(橿)을 수릉관으로 삼고, 중관(中官) 박찬문(朴纘文)을 시릉관(侍陵官)으로 삼았다.[144] 선의왕후의 국장을 준비하는 데 가장 문제가 되는 것은 무더운 날씨였다. 영조는 염습하기도 전에 시

139 『영조실록』 1730년(영조 6) 6월 28일.
140 『영조실록』 1730년(영조 6) 6월 28일.
141 『영조실록』 1730년(영조 6) 6월 29일.
142 『영조실록』 1730년(영조 6) 7월 4일.
143 『영조실록』 1730년(영조 6) 6월 29일.
144 『선의왕후산릉도감의궤』, 좌목 참조.

신에 부기(浮氣)가 있음을 걱정하며, 1720년(숙종 46) 숙종이 승하하였을 때 얇은 포대에 흙을 담아 그 위에 올려놓은 토롱(土籠)의 방법을 쓴 일에 대해 물었다. 도승지 정석오(鄭錫五)는 민간에서 토롱을 사용하는 자가 많으나, 부기가 가라앉기는 어렵다고 답하였다.[145] 이에 영조는 서둘러 소렴(小殮)을 앞당겨 행하라고 지시하였다.[146]

영조는 국상을 준비하는 데 경비를 줄일 것을 강조하였다. 이것은 선의왕후의 뜻을 받든 처사였다. 선의왕후는 생전에 연달아 국상을 당해 경비가 고갈되자, 이미 궁내(宮內)에서 준비된 바가 있으니 해사(該司)에서 올린 물품은 받아들이지 말라고 명을 내렸다. 영조는 이러한 왕대비의 유교(遺敎)를 지키고자 했다. 그리하여 제사에 쓸 은기(銀器)는 1724년(경종 4) 경종의 국상 때 쓰던 것으로 하였다.[147]

7월 4일에 총호사 이집 등이 여러 지사(地師)를 거느리고 산을 보기 위하여 나갔고,[148] 산릉을 경종의 의릉(懿陵) 하혈(下穴)에 정하였다.[149] 효종과 인선왕후를 모신 영릉(寧陵)처럼 왕과 왕비의 능을 한 언덕의 상하에 조성하는 동원상하릉(同原上下陵) 형식을 취했던 것이다. 능호 역시 경종의 능 이름을 그대로 따라 의릉이라 했다.[150]

선의왕후의 왕릉 조성에서 특별한 점이 있다면, 무덤에 『예기(禮記)』와 『시경(詩經)』을 넣었다는 것이다. 이 책들은 국구의 집에서 보낸 것이었다. 선의왕후는 『예기』 내칙편(內則篇)과 『시경』 후비편(后妃篇)을 늘 책상에 올려 놓고 보았으며, 본인이 세상을 떠나면 광중(壙中)에 묻어 달라고 분부한 적

---

145 『영조실록』 1730년(영조 6) 6월 29일.
146 『영조실록』 1730년(영조 6) 6월 30일.
147 『영조실록』 1730년(영조 6) 6월 29일.
148 『선의왕후산릉도감의궤』, 계사, 庚戌 七月 初四日.
149 『영조실록』 1730년(영조 6) 7월 5일.
150 『영조실록』 1730년(영조 6) 7월 6일.

이 있었다.[151] 이에 이 책들도 시신과 함께 묻었던 것이다. 이때, 남편 경종에게 받았던 연갑(硯匣)도 함께 납광(納壙)하였다.[152]

한편, 선의왕후의 무덤을 조성할 적에 신하들의 불성실한 태도가 두드러지게 나타나기도 했다. 국상의 형식과 절차를 소홀히 하여 진행하기도 하였고, 곡을 하는 자리에서 편하게 앉아 부채를 부치거나 침을 뱉는 불손한 행동을 보이기도 했다.

사헌부에서 아뢰기를, "무릇 상제(喪制)에 관계되는 일은 아무리 미세한 형식과 절차라도 소홀히 할 수 없는 것입니다. 삼가 보건대, 성복(成服)한 반열의 망건(網巾)과 갓끈이 어떤 이는 희고 어떤 이는 검어서 얼룩덜룩하여 같지 않았습니다. 예관(禮官)에게 다시 명령하여 동일하도록 부표(付標)하게 하소서" 하였다. 또 아뢰기를, "어제 곡반(哭班)을 보니, 혹은 편하게 앉아서 부채를 부치기도 하고 또 어떤 이는 대궐을 등지고 앉아서 침을 뱉고 있다가 감찰(監察)의 정과(呈課)에 들어가기도 했으니, 청컨대 모두 태거(汰去)하소서" 하였다.[153]

비단 이뿐만이 아니었다. 관리를 잘못해 쥐가 홍전(紅氈)을 갉아먹는 일도 발생했다. 구의(柩衣)를 정돈하고 재궁(梓宮)을 닦아 구의로 싸고 밧줄로 얽어 동여매는 사이에, 쥐가 그것을 둘러싼 홍전을 갉아먹었던 것이다.[154] 영조는 그 흔적이 가느다란 손가락 같다고 하며, 일이 꺼림칙하여 마음에 잊을 수가 없다고 하였다. 판부사(判府事) 민진원은 현궁(玄宮)에 쓰일 물건이라면 조금만 불결해도 마땅히 고쳐야 하지만, 이 물건은 며칠 후면 불살라 버릴 것

---

151 『영조실록』 1730년(영조 6) 7월 9일.
152 『선의왕후산릉도감의궤』, 계사, 庚戌 七月 初九日.
153 『영조실록』 1730년(영조 6) 7월 4일.
154 『승정원일기』 1730년(영조 6) 10월 16일.

이니 쥐가 갉아먹은 곳만 잘라 내자고 했다.[155] 결국 이 문제는 쥐가 갉아먹은 곳만 잘라 내고, 그곳을 바느질 솜씨가 좋은 궁녀에게 꿰매게 하는 것으로 마무리되었다.

10월 19일에 선의왕후를 의릉에 장사 지냈다.[156] 공역을 마무리한 뒤에는 도감에 상전(賞典)을 내렸다.[157] 총호사 이집 이하의 관원에게 가자(加資)하고 상을 차등 있게 주었다.[158] 11월 10일에는 영조가 친히 의릉에 나아가 경종과 선의왕후의 능을 차례로 봉심(奉審)하였다.[159] 이때, 영조는 양주(楊州)의 백성들이 새 능역(陵役)을 전적으로 담당하고 있으니, 그것을 위로할 방안이 있는지 신하들에게 물었다. 경기 감사 조상경(趙尙絅)은 이전에 환곡(還穀)을 체납한 것을 바치는 일을 멈추는 것이 실혜(實惠)가 될 것이라고 답했다.[160] 안성군수(安城郡守) 이종성(李宗城)은 구포(舊逋)의 환곡은 토호(土豪)들의 미납이 많으니, 탕감해 준다 해도 혜택이 백성에게는 미치지 못한다고 반대하였다. 따라서 결역(結役)을 견감하는 것만이 백성들에게 도움이 될 것이라고 말했다.[161] 영조는 을사년(1725년, 영조 1)과 기유년(1729년, 영조 5)에도 결역을 제감해 준 일이 있음을 근거로 들어 양주 백성들의 결역을 제감해 주도록 조처하였다.[162]

선의왕후의 능소를 경종 의릉(懿陵)의 동원(同原)에 조성하였던 과정을 기록한 자료로는 『선의왕후의릉산릉도감의궤(宣懿王后懿陵山陵都監儀軌)』가 있다. 이 책은 1731년(영조 7) 산릉도감에서 편찬하였다. 제1책에는 서두에 옹

---

155 『영조실록』 1730년(영조 6) 10월 16일.
156 『승정원일기』 1730년(영조 6) 10월 19일.
157 『선의왕후산릉도감의궤』, 논상 참조.
158 『영조실록』 1730년(영조 6) 10월 30일.
159 『승정원일기』 1730년(영조 6) 11월 10일.
160 『영조실록』 1730년(영조 6) 11월 10일.
161 『승정원일기』 1730년(영조 6) 11월 10일.
162 『영조실록』 1730년(영조 6) 11월 10일.

가도(甕家圖)가 그려져 있다. 옹가도 뒤에 장서각본에는 사신도(四神圖)가 수록되어 있는데, 규장각본에는 사신도가 없다. 이어 목록이 실려 있고, 선의왕후가 1730년(영조 6) 6월 29일 인시(寅時)에 경덕궁 어조당에서 승하하였다는 기록이 나온다. 다음으로는 좌목(座目)·계사(啓辭)·이문(移文)·내관(來關)·감결(甘結)의 순서로 구성되어 있다. 제2책에는 각소(各所)에 삼물소(三物所)·조성소(造成所)·노야소(爐冶所)·대부석소(大浮石所)·보토소(補土所)·소부석소(小浮石所)·별공작(別工作)·분장흥고(分長興庫)·번와소(燔瓦所)·수석소(輸石所), 부(附)에 의궤(儀軌)·서계(書啓)·논상(論賞)이 실려 있다. 본 의궤는 규장각에는 의정부본〈규14823〉, 장서각에는 적상산성본〈K2-2362〉이 소장되어 있다. 2011년 파리국립도서관에서 국립중앙박물관으로 돌아온 어람본도 있다.

(3) 단경왕후 온릉(溫陵)의 조성

1739년(영조 15) 3월, 김태남(金台南)이 중종의 정비였다가 1506년 중종반정으로 폐출된 단경왕후(端敬王后, 1487~1557) 신씨의 위호(位號)를 회복하기를 청하였다. 단경왕후의 폐출은 중종의 뜻이 아니었음을 주장하며, 이제라도 복위해야 한다고 주장한 것이다.[163]

이에 영조는 주강 때 강독이 끝나고 대신들의 의견을 물으며, 김태남의 상소는 임금의 뜻을 헤아린 것이라며, 이틀 뒤 대신 경재(卿宰) 이하를 인견하여 단경왕후를 복위하는 일을 의논하였다.

영조는 단경왕후의 신주를 대궐 안에 옮겨 모시고, 길일을 가려 시호를 의논하게 하고, 신비의 사당에 가서 전알(殿謁)하였다. 시임·원임 대신과 관각(館閣)의 당상과 육조의 참판 이상을 명초(命招)하여 빈청(賓廳)에 모여 의논하게 하여 신비의 시호를 단경(端敬)이라 올리고, 능호를 온릉(溫陵)이라 하

---

163 『영조실록』1739년(영조 15) 3월 11일.

였다. 이어 추숭한 단경왕후 왕릉의 역사를 주관할 봉릉도감(封陵都監)을 설치하고 무인년 장릉(莊陵)을 추복할 때의 예에 따라 이달 30일에 태묘에 고하라고 명하였다.[164] 같은 날, 영조는 경덕궁(慶德宮, 영조 때 경희궁으로 개명하였다)으로 향했다. 먼저 단경왕후의 신주를 신련(神輦)에 모시니 영조가 국궁(鞠躬)하여 지영(祗迎)하였다.

4월 예조에서 "온릉에서 삭망(朔望)에 분향(焚香)하는 일을 대신에게 의논하였더니, '이미 위선당(爲善堂)에서 삭망전(朔望奠)을 행하였으니 능소(陵所)에서도 이에 따라 행해야 할 것입니다'라고 하자 영조는 그대로 따랐다."[165] 5월에는 경덕궁에서 단경왕후의 신주(神主)를 고쳐 써서 옮겨 모시고, 새로 만든 신주를 상(床) 위에 모셨다. 이후 영조는 온릉(溫陵)에 직접 다녀갔다.

영조는 추숭 작업을 마친 지 30여 년이 지난 뒤에 대신들에게 기미년(1739년) 온릉(溫陵)을 복위(復位)할 때에 아래에서 청한 바인 것인지 물으며, 영의정 한익모(韓翼謨)가 전하의 마음에서 결단하셨다 대답하니, 후세에 말썽이 있지 않겠는지 염려하는 모습을 보이기도 하였다.[166]

단경왕후를 추숭하는 과정은 『단경왕후복위부묘도감의궤(端敬王后復位祔廟都監儀軌)』와 『단경왕후온릉봉릉도감의궤(端敬王后溫陵封陵都監儀軌)』로 정리되었다. 표제는 각각 "己未五月 日 復位祔廟都監儀軌 五臺山上"과 "己未年乾隆四年 溫陵都監儀軌 議政府上"이다. 『단경왕후복위부묘도감의궤』는 폐비 신씨의 복위와 관련한 논의 과정과 이후 단경왕후의 신위를 종묘에 부묘하는 과정을 자세히 수록하고 있다. 복위 결정에 이르기까지의 논의 과정, 복위 후 부묘에 이르기까지 제반 의식 절차를 비롯하여, 관련 관서들 간의 업무 협조 과정, 부묘 의식에 필요한 각종 물품들의 종류와 수량뿐만 아니라 그

---

164 『영조실록』 1739년(영조 15) 3월 28일.
165 『영조실록』 1739년(영조 15) 4월 11일.
166 『영조실록』 1775년(영조 51) 11월 29일.

조달 과정까지 상세히 파악할 수 있다.

『단경왕후온릉봉릉도감의궤』는 양주(楊州) 서산(西山) 장흥면(長興面) 수회동(水回洞)에 있는 신씨묘(愼氏墓)를 봉릉(封陵)하는 과정을 기록한 의궤로, 후대 추숭 작업에 의해 지위가 회복된 왕후의 묘소를 다시 꾸며 능으로의 규모를 갖추는 구체적 과정을 잘 보여 준다.[167]

(4) 정성왕후 홍릉(弘陵)의 조성

1757년(영조 33) 영조는 1704년 가례를 올린 후에 53년간 해로한 정비 정성왕후(貞聖王后, 1692~1757)를 잃는 아픔을 겪었다. 정성왕후는 당성(唐城) 서씨로 서종제(徐宗悌)의 딸이다. 1692년(숙종 18) 12월 초7일 술시(戌時)에 가회방(嘉會坊)의 사저에서 태어났는데, 1704년(숙종 30)에 길례(吉禮)를 행하고, 달성군부인(達城郡夫人)에 봉(封)해졌으며, 1721년(경종 1)에 자교(慈敎)를 받들어 세제빈(世弟嬪)으로 책봉(冊封)되고, 1724년(영조 즉위년)에 비(妃)로 책봉되었다.

정성왕후는 1757년 2월 15일 신시(申時)에 창덕궁의 관리합(觀理閤)에서 66세의 나이로 승하하였다. 시호를 정성(貞聖)이라고 의정(議定)하고, 같은 해 6월 초4일에 고양의 창릉(昌陵) 왼쪽 산등성이 신향(辛向)의 언덕에 장사 지냈으니, 바로 명릉(明陵)의 오른쪽 산기슭이다.[168] 승하하기 전날까지 편찮은 까닭에 약방에서 주원(廚院)에 옮겨 직숙하였다. 당시 정성왕후가 피를 토한 것으로 인하여 원기(元氣)가 갑자기 가라앉았는데, 연달아 삼다(蔘茶)를 올렸지만 조금의 동정(動靜)이 없었으므로, 상하(上下)가 허둥지둥 어쩔 줄을 몰라 하였다.[169]

---

167 『단경왕후복위부묘도감의궤』〈규13506〉, 『단경왕후온릉봉릉도감의궤』〈규14831〉 참조.
168 『영조실록』 1757년(영조 33) 3월 12일.
169 『영조실록』 1757년(영조 33) 2월 14일.

영조는 4월 빈전·혼전의 상식과 산릉의 육선(고기반찬)을 감하도록 하며, 홍릉(弘陵)에서부터 시작하여 육선을 배진하지 말도록 하고, 그대로 정제(定制)로 삼을 것이므로 『상례보편(喪禮補編)』에 기재하도록 하라고 전했다.[170] 5월에 영조는 홍릉에서부터 특별히 사방석(四方石)을 없애도록 하고, 이미 떠낸 돌은 능(陵) 안에 두었다가 뒷날 돌을 뜨는 데 하나의 도움이 되도록 하니 다른 의논은 하지 말고 즉시 거행하도록 하라고 명하였다. 이에 대해 사신은 사방석이 실로 쓸모없었지만, 일이 산릉(山陵)에 관계된다는 것으로 열조(列朝)에서 그대로 답습하여 감히 경솔하게 의논하지 못했는데 영조가 친히 말하니 백성을 애휼(愛恤)하는 성의를 볼 수 있다고 평하였다.[171] 6월 4일 정성왕후를 홍릉에 장사 지냈다.

그로부터 7년 뒤, 영조는 정성왕후와 가례(嘉禮)를 치른 지 주갑(周甲)이 되는 해라 하여 창경궁 휘령전(徽寧殿)[172]에 친히 나아가 전작례(奠酌禮)를 거행하였다. 1768년에는 "정성왕후의 탄일(誕日)이 모레인데, 구저(舊邸)에 머물러 있으니 마음을 어찌 억제하겠는가? 제문(祭文)을 지어서 내리고 영성위(永城尉) 신광수(申光綬)를 헌관(獻官)으로 삼아 내일 향(香)을 받아 휘령전에서 제사를 행하게 하라"라고 명하며 정성왕후를 그리워하였다.

영조는 정성왕후의 능지를 정하면서 장차 함께 묻히고자 왕비릉의 오른쪽 자리를 비워 두었고, 석물도 쌍릉을 예상하여 배치하였다. 하지만 훗날 정조가 홍릉 자리를 버려 두고 동구릉 내 원릉(元陵)으로 영조의 능지를 정함으로써 홍릉의 오른쪽 공간은 빈 터로 남게 되었다. 홍릉은 기본적으로 숙종의 명릉 형식을 따라 간소하게 조성되었으며, 『국조속오례의』와 『국조상례보편』의 제도가 잘 반영되어 있다. 3면이 낮은 담으로 둘러싸인 능에는

---

170 『영조실록』 1757년(영조 33) 4월 4일.
171 『영조실록』 1757년(영조 33) 5월 5일.
172 정성왕후(貞聖王后)의 혼전(魂殿).

제3장 조선 후기의 왕릉 조성과 그 의미

병풍석이 없고, 봉분은 12칸의 난간석에 에워싸여 있다. 혼유석 1개, 망주석 1쌍, 석호·석양 각 2쌍, 문인석·석마 각 1쌍, 장명등 1개, 무인석·석마 각 1쌍의 석물을 갖추었다.

정성왕후 승하 후 홍릉 조성 과정은 『정성왕후홍릉산릉도감의궤(貞聖王后弘陵山陵都監儀軌)』로 정리되었다. 표제는 "乾隆二十二年丁丑二月 日 貞聖王后弘陵山陵都監儀軌"로 상하 2책으로 구성되었다.

(5) 인원왕후 명릉(明陵)의 조성

정성왕후가 승하한 지 1개월 만에 숙종의 계비(繼妃)이자 당시 대비인 인원왕후가 승하하였다. 인원왕후(仁元王后, 1687~1757)는 숙종의 두 번째 계비로서, 경주 김씨 김주신(金柱臣)의 딸이다. 1687년(숙종 13) 9월 29일 축시(丑時)에 순화방(順化坊) 사저의 양정재(養正齋)에서 태어났다. 1702년(숙종 28)에 왕비로 책봉되고, 이어서 가례(嘉禮)를 행하였다. 인원왕후는 평소 검소하여 절약하고, 제전(祭奠)에 대해서도 그릇 수까지 정해 놓으면서 예전에 있었던 것을 줄인 것이 많았다. 그리고 내탕(內帑)의 은자(銀子)와 어고(御庫)의 필단(疋緞)은 도감(都監)에 내려주도록 유명(遺命)을 남겼고, 능전(陵殿)에 쓰는 은기(銀器)도 경자년(1720년, 숙종 승하)에 진용(進用)했던 것을 쓰도록 명하고, 염습(斂襲)에 필요한 여러 가지 기구와 빈전(殯殿)에 드는 물건은 유장(帷帳) 등속과 대여(大轝)의 장식이라 하더라도 모두 대비전에서 갖추어 두었다고 한다.[173]

1757년(영조 33) 3월 26일 사시(巳時)에 창덕궁 경복전(景福殿) 서쪽의 영모당(永慕堂)에서 71세의 나이로 승하하였다. 7일 만에 휘호(徽號)를 정의장목(定懿章穆)으로 의정(議定)하고 6월 13일에 시호(諡號)를 인원(仁元)으로 올렸으며, 7월 12일에 명릉(明陵)의 오른쪽 산등성이 신향(辛向)의 언덕에 봉장

---

173 『영조실록』 1757년(영조 33) 3월 26일.

(奉葬)하였다.[174] 새 능을 명릉의 오른쪽 산등성이에 정하는 과정에서 인원왕후가 미리 간좌(艮坐)의 언덕을 점지하여 산도(山圖)를 영조에게 맡겼는데, 간좌의 언덕과 명릉과의 거리가 400여 보(步)나 되었다. 그러므로 영조가 정자각을 따로 짓는 일과 나무를 많이 베어야 할 것을 염려했는데, 명릉 곁의 오른쪽 산등성이에 또 을좌(乙坐)의 새로운 묘혈(墓穴)이 아주 길지(吉地)이고 또 가깝다는 것을 듣고, 총호사(摠護使)와 여러 대신들에게 즉시 가서 다시 살펴보도록 명하였다. 종신(宗臣) 남원군(南原君) 이설(李㠸)이 감여술(堪輿術)을 이해한다 하여 함께 가서 상지(相地)하도록 명하였다. 이튿날 복명(復命)하였는데, 모두들 길지라고 말하니 임금이 아주 기뻐하면서, 한 정자각에다 앞으로 세 어탑(御榻)을 설치할 것이라며 마침내 새 능으로 정하였다.[175]

6월에 영조는 여차에 나가 총호사 등을 인견하고 농사의 형편, 산릉의 보토 등을 하문하면서 명릉(明陵)의 능관(陵官) 두 자리는 장릉(長陵)의 예에 의거하여 모두 참봉(參奉)으로 만들되 봉사(奉事)와 직장(直長)은 그대로 그곳에서 승진하게 하고, 나무를 심어 울창하게 되기를 기다린 후에 승륙(陞六)하도록 하교하였다.[176] 7월에는 발인을 마치고 인원왕후를 명릉에 장사 지내었다.[177] 1770년 영조는 인원왕후가 태어나고 자란 외가 양정재에 나아가 성모(聖母)를 추모하였다.

명릉(明陵)은 숙종과 인현왕후의 능이 쌍릉으로 나란히 놓여 있고, 인원왕후의 능은 다른 쪽 언덕에 단릉(單陵)으로 모셔져 있는 동원이강릉(同原異岡陵) 형식이다. 동원이강릉의 오른쪽 언덕을 왕이 차지하는 일반적인 왕릉과는 달리, 가장 낮은 서열의 인원왕후가 가장 높은 자리인 오른쪽 언덕을 차지하고 있는 것이 특이하다. 명릉은 숙종의 명에 의해 능역 조성에 드는 인

---

174 『영조실록』1757년(영조 33) 3월 26일.
175 『영조실록』1757년(영조 33) 4월 4일.
176 『영조실록』1757년(영조 33) 6월 20일.
177 『영조실록』1757년(영조 33) 7월 12일.

력과 경비를 절감하여 부장품을 줄이고, 석물의 치수도 실물 크기에 가깝게
하는 등 간소하게 조성되었는데 이는 이후 왕릉의 형식을 바꾸는 계기가 되
었다. 봉분에는 병풍석을 두르지 않았으며, 팔각 장명등도 사각으로 바꾸었
다. 쌍릉의 두 봉분을 감싸고 난간석이 둘러져 있으며, 난간석에는 방위를
표시하는 문자를 새겼다. 봉분 주위에 상석 각 1개, 망주석 1쌍, 석양·석호
각 2쌍이 있고, 봉분 아랫단에 문인석·석마 각 1쌍과 장명등, 가장 밑단에
무인석·석마 각 1쌍이 있다. 인원왕후의 능도 쌍릉과 같은 양식으로 조성
되었다.

인원왕후 승하 후 무덤을 경기도 고양시 서오릉 내 숙종과 인현왕후의 명
릉 다른 쪽 언덕에 동원이강릉 형식으로 조성한 과정은 『인원왕후명릉산릉
도감의궤(仁元王后明陵山陵都監儀軌)』로 정리되었다. 표제는 "乾隆二十二年丁丑
三月 日 仁元王后明陵山陵都監儀軌"이며, 2책 297장으로 구성되어 있다.[178]

4) 정조 시대의 왕릉 조성

정조(正祖)는 즉위 후 선왕인 영조의 원릉(元陵)을 조성하였고, 종통상의
부친인 효장세자(孝章世子)를 진종(眞宗)으로, 종통상의 모친인 효장세자빈을
효순왕후(孝純王后)로 추숭함으로써 계승관계를 명확히 하였다. 또 생부인
사도세자(思悼世子)에 대해 장헌세자라는 시호를 올리고 현릉원을 조성하는
등 선조들에 대한 추숭의 조치를 취하였다. 정조 대의 왕릉 조성에서 나타
나는 특징은 왕위 계승의 정통성을 강화하는 방향으로 왕릉을 조성한 점과
영조 대인 1758년에 편찬한 『국조상례보편』을 기본 지침서로 하여 조성되
었다는 점이다.[179]

---

178 『인원왕후명릉산릉도감의궤』〈규13560〉참조.
179 정조 대 왕릉 조성과 관련해서는 아래 연구가 참조가 된다.

(1) 영조 원릉(元陵)의 조성

1776년 3월 5일 묘시(卯時) 영조(1694~1776, 재위 1724~1776)가 경희궁 집경당(集慶堂)에서 승하하였다.[180] 당시의 상황을 살펴보면, 3월 3일 세손(정조)은 약방 도제조 김상복(金相福), 제조 박상덕(朴相德), 부제조 서유린(徐有隣), 의관 오도형(吳道炯)·정윤검(鄭允儉)·유광익(柳光翼)·서명위(徐命緯)와 나눈 대화에서 영조의 증상을 "가래와 어지러운 증세가 더욱 심해졌고 눈꺼풀이 열렸다 감겼다 하며 손발의 온도가 평소와 다르다"라고 설명하였다. 다음 날 영조의 증상은 약을 써도 차도가 없었고, 세손은 눈물을 흘리며 안타까워했다.[181] 3월 4일 세손은 영조의 쾌차를 위해 종묘사직과 산천에 빌었다. 하지만 생이 끝날 것을 예견했는지 영조는 대보(大寶)를 세손에게 전하라 명하였고,[182] 3월 5일 새벽 5시에서 7시 사이 영조가 승하했다. 정조는 국장 절차를 『국조상례보편』에 따라 상고하라고 명하였다.[183]

영조의 국장 절차는 『영조국장도감의궤(英祖國葬都監儀軌)』를 통해 상세하게 살펴볼 수 있는데, 3월 9일 경희궁 자정전에 빈소가 만들어졌고 3월 10일 진시(辰時)에 성복하였으며, 7월 26일 인시(寅時)에 발인 후 신시(申時)에 산릉 정자각에 봉안, 7월 27일 유시(酉時)에 현궁을 내리고 길유궁에서 우주에 글을 쓰고, 7월 28일 묘시(卯時)에 반우를 경희궁의 태령전(泰寧殿)에 봉안했다. 묘호를 영종(英宗)이라 하고 전호를 효명(孝明), 능호를 원릉(元陵)

유봉학, 「正祖代 政局 동향과 華城城役의 추이」, 『규장각』 19, 1996.
송지원, 「국왕 영조의 국장절차와 『국조상례보편』」, 『조선시대사학보』 51, 2009.
정해득, 『정조시대 현륭원 조성과 수원』, 신구문화사, 2009.
이현진, 「정조 초 영조의 국장 절차와 의미」, 『태동고전연구』 27, 2011.
김세영, 「사도세자 廟宇 건립과 「景慕宮舊廟圖」 연구」, 『장서각』 28, 2012.
이현진, 「정조대 文孝世子의 喪葬 의례와 그 특징」, 『규장각』 40, 2012.
최성환, 「사도세자 추모 공간의 위상 변화와 영우원(永祐園) 천장」, 『조선시대사학보』 60, 2012.
180 『영조실록』 1776년(영조 52) 3월 5일.
181 『영조실록』 1776년(영조 52) 3월 3일; 『승정원일기』 1776년(영조 52) 3월 3일·4일.
182 『일성록』 1776년(정조 즉위년) 3월 4일.
183 『영조실록』 1776년(영조 52) 3월 5일.

이라 했다.[184]

사실 영조의 능지와 능호를 정하는 과정에서 신료들 사이에 이견이 있었으며, '원릉'이라는 능호 역시 능지를 다른 곳으로 정하면서 변경된 능호였다. 3월 11일 산릉도감에서 "1757년에 영조의 첫 번째 비 정성왕후의 무덤을 홍릉에 조성하면서 그때 당시 오른쪽을 비워 두라는 영조의 유교가 있었고, 그 당시 돌에 새겨서 표시를 해 두었으므로 그곳에 자리를 정해야겠다"고 아뢰었다. 다음 날인 3월 12일 여러 신하들이 빈청에 모여 영조의 시호와 묘호, 전호, 능호를 정했는데, 영조의 유교를 받들어 능호를 '홍릉'이라 했다. 하지만 정조는 홍릉이 적합하지 않다고 판단하여 여러 곳으로 사람을 보내어 영조의 산릉 자리를 간심하게 했다. 정조는 10여 곳을 간심했음에도 완정하지 못하다가 마침내 건원릉의 국내에 있는 옛 영릉(寧陵)이 매우 좋다는 말을 듣게 되었다.[185]

영릉은 효종과 인선왕후의 능으로 태조의 건원릉 오른쪽 두 번째 언덕에 위치하고 있었다. 하지만 석물에 틈이 생겨 봉분 안으로 빗물이 샐 염려가 있다 하여 1673년(현종 14) 세종의 무덤인 영릉(英陵) 동쪽으로 천릉하였다. 옛 영릉 자리에 대한 신료들의 생각은 실록을 통해 살펴볼 수 있다.

대행 대왕의 산릉(山陵)을 정하고, 능 이름을 원릉(元陵)으로 의논하여 올렸다. 산릉을 처음에는 홍릉(弘陵)으로 정했다가 다시 소령원(昭寧園)의 국내(局內)를 살펴보았는데 의논이 일치되지 않으므로, 여러 차례 대신과 예조 당상을 보내어 두루 여러 곳에서 찾아보게 하였다. 이때에 이르러 옛 영릉

---

184 "熙敬顯孝大王 丙申三月初五日卯時 昇遐于慶熙宮之集慶堂 同月初九日隨時 成殯于資政殿 同月初十日辰時 成服 七月二十六日寅時 發引 同日申時 奉安于山陵丁字閣 同月二十七日酉時 下玄宮 同日隨時 題虞主于吉帷宮 同月二十八日卯時 返虞奉安于慶熙宮之泰寧殿 廟號英宗 殿號孝明 陵號元陵"[『영조국장도감의궤』 〈규13581〉 1책, 1776년(정조 즉위년)].

185 이현진, 「정조 초 영조의 국장 절차와 의미」, 『태동고전연구』 27, 2011, 185~186쪽.

(寧陵)이 완전한 길지(吉地)인 것으로 말하는 사람이 있으므로, 영의정 김양택(金陽澤), 좌의정 정존겸(鄭存謙), 판중추부사 김치인(金致仁)·이은(李溵), 금성위(錦城尉) 박명원(朴明源), 상지관(相地官) 김기량(金基良)·김전(金田)·유동형(柳東亨)·김상현(金尙鉉) 등을 여차(廬次)에서 소견하고 두루 각자의 의견을 물으니, 김양택과 이은이 말하기를, "이미 증험해 본 땅이 마치 기다리고 있은 듯합니다" 하고, 정존겸이 말하기를, "영릉을 옮겨 모실 때에 한 대오의 사람들이 종실(宗室)을 종용하여 상소에서 '더없이 중요해야 할 자리에 틈이 있다'고 했었고, 선정신(先正臣) 송시열(宋時烈)의 상소에서도 '석회가 굳게 엉키어 있어 크고 작은 도끼가 서로 부딪치므로, 신의 마음이 애통스러우며 마치 도끼가 가슴에 떨어지는 것 같았다'는 말이 있었습니다" 하니, 임금이 말하기를, "나도 또한 문충공(文忠公) 민진원(閔鎭遠)의 주의(奏議)를 보고 대략 마음속에 헤아려지는 바가 있었다" 하였다. 김기량이 말하기를, "옛 영릉 자리의 체세(體勢)는 건원릉(健元陵)과 차이가 없습니다. 또한 국세(局勢)가 비록 건원릉이 주가 되기는 하지만 정간(正榦)의 정신은 모두 여기에 있습니다" 하였고, 유동형이 말하기를, "불암산(佛岩山)의 정간의 면목이 모두 이곳을 향하고 있으니, 진실로 완전한 대지(大地)입니다" 하였으며, 김상현이 말하기를, "온 국(局) 안의 원기가 모두 이곳에 모여 있습니다. 산을 보아 온 지 50년이지만 이와 같은 길지는 보지 못했습니다. 옛 광(壙)이라도 또한 꺼릴 것이 없습니다" 하니, 대신 이하가 봉심하도록 명했었는데, 복명(復命)에 당하여 똑같은 말로 칭찬하여 아뢰었다. 이날에 이어서 대신과 비국 당상들을 소견하여 두루 물었는데 여러 신하들이 이의가 없으므로, 이어 능을 결정하고 명칭을 의정한 것이었다.[186]

---

186 『정조실록』 1776년(정조 즉위년) 4월 11일.

제3장 조선 후기의 왕릉 조성과 그 의미

상지관과 신료들은 옛 영릉 자리를 길지(吉地)라 극찬함으로써 영조의 능지로 최종 결정하였고 능호를 원릉(元陵)이라 했다. 원릉의 조성은 산릉도감에서 담당했는데, 산릉도감의 좌목에 의하면 총호사 좌의정 신회(申晦), 영의정 김상철(金尙喆)·김양택·정존겸, 제조 구윤옥(具允鈺) 등 7명, 도청 이보온 등 3명, 낭청 김재균 등 15명, 감조관 박시영 등 5명으로 구성되었다. 원릉의 위치는 건원릉을 언급하고 있어 실록의 기록과 일치한다.[187]

원릉이 위치한 동구릉(東九陵)은 지금의 경기도 구리시 인창동으로, 태조의 건원릉(健元陵)을 비롯해 문종과 현덕왕후(顯德王后)의 능인 현릉(顯陵), 선조와 의인왕후(懿仁王后), 계비 인목왕후(仁穆王后)의 능인 목릉(穆陵), 현종과 명성왕후(明聖王后)의 능인 숭릉(崇陵), 인조의 계비 장렬왕후(莊烈王后)의 능인 휘릉(徽陵), 경종의 비 단의왕후(端懿王后)의 능인 혜릉(惠陵), 영조와 그 계비 정순왕후(貞純王后)의 능인 원릉(元陵), 헌종과 그 비 효현왕후(孝顯王后), 계비 효정왕후(孝定王后)의 능인 경릉(景陵), 순조의 원자인 문조와 신정왕후(神貞王后)의 능인 수릉(綏陵) 등 조선왕조 9기의 능이 있는 곳이다.

(2) 사도세자 현륭원(顯隆園)의 조성

영조는 '궁원제(宮園制)'라는 새로운 예제를 확립하여 왕실 차원의 예법을 정리하였다.[188] 조선시대 무덤의 형태는 묻힌 사람의 신분에 따라 능·원·묘로 구분했는데, 능(陵)은 왕과 왕비, 추존 왕과 추존 왕비의 무덤을 가리키며 원(園)은 왕세자와 왕세자비 또는 왕의 사친(私親)의 무덤을 말한다. 그 밖의 왕족의 무덤은 일반인과 같이 묘(墓)라 칭했다. 1762년(영조 38) 영조는 예제에 입각하여 '墓-廟[무덤-사당]'제도를 적용시켜 지금의 경기도 양주 배봉

---

187 『영조원릉산릉도감의궤』, 규장각 해제 〈규13586〉.
188 정경희, 「朝鮮後期 宮園制의 성립과 변천」, 『서울학연구』 23, 2004.
    최성환, 「사도세자 추모 공간의 위상 변화와 영우원(永祐園) 천장」, 『조선시대사학보』 60, 2012.

산 지역에 수은묘(垂恩墓)를 조성하였고, 1764년(영조 40) 현재 선희궁(宣禧宮)이 있는 북부 순화방에 사당 수은묘(垂恩廟)를 건립하였다.[189] 수은묘(垂恩廟)의 건립은 『수은묘영건청의궤』에 정리되어 있다. 표제는 "乾隆二十九年十月日 垂恩廟營健廳儀軌 禮曹上"이라고 되어 있으며, 목록은 좌목(座目)·승전(承傳)·계사(啓辭)·품목(稟目)·이문(移文)·내관(來關)·감결(甘結)·의궤(儀軌)·별공작(別工作) 순이다. 당상 구윤명(具允明), 낭청 김이주(金頤柱)·송흠명(宋欽明), 감조관 이연(李沇), 안종수(安宗秀) 이하 역원·서리·고직 등이 실려 있다. 1764년 2월 20일 정당역(正堂役)을 시작으로 공사를 시작하는데 5월 21일 영조는 재실이 태실보다 크고 사치스럽다 하여 향대청(香大廳)을 재실로 하고 영건도형(營建圖形)에 따라 재건을 명하고, 당시 감역관 등의 책임을 추궁하였다. 의궤는 호조에서 3건을 작성, 어람본 1건을 제외한 2건은 강화 사고와 예조에 보내 보관케 했다. 실제로 영건이 완료되지 않은 상태였으므로 이해 6월 21일 정우(正宇) 개기역(開基役)을 시작으로 도형에 따라 사도묘(思悼廟)를 동쪽(현재 종로구 연건동 서울대학교 병원 자리)으로 옮겨 개건에 착수하였다. 7월 15일 도감은 영건청(營建廳)이라 칭하고, 8월 21일 사도묘(思悼廟)의 명칭을 수은묘(垂恩廟)로 개칭하고 이어 전의감에 의궤도감을 설치하여 『수은묘이건시의궤』를 재작성하였다.[190]

정조는 즉위 후 종통상의 부친인 효장세자와 생부인 사도세자의 추숭 작업에 박차를 가하였는데, 이것은 왕권의 정통성과 직결되는 문제였다. 1776년(정조 즉위년) 정조는 사도세자의 존호(尊號)를 올려 '장헌(莊獻)'이라 하고, 수은묘(垂恩墓)의 봉호(封號)를 '영우원(永祐園)'이라 하고, 사당 수은묘(垂恩廟)를 '경모궁(景慕宮)'이라 하였다.[191] 이것은 영조의 궁원제를 따른 것이

---

189 『영조실록』 1764년(영조 40) 5월 19일.
190 『경모궁개건도감의궤(景慕宮改建都監儀軌)』, 규장각 해제 〈규13633〉.
191 『정조실록』 1776년(정조 즉위년) 3월 20일.

었다. 경모궁은 4월에 공사를 시작하여 8월에 완공되었는데, 이전에 비해 규모를 대폭 확장하였고 정조가 직접 현판을 썼다.[192] 정조는 이조 판서 이복원(李福源)에게 영우원과 경모궁에 관한 의식 절차를 수록한『궁원의(宮園儀)』를 편찬하게 하였는데, 이덕무의『청장관전서(靑莊館全書)』에 1780년(정조 4) 1월 "어명으로 교정을 보다"[193]라는 기록이 있어 이 당시에 편찬된 것으로 보인다. 정조는 이렇게 확장 개건된 영우원에 매년 1회 이상, 경모궁에 매달 1회 이상 전배하고 그 기록을『궁원전성록(宮園展省錄)』으로 남겼다.[194]

사실 정조는 영우원의 형국(形局)이 좁아서 길하지 않다고 여겼고 일찍이 지사(地師)에게 분담시켜 여러 산을 두루 살펴보게 했는데, 기해년에 잡았던 수원 화산(花山)의 옛터가 가장 길한 곳이었다. 본격적인 영우원 천장은 1789년(정조 13) 영조의 딸 화평옹주(和平翁主)의 남편인 금성위 박명원의 상소를 계기로 시행되었다. 박명원은 천장을 빨리 시행할 것을 청하였고, 정조는 2품 이상 대신을 불러 의견을 물었다. 이에 대신들은 "도위의 상소는 실로 종묘사직의 무궁한 대계(大計)입니다" 하였다.[195] 정조는 즉각 영우원의 천장을 시행했다. 천장 담당자로 김익(金熤)을 총호사 천원도감 및 원소도감 도제조로 삼고, 서유린·이재간(李在簡)·정창순(鄭昌順)을 천원도감 제조로, 김이소(金履素)·정민시(鄭民始)·이문원(李文源)을 원소도감 제조로 삼았다.[196]

영우원 천장 과정은『장조현륭원원소도감의궤』에 정리되어 있다. 표제는 "乾隆五十四年七月 日 顯隆園園所都監儀軌 江華"이고 내용은 4책으로 구성된다. 좌목에 의하면 총호사 영의정 김익, 제조 김이소 등 3명, 도청 서매수(徐邁修) 등 3명, 삼물소(三物所) 낭청 이정회(李廷恢) 등 6명, 조성소(造成所) 감

192『정조실록』1776년(정조 즉위년) 9월 30일.
193 이덕무,『靑莊館全書』「行歷」.
194 최성환,「사도세자 추모 공간의 위상 변화와 영우원(永祐園) 천장」,『조선시대사학보』60, 2012.
195『국조보감』권73, 1789년(정조 13); 정해득,『정조시대 현륭원 조성과 수원』, 신구문화사, 2009, 34쪽.
196『정조실록』1789년(정조 13) 7월 11일.

융릉(사도세자와 혜경궁의 합장릉)

조관 여준영(呂駿永) 등 3명이 참여했는데, 각 소별로 낭청과 감조관이 함께 임명되어 있다. 예의(禮儀)의 주계(奏啓)를 보면 영우원을 현륭원(顯隆園)으로 개칭하였다. 각종 석물체제에 관한 부석조(浮石條)의 내용을 보면 상설의 수에 있어서는 병풍석 외의 모든 석물은 세조의 광릉 체제에 따르고, 석물의 대소는 인조의 장릉 천릉 시의 석물에 준하였다. 특히 병풍석은 이후 어느 능에도 부설할 것이 수교에 기록되어 있다.[197]

현륭원은 1899년(고종 36) 9월 사도세자가 장종(莊宗)으로 추존되면서 능호 역시 융릉(隆陵)으로 격상되었다.[198] 후에 장종에서 장조(莊祖)로 묘호가 변경되었다. 현재의 융릉은 1815년(순조 15) 부인 혜경궁(惠慶宮) 홍씨 사망 이후 합장된 형태이다.[199]

---

197 『장조현륭원원소도감의궤』, 규장각 해제 〈규13627〉.
198 『고종실록』 1899년(고종 36) 9월 1일.
199 사도세자 묘[墓]와 사당[廟]의 명칭 변화를 정리하면 다음과 같다.

묘[墓]	1762년(영조 38) 垂恩墓 → 1776년(정조 즉위년) 永祐園 → 1789년(정조 13) 顯隆園
사당[廟]	1764년(영조 40) 思悼廟 → 垂恩廟 → 1776년(정조 즉위년) 景慕宮

(3) 진종·효순왕후 영릉(永陵)의 조성

이후 진종으로 추존되는 효장세자(1719~1728)는 영조와 정빈(靖嬪) 이씨 사이에서 태어나 영조가 즉위하면서 왕세자로 책봉되었는데 10세의 나이로 사망했다. 영조는 1762년(영조 28) 임오화변(壬午禍變)으로 사도세자가 죽자, 세손에게 "종통(宗統)의 막중함을 위하여 효장세자의 뒤를 이으라"고 명하여 1764년(영조 40) 2월 효장세자의 종통을 계승하게 하였다(〈표 5〉 참조).[200]

정조는 즉위 후 대신들 앞에서 혈연상 사도세자의 아들임을 표명함과 동시에 종통상의 부친인 효장세자에 대해 언급하여 "근본을 둘로 하지 않겠다"는 뜻을 나타내기도 하였다.[201] 이로부터 9일 후 정조는 종통상의 부모인 효장세자와 효장세자빈(1715~1751)의 추숭을 시행하는데, 관련 내용이 실록에 전한다.

> 영종(英宗)의 유지(遺旨)에 따라 효장세자(孝章世子)를 진종대왕(眞宗大王)으로 추숭하고, 효순현빈(孝純賢嬪)을 효순왕후(孝純王后)로 추숭하고, 진종의 시호를 '온량예명철문효장(溫良睿明哲文孝章)'이라 하고 왕후의 시호를 '휘정현숙효순(徽貞賢淑孝純)'이라 하고, 능호(陵號)를 '영릉(永陵)'이라 하고 전호(殿號)를 '연복(延福)'으로 의논하여 정하였다. 시호를 의논하여 정한 여러 신하들을 소견하고 창경궁에 있는 효순묘(孝純廟)의 옛 혼전(魂殿)을 연복전(延福殿)으로 하여 종묘에 들어가기 전까지 봉안하게 하고 고부사(告訃使)의 출행에 겸하여 추숭한 것과 휘호를 올린 것을 주청하게 하고, 추숭도감(追崇都監)을 국장도감(國葬都監)에 합하여 설치하도록 명하였다.[202]

---

200 『영조실록』 1764년(영조 40) 2월 21일; 『일성록』 1776년(정조 즉위년) 3월 10일.
201 『정조실록』 1776년(정조 즉위년) 3월 10일.
202 『정조실록』 1776년(정조 즉위년) 3월 19일.

표 5 영조를 중심으로 한 가계도

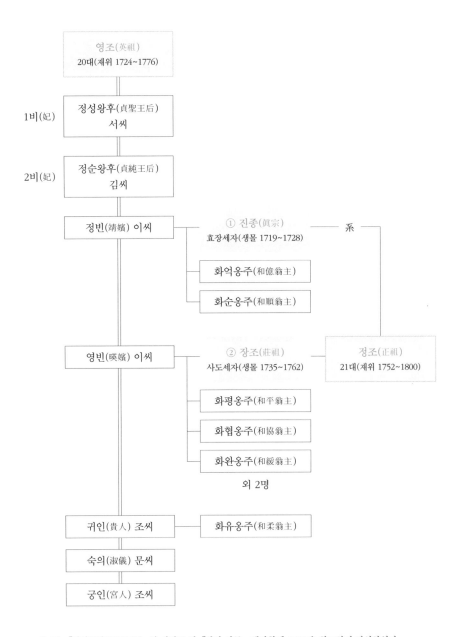

※ 이 표는 『선원보략(璿源譜略)』 및 신병주 외, 『왕과 아들』, 책과함께, 2013을 참고하여 작성하였다.

진종(효장세자)과 효순왕후의 영릉

영릉의 비각

　정조는 효장세자를 진종(眞宗)으로, 효장세자빈을 효순왕후(孝純王后)로 추
숭하고 능호를 영릉(永陵)이라 했다. 이를 통해 정조는 왕위 계승의 정통성
을 확고히 하는 한편 생부인 사도세자에 대한 추숭을 시행할 수 있었다. 영
릉은 지금의 경기도 파주시 파주 삼릉 내에 있다.

2 세도정치 시기의 왕릉 조성

우리 역사에서 흔히 19세기의 시작은 세도정치 시기로 정리된다. 1800년 6월 순조가 즉위한 후 안동 김씨를 비롯한 세도 가문이 정치를 좌우했기 때문이다. 세도정치 시기에는 순원왕후, 신정왕후 등이 대비로 있으면서 왕릉의 천릉을 주도한 모습도 주목된다. 여기에서는 세도정치 시기인 순조, 헌종, 철종 시대의 왕릉 조성 과정을 살펴보기로 한다.

1) 순조 시대의 왕릉 조성

순조(純祖) 시대에는 선왕인 정조의 건릉(健陵) 조성과 대비인 정순왕후 승하 후 대비의 무덤을 영조의 원릉(元陵) 곁에 조성한 것, 정조의 왕비인 효의왕후의 무덤을 조성하면서 정조의 건릉을 천릉한 것, 효명세자의 무덤 조성 등의 역사가 있었다.

(1) 정조 건릉(健陵)의 조성

정조(1752~1800, 재위 1776~1800)가 승하한 후 순조는 정조의 왕릉인 건릉을 조성하였다. 1800년 6월 28일 정조는 오랜 투병 끝에 창경궁의 영춘헌(迎春軒)에서 승하하였다.[203] 정조가 승하하고 세자인 순조가 11세의 나이에 불과하자 정순왕후가 대왕대비로서 수렴청정을 실시하였다. 다음 날 신시

---

203 『정조실록』 1800년(정조 24) 6월 28일.

(申時)에 목욕(沐浴)·습(襲)·소렴(小斂)을 거행하였다.[204]

대비의 수렴첨정은 『산릉도감의궤』나 『빈전혼전도감의궤』에 대비의 전교 내용이 다수 포함되어 있는 것에서도 확인된다. 대비는 처음에 영춘헌을 빈전(殯殿)으로 삼을 것을 명하였다가 원상(院相)이 비좁다고 아뢰자 왕대비가 빈전을 환경전(歡慶殿)으로 옮기자고 하여[205] 7월 2일 실행되었다.[206] 기존 전례에 따른다면 왕의 빈전은 선정전(宣政殿) 혹은 자정전(資政殿)에 설치되었어야 하는데 창경궁의 환경전에서 왕의 빈전을 설행한 것은 이때 처음 있는 일이었다. 이날의 일을 계기로 이후 왕과 왕후의 빈전은 환경전에서 설행하는 것이 전례(典禮)가 되었다. 또 정조의 혼전인 효원전(孝元殿)을 선정전에 설치하도록 하였다. 당시 선정전은 창덕궁의 편전이었다. 1649년 인조의 혼전 설치 이후 왕의 혼전은 대부분 문정전에서 설행되었다. 그러나 정순왕후는 이 같은 전례를 물리치고 법궁인 창덕궁의 편전인 선정전에 혼전을 설행하도록 강행한 것이다.[207]

순조는 7월 3일 창덕궁 인정문에서 즉위하였다. 이후 정조의 묘호(廟號)는 정종(正宗), 전호(殿號)는 효령(孝寧)으로, 능호(陵號)는 건릉(健陵)으로 정해졌다.[208] 도승지 윤행임(尹行恁), 산릉 당상 서유린, 예조 판서 이만수(李晩秀), 관상감 제조 김조순(金祖淳) 등이 현륭원(顯隆園) 내에 있는 강무당(講武堂) 옛 터를 간심하고 대길지(大吉地)라고 하여 순조가 따랐다.[209] 인산일은 11월 초

204 『정조실록』 1800년(정조 24) 6월 29일.
　　정조의 염습의대에 관해 『정조국장도감의궤』를 중심으로 살펴본 연구로 고영, 「『정조국장도감의궤』를 중심으로 한 염습의대 고찰」, 『복식』 61(5), 한국복식학회, 2011, 147~163쪽이 있다.
205 『정조실록』 1800년(정조 24) 6월 29일.
206 『순조실록』 1800년(순조 즉위년) 7월 2일.
207 신지혜, 「조선 후기 대비의 상장례 참여확대와 의례공간의 변화」, 『장서각』 26, 한국학중앙연구원, 2011, 137~139쪽. 신지혜는 궁궐의 편전인 선정전이 혼전으로 활용되면서 희정당이 편전이 되었고 이후 순조와 헌종·철종의 혼전도 연이어 선정전에서 설행되면서 희정당이 창덕궁 편전으로 자리 잡았다고 밝혔다.
208 『순조실록』 1800년(순조 즉위년) 7월 6일.
209 『순조실록』 1800년(순조 즉위년) 7월 10일.

6일로 정하였다.[210] 9월 28일 외재궁(外梓宮)을 받들고 산릉(山陵)으로 나아 갔다.[211]

10월 3일에 산릉(山陵)의 식목처에 거주하는 백성들에게 값과 재목을 넉넉히 지급해 주고 춤기 전에 옮겨 갈 것을 명하였다.[212] 10월 4일에 서유문(徐有聞)이 산릉을 역사하는 데 전에 구획한 재력이 거의 남는 것이 없으므로 동전 1만 3000냥, 나무 30동(同), 쌀 1,800석을 새로 책정하여 호조와 선혜청에서 수송할 것을 아뢰자 부족한 재원을 내하(內下)하도록 하였다.[213] 10월 21일에는 무덤에 떼를 입히는[莎草] 보토군(補土軍)에게 부역을 시키지 않고 강제로 돈을 거두고는, 내지 못하는 이들에게는 기계(器械)까지 빼앗고 경향(京鄕)으로 쫓아 보내 원성이 자자하다는 말을 듣고 대왕대비가 분노하여 여러 당상들에게 모두 오등(五等)을 감봉(減俸)하는 조치를 내렸다.[214]

『승정원일기』에는 대여(大轝)가 이동하는 경로가 자세히 나타나 있다. 11월 3일 발인날에 상여가 명정전(明政殿)의 문밖으로 나와 홍화문(弘化門), 종묘 앞의 길, 숭례문(崇禮門)을 지나 시흥행궁(始興行宮)으로 향했고[215] 11월 4일 대여가 시흥행궁에서 하루를 묵고 화성행궁(華城行宮)에 이르렀다.[216] 11월 4일 영가(靈駕)가 화성행궁 숙소(宿所)에 머물렀고 행궁에서 하루를 묵은 뒤 정자각 뒤로 들어가서 산릉에 올랐다.[217] 11월 5일 산릉에서 하루를 묵은 뒤 하현궁(下玄宮)하고 길유궁(吉帷宮)을 설치한 후 화성행궁에서 초우제(初虞祭)

210 『순조실록』 1800년(순조 즉위년) 8월 2일.
211 『순조실록』 1800년(순조 즉위년) 9월 28일.
212 『순조실록』 1800년(순조 즉위년) 10월 3일.
213 『승정원일기』 1800년(순조 즉위년) 10월 4일.
214 『승정원일기』 1800년(순조 즉위년) 10월 21일.
215 『승정원일기』 1800년(순조 즉위년) 11월 3일.
216 『승정원일기』 1800년(순조 즉위년) 11월 4일.
217 『승정원일기』 1800년(순조 즉위년) 11월 5일.
   정조국장의 발인반차가 조선 전기 『국조오례의』의 규정보다 크고 성대해졌음을 『정조국장도감의궤』 발인반차도 분석을 통해 밝힌 연구로 안희재, 「조선후기 發靷班次의 변화와 의미」, 『한국학논총』 34, 국민대학교 한국학연구소, 2010, 821~856쪽이 있다.

『정조국장도감의궤』의 대여 부분　　　　　『정조건릉산릉도감의궤』

『정조국장도감의궤』 중 청룡, 백호, 주작, 현무
* 자료 제공: 규장각한국학연구원

를 행하였다.

1800년 6월 28일 정조가 승하한 이후 같은 해 11월 7일 혼전을 설치하기까지 국장에 관한 제반 사항이 『정조국장도감의궤』에 수록되어 간행되었다.

(2) 정순왕후 원릉(元陵)의 조성

정순왕후는 영조 비 정성왕후 서씨의 삼년복제가 끝나자 1759년(영조 35)에 계비로 간택되었다. 김한구(金漢耉)의 딸이 15세의 나이로 66세의 영조와 혼인함으로써 중전의 자리에 오르게 되었다.[218] 1800년 정조가 승하하고 정순왕후가 대왕대비로서 4년간 수렴청정하며 정치를 이끌다가 1804년 철렴하였다. 수렴청정은 비상사태에 시행되다 보니 제도상으로 공식화되지 못하였는데 정순왕후 수렴청정 시기에 절목(節目)이 제정되었다.[219]

1805년은 대왕대비의 환갑이 돌아오는 해였는데, 1월 10일 갑자기 병환이 나더니[220] 이틀 후 12일에 창덕궁 경복전에서 승하하였다.[221] 순조는 재궁(梓宮)의 안에 바르는 일과 관의(棺衣)를 채보(彩黼)로 하는 것은 정축년(1757년)의 예(例)에 의거하라고 명하였다.[222] 대행 대왕대비전의 시호를 정순(貞純)이라고 하고, 휘호(徽號)는 소숙정헌(昭肅靖憲), 전호(殿號)는 효안(孝安), 능호(陵號)는 경릉(景陵)으로 정하였다.[223]

대왕대비는 살아 있을 때부터 자신의 상례에 상당히 신경을 썼던 것 같다. 상례에 필요한 의금(衣衾) 등의 물품을 준비해 두었고 은자(銀子) 3,000냥과 기타 사용되는 비단 등을 미리 조처해 두었다.[224] 1776년 영조가 사망하여 영릉을 조성할 때도 정순왕후의 의지가 관철되었다. 영조는 1757년 정성왕후의 홍릉(弘陵)을 조성하며 그 옆자리를 자신의 산릉지로 정해 두었다.[225] 그러나 정조가 동구릉 경내의 옛 영릉(寧陵)이 길지라는 말을 듣고 그곳에 영조의 원릉을 조성하였는데, 여기에[226] 정순왕후의 입김이 작용했던 것으로 생

218 영조와 정순왕후의 가례와 『가례도감의궤』에 관해서는 신병주, 「『英祖貞純后 嘉禮都監儀軌』의 구성과 자료적 가치」, 『서지학보』 24, 한국서지학회, 2000, 103~124쪽을 참조할 수 있다.
219 『순조실록』 1800년(순조 즉위년) 7월 4일; 임혜련, 「순조 초반 정순왕후의 수렴청정과 정국변화」, 『조선시대사학보』 15, 조선시대사학회, 2000, 162쪽 재인용.
220 『순조실록』 1805년(순조 5) 1월 10일.
221 『순조실록』 1805년(순조 5) 1월 12일.
222 『순조실록』 1805년(순조 5) 1월 14일.
223 『순조실록』 1805년(순조 5) 1월 18일.
224 『순조실록』 1805년(순조 5) 1월 23일.
225 『영조실록』 1757년(영조 33) 5월 13일.
　　命山陵都監, 弘陵虛右之地, 依崇陵, 明陵例, 以石片刻十字形, 埋標於正穴.
226 『정조실록』 1776년(정조 즉위년) 4월 11일.
　　定大行大王山陵, 議上陵號曰元陵. 山陵初定弘陵, 又審昭寧園局內, 議合不, 屢遣大臣禮堂, 遍尋諸處. 至

각된다.

　순조는 정순왕후의 생전 뜻을 알고 있었던 것인지, 산릉을 간심한 예조 판서 한용구(韓用龜) 등에게 영조의 능인 원릉(元陵)부터 조사했는지를 묻고는 명릉(明陵: 숙종릉)의 전례에 의거하여 새 능을 원릉과 같은 등성이에 하는 것이 좋겠다는 뜻을 드러냈다.[227] 이들은 원릉의 능 위쪽의 왼편과 함께 구 목릉(舊穆陵)의 오른쪽 등성이, 숭릉(崇陵) 오른쪽의 봉표(封標)가 된 곳 등 3곳을 살펴보고 구 목릉·숭릉 모두 안길(安吉)하지만 원릉의 왼쪽이 가장 좋다고 보고하여[228] 순조의 뜻이 관철되었음을 보여 준다.

　정순왕후의 능이 원릉과 같은 등성이로 정해짐에 따라 기존 석물에 더하여 석물을 각각 배설할 것인지의 문제가 제기되었는데, 현종과 명성왕후의 숭릉의 제도에 준행하도록 하였다.[229] 또 앞서 정한 능호 경릉(景陵)을 쓰지 않기로 하였다.[230]

　인산례를 행할 날을 정할 때 이를 앞당길 것인가 미룰 것인가를 두고 논란이 있었다. 원래는 5월이 되어야 하는데 일관(日官)이 5월은 좋지 않고 4월 7일은 대길(大吉), 6월 24일 평길(平吉)이라고 제시하였다.[231] 순조가 물려서 행하라고 답하면서[232] 문제는 정리되는 듯 보였다. 그러나 총호사 서매수(徐邁修)가 자신은 전례에 어두우니 예조 낭관·외방대신·유현(儒賢)·홍문관에서 전례를 두루 상고하게 해 달라고 청하였다.[233] 그러자 홍문관에서 인산일에 관한 조선 전기부터 후기까지의 전례를 상고하여 아뢰었다.

　是有以舊寧陵爲十全吉地言者 … 命大臣以下奉審, 及復命齊聲仰贊. 是日仍召見大臣, 備局堂上歷詢, 諸臣無異議, 乃定陵議號.

227 『순조실록』 1805년(순조 5) 1월 20일.
228 『순조실록』 1805년(순조 5) 1월 22일.
229 『순조실록』 1805년(순조 5) 1월 27일.
230 『순조실록』 1805년(순조 5) 1월 28일.
231 『순조실록』 1805년(순조 5) 1월 28일.
232 『순조실록』 1805년(순조 5) 2월 2일.
233 『순조실록』 1805년(순조 5) 2월 2일.

인산(因山)을 앞당겨 행한 예(例)가 13번 있었습니다. 정안왕후(定安王后) 후릉(厚陵)의 인산, 원경왕후(元敬王后) 헌릉(獻陵)의 인산, 세조대왕(世祖大王) 광릉(光陵)의 인산, 공혜왕후(恭惠王后) 순릉(順陵)의 인산, 장경왕후(章敬王后) 희릉(禧陵)의 인산은 모두 3개월 만에 행하였고, 정희왕후(貞熹王后) 광릉(光陵)의 인산, 예종대왕(睿宗大王) 창릉(昌陵)의 인산, 문정왕후(文定王后) 태릉(泰陵)의 인산, 인종대왕(仁宗大王) 효릉(孝陵)의 인산, 인성왕후(仁聖王后) 효릉의 인산, 명종대왕(明宗大王) 강릉(康陵)의 인산, 인순왕후(仁順王后) 강릉의 인산은 모두 4개월 만에 행하였습니다.

물려서 행한 전례가 네 번 있었는데, 신덕왕후(神德王后) 정릉(貞陵)의 인산, 효종대왕(孝宗大王) 영릉(寧陵)의 인산은 모두 6개월 만에 행하였고, 의인왕후(懿仁王后) 목릉(穆陵)의 인산은 7개월 만에 행하였습니다. 경신년(1800년)에 건릉(健陵)을 물려서 행한 것은 영릉(寧陵)과 동부(同符)이기 때문이었습니다. 대개 앞당겨서 행한 예(例)가 물려서 행한 것보다 진실로 많은데 앞당겨서 행한 예는 국초(國初)에 많이 있었고, 물려서 행한 예는 근례(近例)에서 상고할 수 있습니다.

삼가 생각건대, 우리 왕조(王朝)의 예의(禮儀)는 근래일수록 점차 완비되어 왔습니다. … 신 등이 삼가 『예기(禮記)』를 상고하건대, '상사(喪事)에는 원일(遠日)을 우선으로 하고 길사(吉事)는 근일(近日)을 우선으로 한다'고 했는데 …『춘추좌씨전(春秋左氏傳)』에도 '장일(葬日)을 잡을 적에는 원일을 우선으로 한다'고 했는데 … 5개월에 장사 지내는 것은 선왕(先王)의 경례(經禮)인 것이요 시일(時日)에 구애되어 꺼리는 것은 후세의 작은 술수인 것입니다. …[234]

홍문관에서는 인산일을 앞당긴 사례가 더 많지만 이것은 국초에 법이 완

---

234 『순조실록』 1805년(순조 5) 2월 4일.

비되기 전이고 경례(經禮)는 5개월이므로 미뤄 치러야 한다고 하였다. 이처럼 정순왕후의 의식 절차와 산릉 공역에 많은 전례들이 상고되었다. 예조에서 시사복(視事服: 임금이 직무 때 입는 옷)에 대해 졸곡(卒哭) 뒤의 것은 『오례의』와 『상례보편』에 기록되어 있지만 공제(公除) 뒤와 졸곡 전의 시사복에는 증거할 만한 예문이 없으므로 정축년(1757년, 인원왕후 승하)·병신년(1776년, 영조 승하)·경신년(1800년, 정조 승하)의 예에 의거하도록 하였다.[235] 병신년의 예에 따라 조조(朝祖: 발인 하루 전 혼백을 받들고 종묘에 나아가는 의식)의 의절(儀節)은 마련하지 않게 되었다.[236] 산릉의 석물 조성 시 장명등(長明燈)은 원래 것을 가운데로 옮기고[237] 두 능(陵) 사이의 석난간(石欄干)은 하나로 합쳐서 빙 두르게 하는데 숭릉(崇陵)의 예에 따라 이루어졌다.[238] 또 인산(因山) 인행(靷行) 때 대여(大轝)를 교체하여 운송할 곳을 기유년(1789년, 현릉원 천장)·경신년의 전례에 따라 막차(幕次)를 설치하지 말고 곧바로 노상(路上)에서 교체하게 하라고 명하였다.[239]

별전(別殿)에서 수제(受祭)하는 처소는 정축년 명릉(明陵) 때의 전례에 의거하여 함인정(涵仁亭)에다 설치하게 하였다.[240] 6월 19일 새벽에 비가 조금 내리다가 곧 그친 후 영가(靈駕)가 빈양문(賓陽門)을 나와 명정문(明政門), 홍화문(弘化門)을 출발하여[241] 다음 날인 20일 하현궁(下玄宮)하고 초우제를 행하였다. 순조는 최복을 갖춰 입고 여(轝)를 타고 선화문(宣化門)을 떠나 협양문(協陽門)을 나와 금룡문(銅龍門)·경화문(景化門)·집례문(集禮門)·명정문을 거쳐

235 『순조실록』 1805년(순조 5) 1월 19일.
236 『순조실록』 1805년(순조 5) 3월 14일.
237 『순조실록』 1805년(순조 5) 2월 16일.
238 『순조실록』 1805년(순조 5) 3월 1일.
239 『순조실록』 1805년(순조 5) 4월 15일.
240 『순조실록』 1805년(순조 5) 6월 5일.
241 『승정원일기』 1805년(순조 5) 6월 19일.

영조와 정순왕후의 영릉

명정전 월대(月臺)에서 망곡례를 행하였다.[242] 21일 우주(虞主)를 효안전(孝安殿)에 봉안하였다.[243] 7월 30일 순조가 원릉(元陵)의 산릉(山陵)에 나아가 친제(親祭)하였다.[244]

정순왕후의 지문 등에서 정순왕후를 송(宋)나라의 선인태후(宣仁太后)에 비견하였다. 선인태후는 송 영종(英宗)의 비이자 철종(哲宗)의 모후로 수렴청정하며 여성 중의 요순(堯舜)으로 칭송받은 인물로 정순왕후를 선인태후보다 뛰어나다고 찬하였다.[245] 정순왕후의 국장 절차는 『정순왕후국장도감의궤(貞純王后國葬都監儀軌)』, 『정순왕후빈전혼전도감의궤(貞純王后殯殿魂殿都監儀軌)』로 정리되었다.

242 『승정원일기』 1805년(순조 5) 6월 20일.
243 『순조실록』 1805년(순조 5) 6월 21일.
244 『승정원일기』 1805년(순조 5) 7월 30일.
245 『승정원일기』 1805년(순조 5) 6월 20일.
　　有宋宣仁高太后, 以所値之不同, 當時有女中堯舜之稱, 而讀其史 尙不能無一, 二可議焉. 猗! 我太母, 以任, 姒之聖, 遭元祐之時, 德化旁流, 寶宇寧謐, 欲報之恩, 昊天無極, 又豈宣仁之所能彷彿也哉.

1821년 정조의 정비인 효의왕후(孝懿王后, 1753~1821) 김씨가 승하하였다. 평소 정조의 건릉이 사도세자의 무덤 곁에 초라하게 조성되었던 것에 불만을 가진 정조의 장인 김조순은 효의왕후의 무덤을 정조의 건릉에 합장하기로 하고, 이번 기회에 정조의 건릉을 천장할 것을 건의하였다. 1821년에 큰비가 내리면서 재궁이 드러났을 때 물이 나오는 일이 발생하였다. 순조는 천릉을 건의한 김조순을 높이 치하하였다.

효의왕후는 1761년(영조 37) 12월 정조의 세손빈 삼간택에 낙점되고[246] 이듬해 1762년 2월 2일 친영례를 행하였다.[247] 1776년 영조가 사망하고 정조가 이어 즉위하자 왕비가 되었다.[248] 아들을 낳지 못했지만 수빈 박씨가 낳은 순조가 왕위에 오르고 왕대비로서 대왕대비 정순왕후 김씨·정조의 생모 혜경궁을 모셨고 가순궁과 함께 지냈다. 1821년 3월 1일 밤사이에 병환이 악화되어[249] 매일 약을 들였으나[250] 3월 9일 자경전(慈慶殿)에서 승하하였다.[251] 빈전(殯殿)은 환경전(歡慶殿), 곡반(哭班) 처소는 명정전(明政殿)으로 정하였다.[252] 3월 13일 왕대비의 대렴(大殮)을 하고 재궁(梓宮)에 받들어 내리고 성빈(成殯)하였다.[253] 혼전(魂殿)은 통화전(通和殿)으로 삼았다.[254]

순조는 효의왕후가 승하한 후 수라를 파하고 미음만 먹었는데, 여러 신하·약원·빈청 등에서 효성을 억제하고 평상시처럼 음식을 들 것을 여러 차

246 『영조실록』 1761년(영조 37) 12월 22일.
247 『승정원일기』 1762년(영조 38) 2월 2일; 세손시절 정조와 효의왕후의 가례에 관해서는 신병주, 「1762년 세손 정조의 혼례식과 『(正祖孝懿后)嘉禮都監儀軌』」, 『규장각』 30, 서울대학교 규장각한국학연구원, 2007, 153~181쪽을 참조하였다.
248 『정조실록』 1776년(정조 즉위년) 3월 10일.
249 『순조실록』 1821년(순조 21) 3월 1일.
250 『순조실록』 1821년(순조 21) 3월 2일~8일.
251 『순조실록』 1821년(순조 21) 3월 9일.
252 『순조실록』 1821년(순조 21) 3월 9일.
253 『순조실록』 1821년(순조 21) 3월 13일.
254 『순조실록』 1821년(순조 21) 3월 14일.

레 청하였다.[255] 여러 차례 듣지 않다가 3월 17일이 돼서 마지못해 애써 따르겠다고 답하였다.[256] 빈청에서 대행 왕대비의 시호를 효의(孝懿)로, 휘호를 예경자수(睿敬慈粹)로, 전호를 효희(孝禧)로, 능호를 정릉(靜陵)으로 아뢰었다.[257]

영돈녕 김조순이 장례에 대하여 논하면서 건릉(健陵)의 자리가 좋지 않으니 천릉할 것을 청하였다. 당시의 건릉 자리는 선대왕 정조가 1789년 현륭원을 화성으로 옮기고 원침에 참배할 때마다 향교의 옛터와 용주사(龍珠寺) 뒤의 산기슭을 순행하다가 1800년 거둥할 때 잡아 둔 옛 군기고터였다. 그러나 김조순은 정조가 우선 푯말을 세워 놓고 사방이 잘 보이게 한 다음에 다시 정하겠다는 말을 분명히 들었지만 다시 왕림하지 못하고 승하하였다며 참된 유명이 아니었다고 아뢰었다. 순조는 평소에 대왕대비도 건릉을 근심하였다며 대신들이 의논하도록 하였다.[258] 본래 건릉의 능이 가파르다는 것은 순조 4년에도 문제로 인식되었기 때문에[259] 건릉의 이장에 적극 찬성하였다. 순조는 왕조의 옛 제도에 이장했던 예가 없어 사대부의 예를 끌어다 사용하고 있는데 사대부가에서 이장할 때에 옛 묘소를 파는 것과 이장하는 시기의 사이가 석 달 안으로 되어 있다고 하니 대신들의 논의도 여기에 의거하라고 명하였다.[260] 4월 20일 건릉에 능을 파는 예를 거행하였다.[261]

255 『순조실록』1821년(순조 21) 3월 14일~16일.
256 『순조실록』1821년(순조 21) 3월 17일.
257 『순조실록』1821년(순조 21) 3월 17일.
258 『순조실록』1821년(순조 21) 3월 22일.
　己酉遷奉園寢之後, 聖慮尙存於他日, 每於拜園之日, 輒有巡山之行, 如鄕校之舊基, 龍珠寺後之麓是也. 而鄕校之基, 聖敎每以迫狹不稱爲歎, 寺後之麓諸論皆以傾露不可爲懼. 及至庚申春幸, 始審今兆, 卽府居一地師所告, 而所謂古軍器庫墟也. 其時植木如織, 尋丈之外, 莫辨有無, 叢密之內, 無以容旋, 略芟幾株然後, 僅移玉趾, 立而暫審. 顧敎其人曰 '欲豁四望, 將致多斫, 姑令樹標, 以俟更審.' 臣於是日, 陪覩顚末, 躬聆玉音. 自此以後, 翠華不復臨, 而象設竟遽設矣, 嗚呼! 痛哉. 苟使亡坐無礙, 眺望如意, 以先王庸言之愼, 庸行之謹, 不止於一審再審, 必將經年閱月, 鄭重取捨, 寧肯憑藉數武之地, 決立談之頃哉? 天崩之初, 奸人自專, 遽稱遺旨, 遂制玄隧, 豈眞先王之睿定, 先王之遺志也耶? 此尤臣所痛恨而欲辨者也.
259 『순조실록』1804년(순조 4) 6월 29일.
　今雖修改, 不無後慮, 陵上高峻處, 更爲平圓矣. 今此健陵陵上形體, 亦如是高峻, 日後修改時, 略依元陵例, 略爲平圓, 則恐無後慮.
260 『순조실록』1821년(순조 21) 4월 18일.

이장할 곳으로 교하 장릉(長陵: 인조·인열왕후릉)의 재실(齋室) 뒤의 터와 수원의 옛 향교터 두 곳이 거론되었다.[262] 산릉을 살펴보고 돌아온 이들은 두 곳 모두 똑같이 좋은 땅이지만 수원이 더 좋고 현륭원과 가까이 있고 싶어 했던 선대왕의 뜻에 부합한다고 아뢰었다.[263] 합장이 결정되면서 새로 정한 능호를 쓸 필요가 없어졌다.[264]

순조는 예를 행하는 달을 늦추는 것이 예에 합치되니 대신에게 묻지 말고 9월 안에 길일을 정해 들어오라고 하였다.[265] 이것은 지난번 정순왕후의 인산일을 앞당길지 미룰지를 두고 설왕설래 말이 많았던 것을 의식한 것으로 보인다. 같은 날 빈청에서 장례의 길일을 골라 찬궁(欑宮)을 여는 날짜는 9월 6일 신시(申時), 발인은 9월 10일 축시(丑時)로 정하여 올렸다.

산릉 공역은 과거의 사례를 모범으로 삼아 이루어졌다. 천릉도감에서 경오년(1630년, 선조 목릉 천장)의 의궤를 상고하였고[266] 영릉(英陵: 세종·소헌왕후릉)과 장릉(長陵)을 이장할 때의 사례에 의하여 이번 합장 때에 지문(誌文)은 합하여 짓게 하였고, 장릉처럼 표석(表石)은 하나만 설치하고 앞면과 뒷면의 글자를 모두 합하여 새기게 하였다.[267] 의주(儀註)에서 『오례의』와 『상례보편』을 두루 살폈다.[268]

국장 비용도 문제가 되었는데 우의정 임한호(林漢浩)가 근래 들어 의복의 사치 풍조를 비판하고 국상 때 포목을 나눠 준 일을 폐단으로 지적하였

261 『순조실록』 1821년(순조 21) 4월 20일.
262 『순조실록』 1821년(순조 21) 4월 4일.
263 『순조실록』 1821년(순조 21) 4월 21일.
264 『순조실록』 1821년(순조 21) 5월 1일.
265 『순조실록』 1821년(순조 21) 5월 1일.
    傳于洪起燮曰, 更思之, 禮月之退行, 旣多列聖朝故事, 兩朔退行, 尤與穆陵已例襯合, 則在今只當敬遵而已, 詢問徒近不誠, 俄者大臣請詢, 擧條置之, 卽以九月擇吉以入.
266 『순조실록』 1821년(순조 21) 5월 10일.
267 『순조실록』 1821년(순조 21) 5월 25일.
268 『순조실록』 1821년(순조 21) 5월 25일.

다. 호조 판서 박윤수는 국상 때 소용될 돈이 30만여 냥이고 이 밖에 행사가 겹쳐 부족하니 변통해야 함을 주청하였고, 왕이 따랐다.[269] 순조는 며칠 후 1789년 현륭원을 옮길 때 고을을 옮기는 것부터 공사의 비용까지 모두 내탕고(內帑庫)에 저축된 것을 내려 준 사례를 들어 이장 시의 비용으로 내탕고의 은 1만 냥을 내렸다.[270]

6월 1일부터 비가 내리기 시작해 한 달 동안 계속되어 벼에 병이 많이 발생하자 사대문에서 기청제를 올렸다.[271] 기청제를 지냈는데도 날씨가 개지 않아 능역 공사에도 차질을 빚었는데, 순조는 착수하지 못했을 것을 염려하여 편리한 대로 날짜를 미루어 날이 개기를 기다려 한꺼번에 역사(役事)를 시작할 것을 유시하였다.[272] 어려운 가운데 능역을 조성하는 공사비가 계속 부족하여 서울과 지방의 돈 3만 냥을 떼어 주었다.[273] 비에 대한 기사는『순조실록』에 7월 22일까지만 나타나는 것으로 보아 23일부터는 그치고 공사가 재개되었을 것으로 생각된다. 이때의 비로 한성부에서만 떠내려가거나 무너진 민가가 1,079호, 북한산성에서 압사한 사람은 16명이었다.[274] 피해가 가장 극심한 곳은 관서 지역으로, 민가 1,368호가 피해를 입고 돌림병이 창궐하였다.[275] 이에 도성의 백성들은 금령을 어기고 사산(四山)의 소나무까지 베어 가는 일이 광범위하게 일어났다.[276] 순조는 산릉 시 화성에 거동하기로 예정되어 있었는데 대신 등이 돌림병이 퍼져 있으니 거동의 명을 취소해 달라고 재차 아뢰자 따르겠다고 답하였다.[277]

---

269 『순조실록』 1821년(순조 21) 5월 25일.
270 『순조실록』 1821년(순조 21) 6월 4일.
271 『순조실록』 1821년(순조 21) 7월 5일.
272 『순조실록』 1821년(순조 21) 7월 8일.
273 『순조실록』 1821년(순조 21) 8월 2일.
274 『순조실록』 1821년(순조 21) 8월 12일.
275 『순조실록』 1821년(순조 21) 8월 15일·22일.
276 『순조실록』 1821년(순조 21) 8월 25일.
277 『순조실록』 1821년(순조 21) 8월 26일.

9월 6일 건릉(健陵)에서 광중(壙中)의 재궁을 드러내고 왕대비(王大妃)의 찬궁(欑宮)을 열었다.[278] 광중의 재궁을 드러낼 때에 물이 계속 새어 나왔다는 장계에 순조는 몇 년 동안 모시고서 전혀 몰랐다며 가슴 아파하였다.[279] 천릉도감에서 재궁 안의 물로 칠(漆)을 하기 어렵다고 아뢰자 순조는 물이 그치기를 기다리라고 유시하였다.[280]

9월 10일 발인일에 효의왕후의 영가(靈駕)가 빈전의 문밖으로 나와 홍화문을 거쳐 시흥행궁으로 갔다.[281] 다음 날 영가가 화성(華城)의 능소(陵所)에 나아갔다.[282] 12일에 구릉(舊陵)의 찬궁(欑宮)을 열자 대내(大內)에서 망곡례(望哭禮)를 행하였고, 옛날 옥백(玉帛)은 구릉에 묻고 지석(誌石)은 구지(舊誌)라고 표시하여 신릉(新陵) 밑에다 봉안하고, 그 위에 신지석(新誌石)을 봉안하였다.[283] 13일 정조와 효의왕후의 재궁을 광중(壙中)에 봉안하고 천릉(遷陵)의 우제(虞祭)와 인산(因山)의 초우제(初虞祭)를 능소에서 행하였다.[284] 신여(神轝)를 시흥행궁으로 모신 뒤 재우제를 행하고 창경궁 효희전(孝禧殿)에서 반우(返虞)할 때 임금이 숭례문(崇禮門) 밖에 나아가 공손히 맞이하였는데, 왕세자도 따라가서 예를 행하였다.[285]

순조는 수라를 무르기도 하였으나[286] 약원(藥院)에서 하루 세 번 청하자애써 따랐다.[287] 또 건릉을 천장하자고 주청한 김조순의 공을 높이 치하하고 토지와 노비·내구마(內廐馬)를 하사하고 집안의 사람을 기용하겠다고 유시

---

278 『승정원일기』 1821년(순조 21) 9월 6일.
279 『순조실록』 1821년(순조 21) 9월 6일.
280 『순조실록』 1821년(순조 21) 9월 7일.
281 『승정원일기』 1821년(순조 21) 9월 10일.
282 『순조실록』 1821년(순조 21) 9월 11일.
283 『순조실록』 1821년(순조 21) 9월 12일.
284 『순조실록』 1821년(순조 21) 9월 13일.
285 『순조실록』 1821년(순조 21) 9월 14일.
286 『순조실록』 1821년(순조 21) 9월 15일.
287 『순조실록』 1821년(순조 21) 9월 16일.

하였다.[288] 김조순은 지나친 칭찬을 중지해 달라고 청하였으나 순조는 기유년(1789년) 현륭원 천장을 건의한 금성위 박명원의 관례이니 사양하지 말라고 하였다.[289] 김조순이 기유년의 일과 다르며 건릉 봉심에 자신도 함께 참여한 책임이 있다며 비망기를 거둬 달라고 간곡히 청하자 순조는 비망기와 상(賞)은 거두되 내구마만 받으라고 하였다.[290] 이듬해 왕은 건릉과 현륭원에 나아가 배알하고 친히 제사를 지낸 뒤에 화성행궁으로 돌아왔고[291] 윤3월 8일 건릉의 보토(補土) 역사를 끝내고 당상인 수원 유수 이하의 사람들에게 시상하였다.[292] 이때의 일이 『효의왕후국장도감의궤(孝懿王后國葬都監儀軌)』, 『효의왕후빈전혼전도감의궤(孝懿王后殯殿魂殿都監儀軌)』, 『효의왕후부묘도감의궤(孝懿王后祔廟都監儀軌)』로 정리·간행되었다.

(4) 효명세자의 예장(禮葬)과 무덤의 조성

순조는 재위 기간 중 효명세자를 잃는 아픔을 겪었다. 1827년(순조 27) 2월 9일 대리청정의 명을 받은[293] 효명세자는 2월 18일 인정전에서 하례식(賀禮式)을 마친 후 정무를 시작했다. 효명세자는 1827년 2월 18일부터 1830년 5월 6일 급서하기까지 약 3년 3개월 동안 대리청정하였다. 대리청정하는 기간 동안 세자빈이 원손(헌종)을 출산하는 경사도 있었다.[294]

1830년(순조 30) 윤4월 22일 약원(藥院)에서 왕세자의 진찰(診察)을 청하였는데, 예후(睿候)가 각혈(咯血)이 있다는 이유에서였다.[295] 23일부터 매일 약원

288 『순조실록』 1821년(순조 21) 9월 19일.
289 『순조실록』 1821년(순조 21) 9월 20일.
290 『순조실록』 1821년(순조 21) 9월 21일.
291 『순조실록』 1822년(순조 22) 2월 20일.
292 『순조실록』 1822년(순조 22) 윤3월 8일.
293 『순조실록』 1827년(순조 27) 2월 9일.
294 『순조실록』 1827년(순조 27) 7월 18일.
295 『순조실록』 1830년(순조 30) 윤4월 22일.

에서 진찰하여 탕제를 올렸고 5월 2일에는 아픈 가운데 희정당에서 각신을 소견하기도 하였다.[296] 약원과 약을 잘 쓴다는 많은 이들을 불러 가미육울탕(加味六欝湯)·청화음(淸火飮)·가감이사탕(加減二四湯) 등 여러 탕제를 조제하였으나 듣지 않았다. 효명세자가 사망하기 하루 전날에는 전 승지 정약용(丁若鏞), 감찰 강이문(姜彝文)까지 불러왔다.[297] 각 산천을 가리지 않고 기도하도록 하였으나 6일 묘시에 창덕궁 희정당에서 훙서하였다.[298] 약원의 여러 신하가 대죄를 청하자 순조는 오늘의 변고가 자신이 하늘의 죄를 얻었기 때문이라며 슬픔을 감추지 못하였다.[299]

왕세자의 국상에 대한 의례는 『상례보편』에 준용하여 1645년 소현세자의 전례에 따르도록 하였다.[300] 그러나 『상례보편』은 소현세자의 전례보다 『예경』을 원용하여 높인 것이어서 예조에서 쉽게 결정하지 못하였다.[301]

한창 나이였던 세자가 갑작스럽게 사망하자 사헌부와 사간원·홍문관에서 세자를 제대로 치료하지 못한 의관들을 처벌할 것을 건의하였으나 순조는 윤허하지 않았다.[302] 여러 날 동안 춘방과 사헌부 지평, 양사 등이 약원 제조 홍기섭(洪起燮)을 엄중히 조사할 것을 청했으나 순조는 들어주지 않았다.[303]

찬실(欑室)을 환경전(歡慶殿)으로 정하고[304] 혼궁(魂宮)을 문정전(文政殿)으로 하였다.[305] 빈청(賓廳)에서 왕세자의 시호를 효명(孝明), 묘호(廟號)는 문호(文祜),

---

296 『순조실록』 1830년(순조 30) 5월 2일.
297 『순조실록』 1830년(순조 30) 5월 5일.
298 『순조실록』 1830년(순조 30) 5월 6일.
299 『순조실록』 1830년(순조 30) 5월 6일.
　　藥院諸臣待罪, 敎曰 今日之變, 寡躬獲戾于天, 何有卿等, 勿爲此待罪之擧, 感予罔涯之懷.
300 『순조실록』 1830년(순조 30) 5월 7일.
301 『순조실록』 1830년(순조 30) 5월 8일.
302 『순조실록』 1830년(순조 30) 5월 9일.
303 『순조실록』 1830년(순조 30) 5월 10일~12일.
304 『순조실록』 1830년(순조 30) 5월 6일.
305 『순조실록』 1830년(순조 30) 5월 14일.

묘호(墓號)는 연경(延慶)으로 하였다.[306] 묘소 제조 등이 5월 21일부터 장지(葬地)를 봉심하고 28일에는 김조순에게 묘소 산세를 살피도록 하고 30일에 묘소를 능동(陵洞)의 도장곡(道莊谷)에 정하고 다음 날 봉표(封標)하도록 하였다.[307]

세자가 갑자기 승하하자 양사에서는 돌아가며 약원을 탄핵하였다. 순조는 결국 홍기섭은 삭직(削職)시키고, 이명운은 절도(絶島)에 안치(安置)하고 나머지는 찬배(竄配)하도록 하는 선에서 보호하려 하였다.[308] 이들이 처벌된 다음에도 김로(金鏴)를 처벌하라는 상소가 계속되었다.[309]

묘소도감(墓所都監) 제조 김이재(金履載) 등이 봉표(封標)한 위의 두 곳과 아래의 한 곳에 해가 오래된 고장(古葬)이 있었던 흔적이 파낸 흙 속에 노출되었음을 아뢰자 순조는 괴상한 일이 아니니 계속 진행하라고 하였으나[310] 다음 날에도 도제조 정만석 등이 봉표한 주위와 상하에 다섯 개의 무덤이 연달아 서로 이어져 있어 마른 뼈가 모두 노출되었다고 두려워하며 아뢰자[311] 묘소 문제가 다시금 원점으로 돌아갔다. 6월 26일 세 번째 간심에 김조순과 조만영이 함께 살펴보도록 하였다.[312] 묘지를 양주(楊州) 천장산(天藏山)으로 다시 정하고 역사를 시작하도록 하였다.[313] 묘소도감에서 연경묘(延慶墓) 조성 일자를 정하고 발인은 8월 초3일로 택하였다.[314] 묘소를 조성할 비용이 부족해지자 서울과 지방의 절전(折錢) 10만 냥을 호조에 나누어 보내도록 하였다.[315]

---

306 『순조실록』 1830년(순조 30) 5월 12일.
307 『순조실록』 1830년(순조 30) 5월 21일·28일·30일.
308 『순조실록』 1830년(순조 30) 6월 6일.
309 『순조실록』 1830년(순조 30) 6월 21일.
310 『순조실록』 1830년(순조 30) 6월 10일.
311 『순조실록』 1830년(순조 30) 6월 11일.
312 『순조실록』 1830년(순조 30) 6월 26일.
313 『순조실록』 1830년(순조 30) 6월 27일.
314 『순조실록』 1830년(순조 30) 7월 1일.
315 『순조실록』 1830년(순조 30) 7월 2일.

이때 왕세손의 상례가 문제가 되었는데 너무 어리므로 3년 내에 상례 절차를 폐하도록 하였다.[316] 8월 1일 환경전에 화재가 나서 함인정(涵仁亭)·공묵합(恭默閤)·경춘전(景春殿)·숭문당(崇文堂)·영춘헌(迎春軒)·오행각(五行閣)·빈양문(賓陽門)을 연달아 태워 재실판(梓室板) 밖이 그을리고 손상을 입었다. 환취정(環翠亭)에 임시로 안치하고 재실을 변경하며 빈궁(殯宮)의 위안제(慰安祭)를 설행하도록 명하였다.[317] 다음 날 혼궁(魂宮)을 통화전(通和殿)으로 바꾸었다.[318]

8월 3일 왕세자의 영여(靈轝)가 묘소로 출발하여[319] 4일 하현궁하고 창경궁의 통화전에서 반우(返虞)를 행하였다. 화재의 책임을 물어 빈궁의 차지중관(次知中官) 양대의(梁大宜)·김승업(金承業)을 먼 변방으로 정배(定配)하였다.[320] 이러한 세자의 장례는 국장보다 한 단계 격을 낮춘 예장으로서『효명세자예장도감의궤(孝明世子葬禮都監儀軌)』로 정리되었다.

헌종 즉위 후 효명세자는 익종(翼宗)으로 추존되었다. 처음 경종의 의릉 옆에 조성되었던 연경묘는 이때 수릉(綏陵)으로 높여진 뒤 1846년(헌종 12) 양주 용마봉 아래로 옮겼다가 1855년(철종 6) 건원릉 왼쪽으로 다시 옮겼다. 현재의 수릉이 동구릉 경역 내에 있는 것은 이러한 천릉 때문이다.

2) 헌종 시대의 왕릉 조성

헌종(憲宗) 시대에는 선왕인 순조의 왕릉인 인릉(仁陵)을 조성하고, 정비인 효현왕후의 왕비릉인 경릉(景陵)을 조성하는 역사가 있었다.

---

316 『순조실록』 1830년(순조 30) 7월 3일.
317 『순조실록』 1830년(순조 30) 8월 1일.
318 『순조실록』 1830년(순조 30) 8월 2일.
319 『순조실록』 1830년(순조 30) 8월 3일.
320 『순조실록』 1830년(순조 30) 8월 4일.

(1) 순조 인릉(仁陵)의 조성

헌종은 즉위 직후 선왕이자 할아버지인 순조의 왕릉을 조성하였다. 순조(1790~1834, 재위 1800~1834)의 본래 묘호는 순종(純宗)이었으나 철종 대에 순조로 개정되었다. 순조는 정조의 후궁인 수빈(綏嬪) 박씨의 소생으로 정조 14년 6월 18일 창경궁 집복헌(集福軒)에서 출생하였다.[321] 이후 정조의 정비인 효의왕후 김씨에게 입후되어 원자로 봉해졌다.[322] 순조는 1827년부터 효명세자로 하여금 대리청정하게 했으나, 효명세자는 1830년 사망하였다.

1834년 11월 13일 순조는 부스럼을 앓다가 해시(亥時)에 경희궁의 회상전에서 승하하였다.[323] 대리청정을 맡긴 효명세자가 운명한 지 4년 만의 일이었다.[324] 1834년 10월 28일 두통과 대소변이 불통하는 증상으로 인해 약방에서 입진을 청한 이후 매일같이 약원과 의관들이 임금을 진찰하였다.[325] 이는 이전부터 앓았던 종환(腫患)에 의한 것으로서 가미군자탕(加味君子湯)을 약원에서 수차례 올리고 의관들이 직숙하며 임금을 살폈으나[326] 맥후(脈候)가 약해지는 등 병세가 크게 호전되지 않았다.[327] 11월 13일 순조는 조만영 등 대신들을 입직하게 하고 종묘사직과 산천에 기도를 행하였으나 병세는 더욱 위독해졌다. 결국 순조는 대보를 왕세손(헌종)에게 전할 것과 궁성의 호위를 명하고 그날 해시에 경희궁 회상전에서 승하하였다.[328]

순조가 승하한 지 6일 후 시호를 '문안무정헌경성효(文安武靖憲敬成孝)'라 하고 묘호는 '순종(純宗)', 능호는 '인릉(仁陵)'이라 하였다.[329] 헌종 대신 수렴

---

321 『정조실록』 1790년(정조 14) 6월 18일.
322 『정조실록』 1790년(정조 14) 6월 18일.
323 『순조실록』 1834년(순조 34) 11월 13일.
324 『순조실록』 1830년(순조 30) 5월 6일.
325 『순조실록』 1834년(순조 34) 10월 28일.
326 『순조실록』 1834년(순조 34) 11월 6일.
327 『순조실록』 1834년(순조 34) 11월 13일.
328 『순조실록』 1834년(순조 34) 11월 13일.
329 『헌종실록』 1834년(헌종 즉위년) 11월 19일.

청정하게 된 순원왕후는 순조가 승하한 당일 구두로 이최응을 수릉관으로 임명하고[330] 그해 12월 28일 인조의 능인 파주 장릉(長陵) 언덕을 산릉으로 정하였다.[331] 다음 해에 홍석주를 총호사로 삼고 서경보, 이면승, 김교근을 산릉도감의 제조로 임명하였다가 후에 이면승이 졸하자 권돈인(權敦仁)이 이를 대신하였다.[332]

그러나 순원왕후는 파주 장릉 언덕의 흙빛이 흡족하지 못하고 뇌석(腦石)이 깨져 상할 염려가 있으니 산릉 역사를 정지하고 다시 길지를 정하게 하였다.[333] 이후 기존의 산릉 위치를 옮겨 교하(交河) 장릉 국내(局內)로 옮기도록 하였다.[334] 산릉의 위치를 장릉의 왼쪽 언덕에서 장릉과 같은 국내로 옮기는 과정에서 상지관(相地官) 이시복(李時復)이 죄를 입었다. 이시복은 관서 사람으로 감여술(堪輿術)로 입신하여 인릉의 상지관으로서 산릉의 일을 하였는데 역사를 시작할 때 흙빛이 불길함에도 표목(標木)을 옮겨 꽂고는 도처에 구멍을 뚫고 헐어 이를 은폐하려 한 것이 드러나서 처벌을 받았다.[335]

산릉의 위치를 정한 후에 다시 다른 곳을 정하는 일을 대비가 독단적으로 결정한 것은 이례적인 일이었다. 그만큼 헌종 대 순원왕후의 위상이 컸음을 보여 주고 있다. 인조의 능인 장릉의 위치를 결정하고 이후 천릉하는 과정은, 이를 두고 당시 각 당파의 대신들이 첨예하게 대립한 것으로 보아 매우 중대한 사안이었다. 그럼에도 인릉의 위치 선정은 각 대신들의 별다른 이견 없이 순원왕후의 하교로 정해지고 있다.

결국 이해 4월 19일 순조를 인릉에 장사 지냈다. 순조를 인릉에 장사 지내는 과정은 『순조인릉산릉도감의궤(純祖仁陵山陵都監儀軌)』에 상세히 기록되

330 『순조실록』 1834년(순조 34) 11월 13일.
331 『헌종실록』 1834년(헌종 즉위년) 12월 21일; 『순조인릉산릉도감의궤』, 목록(目錄).
332 『순조인릉신릉도감의궤』, 좌목.
333 『헌종실록』 1835년(헌종 1) 2월 29일.
334 『헌종실록』 1835년(헌종 1) 3월 7일.
335 『헌종실록』 1835년(헌종 1) 3월 15일.

어 있다. 의궤는 헌종 즉위년인 1834년 11월부터 다음 해 4월까지 인릉 조성과 관련된 내용들을 다루고 있다. 의궤의 시일(時日)에는 산릉을 조성하는 과정이 일지별로 기록되어 있고 좌목에는 산릉에 참여한 신료들의 명단이 명기되어 있으며 그 밖에 순원왕후의 하교를 모은 전교(傳敎)와 도감에 참여한 관료들에게 치하한 내용을 수록한 서계상전(書啓賞典), 조성의 역사에 관련된 자재들과 비용을 수록한 재용(財用) 등으로 구성되어 있다.

(2) 효현왕후 경릉(景陵)의 조성

1843년(헌종 9) 8월 25일 헌종의 왕비인 효현왕후(孝顯王后, 1828~1843)가 창덕궁 대조전에서 승하하였다.[336] 헌종과 가례를 올린 지 6년 만에 후사를 남기지 못하고 죽음을 맞이한 것이다. 승하 후 빈청에서 논의를 거쳐 시호는 인자하고 은혜로우며 어버이를 사랑하는 것을 '효(孝)'라 하고, 착한 행실이 안팎에 나타나는 것을 '현(顯)'이라 하여 효현(孝顯)으로 하고 전호를 휘정(徽定), 능호를 경릉(景陵)이라 정하였다.[337] 산릉도감의 총호사에 본래 조인영(趙寅永)이 임명되었으나 10월 11일 권돈인이 직임을 대신하였으며 제조는 홍경모, 조병현, 김희화가 담당하였다. 후에 김희화가 체직되고 박회수가 임명되어 효현왕후의 산릉을 조성하는 일을 맡았다.[338]

효현왕후의 산릉은 9월 18일 구 목릉으로 정해졌고[339] 세 차례에 걸쳐 후보지를 살펴본 끝에 9월 20일 선조의 능인 목릉의 터로 처음 지정되었던 건원릉 서쪽에 봉표(封標)하도록 결정되었다.[340] 이후 10월 13일 산릉 조성을 시작하였으나 원래의 봉표처(封標處)를 파다 보니 목릉 구광(舊壙)으로 들어

---

336 『헌종실록』 1843년(헌종 9) 8월 25일.
337 『헌종실록』 1843년(헌종 9) 9월 2일.
338 『효현왕후경릉산릉도감의궤』, 좌목.
339 『헌종실록』 1843년(헌종 9) 9월 18일.
340 『효현왕후경릉산릉도감의궤』, 시일.

가게 되어 문제가 생겼다. 이에 18일 논의를 거쳐 왼쪽으로 옮겨 다시 봉표하고 역사를 재개하였다.[341] 이후 12월 2일 장사 지내고[342] 그달 7일 안릉전(安陵奠)을 행하면서 경릉 조성이 완성되었다.[343] 효현왕후의 능을 조성하는 과정 역시 비교적 별다른 문제 없이 진행되고 있다. 본래 정했던 장소에서 기존에 파 두었던 구덩이가 나타나 위치를 수정하는 문제가 있었지만 이내 위치를 재정하여 해결하였다.

경릉의 조성에 대한 내용은 『효현왕후경릉산릉도감의궤(孝顯王后景陵山陵都監儀軌)』에 상세히 실려 있다. 여타의 산릉도감의궤와 마찬가지로 1, 2책으로 나뉘어 있다. 1책은 목록, 시일, 좌목, 전교[啓辭狀啓附], 상전서계, 이문, 감결, 내관, 예관, 의주[上樑文附], 재용-[雜物式例附], 부의궤(附儀軌)로 구성되었으며 2책은 삼물소, 조성소, 대부석소, 노야소, 보토소, 소부석소, 수석소, 별공작, 분장흥고, 번와소 등으로 이루어져 있다. 각각의 소에서 맡은 물건의 종류와 관련 문서, 작업과 관련하여 아뢴 내용, 작업에 참여한 공장(工匠)과 모군(募軍)에 대한 정보가 자세히 기록되어 있다.[344]

3) 철종 시대의 왕릉 조성

철종(哲宗) 시대에는 선왕인 헌종의 왕릉을 경릉(景陵)에 합장하고, 순조의 인릉(仁陵)을 천릉하고 순원왕후의 인릉을 합장하는 역사가 있었다. 특히 철종 시대에는 왕릉의 천릉 역사가 많았는데 이것은 세도정치가인 대비들의 왕릉 입지에 관한 의지가 강했기 때문으로 풀이된다. 철종 대에는 순조의 인릉을 천릉한 것 이외에도 익종의 수릉(綏陵) 천릉, 순조의 생모인 수빈 박

---

341 『헌종실록』 1843년(헌종 9) 10월 18일.
342 『헌종실록』 1843년(헌종 9) 12월 2일.
343 『효현왕후경릉산릉도감의궤』, 시일.
344 『효현왕후경릉산릉도감의궤』 참고.

씨의 휘경원(徽慶園) 천릉 역사가 이루어졌다.

(1) 헌종 경릉(景陵)의 조성

헌종(1827~1849, 재위 1834~1849)은 친정이 무르익을 무렵인 1849년 4월 체한 기운으로 인해 약원의 입진을 받는다.[345] 당시 도제조였던 권돈인은 헌종의 얼굴이 여위고 낯빛이 좋지 않은 것을 염려하고 있는데 헌종의 건강은 근 두 달간 약원의 입진을 매일같이 받았지만 쉬이 회복되지 않았고 6월 5일에는 약원에서 입직할 정도로 병세가 악화되었다.[346] 그리하여 그날 헌종은 대신과 각신의 입시를 명하고 대보를 순원왕후에게 바치는 오시(午時)에 창덕궁 중희당(重熙堂)에서 승하하였다.[347]

헌종은 정비인 효현왕후에 이어 계비인 효정왕후를 두었으나 후사를 남기지 못하고 죽음을 맞이하였다. 왕실의 후계를 정하는 문제의 최고 실권자는 당시 대비로 있던 순원왕후 김씨였다. 순원왕후는 헌종의 보위를 이을 인물로 원범(元範)을 지목하였다. 이원범은 전계군의 아들로 할아버지인 은언군이 정조 대에 역모에 연루되어 강화에 유배되어 있었다. 순원왕후는 원범을 불러들여 곧바로 덕원군(德完君)에 봉하고 궁으로 맞이하여 즉위식을 거행하도록 하였다.[348] 순원왕후는 철종 즉위 후 1851년까지 3년간 별다른 청정의 하교 없이 수렴청정을 하였으며 철종은 그 후에야 친정을 할 수 있었다.[349]

철종이 즉위 후 가장 먼저 해야 했던 일은 선왕인 헌종의 국장과 산릉 조

---

345 『헌종실록』1849년(헌종 15) 4월 10일.
346 『헌종실록』1849년(헌종 15) 6월 5일.
347 『헌종실록』1849년(헌종 15) 6월 6일.
348 『철종실록』1849년(철종 즉위년) 6월 9일.
　　上, 卽位仁政門. 嗣位時具晃服, 《禮房承旨與來侍, 詣大王大妃閤門外請出大寶奉安殯殿.》受大寶於殯殿, 出御仁政門, 百官行禮. 仍頒敎, 還廬次.
349 『철종실록』1851년(철종 2) 12월 28일.

헌종의 경릉(삼연릉)

성이었다. 6월 14일 빈청에서 의논하여 헌종의 시호를 '경문위무명인철효(經文緯武明仁哲孝)'라 하고 묘호와 전호와 능호는 몇 가지의 후보를 들어 후에 수망(首望)에 의해 결정하기로 하였으며,[350] 6월 16일 능호를 숙릉(肅陵)이라 정하였으나 7월 13일 능지가 효현왕후의 왕릉이 조성되어 있던 경릉(景陵)의 우측으로 결정되자 총호사의 건의로 새로 정한 능호를 사용하지 않고 기존의 경릉이라는 능호를 그대로 사용하기로 하였다.[351] 대개 왕비릉이 먼저 조성되고 능호가 붙은 이후에 왕릉이 그 옆에 조성되면 능호를 새로 고치는 경우가 많았는데, 이때는 그대로 왕비릉의 능호를 사용한 것이 주목된다.

헌종의 산릉을 조성하는 일을 위해 총호사로 조인영이 지목되었고 제조에는 조학년·이정신·윤치수가 임명되었고 이후 윤치수 대신 이헌구가 대

---

350 『철종실록』 1849년(철종 즉위년) 6월 14일.
 "廟號憲宗〈博聞多能曰憲〉章宗〈法度大明曰章〉和宗〈柔鄕遠能道曰和〉首望敬依, 殿號孝定, 孝景, 孝僖, 首望敬依, 陵號肅陵, 熙陵, 睿陵, 首望敬依."
351 『헌종경릉산릉도감의궤』, 시일.

신 직임하였다.[352] 순원왕후는 7월 6일 산릉간심도감(山陵看審都監)의 당상 이하 관원들을 불러 능지를 정하는 일을 의논하였다. 도감의 당상 조학년은 효현왕후가 묻힌 경릉과 현종의 숭릉(崇陵) 오른쪽 언덕 중 십전대길(十全大吉)한 경릉을 가장 좋은 땅으로 꼽았으며 또한 상지관 양종화와 박대희 역시 경릉을 최고로 꼽고 있다.[353] 나흘 후인 7월 10일 산릉을 간심한 신료들을 소견하고[354] 7월 13일 효현왕후의 경릉 오른쪽에 봉표하였다.[355] 이후 8월 7일 산릉 조성에 대한 역사를 시작하여[356] 10월 28일 하현궁(下玄宮)하였고 이때에 철종은 선정전 뜰에서 망곡의 예를 행하였으며[357] 11월 4일 안릉전(安陵奠)을 행하면서 산릉 조성 작업을 완료하였다.[358] 헌종의 산릉 조성에 대한 내용은『헌종경릉산릉도감의궤(憲宗景陵山陵都監儀軌)』에 자세히 기록되어 있다.[359]

이후 1903년 헌종의 계비인 효정왕후 홍씨가 승하하자 효현왕후와 헌종이 묻힌 경릉의 왼쪽 편에 산릉을 조성하여[360] 경릉은 왕과 정비, 계비의 왕릉이 연속한 삼연릉의 모습을 하게 되었다. 경릉의 세 봉분은 병풍석 없이 난간석을 터서 연결하였으며, 각 능침 앞에 혼유석을 따로 놓았을 뿐 상설은 다른 합장릉과 마찬가지로 조성했다.[361]

---

352 『헌종경릉산릉도감의궤』, 좌목.
353 『철종실록』 1849년(철종 즉위년) 7월 6일.
354 『철종실록』 1849년(철종 즉위년) 7월 10일.
355 『헌종경릉산릉도감의궤』, 시일.
356 『헌종경릉산릉도감의궤』, 시일.
357 『철종실록』 1849년(철종 즉위년) 10월 28일.
358 『헌종경릉산릉도감의궤』, 시일.
359 『헌종경릉산릉도감의궤』는 2책으로 구성되었으며, 도청, 삼물소, 조성소, 노야소, 대·소 부석소, 보토소, 별공작, 분장흥고, 번와소, 수석소 의궤를 합친 것으로 모두 6건을 제작하였는데 현재 5건이 남아 있다.
360 『고종실록』 1904년(고종 41) 1월 18일.
361 이호일,『조선의 왕릉』, 가람기획, 2003. 386~393쪽 참고.

익종(효명세자)과 신정왕후의 수릉

(2) 익종 수릉(綏陵)의 천릉

익종의 무덤인 수릉은 처음에 양주 천장산 아래 경종의 의릉(懿陵) 부근
에 있었으나 풍수상에 문제가 있다 하여 1846년(헌종 12)에 양주 용마봉 아
래로 천릉하였는데, 철종 대에 다시 풍수상의 문제를 들어 천릉하게 되었다.
그런데 철종은 수릉 이외에도 순조의 인릉, 그리고 순조의 생모 수빈 박씨
의 무덤인 휘경원이 풍수적으로 문제가 있다고 하면서 수릉, 휘경원, 인릉의
천릉을 시도하였고 결국에는 자신의 재위 기간에 천릉 사업을 모두 관철시
켰다.[362] 1855년(철종 6) 8월 30일 수릉의 천릉과 신릉의 조성 역사가 완성되
었고, 이 과정은 의궤의 기록으로 남아 있다.[363]

조선 후기 역사에서 별다른 업적이 없었던 철종 대에 와서 천릉이 연이어
성사된 점은 주목할 만하다. 이것은 세도정치 시기 순원왕후 김씨와 신정왕
후 조씨가 영향력을 행사하면서 왕릉의 입지에 무엇보다 큰 관심을 가졌기

---

362 한영우, 『조선왕조 의궤』, 일지사, 2005, 599~600쪽.
363 수릉의 옛 무덤을 파서 새 능으로 발인하는 과정은 『익종수릉천봉도감의궤』 7책으로, 수릉의 새 능을
　　　조성한 과정은 『익종수릉천봉산릉도감의궤』 2책으로 정리되어 있다.

때문으로 풀이된다. 왕실의 위상 강화 작업이 천릉으로 표현된 것으로도 이해할 수가 있다.

(3) 순원왕후 인릉(仁陵)의 합장

1855년(철종 6) 1월 18일 순조의 능인 인릉의 천봉에 대한 하교가 내려졌다. 철종은 "인릉의 능침을 봉안한 지 21년이나 오래되었다. 들리는 바에 의하면 외의(外議)가 서로 논쟁하고 있다고 하니, 나의 마음이 송구스럽다. 마땅히 어떻게 하면 좋겠는가? 자성(慈聖)께서도 이런 내용으로 하교하셨지마는, 일이 지극히 중차대한 데에 관계되므로, 경들과 상의하여 결정해서 행하려 한다"[364]면서 무엇보다 대비의 하교가 있었음을 언급하였다. 순조의 능인 인릉의 천릉은 결국 순원왕후 자신의 능을 결정하는 것과도 같은 것이기에 순원왕후의 관심은 각별했다. 결국 1835년(헌종 1) 파주에 위치한 인조와 인열왕후의 장릉 왼쪽 산줄기에 형성되어 있었던 순조 인릉은 35년 만인 1856년(철종 7) 현재의 서울 서초구 태종의 헌릉 옆으로 옮겨졌다.

1856년 2월 1일 지사(地師) 한정후·양종화 등과 대신들이 인릉을 봉심한 후 왕과의 소견한 자리에서 "인릉은 청룡이 낮고 혈(穴)의 전순(前脣)이 길며, 창릉(昌陵)·장릉(長陵)의 왼쪽 등성이가 좋으나, 희릉(禧陵)·후릉(厚陵)의 오른쪽 등성이만 못하였습니다"[365]라고 아뢰어 인릉이 풍수적으로 길지가 아닌 것이 천릉의 쟁점이 되었음이 나타난다. 처음 천봉에 관한 논의가 이루어질 때 이듬해로 기일을 정하였고 이에 철종은 직접 예정지인 태종의 헌릉에 나아가 친제하고 간심하였다.[366] 이어 1856년 2월 22일에 헌릉의 오른편 언덕

364 『철종실록』 1855년(철종 6) 1월 18일.
365 『철종실록』 1855년(철종 6) 2월 1일.
　　"仁陵靑龍卑穴脣長, 昌陵長陵左岡雖好, 不如禧陵, 厚陵右岡矣."
366 『철종실록』 1856년(철종 7) 2월 20일.

을 천봉의 장소로 정하고[367] 산릉도감과 천릉도감을 설치하여 이를 책임질 신료들을 임명하였다.

천릉에는 새롭게 결정된 능지에 산릉을 조성하는 일과 기존의 능에 봉해진 재궁(梓宮) 등을 옮기는 일이 동시에 진행되어야 했다. 이를 위해서 두 도감이 설치되어 동시에 일을 진행하는데 이에 대해서는 각각 『순조인릉천봉산릉도감의궤(純祖仁陵遷奉山陵都監儀軌)』와 『순조인릉천봉도감의궤(純祖仁陵遷奉都監儀軌)』에 자세히 기록되어 있다. 산릉도감의 총호사는 김흥근이 담당하였고, 제조에는 김병기·김위·홍우순이 임명되었고 천릉도감에는 총호사에 역시 김흥근, 제조에 서희순·홍재철·서염순이 임명되었다가 임명 당일 서염순과 김병기가 서로 자리를 바꾸었다.[368]

2월 22일 천봉 하교 이후 3월 4일 내수사에서 비용을 차출하여 천릉 역사(役事)를 시작하였고[369] 3월 11일에는 후토제를 지내고 산릉을 위한 시역이 행해졌다.[370] 이후 9월 25일 현궁(玄宮)을 꺼내고 재궁(梓宮)을 정자각에 봉안하여 성빈하였으며[371] 10월 4일 계찬궁(啓欑宮)하고 6일에 발인하여[372] 8일에 대여가 새로 조성한 산릉에 도착하였다.[373] 10월 11일 현궁을 내리고 우제를 지낸 후 지방을 묻었으며[374] 10월 15일 인릉의 천봉 작업을 완료하였다.[375]

인릉을 천릉할 즈음 순원왕후는 고령으로 건강이 악화된 것으로 보인다. 그리고 가능한 한 자신이 사망하기 전에 인릉의 천릉을 완성하려고 했다.

---

367 『철종실록』 1856년(철종 7) 2월 22일.
368 『순조인릉천봉산릉도감의궤』, 좌목; 『순조인릉천봉도감의궤』, 좌목.
369 『철종실록』 1856년(철종 7) 3월 4일.
370 『순조인릉천봉산릉도감의궤』, 시일.
371 『철종실록』 1856년(철종 7) 9월 25일.
372 『철종실록』 1856년(철종 7) 10월 6일.
373 『순조인릉천봉산릉도감의궤』, 시일; 『순조인릉천봉도감의궤』, 시일.
374 『철종실록』 1856년(철종 7) 10월 11일.
375 『철종실록』 1856년(철종 7) 10월 15일.

결국 천릉이 완료되고 10개월 후인 1857년(철종 8) 8월 4일 순원왕후(純元王后, 1789~1857)가 창덕궁 양심합(養心閤)에서 69세의 나이로 승하하였다.[376] 순조, 헌종, 철종 3명의 왕이 재위하던 기간에 정국의 중심에 자리를 잡았고, 헌종과 철종 2대에 걸쳐 수렴청정을 했던 순원왕후는 19세기 초반 안동 김씨 세도정치의 포문을 열고 그 전성기를 누린 인물이었지만 죽음만은 피할 수 없었다. 그러나 죽음 후에도 순원왕후의 재궁에는 은정과 옻칠이 수차례 더하여져 권력자로서의 위상을 여지없이 과시하였다.[377]

대비가 승하한 후 10일에 빈청회의를 거쳐 시호를 순원(純元)이라 하고, 능호를 문릉(文陵)·예릉(睿陵)·철릉(哲陵)으로 천망하였다.[378] 이틀 후 산릉도감의 당상 이하를 소견하여 천봉한 인릉에 합장하기로 논의하였고,[379] 18일 인릉에 합봉하기로 최종 결정한 후 능호를 인릉 그대로 따르기를 재차 확인하였다.[380]

순원왕후의 인릉 합봉은 9월 1일에 시역하여[381] 12월 17일 현궁을 내렸고,[382] 22일 모든 작업이 완료되었다.[383] 순원왕후의 합봉에 대한 것은 『순원왕후인릉산릉도감의궤(純元王后仁陵山陵都監儀軌)』에 상세히 기록되어 있다.[384]

인릉을 파주에서 서울로 천릉한 이후 순원왕후가 승하하였기 때문에 순원왕후의 재궁은 앞의 경릉과는 다르게 따로 봉분을 조성하지 않고 순조의

---

376 『철종실록』 1857년(철종 8) 8월 4일.
377 『철종실록』 1857년(철종 8) 8월 9일 이후 수차례 행해짐.
378 『철종실록』 1857년(철종 8) 8월 10일.
379 『철종실록』 1857년(철종 8) 8월 12일.
380 『철종실록』 1857년(철종 8) 8월 18일; 순원왕후의 국장과 관련 의궤에 대해서는 한영우, 『조선왕조의궤』, 일지사, 2005, 604~607쪽 참조.
381 『순원왕후인릉산릉도감의궤』, 시일.
382 『철종실록』 1857년(철종 8) 12월 17일.
383 『철종실록』 1857년(철종 8) 12월 22일.
384 2책으로 구성되었으며, 모두 6건을 제작하였다. 현재 규장각본, 의정부본, 예조본, 춘추관본, 오대산본, 강화본 등 6건이 모두 남아 있다. 이 책에는 산릉에 조성된 정자각 등 건물과 석물에 대한 채색도설이 실려 있다.

봉분에 합장되어 지금의 인릉은 하나의 봉분만을 보이고 있는 점이 특징적이다. 또한 인릉 역시 병풍석을 두르지 않았으며 난간석만을 두르고 있는데 이는 조선 후기 양식으로 보인다.[385]

세도정치가 정점을 이루던 철종 대에는 왕과 왕후의 능을 조성하고 천릉하는 일에 대한 첨예한 의논은 보이지 않았으며 대체적으로 왕이나 왕을 대신해 수렴청정하던 대왕대비들에 의해 주도적으로 이루어졌다. 이는 한 가문이 정권을 장악하여 국정을 독단적으로 운영하는 '세도정치'의 시대상을 반영한 것으로 보인다.

---

385 이호일, 『조선의 왕릉』, 가람기획, 2003, 371~379쪽 참고.

3 고종~순종 시대의 왕릉 조성

1) 고종 시대의 왕릉 조성

고종(高宗) 시대에는 1863년 선왕인 철종의 예릉(睿陵)을 조성하였으며, 1890년 신정왕후, 1904년 효정왕후가 승하하자 이들의 무덤을 조성하였다. 1890년에는 효명세자(익종에 이어 문조로 추존)의 부인이자 대비인 신정왕후가 승하하자 이미 조성되었던 익종의 수릉(綏陵) 곁에 왕비릉을 조성하였다. 1904년에는 헌종의 계비인 효정왕후가 승하하자 헌종의 경릉(景陵) 곁에 왕비릉을 조성하였다. 헌종의 경릉에는 이미 첫 번째 왕비인 효현왕후의 무덤이 조성되어 있었는데, 효정왕후의 무덤 역시 이곳에 조성함으로써 경릉은 조선 왕릉 중 유일하게 삼연릉(三連陵) 형식이 되었다.

(1) 철종 예릉(睿陵)의 조성

고종 대에는 먼저 선왕인 철종과 철인왕후의 왕릉을 조성하는 역사(役事)가 있었다. 1863년 12월 8일 철종(1831~1863, 재위 1849~1863)이 33세의 나이로 창덕궁 대조전에서 승하하였다. 전호(殿號) 망단자(望單子)를 효문(孝文)·효덕(孝德)·효휘(孝徽)로 서계하니, 수망대로 하라고 하였으며, 능호 망단자를 예릉(睿陵)·헌릉(憲陵)·희릉(熙陵)으로 서계하니, 수망대로 하라는 칙지(勅旨)를 내렸다.[386]

---

386 『고종실록』 1863년(고종 즉위년) 12월 15일.
　　敬依. 廟號望, 哲宗, 宣宗, 章宗, 首望敬依. 殿號望, 孝文, 孝德, 孝徽, 首望敬依. 陵號望, 睿陵, 憲陵, 熙陵, 首望敬依.

철종의 국장은 관례에 따라 5개월장으로 진행되어 1864년 4월 6일에 발인하여 4월 7일에 예릉에 안장되었다. 『고종실록』의 기록에는 철종의 예릉을 조성한 과정이 "우리 철종대왕을 예릉에 장사 지냈다. 현궁(玄宮)을 내릴 때 선정전 뜰에서 망곡(望哭)하였다" 정도로 간단히 기록되어 있는데,[387] 이것은 이전의 실록들에서 왕릉을 간심한 과정 등과 비교하면 무척이나 내용이 소략하다.

철종 예릉을 조성하고 안장한 과정은 산릉도감에서 편찬한 『철종예릉산릉도감의궤(哲宗睿陵山陵都監儀軌)』에 잘 정리되어 있는데, 희릉(禧陵)의 오른쪽 언덕에 예릉이 조성되었음이 나타난다.[388] 희릉은 중종 계비 장경왕후 희릉이 조성되어 있던 곳으로, 현재는 희릉과 인종의 효릉, 그리고 철종의 예릉을 합하여 서삼릉이라 칭하고 있다.

(2) 철인왕후 예릉(睿陵)의 조성

1878년(고종 15) 5월 12일에는 철종의 왕비인 철인왕후(哲仁王后, 1837~1878) 김씨가 42세의 나이로 창경궁 양화당(養和堂)에서 승하하였다. 빈전은 환경전으로 하고 혼전은 문정전으로 하였다. 김병덕(金炳德)·민겸호(閔謙鎬)·김수현(金壽鉉)을 빈전도감 제조로, 민치상(閔致庠)·이우(李㙖)·윤자승(尹滋承)을 국장도감 제조로, 김보현(金輔鉉)·김유연(金有淵)·조석여(曺錫輿)를 산릉도감 제조로 삼았다.[389] 철인왕후가 대비의 위치에서 승하했지만 왕비릉의 조성 과정은 『고종실록』에 매우 간략히 기록되어 있다. 이것은 이후에 조성되는 신정왕후의 장지 조성과 비교해도 그 차이를 명확히 확인할 수 있

---

387 『고종실록』 1864년(고종 1) 4월 7일.
　　初七日. 葬我哲宗大王于睿陵. 下玄宮時, 望哭于宣政殿庭.
388 『철종예릉산릉도감의궤』〈규13582〉.
　　陵號曰睿陵 同月二十七日辰時 封標於禧陵右岡.
389 『고종실록』 1878년(고종 15) 5월 12일.

는데, 고종에게 있어서 신정왕후와 철인왕후는 그 위상에 큰 차이가 있었기 때문이다.

왕릉의 장지는 이미 조성된 철종의 예릉이 있었으므로 장지 선정에는 큰 문제가 없었다. 발인은 5개월장을 치러 9월 16일에 거행되었고, 9월 18일에 이미 조성된 철종 예릉 왼편에 부장되었다. 쌍릉의 형식으로 조성된 것이다. 산릉도감에서는 『철인왕후예릉산릉도감의궤(哲仁王后睿陵山陵都監儀軌)』를 편찬했다.[390] 병풍석을 세우지 않고 난간석만을 두른 쌍릉 형식으로, 예릉은 조선 왕릉의 상설제도를 따라 조성된 마지막 능이었다. 일반적으로 왕릉은 능원이 3단으로 이루어져 있으나 예릉은 헌종의 왕릉인 경릉처럼 3단에서 2단으로 축소되었다.[391]

(3) 신정왕후 수릉(綏陵)의 조성

1890년(고종 27) 4월 17일 신정왕후가 83세의 나이로 경복궁 흥복전(興福殿)에서 승하하였다. 신정왕후는 12세에 효명세자(익종)의 세자빈에 올랐으나, 남편이 22세에 요절하면서 왕비에는 오르지 못하였다. 아들 헌종이 왕으로 즉위한 후 왕대비가 되었고, 19세기 중반 안동 김씨 세도정치를 견제하는 풍양 조씨 가문의 핵심이 된 인물이었다. 신정왕후가 승하한 당일 김영수·조강하·민영준을 빈전도감 제조로, 민영상·조병철·이유승을 국장도감 제조로, 그리고 능 조성을 위해 김수현·정기회·홍종헌을 산릉도감 제조로 삼았다.[392] 시호를 신정(神貞)으로 정했고, 능호를 처음에는 홍릉(洪陵)·순릉(淳陵)·희릉(熙陵) 중에서 고르기로 하였다.[393] 국장은 정성왕후와 인원왕후가 승하했던 정축년(1757년)과 순원왕후 김씨가 승하했던 정사년(1857년)의

---

390 이 책은 2책으로 구성되었으며, 모두 6건을 제작했는데, 현재 4건이 남아 있다.
391 이호일, 『조선의 왕릉』, 가람기획, 2003, 400~401쪽.
392 『고종실록』1890년(고종 27) 4월 17일.
393 『고종실록』1890년(고종 27) 4월 22일.

전례에 준하여 거행할 것을 명하였다.[394]

4월 25일 고종은 산릉을 간심한 대신에게서 익종의 능인 수릉(綏陵)의 지세에 대해 "대왕의 능침은 용혈 자리가 얽혀 있어서 대단히 길할 뿐 아니라 산의 운수와 연(年)의 운수가 부합되어 걸릴 것이 없습니다"라는 보고를 받았다.[395] 28일 재간심을 한 신하들 역시 수릉에 대해 용혈이 모두 길하다고 아뢰었다. 이에 고종은 최종적으로 익종의 능인 수릉에 신정왕후를 합장하는 것으로 정하였다. 거행할 사항들에 대해서는 "이번에 도감에서 거행할 일들에 대해서는 이미 정축년의 전례대로 하라고 영(令)을 내렸으나, 정축년의 의례 규범을 보관하여 둔 데가 없다고 한다. 정사년에 사고(史庫)에서 가져다 상고한 전례가 있으니 승정원에서 사관을 보내 사고에 있는 정축년과 정사년의 의궤(儀軌)를 일체 가지고 와서 자세히 상고하도록 하라"[396]고 한 것에서 보듯 의궤의 기록을 참고했음을 볼 수가 있다.

5월 1일에는 수릉에 합장할 것을 정식으로 전교하고 앞서 홍릉·순릉·희릉 중에서 능호를 고르기로 하였던 전교를 거두었다.[397] 이어 지석(誌石)과 장례식 때의 사객(使客) 접대, 그리고 도감에서 쓸 미태(米太)를 운송하는 문제 등과 같은 세부적인 사항들이 결정되었다.[398] 고종은 산릉 당일에 자신도 직접 영여(靈轝)를 따르겠다고 했고, 시임, 원임대신, 홍문관 등에서는 연명으로 차자를 올려 산릉에 따라가는 것을 반대하였다.[399] 고종은 이를 듣지 않았다. 신정왕후는 고종을 왕으로 만들어 준 인물이었기에 대비에 대한 최대의 예우를 한 것으로 보인다. 또한 당시 청나라 원세개의 압박으로 왕권

---

394 『고종실록』 1890년(고종 27) 4월 23일.
395 『고종실록』 1890년(고종 27) 4월 25일.
396 『고종실록』 1890년(고종 27) 4월 28일.
 　又教曰: "今番之都監擧行, 已令依丁丑年例爲之, 而丁丑儀軌無存儲處云. 丁巳年有取考史庫之例, 自政院遣史官史庫, 丁丑, 丁巳儀軌, 一體取來, 以爲詳考可也."
397 『고종실록』 1890년(고종 27) 5월 1일.
398 『고종실록』 1890년(고종 27) 5월 1일·4일·7일.
399 『고종실록』 1890년(고종 27) 5월 17일.

이 실추되어 있는 상황이었음을 고려하면 왕릉 역사를 대규모로 하여 왕실이 건재하다는 것을 백성들에게 보이기 위한 측면도 있다고 여겨진다. 이같은 모습은 인산 때 등롱(燈籠)을 원래 거행하던 것 외에 1,000쌍(雙)을 더 마련하도록 하고, 이에 따르는 비용은 모두 대내(大內)에서 부담하도록 한 것,[400] 그리고 왕릉 조성의 재정이 부족해지자 6월 29일 고종은 내탕전(內帑錢) 2만 냥을 충당할 것을 명한 것에서도[401] 확인할 수 있다. 그러나 재정 부족은 내탕전만으로 해결되지 않은 듯하다. 내탕전 2만 냥을 보내라는 전교가 있은 지 보름 정도 뒤인 7월 15일 이미 지급한 쌀과 포가 다 소진되어 경비를 지급할 수 없게 되었다는 보고가 들어오자 친군영(親軍營), 호조, 선혜청(宣惠廳)에서 쌀을 각각 100석(石), 호조에서 무명 3동(同), 선혜청에서 무명 2동을 획송(劃送)하도록 했다.[402]

8월 8일에는 산릉에서 금정(金井)을 열 때 나아갔던 대신 이하의 관리들을 여차(廬次)에서 소견하는 자리에서 대신들은 영여를 따르겠다는 왕명을 다시금 거두어 달라고 요청했으나 고종은 윤허하지 않았다.[403] 영여를 따르겠다는 명은 결국 거두지만 고종은 능이 조성되는 동안 지속적으로 능을 참배하겠다는 의지를 보였다. 결국 "대여(大轝)가 떠날 때 시임대신과 원임대신들이 모시고 가고, 병조 판서 민영환은 대여 별시위(別侍衛)를 맡도록 하라"[404]고 전교하면서 직접 대여를 따라가지는 않는 것으로 결론이 났다. 고종이 이처럼 거듭 대여를 직접 따라가려는 뜻을 보인 것은 생모는 아니지만 신정왕후와 고종이 각별한 관계에 있었기 때문으로 풀이된다.

---

400 『고종실록』 1890년(고종 27) 5월 19일.
401 고종실록』 1890년(고종 27) 6월 29일.
　　敎曰: "今於山陵之役, 畿民之奔走竭力, 實所矜恤. 凡係責應, 其果無艱窘之歎乎? 雖有廟堂之措劃, 爲念其勞苦之狀, 特下內帑錢二萬兩, 其令量宜排用, 以爲一分紓力事, 分付廟堂."
402 『고종실록』 1890년(고종 27) 7월 15일.
403 『고종실록』 1890년(고종 27) 8월 8일.
404 『고종실록』 1890년(고종 27) 8월 23일.

21일에는 국장도감에서 지석(誌石)에 글자를 새기는 일이 끝났고,[405] 다음 날인 22일에는 혼전과 산릉에 쓰일 채소와 시탄 등을 묘당에서 혼전에 소속된 곳에 내주어 폐단이 없도록 조치했다.[406] 8월 25일 산릉 공사를 마무리하기 위해 고종은 다시 내탕전 60만 냥을 내릴 것을 명하였다.[407]

1890년 8월 29일 신정왕후의 영가(靈駕)가 산릉으로 출발했다. 고종은 광화문 밖에 나아가 영가에 하직하였는데 왕세자가 따라 나아가 예를 행하였고,[408] 9월 5일 안릉제(安陵祭)를 지냈다.[409] 왕후의 능은 1855년 8월 26일 건원릉 왼쪽 언덕에 천릉했던 남편 익종의 수릉에 합장되었다.

2) 대한제국 시기의 왕릉 조성

1897년 10월 13일에 대한제국이 선포되었다. 조선왕조가 왕의 국가에서 황제의 국가로 격상된 날이었다. 대한제국의 황제의례는 명나라 황제의 것을 기준으로 삼았고, 이에 따라 이전까지 조선의 국가 규범이었던 『국조오례의』는 효력을 잃게 되었다. 태조와 고종의 4대조인 장헌세자(사도세자), 정종(정조)[410], 순조, 익종이 황제로 추존되었다.

고종의 즉위식 역시 그 자체로 왕의 나라에서 황제의 나라로 올라가는 중요한 의식이었기 때문에 축하 분위기 속에서 치를 수 있었다. 고종의 즉위식은 의궤로 작성되었는데, 1897년에 편찬된 『고종대례의궤(高宗大禮儀軌)』가 바로 그 책이다. 황제 즉위식은 환구단에서 이루어졌다. 즉위식 전인 10월 11일 고종은 세자를 데리고 환구단으로 가서 제물과 제기를 살피고

405 『고종실록』 1890년(고종 27) 8월 21일.
406 『고종실록』 1890년(고종 27) 8월 22일.
407 『고종실록』 1890년(고종 27) 8월 25일.
408 『고종실록』 1890년(고종 27) 8월 29일.
409 『고종실록』 1890년(고종 27) 9월 5일.
410 정조(正祖)의 묘호는 원래 정종(正宗)이었으나 고종 때 정조로 추존되었다.

돌아왔다. 이날 고종은 대신들과 함께 새 나라의 국호를 논의했다. 고종은 조선이 삼한의 땅을 통합한 것을 상기시키고 국호를 '대한'으로 할 것을 제안하였다. 10월 12일 고종은 국새를 신고 환구단으로 가서 천신(天神)과 지신(地神)에게 제사를 올리고 나서 황금색 의자에 앉아 국새를 받았다. 그동안 '천세'만을 부르던 신하들은 '만세'를 세 번 불렀다. 10월 13일 고종황제는 명성황후의 빈전에 가서 제사를 올리고 오전 8시경 '대한'이라는 국호를 선포하였다. 『대례의궤』는 고종황제의 즉위식 과정을 기록한 의궤로서 현존하는 유일한 국왕 즉위식 관련 의궤이다. 말미에는 황제 즉위식에 필요한 책문(冊文)과 옥보(玉寶)를 가마에 신고 환구단으로 향하는 36면의 반차도가 실려 있다.

대한제국이 선포되고 고종이 황제로 격상되면서 왕릉 조성에도 변화를 가져왔다. 1895년 을미사변으로 명성왕후가 시해된 후, 명성왕후의 왕비릉은 왕비의 예에 의거하여 조성되었지만, 1897년 대한제국 선포 이후 명성왕후가 명성황후(明成皇后)로 추존되면서 왕비릉에도 황후의 위상에 맞는 의례와 양식이 적용되었던 것이다.

(1) 명성황후 홍릉(洪陵)의 조성

명성왕후(明成王后, 1851~1895) 민씨가 비극적인 죽음을 당하면서 무덤의 조성에도 몇 차례 변화가 있었다. 1895년 8월 20일(양력 10월 8일) 명성왕후가 일본인들에 의해 피살당한 후 시신도 불에 타 수습할 수 없는 지경에 이르렀다. 더구나 일본의 압력에 의해 폐서인 조치까지 당하는 수난을 겪었다. 다행히 10월 10일 복위되어 빈전을 설치하고 국장을 치른 후 동구릉의 숭릉(崇陵) 오른쪽 언덕에 무덤을 조성하고 숙릉(肅陵)이라 하였다.

1897년 2월 20일 러시아 공사관에서 경운궁으로 돌아올 때까지 고종은 1년간 한편으로는 대한제국의 탄생을 준비하면서, 다른 한편으로는 명성왕후의 장례식을 원점에서부터 다시 준비하기 시작했다. 우선 장지(葬地)부터 새로 선정했다. 수십 곳을 물색한 끝에 1897년 1월 최종적으로 청량리가 선정되었다.[411] 능호(陵號)의 망은 홍릉(洪陵)·희릉(熹陵)·헌릉(憲陵)으로 하며 전호(殿號)의 망은 경효전(景孝殿)·정효전(正孝殿)·성경전(誠敬殿)으로 상주하였는데, 모두 수망(首望)대로 하였다고[412] 한 것에서 홍릉(洪陵)으로 능호를 정했음을 알 수 있다.

1897년 4월로 예정된 장례는 그 후 몇 차례 더 연기되었다. 고종의 황제 즉위를 요청하는 관민(官民)의 상소가 연이어 올라와 대한제국의 탄생이 준비되고 있었기 때문이다. 제국이 탄생하면 왕후는 황후로 격상되므로 더욱 영광스러운 장례를 치를 수 있을 것이므로 장례를 서두를 필요가 없었다. 1897년 10월 12일 고종은 새롭게 조성된 환구단에 나아가 하늘에 제사한 후 황제로 즉위하고, 왕비를 황후로, 세자를 황태자로 봉했다. 대한제국이 선포되면서 명성왕후 또한 명성황후로 추존되었던 것이다. 장례식과 더불어 홍릉의 산릉 공사도 급진전되었다. 1897년 8월 26일 별단에 홍릉 조성 역사의 일시가 정리되어 있다.

공사는 정유년(1897년) 정월 25일 묘시(卯時)에 시작하고, 풀을 베고 땅을 파는 것은 3월 4일 미시(未時)에 먼저 남쪽 방향으로부터 시작하며, 후토신(后土神)에 대한 제사는 같은 날에 먼저 지냅니다. 옹가(甕家)를 짓는 것은 같은 달 11일 묘시에 하고, 관이 들어갈 자리를 파는 것은 9월 2일 손시(巽時)에 합니다. 구덩이의 깊이는 4척 5촌으로 하며, 재궁(梓宮)을 배진(陪進)하는 것은 같은 달 5일 손시에 하고 외재궁을 내려놓는 것은 같은 날 미시(未時)에 합니다. 찬궁을 뜯는 것은 같은 달 6일 손시에 하되 먼저 동쪽부터

411 한영우, 『조선왕조 의궤』, 일지사, 2005, 708~709쪽.
412 『고종실록』 1897년(고종 34) 1월 6일.

뜯고, 발인은 같은 달 8일 축시(丑時)에 하며 성빈(成殯)은 적당한 때에 하며 찬궁을 뜯는 것은 같은 날 신시(申時)에 하며, 천궁(天宮)에 넣는 것은 같은 달 9일 자시(子時)에 할 것입니다.[413]

청량리 홍릉의 무덤에는 명성황후가 평소에 쓰던 서책과 거울, 자기, 옷장식품, 옥백(玉帛), 악기 등이 부장품으로 매장되었다. 고종황제는 상여가 떠날 때 경운궁 인화문 밖에서 곡하면서 영구를 배웅하고, 오후 2시에 외국 공사들과 함께 홍릉에 가서 하룻밤을 지내고, 다음 날 하관을 마친 다음 황태자와 함께 궁으로 돌아왔다. 이로써 2년 2개월간 이어진 명성황후의 장례식은 끝이 났다.[414] 홍릉을 조성한 과정은 『명성황후홍릉산릉도감의궤(明成皇后洪陵山陵都監儀軌)』로 정리되었다. 그런데 한 해를 넘기고 홍릉의 석물에 계속 문제가 발생했다. 추운 겨울에 산릉 공사를 했기 때문이었다. 홍릉은 몇 차례의 중수 작업 끝에 1900년 보수 작업이 완료되었다. 고종은 홍릉을 찾아오기 위해 전차를 놓기도 했으나, 홍릉이 풍수지리상 길지가 아니라는 설이 대두되어 다시 천장론이 일어나기도 했다.[415] 고종은 현재의 남양주시 금곡동 홍릉 자리로 천장하려고 했으나 러일전쟁으로 중지되었다. 이후 1919년 1월 21일 고종이 승하한 후 원래 옮기려 했던 남양주시 금곡동으로 홍릉을 옮기고 고종황제를 이곳에 합장했다. 지금도 청량리 일대를 홍릉이라 부르는 것은 명성황후의 홍릉이 원래 그곳에 있었기 때문이다.

---

413 『고종실록』 1897년(고종 34) 8월 26일.
　　始役, 丁酉正月二十五日卯時, 斬草破土, 三月初四日未時, 先始南方, 祠后土, 同日先行, 作甕家, 同月十一日卯時, 開金井, 九月初二日巽時, 穴深, 四尺五寸, 外梓宮陪進, 同月初五日巽時, 下外梓宮, 同日未時, 啓欑宮, 同月初六日巽時, 先啓東方, 發引, 同月初八日丑時, 成殯隨時, 啓欑宮, 同日申時, 下玄宮, 同月初九日子時.
414 한영우, 『조선왕조 의궤』, 일지사, 2005, 709쪽.
415 이호일, 『조선의 왕릉』, 가람기획, 2003, 409쪽.

대한제국 시대에는 헌종의 계비인 효정왕후(명헌태후로 추존)의 산릉을 조성하는 역사도 있었다. 1904년(고종 41) 1월 2일(양력) 효정왕후(孝定王后, 1831~1904)가 74세의 나이로 경운궁 수인당(壽仁堂)에서 승하하였다. 『고종실록』에서는 대한제국이 황제국인 까닭에 그녀의 죽음을 '붕(崩)'으로 기록하고 있다.[416] 고종은 조령(詔令)을 내려 표훈원 부총재 홍순형(洪淳馨), 궁내부 특진관 김종한(金宗漢), 장례원 경 조정희(趙定熙)를 빈전도감 제조로, 경효전 제조 이정로(李正魯), 궁내부 특진관 윤용구(尹用求), 의정부 찬정 성기운(成岐運)을 국장도감 제조로, 궁내부 특진관 박정양(朴定陽)·이기호(李起鎬)·김세기(金世基)를 산릉도감 제조로 삼아 국장을 치르고 산릉 조성을 주관하게 하였다.[417]

1월 9일 산릉을 첫 번째로 간심한 도감의 신료들은 경릉(景陵: 헌종릉)은 내룡(來龍: 종산에서 내려오는 산줄기)의 지맥이 머리에 와서 지혈을 이루었으니 길한 자리이며, 능의 왼편도 역시 기가 모여드는 길한 땅이라는 의견을 내놓았다.[418] 4일 뒤인 13일, 두 번째로 간심한 시임대신과 원임대신 이하의 소견에서도 좌청룡 우백호가 격에 맞고 명당이 확 트였으며 기복(起伏)이 음양에 맞고 둘레와 넓이가 척도에 맞아 한 가지도 흠될 것이 없다는 의견이 있었다.[419] 18일 세 번째 간심에서 산릉 자리에 표식을 마쳤지만 겨울철이므로 공사가 어려울 것이라는 의견이 올라왔다.[420] 18일 빈청에서 택일을 했는데 주요 내용은 다음과 같다.

---

416 『고종실록』 1904년(고종 41) 1월 2일(양력) 明憲太后崩. 제후국에서는 왕과 왕비의 죽음을 '훙(薨)'이라 하고 천자국에서는 '붕(崩)'이라 한다.
417 『고종실록』 1904년(고종 41) 1월 2일(양력).
418 『고종실록』 1904년(고종 41) 1월 9일(양력).
419 『고종실록』 1904년(고종 41) 1월 13일(양력).
420 『고종실록』 1904년(고종 41) 1월 18일(양력).

공사 시작은 계묘년(1903년) 12월 6일 묘시(卯時)에 남방에서부터 시작하며 풀을 베고 땅을 파는 것은 같은 날 미시(未時)에 한다. 후토(后土)에 제사지내고 선릉(先陵)에 고하는 것은 같은 날 새벽에 먼저 행한다. 옹가(甕家)를 짓는 것은 같은 달 15일 신시(申時)에 한다. 금정(金井)을 파는 것은 갑진년(1904년) 정월 4일 사시(巳時)에 하는데, 구덩이 깊이는 4척 6촌으로 한다. 외재궁(外梓宮)을 모시고 가는 것은 같은 달 16일 묘시에 하며, 외재궁을 내려놓는 것은 같은 달 17일 사시에 한다. 찬궁(欑宮)을 여는 것은 같은 달 24일 미시에 하되 남방으로부터 시작한다. 발인은 같은 달 28일 인시(寅時)에 하며, 빈소를 차리는 것은 대여(大轝)가 능소에 도착한 다음 때에 따라 하며, 능소의 찬궁을 여는 것은 같은 달 29일 묘시에 하며, 관을 내는 것은 때에 따라 한다. 하현궁(下玄宮)은 같은 달 같은 날 미시에 한다.[421]

능호는 새롭게 짓지 않았으며 표석(表石)은 경릉에 썼던 것을 가지고 쓰되 음기(陰記)와 전면(前面)을 일체 깨끗이 갈아 내도록 하였고, 발인 전 절차에서 황제가 표리를 올리는 의식을 거행하게끔 했다.[422] 아울러 발인 때에 봉사(奉辭)하고 반우(返虞) 때에 지영(祗迎)하는 절차를 일체 철종 비 철인왕후가 사망했던 무인년(1878년)의 전례대로 하되, 봉사는 궐문 밖에서 하고 지영은 성문 밖에서 하는 것으로 마련하며, 황태자가 봉사하고 지영하는 절차는 모두 궐문 밖에서 하는 것으로 마련하도록 했다.[423] 우제(虞祭) 후에 신백(神帛)을 경인년과 무인년의 전례대로 산릉에 묻었다.[424] 경릉이 조성된 후 산릉도감에서는 『효정왕후경릉산릉도감의궤(孝定王后景陵山陵都監儀軌)』를 편찬했다.[425]

---

421 『고종실록』 1904년(고종 41) 1월 18일(양력).
422 『고종실록』 1904년(고종 41) 1월 18일(양력).
423 『고종실록』 1904년(고종 41) 1월 24일(양력).
424 『고종실록』 1904년(고종 41) 1월 27일(양력).
425 서울대학교 규장각한국학연구원에는 정족산사고본이 보관되어 있는데, 표지에는 "光武八年癸卯十月日 孝定王后 景陵 山陵都監儀軌 鼎足山城上"으로 기록되어 있다. 〈규13832〉 참조.

(3) 순명왕후 유강원(裕康園) 조성

대한제국 시기인 1904년 1월 헌종의 계비인 효정왕후의 승하에 이어, 약 10개월 만인 1904년 11월 5일에 순종(純宗)의 왕비인 순명왕후(純明王后, 1872~1904) 민씨가 33세의 젊은 나이로 경운궁 강태실(康泰室)에서 승하하였다. 순종의 입장에서는 대비의 장례식을 겨우 치른 후 경황이 없는 상황에서 자신의 왕비를 잃는 아픔이 이어진 것이다. 왕비의 시호는 순명(純明), 원호는 유강원(裕康園)으로 정해졌다. 대한제국이 황제국이었음에도 불구하고 왕비의 능호를 '원'으로 한 것은 이례적이다. 3개월장을 치르고 1월 3일 발인하여 다음 날 양주 용마산 아래에 무덤을 조성했다. 현재의 어린이대공원 부근이다. 지금까지 어린이대공원 일대를 능동이라 하는 것은 유강원이 이곳에 있던 것에 유래한다. 유강원은 1926년 4월 25일 순종이 승하하고 6월 11일 남양주 금곡에 유릉이 조성된 후 이곳으로 천장되어 합장릉이 되었다.

3) 일제강점 시기의 왕릉 조성

1910년 조선이 멸망한 후 일제강점기가 시작되었다. 이 시기 조선왕실에서는 세 차례에 걸쳐 왕과 왕비의 장례식이 있었고 왕릉이 조성되었다. 1911년 고종의 후궁이었다가 황귀비로 추봉된 엄씨의 무덤 조성, 1919년 고종의 황제릉 조성, 1926년 순종의 황제릉 조성이 있었다. 그런데 이 시기는 일제의 강점으로 인하여 국가가 없어지고 황실의 격이 낮아진 시기였다. 따라서 국장(國葬) 대신에 어장(御葬)이라 부르고, 국가가 없어진 관계로 '도감(都監)'을 설치하지 못하였으며, 이왕직(李王職) 산하에 몇 개의 주감(主監)을 두어 장례를 주관했다. 당시 장례식과 산릉을 조성한 의궤도『어장주감의궤』,『산릉주감의궤』 등으로 칭했다. 의식 자체가 축소되었으므로, 의궤의

홍릉(고종과 명성황후의 합장릉)   홍릉에서 본 침전

크기와 분량이 종전보다 작아지고, 제작 건수도 1~2건 이내로 축소되어 이왕직에 보관했다.[426]

　1919년 1월 21일 고종황제(1852~1919, 재위 1863~1907)가 덕수궁 함녕전에서 68세의 나이로 승하하였다. 황제릉은 현재의 남양주시 금곡동 홍릉에 안장되었다. 발인은 3월 3일 오전 8시에 거행되어 동일 오후 11시에 홍릉에 도착하고 다음 날 오후 10시에 홍릉에 안장되었다. 종전 같으면 5개월장을 치렀을 것이나 장례도 3개월로 축소되었다. 원래 대한제국 시절에 청량리에 있는 명성황후의 홍릉을 금곡동으로 옮기려고 거의 모든 준비를 해 두었으나 복잡한 국내외 사정으로 중단되었다. 결국 고종이 승하하자 미리 터를 잡아 두었던 금곡동 홍릉의 위치에 황제릉을 조성하였고, 이어서 명성황후의 홍릉을 이곳으로 이장하여 합장릉을 조성하였다.

　홍릉 천릉은 고종이 붕어하고 5일 후인 1919년 1월 26일 순종의 하교로 산릉 역사가 시작되어, 3월 4일 고종을 홍릉에 안장한 후 이곳으로 천장을 준비하던 명성황후의 재궁을 옮겨와 3월 20일에 명성황후의 합장을 마쳤다. 홍릉 천장을 마치고 나서 2종의 의궤가 제작되었다. 하나는 옛 홍릉을

---

426 한영우, 『조선왕조 의궤』, 일지사, 2005, 844쪽.

| 홍릉의 침전 | 홍릉의 석물 |

파내어 재궁을 새 홍릉으로 옮기는 과정을 기록한 『홍릉천봉주감의궤(洪陵
遷奉主監儀軌)』이고, 다른 하나는 새 홍릉을 조성한 과정을 기록한 『홍릉천봉
산릉주감의궤(洪陵遷奉山陵主監儀軌)』이다.[427]

1926년 4월 26일 조선의 마지막 왕 순종황제(1874~1926, 재위 1907~1910)
가 창덕궁 대조전에서 53세의 나이로 승하하였다. 순종의 장례도 고종의 장
례처럼 3개월장으로 치러져 6월 11일 발인하여 다음 날 양주 금곡 홍릉 인
근의 유릉(裕陵)에 안장되었다. 순종황제의 장례식에 관한 전 과정은 『순종
효황제어장주감의궤(純宗孝皇帝御葬主監儀軌)』로 정리되었다. 황제릉을 조성
한 과정은 『순종효황제산릉주감의궤(純宗孝皇帝山陵主監儀軌)』의 기록으로 정
리되었는데, 1책 100장으로 구성될 정도로 다른 왕릉 조성 의궤에 비해 그
내용이 극히 소략하다. 멸망한 조선왕조의 모습을 의궤가 압축적으로 보여
주고 있는 것이다. 주목되는 것은 유릉에 설치된 석물이 고종의 홍릉과 마
찬가지로 능상과 침전 앞에 배치되어 황제릉의 모습을 갖추고 있다는 점이
다.[428] 외견상으로는 황제릉의 모습을 갖추고 있지만 왕릉을 조성한 기록을

427 한영우, 『조선왕조 의궤』, 일지사, 2005, 852~853쪽.
  이 의궤에는 '大正 8年'이라는 일본 천황연기를 쓰고 있음이 나타난다.
428 한영우, 『조선왕조 의궤』, 일지사, 2005, 858~859쪽.

유릉(순종과 순명황후, 순정황후의 합장릉)

유릉의 석물

유릉의 참도와 석물

제3장 조선 후기의 왕릉 조성과 그 의미

보면 전혀 황제릉의 위엄이 보이지 않는다. 나라를 빼앗긴 아픔이 왕릉 조성의 과정에도 반영되었던 것이다. 1926년 6월 12일 순종의 유릉이 조성된 후, 1904년에 승하하여 현재의 어린이대공원 부근에 조성되었던 순명왕후(황후로 추존)의 유강원이 이곳으로 천장되어 합장릉이 되었다.

1966년에는 조선의 마지막 왕릉 조성이 있었다. 순종의 계비로 들어와서 망국의 아픔과 해방 등을 경험한 마지막 황후 순정황후(純貞皇后, 1894~1966)가 1월 31일 낙선재에서 71세의 나이로 승하한 것이다. 이미 순종과 순명황후의 합장릉으로 조성되어 있던 유릉에, 다시 순정황후가 모셔졌다. 유릉은 동봉삼실(同封三室)의 합장릉이 되었고 이 형식은 조선 왕릉 중 유일하다. 유릉도 홍릉과 마찬가지로 황제릉으로 조성하여 새로운 형식을 보여 주고 있다. 능침에는 화문(花紋)을 새긴 12면의 병풍석을 세우고 12칸의 난간석을 둘렀으며, 능침 주위에는 석수를 배치하지 않고 곡장을 설치했다. 그리고 능침 앞에 혼유석을, 혼유석 앞에 사각 장명등을 세우고 양옆으로는 망주석 1쌍씩을 세웠다.[429]

429 이호일, 『조선의 왕릉』, 가람기획, 2003, 418~419쪽.

참고문헌

〈史料〉

『태조실록』, 『정종실록』, 『태종실록』, 『세종실록』, 『문종실록』, 『단종실록』, 『세조실록』, 『예종실록』, 『성종실록』, 『연산군일기』, 『중종실록』, 『인종실록』, 『명종실록』, 『선조실록』, 『선조수정실록』, 『광해군일기』, 『인조실록』, 『효종실록』, 『현종실록』, 『현종개수실록』, 『숙종실록』, 『경종실록』, 『영조실록』, 『정조실록』, 『순조실록』, 『헌종실록』, 『철종실록』, 『고종실록』, 『순종실록』, 『승정원일기』

『국조상례보편(國朝喪禮補編)』
『국조오례의(國朝五禮儀)』
『국조속오례의(國朝續五禮儀)』
규장각한국학연구원 소장, 『국장도감의궤(國葬都監儀軌)』
규장각한국학연구원 소장, 『산릉도감의궤(山陵都監儀軌)』
규장각한국학연구원 소장, 『천릉도감의궤(天陵都監儀軌)』

『동문선(東文選)』, 『한경지략(漢京識略)』, 『택리지(擇里志)』, 『송자대전(宋子大全)』, 『국휼등록(國恤謄錄)』, 『임하필기(林下筆記)』, 『신증동국여지승람(新增東國輿地勝覽)』, 『연려실기술(燃藜室記述)』, 『춘관통고(春官通考)』

〈단행본 및 논문〉

김구진, 「朝鮮 初期 王陵制度—世宗大王 舊英陵 遺蹟을 中心으로」, 『白山學報』 25, 1979.
김문식·신병주, 『조선왕실 기록문화의 꽃 의궤』, 돌베개, 2005.
김이순, 「세종대왕 '구 영릉(舊 英陵)' 석물 연구」, 『정신문화연구』 32, 2009.
김지영·김문식·박례경·송지원·심승구·이은주, 『즉위식, 국왕의 탄생』, 돌베개, 2013.
김충현, 「효종 영릉의 조성과 능제의 변화」 『역사문화논총』 7, 2012.
박시백, 『조선왕조실록』, 휴머니스트, 2015.
박영규, 『조선의 왕실과 외척』, 김영사, 2003.
서울대학교 규장각, 『규장각 소장 의궤 종합목록』, 2003.

_____, 『규장각 소장 의궤 해제집』 1~3, 2003.

신명호, 『궁중문화』, 돌베개, 2002.

_____, 『조선왕비실록』, 역사의 아침, 2007.

_____, 「선정릉의 역사와 관리제도」, 『역사와 실학』 31, 2006.

신병주, 『규장각에서 찾은 조선의 명품들』, 책과함께, 2007.

_____, 『조선 왕실의 혼례식 풍경』, 돌베개, 2013.

_____, 『조선과 만나는 법』, 현암사, 2014.

신재훈, 「조선 전기 천릉의 과정과 정치적 성격」, 『조선시대사학보』 58, 2011.

이규원, 『조선왕릉실록』, 글로세움, 2012.

이범직, 「조선시대 왕릉의 조성 및 그 문헌」, 『한국사상과 문화』 36, 2007.

이병유, 『왕에게 가다』, 문화재청, 2008.

이우상, 『조선왕릉 잠들지 못하는 역사』 1, 다할미디어, 2009.

이중환, 『택리지』, 을유문화사, 2006.

이호일, 『조선의 왕릉』, 가람기획, 2003.

이희중, 「17, 8세기 서울 주변 왕릉의 축조, 관리 및 천릉 논의」, 『서울학연구』 17, 2001.

장경희, 「조선 태조비 신의왕후 제릉 연구」, 『미술사학연구』 263, 2009.

장영훈, 『왕릉풍수와 조선의 역사』, 대원미디어, 2000.

정종수, 「조선초기 國喪儀禮 연구」, 중앙대학교 박사학위논문, 1994.

_____, 『사람의 한평생』, 학고재, 2008.

정해득, 『정조시대 현륭원 조성과 수원』, 신구문화사, 2009.

_____, 『조선 왕릉제도 연구』, 신구문화사, 2013.

조인수, 「조선시대 왕릉의 현상과 특징」, 『미술사학연구』 262, 2009.

지두환, 『조선의 왕실』 시리즈, 역사문화, 2009.

최지선, 「조선시대 왕릉 관련 문헌의 서지적 연구」, 성균관대학교 석사학위논문, 2007.

한국문원편집실, 『문화유산 왕릉 — 왕릉기행으로 엮은 조선왕조사』, 한국문원, 1996.

한국학중앙연구원, 『譯註 獻陵誌』, 2010.

_____, 『조선의 왕으로 살아가기』, 돌베개, 2011.

_____, 『조선의 왕비로 살아가기』, 돌베개, 2012.

한영우, 『조선왕조 의궤』, 일지사, 2005.

허흥식, 「고려의 왕릉과 사원과의 관계」, 『고려시대연구』 1, 한국정신문화연구원, 2000.

홍순민, 『우리 궁궐 이야기』, 청년사, 1999.

찾아보기